합격선언

조리직 공무원

위생관계 법규

www.goseowon.co.kr

PREFACE

다양한 매체를 통해 먹거리의 정보를 얻으며 유명 셰프들이 등장하는 TV프로그램이 인기 있는 오늘날 이러한 사회적 분위기는 기업뿐만 아니라 정부에서도 나타났습니다.

영어 과목이 없는 시험이며, 예상보다 많은 채용 인원수에 따라 관심이 높아진 조리직공무원 임용시험은 일반직 못지않게 높은 경쟁률을 보이고 있습니다.

조리직공무원 합격선언 위생관계법규는 조리직공무원 임용시험에 도전하려는 수험생들에게 도움이 되고자 발행되었습니다.

본서는 방대한 양의 이론 중 필수적으로 알아야 할 핵심이론을 정리하고, 출제가 예상되는 문제만을 엄선하여 수록하였습니다.

신념을 가지고 도전하는 사람은 반드시 그 꿈을 이룰 수 있습니다. 서원각이 수험생 여러분의 꿈을 응원합니다.

STRUCTURE

제1편 식품위생법

01 총칙

(1) 목적(법 제1조)

이 법은 식품으로 인하여 생기는 위생상의 위해(危害)를 방지하고 식품영양의 질적 향상을 도모하여 식품에 관한 올바른 정보를 제공하여 국민보건의 증진에 이바지함을 목적으로 한다.

(2) 정의(법 제2조)

이 법에서 사용하는 용어의 뜻은 다음과 같다.

① "식품"이란 모든 음식물(의약으로 섭취하는 것은 제외한다)을 말한다.

② "식품첨가물"이란 식품을 제조·가공·조리 또는 보존하는 과정에서 감미(甘味), 착색(着色), 표백(漂白) 또는 산화방지 등을 목적으로 식품에 사용되는 물질을 말한다. 이 경우 기구(器具)·용기·포장을 살균·소독하는 데에 사용되어 간접적으로 식품으로 옮아갈 수 있는 물질을 포함한다.

③ "화학적 합성품"이란 화학적 수단으로 원소(元素) 또는 화합물에 분해 반응 외의 화학 반응을 일으켜서 얻은 물질을 말한다.

④ "기구"란 다음 각 목의 어느 하나에 해당하는 것으로서 식품 또는 식품첨가물에 직접 닿는 기계·기구나 그 밖의 물건(농업과 수산업에서 식품을 채취하는 데에 쓰는 기계·기구나 그 밖의 물건은 제외한다)을 말한다.
　㉠ 음식을 먹을 때 사용하거나 담는 것
　㉡ 식품 또는 식품첨가물을 채취·제조·가공·조리·저장·소분(小分: 완제품을 나누어 유통을 목적으로 재포장하는 것을 말한다. 이하 같다)·운반·진열할 때 사용하는 것

⑤ "용기·포장"이란 식품 또는 식품첨가물을 넣거나 싸는 것으로서 식품 또는 식품첨가물을 주고받을 때 함께 건네는 물품을 말한다.

⑥ "위해"란 식품, 식품첨가물, 기구 또는 용기·포장에 존재하는 위험요소로서 인체의 건강을 해

총칙
01 출제예상문제

1 다음 중 식품위생법의 목적으로 맞지 않는 것은?
① 위생상의 위해 방지
② 식품영양의 질적 향상
③ 식품에 관한 올바른 정보제공
④ 국민건강의 발전을 위하여

NOTE 이 법은 식품으로 인하여 생기는 위생상의 위해(危害)를 방지하고 식품영양의 질적 향상을 도모하여 식품에 관한 올바른 정보를 제공하여 국민보건의 증진에 이바지함을 목적으로 한다.(법 제1조)

2 다음 중 식품위생법 상의 용어에 대한 설명으로 맞지 않는 것은?
① "화학적 합성품"이란 화학적 수단으로 원소(元素) 또는 화합물에 분해 반응 외의 화학 반응을 일으켜서 얻은 물질을 말한다.
② "용기·포장"이란 식품 또는 식품첨가물을 넣거나 싸는 것으로서 식품 또는 식품첨가물을 주고받을 때 함께 건네는 물품을 말한다.
③ "영업자"란 영업허가를 받은 자를 말한다.
④ "위해"란 식품, 식품첨가물, 기구 또는 용기·포장에 존재하는 위험요소로서 인체의 건강을 해치거나 해칠 우려가 있는 것을 말한다.

NOTE ③ "영업자"란 식품영업허가를 받은 자나 영업신고를 한 자 또는 영업등록을 한 자를 말한다.

핵심이론정리

위생관계법규 전반에 대해 체계적으로 편장을 구분한 후 해당 단원에서 필수적으로 알아야 할 내용을 정리하여 수록했습니다. 출제가 예상되는 핵심적인 내용만을 학습함으로써 단기간에 학습 효율을 높일 수 있습니다.

출제예상문제

그동안 치러진 국가직 및 지방직 기출문제를 분석하여 출제가 예상되는 문제만을 엄선하여 수록하였습니다. 다양한 난도와 유형의 문제들로 연습하여 확실하게 대비할 수 있습니다.

STRUCTURE

6 수입식품에 대한 잔류허용기준의 설정을 요청하려는 자가 식품의약품안전처장에게 제출하여야 할 자료로 맞지 않는 것은?

① 농약 또는 동물용 의약품의 독성에 관한 자료와 그 요약서
② 수입국의 농약 또는 동물용 의약품의 표준품
③ 수출국의 잔류허용기준에 관한 자료와 잔류허용기준의 설정에 관한 자료
④ 농약 또는 동물용 의약품의 식품 잔류에 관한 자료와 그 요약서

> **NOTE** 수입식품에 대한 잔류허용기준의 설정을 요청하려는 자는 설정 요청서(전자문서로 된 요청서를 포함한다)에 다음 각 호의 자료(전자문서를 포함한다)를 첨부하여 식품의약품안전처장에게 제출하여야 한다.(시행령 제5조의2)
> ㉠ 농약 또는 동물용 의약품의 독성에 관한 자료와 그 요약서
> ㉡ 농약 또는 동물용 의약품의 식품 잔류에 관한 자료와 그 요약서
> ㉢ 국제식품규격위원회의 잔류허용기준에 관한 자료와 잔류허용기준의 설정에 관한 자료
> ㉣ 수출국의 잔류허용기준에 관한 자료와 잔류허용기준의 설정에 관한 자료
> ㉤ 수출국의 농약 또는 동물용 의약품의 표준품

7 다음 중 식품 등의 관리계획에 포함되어야 할 사항으로 맞지 않는 것은?

① 식품 등의 기준 및 규격 관리의 기본 목표 및 추진방향
② 식품 등의 유해물질 노출량 평가
③ 식품 등의 기준 및 규격의 재평가에 관한 사항
④ 식품 등의 유해물질의 최초 노출량의 적정관리 방안

> **NOTE** 식품 등의 기준 및 규격 관리계획 등(법 제7조의4)
> ① 식품의약품안전처장은 관계 중앙행정기관의 장과의 협의 및 심의위원회의 심의를 거쳐 식품 등의 기준 및 규격 관리 기본계획(이하 "관리계획"이라 한다)을 5년마다 수립·추진할 수 있다.
> ② 관리계획에는 다음 각 호의 사항이 포함되어야 한다.
> • 식품 등의 기준 및 규격 관리의 기본 목표 및 추진방향
> • 식품 등의 유해물질 노출량 평가
> • 식품 등의 유해물질의 총 노출량 적정관리 방안
> • 식품 등의 기준 및 규격의 재평가에 관한 사항
> • 그 밖에 식품 등의 기준 및 규격 관리에 필요한 사항

---

(3) 위해평가 결과 등에 관한 공표(법 제15조의2)

① 식품의약품안전처장은 위해평가 결과에 관한 사항을 공표할 수 있으며, 평가의 결과를 인터넷 홈페이지, 신문, 방송 등을 통하여 공표할 수 있다.(시행령 제15조의2)

② 중앙행정기관의 장, 특별시장·광역시장·특별자치시장·도지사·특별자치도지사(이하 "시·도지사"라 한다), 시장·군수·구청장(자치구의 구청장을 말한다. 이하 같다) 또는 대통령령으로 정하는 공공기관(「공공기관의 운영에 관한 법률」에 따른 공공기관을 말한다)의 장은 식품의 위해 여부가 의심되는 경우나 위해와 관련된 사실을 공표하려는 경우로서 위해평가가 필요한 경우에는 반드시 식품의약품안전처장에게 그 사실을 미리 알리고 협의하여야 한다.

③ ①에 따른 공표방법 등 공표에 필요한 사항은 대통령령으로 정한다.

(4) 소비자 등의 위생검사 등 요청(법 제16조)

① 식품의약품안전처장(대통령령으로 정하는 그 소속 기관의 장·지방식품의약품안전청장을 포함한다. 이하 이 조에서 같다), 시·도지사 또는 시장·군수·구청장은 대통령령으로 정하는 일정 수 이상의 소비자(같은 영업소에 의하여 같은 피해를 입은 5명 이상의 소비자), 소비자단체 또는 「식품·의약품분야 시험·검사 등에 관한 법률」에 따른 시험·검사기관 중 총리령으로 정하는 시험·검사기관이 식품 등 또는 영업시설 등에 대하여 출입·검사·수거 등(이하 이 조에서 "위생검사 등"이라 한다)을 요청하는 경우에는 이에 따라야 한다. 다만, 다음 각 호의 어느 하나에 해당하는 경우에는 그러하지 아니하다.

㉠ 같은 소비자, 소비자단체 또는 시험·검사기관이 특정 영업자의 영업을 방해할 목적으로 같은 내용의 위생검사 등을 반복적으로 요청하는 경우
㉡ 식품의약품안전처장, 시·도지사 또는 시장·군수·구청장이 기술 또는 시설, 재원(財源) 등의 사유로 위생검사 등을 할 수 없다고 인정하는 경우

② 위생검사등 요청서… 출입·검사·수거(이하 "위생검사등"이라 한다)을 요청하려는 자는 요청서에 요청인의 신분을 확인할 수 있는 증명서를 첨부하여 식품의약품안전처장, 지방식품의약품안전청장, 특별시장·광역시장·특별자치시장·도지사·특별자치도지사(이하 "시·도지사"라 한다) 또는 시장·군수·구청장(자치구의 구청장을 말한다. 이하 같다)에게 제출하여야 한다. (시행규칙 제9조)

③ **식품위생검사기관(시행규칙 제9조의2)**
㉠ 식품의약품안전평가원
㉡ 지방식품의약품안전청
㉢ 시·도 보건환경연구원

상세한 해설

매 문제 상세한 해설을 달아 문제풀이만으로도 개념학습이 가능하도록 하였습니다. 문제풀이와 함께 이론정리를 함으로써 완벽하게 학습할 수 있습니다.

별표 참조 구분

시행령, 시행규칙에 따로 붙인 표시나 도표를 별도로 구분하여 수록함으로써 법제처를 따로 찾아보아야 하는 번거로움을 없앴습니다.

CONTENTS

CONTENTS

조리직 공무원

위생관계법규

PART

01

식품위생법

총칙

(1) 목적〈법 제1조〉

이 법은 식품으로 인하여 생기는 위생상의 위해(危害)를 방지하고 식품영양의 질적 향상을 도모하며 식품에 관한 올바른 정보를 제공하여 국민보건의 증진에 이바지함을 목적으로 한다.

(2) 정의〈법 제2조〉

이 법에서 사용하는 용어의 뜻은 다음과 같다.

① "식품"이란 모든 음식물(의약으로 섭취하는 것은 제외한다)을 말한다.

② "식품첨가물"이란 식품을 제조·가공·조리 또는 보존하는 과정에서 감미(甘味), 착색(着色), 표백(漂白) 또는 산화방지 등을 목적으로 식품에 사용되는 물질을 말한다. 이 경우 기구(器具)·용기·포장을 살균·소독하는 데에 사용되어 간접적으로 식품으로 옮아갈 수 있는 물질을 포함한다.

③ "화학적 합성품"이란 화학적 수단으로 원소(元素) 또는 화합물에 분해 반응 외의 화학 반응을 일으켜서 얻은 물질을 말한다.

④ "기구"란 다음 각 목의 어느 하나에 해당하는 것으로서 식품 또는 식품첨가물에 직접 닿는 기계·기구나 그 밖의 물건(농업과 수산업에서 식품을 채취하는 데에 쓰는 기계·기구나 그 밖의 물건은 제외한다)을 말한다.
   ㉠ 음식을 먹을 때 사용하거나 담는 것
   ㉡ 식품 또는 식품첨가물을 채취·제조·가공·조리·저장·소분[(小分) : 완제품을 나누어 유통을 목적으로 재포장하는 것을 말한다. 이하 같다]·운반·진열할 때 사용하는 것

⑤ "용기·포장"이란 식품 또는 식품첨가물을 넣거나 싸는 것으로서 식품 또는 식품첨가물을 주고받을 때 함께 건네는 물품을 말한다.

⑥ "위해"란 식품, 식품첨가물, 기구 또는 용기·포장에 존재하는 위험요소로서 인체의 건강을 해치거나 해칠 우려가 있는 것을 말한다.

⑦ "영업"이란 식품 또는 식품첨가물을 채취·제조·가공·조리·저장·소분·운반 또는 판매하거나 기구 또는 용기·포장을 제조·운반·판매하는 업(농업과 수산업에 속하는 식품 채취업은 제외한다)을 말한다.

⑧ "영업자"란 영업허가를 받은 자나 영업신고를 한 자 또는 영업등록을 한 자를 말한다.

⑨ "식품위생"이란 식품, 식품첨가물, 기구 또는 용기·포장을 대상으로 하는 음식에 관한 위생을 말한다.

⑩ "집단급식소"란 영리를 목적으로 하지 아니하면서 특정 다수인에게 계속하여 음식물을 공급하는 다음 각 목의 어느 하나에 해당하는 곳의 급식시설로서 대통령령으로 정하는 시설을 말하며, 집단급식소는 1회 50명 이상에게 식사를 제공하는 급식소를 말한다. 〈시행령 제2조〉

   ㉠ 기숙사

   ㉡ 학교

   ㉢ 병원

   ㉣ 「사회복지사업법」의 사회복지시설

   ㉤ 산업체

   ㉥ 국가, 지방자치단체 및 「공공기관의 운영에 관한 법률」에 따른 공공기관

   ㉦ 그 밖의 후생기관 등

⑪ "식품이력추적관리"란 식품을 제조·가공단계부터 판매단계까지 각 단계별로 정보를 기록·관리하여 그 식품의 안전성 등에 문제가 발생할 경우 그 식품을 추적하여 원인을 규명하고 필요한 조치를 할 수 있도록 관리하는 것을 말한다.

⑫ "식중독"이란 식품 섭취로 인하여 인체에 유해한 미생물 또는 유독물질에 의하여 발생하였거나 발생한 것으로 판단되는 감염성 질환 또는 독소형 질환을 말한다.

⑬ "집단급식소에서의 식단"이란 급식대상 집단의 영양섭취기준에 따라 음식명, 식재료, 영양성분, 조리방법, 조리인력 등을 고려하여 작성한 급식계획서를 말한다.

(3) 식품 등의 취급〈법 제3조〉

① 누구든지 판매(판매 외의 불특정 다수인에 대한 제공을 포함한다. 이하 같다)를 목적으로 식품 또는 식품첨가물을 채취·제조·가공·사용·조리·저장·소분·운반 또는 진열을 할 때에는 깨끗하고 위생적으로 하여야 한다.

② 영업에 사용하는 기구 및 용기·포장은 깨끗하고 위생적으로 다루어야 한다.

③ 식품, 식품첨가물, 기구 또는 용기·포장(이하 "식품 등"이라 한다)의 위생적인 취급에 관한 기준은 총리령으로 정하며, 식품 등의 위생적인 취급에 관한 기준은 다음과 같다.

식품등의 위생적인 취급에 관한 기준〈시행규칙 별표 1〉

1. 식품등을 취급하는 원료보관실·제조가공실·조리실·포장실 등의 내부는 항상 청결하게 관리하여야 한다.
2. 식품등의 원료 및 제품 중 부패·변질이 되기 쉬운 것은 냉동·냉장시설에 보관·관리하여야 한다.
3. 식품등의 보관·운반·진열시에는 식품등의 기준 및 규격이 정하고 있는 보존 및 유통기준에 적합하도록 관리하여야 하고, 이 경우 냉동·냉장시설 및 운반시설은 항상 정상적으로 작동시켜야 한다.
4. 식품등의 제조·가공·조리 또는 포장에 직접 종사하는 사람은 위생모를 착용하는 등 개인위생관리를 철저히 하여야 한다.
5. 제조·가공(수입품을 포함한다)하여 최소판매 단위로 포장(위생상 위해가 발생할 우려가 없도록 포장되고, 제품의 용기·포장에 적합한 표시가 되어 있는 것을 말한다)된 식품 또는 식품첨가물을 허가를 받지 아니하거나 신고를 하지 아니하고 판매의 목적으로 포장을 뜯어 분할하여 판매하여서는 아니 된다. 다만, 컵라면, 일회용 다류, 그 밖의 음식류에 뜨거운 물을 부어주거나, 호빵 등을 따뜻하게 데워 판매하기 위하여 분할하는 경우는 제외한다.
6. 식품등의 제조·가공·조리에 직접 사용되는 기계·기구 및 음식기는 사용 후에 세척·살균하는 등 항상 청결하게 유지·관리하여야 하며, 어류·육류·채소류를 취급하는 칼·도마는 각각 구분하여 사용하여야 한다.
7. 유통기한이 경과된 식품 등을 판매하거나 판매의 목적으로 진열·보관하여서는 아니 된다.

01 출제예상문제

1 다음 중 식품위생법의 목적으로 맞지 않는 것은?

① 위생상의 위해 방지
② 식품영양의 질적 향상
③ 식품에 관한 올바른 정보제공
④ 국민건강의 발전을 위하여

> **NOTE** 이 법은 식품으로 인하여 생기는 위생상의 위해(危害)를 방지하고 식품영양의 질적 향상을 도모하며 식품에 관한 올바른 정보를 제공하여 국민보건의 증진에 이바지함을 목적으로 한다.〈법 제1조〉

2 다음 중 식품위생법 상의 용어에 대한 설명으로 맞지 않는 것은?

① "화학적 합성품"이란 화학적 수단으로 원소(元素) 또는 화합물에 분해 반응 외의 화학 반응을 일으켜서 얻은 물질을 말한다.
② "용기·포장"이란 식품 또는 식품첨가물을 넣거나 싸는 것으로서 식품 또는 식품첨가물을 주고받을 때 함께 건네는 물품을 말한다.
③ "영업자"란 영업허가를 받은 자를 말한다.
④ "위해"란 식품, 식품첨가물, 기구 또는 용기·포장에 존재하는 위험요소로서 인체의 건강을 해치거나 해칠 우려가 있는 것을 말한다.

> **NOTE** ③ "영업자"란 식영업허가를 받은 자나 영업신고를 한 자 또는 영업등록을 한 자를 말한다.

ANSWER 1.④ 2.③

3 다음 중 식품위생법 상 집단급식소는 1회 몇 명 이상에게 식사를 제공하는 급식소를 말하는가?

① 50명   ② 100명

③ 70명   ④ 150명

> **NOTE** "집단급식소"란 영리를 목적으로 하지 아니하면서 특정 다수인에게 계속하여 음식물을 공급하는 다음 각 목의 어느 하나에 해당하는 곳의 급식시설로서 대통령령으로 정하는 시설을 말하며, 집단급식소는 1회 50명 이상에게 식사를 제공하는 급식소를 말한다.〈시행령 제2조〉
> ㉠ 기숙사
> ㉡ 학교
> ㉢ 병원
> ㉣ 사회복지시설
> ㉤ 산업체
> ㉥ 국가, 지방자치단체 및 공공기관
> ㉦ 그 밖의 후생기관 등

4 다음 중 식품위생법 상 집단급식시설로 맞지 않는 것은?

① 기숙사   ② 학교

③ 건설현장의 식당   ④ 사회복지시설

> **NOTE** "집단급식소"란 영리를 목적으로 하지 아니하면서 특정 다수인에게 계속하여 음식물을 공급하는 다음 각 목의 어느 하나에 해당하는 곳의 급식시설로서 대통령령으로 정하는 시설을 말하며, 집단급식소는 1회 50명 이상에게 식사를 제공하는 급식소를 말한다.〈시행령 제2조〉
> ㉠ 기숙사
> ㉡ 학교
> ㉢ 병원
> ㉣ 「사회복지사업법」의 사회복지시설
> ㉤ 산업체
> ㉥ 국가, 지방자치단체 및 「공공기관의 운영에 관한 법률」에 따른 공공기관

5 다음 중 식품위생법 상의 용어에 대한 설명 중 "급식대상 집단의 영양섭취기준에 따라 음식명, 식재료, 영양성분, 조리방법, 조리인력 등을 고려하여 작성한 급식계획서"를 의미하는 것은?

① 식품첨가물
② 식품위생
③ 식품이력추적관리
④ 집단급식소에서의 식단

> **NOTE** ① "식품첨가물"이란 식품을 제조·가공·조리 또는 보존하는 과정에서 감미·착색·표백 또는 산화방지 등을 목적으로 식품에 사용되는 물질을 말한다.
> ② "식품위생"이란 식품, 식품첨가물, 기구 또는 용기·포장을 대상으로 하는 음식에 관한 위생을 말한다.
> ③ "식품이력추적관리"란 식품을 제조·가공단계부터 판매단계까지 각 단계별로 정보를 기록·관리하여 그 식품의 안전성 등에 문제가 발생할 경우 그 식품을 추적하여 원인을 규명하고 필요한 조치를 할 수 있도록 관리하는 것을 말한다.
> ④ "집단급식소에서의 식단"이란 급식대상 집단의 영양섭취기준에 따라 음식명, 식재료, 영양성분, 조리방법, 조리인력 등을 고려하여 작성한 급식계획서를 말한다.

6 다음 중 식품위생법상 식품 등의 위생적인 취급에 관한 기준으로 보기 어려운 것은?

① 식품 등을 취급하는 원료보관실·제조가공실·조리실·포장실 등의 내부는 항상 청결하게 관리하여야 한다.
② 식품 등의 원료 및 제품 중 부패·변질이 되기 쉬운 것은 반드시 냉장시설에 보관·관리하여야 한다.
③ 식품 등의 보관·운반·진열시에는 식품등의 기준 및 규격이 정하고 있는 보존 및 유통기준에 적합하도록 관리하여야 하고, 이 경우 냉동·냉장시설 및 운반시설은 항상 정상적으로 작동시켜야 한다.
④ 유통기한이 경과된 식품 등을 판매하거나 판매의 목적으로 진열·보관하여서는 아니 된다.

> **NOTE** 식품 등의 원료 및 제품 중 부패·변질이 되기 쉬운 것은 냉동·냉장시설에 보관·관리하여야 한다.〈시행규칙 제2조 별표 1〉

식품과 식품첨가물

(1) 위해식품 등의 판매 등 금지〈법 제4조〉

누구든지 다음 각 호의 어느 하나에 해당하는 식품 등을 판매하거나 판매할 목적으로 채취·제조·수입·가공·사용·조리·저장·소분·운반 또는 진열하여서는 아니 된다.

① 썩거나 상하거나 설익어서 인체의 건강을 해칠 우려가 있는 것

② 유독·유해물질이 들어 있거나 묻어 있는 것 또는 그러할 염려가 있는 것. 다만, 식품의약품안전처장이 인체의 건강을 해칠 우려가 없다고 인정하는 것은 제외하며, 인체의 건강을 해칠 우려가 없다고 식품의약품안전처장이 인정하여 판매 등의 금지를 하지 아니할 수 있는 것은 다음 각 호의 어느 하나에 해당하는 것으로 한다.〈시행규칙 제3조〉

　㉠ 식품등의 제조·가공 등에 관한 기준 및 성분에 관한 규격(이하 "식품등의 기준 및 규격"이라 한다)에 적합한 것

　㉡ 식품등의 기준 및 규격이 정해지지 아니한 것으로서 식품의약품안전처장이 식품위생심의위원회의 심의를 거쳐 유해의 정도가 인체의 건강을 해칠 우려가 없다고 인정한 것

③ 병(病)을 일으키는 미생물에 오염되었거나 그러할 염려가 있어 인체의 건강을 해칠 우려가 있는 것

④ 불결하거나 다른 물질이 섞이거나 첨가(添加)된 것 또는 그 밖의 사유로 인체의 건강을 해칠 우려가 있는 것

⑤ 안전성 심사 대상인 농·축·수산물 등 가운데 안전성 심사를 받지 아니하였거나 안전성 심사에서 식용(食用)으로 부적합하다고 인정된 것

⑥ 수입이 금지된 것 또는 「수입식품안전관리 특별법」에 따른 수입신고를 하지 아니하고 수입한 것

⑦ 영업자가 아닌 자가 제조·가공·소분한 것

(2) 병든 동물 고기 등의 판매 등 금지〈법 제5조〉

누구든지 총리령으로 정하는 질병에 걸렸거나 걸렸을 염려가 있는 동물이나 그 질병에 걸려 죽은 동물의 고기·뼈·젖·장기 또는 혈액을 식품으로 판매하거나 판매할 목적으로 채취·수입·가공·사용·조리·저장·소분 또는 운반하거나 진열하여서는 아니 되며, "총리령으로 정하는 질병"이란 다음 각 호의 질병을 말한다.〈시행규칙 제4조〉

① 「축산물 위생관리법 시행규칙」 별표 3에 따라 도축이 금지되는 가축전염병

> 「축산물 위생관리법 시행규칙」 별표 3 제1호 다목
> 검사관은 가축의 검사 결과 다음에 해당되는 가축에 대해서는 도축을 금지하도록 하여야 한다.
> (1) 다음의 가축질병에 걸렸거나 걸렸다고 믿을 만한 역학조사·정밀검사 결과나 임상증상이 있는 가축
>   ㈎ 우역(牛疫)·우폐역(牛肺疫)·구제역(口蹄疫)·탄저(炭疽)·기종저(氣腫疽)·불루텅병·리프트계곡열·럼프스킨병·가성우역(假性牛疫)·소유행열·결핵병(結核病)·브루셀라병·요네병(전신증상을 나타낸 것만 해당한다)·스크래피·소해면상뇌증(海綿狀腦症: BSE)·소류코시스(임상증상을 나타낸 것만 해당한다)·아나플라즈마병(아나플라즈마 마지나레만 해당한다)·바베시아병(바베시아 비제미나 및 보비스만 해당한다)·타이레리아병(타이레리아 팔마 및 에눌라타만 해당한다)
>   ㈏ 돼지열병·아프리카돼지열병·돼지수포병(水疱病)·돼지텟센병·돼지단독·돼지일본뇌염
>   ㈐ 양두(羊痘)·수포성구내염(水疱性口內炎)·비저(鼻疽)·말전염성빈혈·아프리카마역(馬疫)·광견병(狂犬病)
>   ㈑ 뉴캣슬병·가금콜레라·추백리(雛白痢)·조류(鳥類)인플루엔자·닭전염성후두기관염·닭전염성기관지염·가금티프스
>   ㈒ 현저한 증상을 나타내거나 인체에 위해를 끼칠 우려가 있다고 판단되는 파상풍·농독증·패혈증·요독증·황달·수종·종양·중독증·전신쇠약·전신빈혈증·이상고열증상·주사반응(생물학적제제에 의하여 현저한 반응을 나타낸 것만 해당한다)
> (2) 강제로 물을 먹였거나 먹였다고 믿을 만한 역학조사·정밀검사 결과나 임상증상이 있는 가축

② 리스테리아병, 살모넬라병, 파스튜렐라병 및 선모충증

(3) 기준·규격이 정하여지지 아니한 화학적 합성품 등의 판매 등 금지〈법 제6조〉

누구든지 다음 각 호의 어느 하나에 해당하는 행위를 하여서는 아니 된다. 다만, 식품의약품안전처장이 식품위생심의위원회(이하 "심의위원회"라 한다)의 심의를 거쳐 인체의 건강을 해칠 우려가 없다고 인정하는 경우에는 그러하지 아니하다.

① 기준·규격이 정하여지지 아니한 화학적 합성품인 첨가물과 이를 함유한 물질을 식품첨가물로 사용하는 행위

② 식품첨가물이 함유된 식품을 판매하거나 판매할 목적으로 제조·수입·가공·사용·조리·저장·소분·운반 또는 진열하는 행위

(4) 식품 또는 식품첨가물에 관한 기준 및 규격〈법 제7조〉

① 식품의약품안전처장은 국민보건을 위하여 필요하면 판매를 목적으로 하는 식품 또는 식품첨가물에 관한 다음 각 호의 사항을 정하여 고시한다.
  ㉠ 제조·가공·사용·조리·보존 방법에 관한 기준
  ㉡ 성분에 관한 규격

② 식품의약품안전처장은 기준과 규격이 고시되지 아니한 식품 또는 식품첨가물의 기준과 규격을 인정받으려는 자에게 ① 각 호의 사항을 제출하게 하여 「식품·의약품분야 시험·검사 등에 관한 법률」에 따라 식품의약품안전처장이 지정한 식품전문 시험·검사기관 또는 총리령으로 정하는 시험·검사기관의 검토를 거쳐 기준과 규격이 고시될 때까지 그 식품 또는 식품첨가물의 기준과 규격으로 인정할 수 있다.

③ 식품등의 한시적 기준 및 규격의 인정 등〈시행규칙 제5조〉
  ㉠ 한시적으로 제조·가공 등에 관한 기준과 성분에 관한 규격을 인정받을 수 있는 식품등은 다음 각 호와 같다.
    ㉮ 식품(원료로 사용되는 경우만 해당한다)
      ⓐ 국내에서 새로 원료로 사용하려는 농산물·축산물·수산물 등
      ⓑ 농산물·축산물·수산물 등으로부터 추출·농축·분리 등의 방법으로 얻은 것으로서 식품으로 사용하려는 원료
    ㉯ 식품첨가물 : 개별 기준 및 규격이 정하여지지 아니한 식품첨가물
    ㉰ 기구 또는 용기·포장 : 개별 기준 및 규격이 고시되지 아니한 식품 및 식품첨가물에 사용되는 기구 또는 용기·포장
  ㉡ 식품의약품안전처장은 「식품·의약품분야 시험·검사 등에 관한 법률」에 따라 지정된 식품전문 시험·검사기관 또는 총리령으로 정하는 시험·검사기관(이하 이 조에서 "식품 등 시험·검사기관"이라 한다)이 한시적으로 인정하는 식품등의 제조·가공 등에 관한 기준과 성분의 규격에 대하여 검토한 내용이 검토기준에 적합하지 아니하다고 인정하는 경우에는 그 식품 등 시험·검사기관에 시정을 요청할 수 있다.
  ㉢ 식품 등 시험·검사기관은 검토를 하는 데에 필요한 경우에는 그 검토를 의뢰한 자에게 관계 문헌, 원료 및 시험에 필요한 특수시약의 제출을 요청할 수 있다.
  ㉣ 한시적으로 인정하는 식품등의 제조·가공 등에 관한 기준과 성분의 규격에 관하여 필요한 세부 검토기준 등에 대해서는 식품의약품안전처장이 정하여 고시한다.

④ 수출할 식품 또는 식품첨가물의 기준과 규격은 수입자가 요구하는 기준과 규격을 따를 수 있다.

⑤ 기준과 규격이 정하여진 식품 또는 식품첨가물은 그 기준에 따라 제조·수입·가공·사용·조리·보존하여야 하며, 그 기준과 규격에 맞지 아니하는 식품 또는 식품첨가물은 판매하거나 판매할 목적으로 제조·수입·가공·사용·조리·저장·소분·운반·보존 또는 진열하여서는 아니 된다.

(5) 권장규격 예시 등〈법 제7조의2〉

① 식품의약품안전처장은 판매를 목적으로 하는 기준 및 규격이 설정되지 아니한 식품 등이 국민 보건상 위해 우려가 있어 예방조치가 필요하다고 인정하는 경우에는 그 기준 및 규격이 설정될 때까지 위해 우려가 있는 성분 등의 안전관리를 권장하기 위한 규격(이하 "권장규격"이라 한다)을 예시할 수 있다.

② 식품의약품안전처장은 권장규격을 예시할 때에는 국제식품규격위원회 및 외국의 규격 또는 다른 식품 등에 이미 규격이 신설되어 있는 유사한 성분 등을 고려하여야 하고 심의위원회의 심의를 거쳐야 한다.

③ 식품의약품안전처장은 영업자가 권장규격을 준수하도록 요청할 수 있으며 이행하지 아니한 경우 그 사실을 공개할 수 있다.

(6) 농약 등의 잔류허용기준 설정 요청 등〈법 제7조의3〉

① 식품에 잔류하는 「농약관리법」에 따른 농약, 「약사법」에 따른 동물용 의약품의 잔류허용기준 설정이 필요한 자는 식품의약품안전처장에게 신청하여야 한다.

② 수입식품에 대한 농약 및 동물용 의약품의 잔류허용기준 설정을 원하는 자는 식품의약품안전처장에게 관련 자료를 제출하여 기준 설정을 요청할 수 있다.

③ 식품의약품안전처장은 신청에 따라 잔류허용기준을 설정하는 경우 관계 행정기관의 장에게 자료제공 등의 협조를 요청할 수 있다. 이 경우 요청을 받은 관계 행정기관의 장은 특별한 사유가 없으면 이에 따라야 한다.

④ 신청 절차·방법 및 자료제출의 범위 등 세부사항은 총리령으로 정한다.

⑤ 농약 또는 동물용 의약품 잔류허용기준의 설정〈시행규칙 제5조의2〉
　㉠ 식품에 대하여 농약 또는 동물용 의약품 잔류허용기준(이하 "잔류허용기준"이라 한다)의 설정을 신청하려는 자는 설정 신청서(전자문서로 된 신청서를 포함한다)를 식품의약품안전처장에게 제출하여야 한다.

ⓛ 수입식품에 대한 잔류허용기준의 설정을 요청하려는 자는 설정 요청서(전자문서로 된 요청서를 포함한다)에 다음 각 호의 자료(전자문서를 포함한다)를 첨부하여 식품의약품안전처장에게 제출하여야 한다.

　　㉮ 농약 또는 동물용 의약품의 독성에 관한 자료와 그 요약서

　　㉯ 농약 또는 동물용 의약품의 식품 잔류에 관한 자료와 그 요약서

　　㉰ 국제식품규격위원회의 잔류허용기준에 관한 자료와 잔류허용기준의 설정에 관한 자료

　　㉱ 수출국의 잔류허용기준에 관한 자료와 잔류허용기준의 설정에 관한 자료

　　㉲ 수출국의 농약 또는 동물용 의약품의 표준품

ⓒ 식품의약품안전처장은 신청이나 요청 내용이 타당한 경우에는 잔류허용기준을 설정할 수 있으며, 잔류허용기준 설정 여부가 결정되면 지체 없이 그 사실을 신청인 또는 요청인에게 통보하여야 한다.

⑥ 잔류허용기준의 변경 등〈시행규칙 제5조의3〉

㉠ 잔류허용기준의 설정을 받은 자가 그 기준을 변경할 필요가 있는 경우에는 변경 신청서 또는 변경 요청서를 식품의약품안전처장에게 제출하여야 한다.

㉡ 잔류허용기준 설정을 신청 또는 요청하는 대신 잔류허용기준을 설정할 필요가 없음을 확인받으려는 자는 설정면제 신청서 또는 설정면제 요청서를 식품의약품안전처장에게 제출하여야 한다.

(7) 식품 등의 기준 및 규격 관리계획 등〈법 제7조의4〉

① 식품의약품안전처장은 관계 중앙행정기관의 장과의 협의 및 심의위원회의 심의를 거쳐 식품 등의 기준 및 규격 관리 기본계획(이하 "관리계획"이라 한다)을 5년마다 수립·추진할 수 있다.

② 관리계획에는 다음 각 호의 사항이 포함되어야 한다.

㉠ 식품 등의 기준 및 규격 관리의 기본 목표 및 추진방향

㉡ 식품 등의 유해물질 노출량 평가

㉢ 식품 등의 유해물질의 총 노출량 적정관리 방안

㉣ 식품 등의 기준 및 규격의 재평가에 관한 사항

㉤ 그 밖에 식품 등의 기준 및 규격 관리에 필요한 사항

③ 식품의약품안전처장은 관리계획을 시행하기 위하여 해마다 관계 중앙행정기관의 장과 협의하여 식품 등의 기준 및 규격 관리 시행계획(이하 "시행계획"이라 한다)을 수립하여야 한다.

④ 식품의약품안전처장은 관리계획 및 시행계획을 수립·시행하기 위하여 필요한 때에는 관계 중앙행정기관의 장 및 지방자치단체의 장에게 협조를 요청할 수 있다. 이 경우 협조를 요청받은 관계 중앙행정기관의 장 등은 특별한 사유가 없으면 이에 따라야 한다.

⑤ 관리계획에 포함되는 노출량 평가·관리의 대상이 되는 유해물질의 종류, 관리계획 및 시행계획의 수립·시행 등에 필요한 사항은 총리령으로 정한다.

⑥ 식품등의 기준 및 규격 관리 기본계획 등의 수립·시행〈시행규칙 제5조의4〉

　　㉠ 식품등의 기준 및 규격 관리 기본계획(이하 "관리계획"이라 한다)에 포함되는 노출량 평가·관리의 대상이 되는 유해물질의 종류는 다음 각 호와 같다.
　　　　㉮ 중금속
　　　　㉯ 곰팡이 독소
　　　　㉰ 유기성오염물질
　　　　㉱ 제조·가공 과정에서 생성되는 오염물질
　　　　㉲ 그 밖에 식품등의 안전관리를 위하여 식품의약품안전처장이 노출량 평가·관리가 필요하다고 인정한 유해물질
　　㉡ 식품의약품안전처장은 관리계획 및 식품등의 기준 및 규격 관리 시행계획을 수립·시행할 때에는 다음 각 호의 자료를 바탕으로 하여야 한다.
　　　　㉮ 식품등의 유해물질 오염도에 관한 자료
　　　　㉯ 식품등의 유해물질 저감화(低減化)에 관한 자료
　　　　㉰ 총식이조사(TDS, Total Diet Study)에 관한 자료
　　　　㉱ 「국민영양관리법」에 따른 영양 및 식생활 조사에 관한 자료

(8) 식품 등의 기준 및 규격의 재평가 등〈법 제7조의5〉

① 식품의약품안전처장은 관리계획에 따라 식품 등에 관한 기준 및 규격을 주기적으로 재평가하여야 한다.

② 재평가 대상, 방법 및 절차 등에 필요한 사항〈시행규칙 제5조의5〉

　　㉠ 재평가 대상은 다음 각 호와 같다.
　　　　㉮ 정해진 식품 또는 식품첨가물의 기준 및 규격
　　　　㉯ 정해진 기구 및 용기·포장의 기준 및 규격
　　㉡ 식품의약품안전처장은 재평가를 할 때에는 미리 그 계획서를 작성하여 식품위생심의위원회의 심의를 받아야 한다.
　　㉢ 재평가의 방법 및 절차에 관한 세부 사항은 식품의약품안전처장이 정하여 고시한다.

02 출제예상문제

1 다음 중 식품위생법 상 판매가 금지된 것으로 맞지 않는 것은?

① 썩거나 상하거나 설익어서 인체의 건강을 해칠 우려가 있는 것

② 유독 · 유해물질이 들어 있거나 묻어 있는 것

③ 영업자가 아닌 자가 제조 · 가공 · 소분한 것

④ 수입신고를 하고 수입한 것

> ■NOTE 위해식품 등의 판매 등 금지〈법 제4조〉
> ㉠ 썩거나 상하거나 설익어서 인체의 건강을 해칠 우려가 있는 것
> ㉡ 유독 · 유해물질이 들어 있거나 묻어 있는 것 또는 그러할 염려가 있는 것. 다만, 식품의약품안전처장이 인체의 건강을 해칠 우려가 없다고 인정하는 것은 제외한다.
> ㉢ 병(病)을 일으키는 미생물에 오염되었거나 그러할 염려가 있어 인체의 건강을 해칠 우려가 있는 것
> ㉣ 불결하거나 다른 물질이 섞이거나 첨가(添加)된 것 또는 그 밖의 사유로 인체의 건강을 해칠 우려가 있는 것
> ㉤ 안전성 심사 대상인 농 · 축 · 수산물 등 가운데 안전성 심사를 받지 아니하였거나 안전성 심사에서 식용(食用)으로 부적합하다고 인정된 것
> ㉥ 수입이 금지된 것 또는 「수입식품안전관리 특별법」에 따른 수입신고를 하지 아니하고 수입한 것
> ㉦ 영업자가 아닌 자가 제조 · 가공 · 소분한 것

2 다음 중 질병에 걸렸거나 걸렸을 염려가 있는 동물이나 그 질병에 걸려 죽은 동물의 부위 중 판매가 금지된 부위로 맞지 않는 것은?

① 고기　　　　　　　　　　② 혈액

③ 뼈　　　　　　　　　　　④ 가죽

> ■NOTE 병든 동물 고기 등의 판매 등 금지〈법 제5조〉… 누구든지 총리령으로 정하는 질병에 걸렸거나 걸렸을 염려가 있는 동물이나 그 질병에 걸려 죽은 동물의 고기 · 뼈 · 젖 · 장기 또는 혈액을 식품으로 판매하거나 판매할 목적으로 채취 · 수입 · 가공 · 사용 · 조리 · 저장 · 소분 또는 운반하거나 진열하여서는 아니 된다.

■ANSWER　1.④　2.④

3 다음 중 한시적으로 제조·가공 등에 관한 기준과 성분에 관한 규격을 인정받을 수 있는 식품 등으로 맞지 않는 것은?

① 국내에서 새로 원료로 사용하려는 농산물·축산물·수산물 등

② 농산물·축산물·수산물 등으로부터 추출·농축·분리 등의 방법으로 얻은 것으로서 식품으로 사용하려는 원료

③ 개별 기준 및 규격이 정하여진 식품첨가물

④ 개별 기준 및 규격이 고시되지 아니한 식품 및 식품첨가물에 사용되는 기구 또는 용기·포장

> **NOTE** 한시적으로 제조·가공 등에 관한 기준과 성분에 관한 규격을 인정받을 수 있는 식품 등은 다음 각 호와 같다.〈시행규칙 제5조〉
> ㉠ 식품(원료로 사용되는 경우만 해당한다)
> • 국내에서 새로 원료로 사용하려는 농산물·축산물·수산물 등
> • 농산물·축산물·수산물 등으로부터 추출·농축·분리 등의 방법으로 얻은 것으로서 식품으로 사용하려는 원료
> ㉡ 식품첨가물 : 개별 기준 및 규격이 정하여지지 아니한 식품첨가물
> ㉢ 기구 또는 용기·포장 : 개별 기준 및 규격이 고시되지 아니한 식품 및 식품첨가물에 사용되는 기구 또는 용기·포장

4 다음 중 국민보건을 위하여 필요하면 판매를 목적으로 하는 식품 또는 식품첨가물에 관한 기준과 규격을 정하여 고시하는 자로 알맞은 것은?

① 식품의약품안전처장
② 국무총리
③ 국립보건원장
④ 대통령

> **NOTE** 식품 또는 식품첨가물에 관한 기준 및 규격〈법 제7조〉
> 식품의약품안전처장은 국민보건을 위하여 필요하면 판매를 목적으로 하는 식품 또는 식품첨가물에 관한 다음 각 호의 사항을 정하여 고시한다.
> ㉠ 제조·가공·사용·조리·보존 방법에 관한 기준
> ㉡ 성분에 관한 규격

5 다음 중 식품위생법상 판매 또는 운반하거나 진열을 해서는 안되는 가축의 질병으로 맞지 않는 것은?

① 구제역

② 리스테리아병

③ 살모넬라병

④ 식체증

> **NOTE** 판매 등이 금지되는 병든 동물 고기 등〈시행규칙 제4조〉
> ㉠「축산물 위생관리법 시행규칙」 별표 3에 따라 도축이 금지되는 가축전염병
>   검사관은 가축의 검사 결과 다음에 해당되는 가축에 대해서는 도축을 금지하도록 하여야
>   한다.
>   • 나음의 가축질병에 걸렸거나 걸렸다고 믿을 만한 역학조사·정밀검사 결과나 임상증상이
>   있는 가축
>   – 우역(牛疫)·우폐역(牛肺疫)·구제역(口蹄疫)·탄저(炭疽)·기종저(氣腫疽)·불루텅병·리프
>   트계곡열·럼프스킨병·가성우역(假性牛疫)·소유행열·결핵병(結核病)·브루셀라병·요네
>   병(전신증상을 나타낸 것만 해당한다)·스크래피·소해면상뇌증(海綿狀腦症: BSE)·소류코
>   시스(임상증상을 나타낸 것만 해당한다)·아나플라즈마병(아나플라즈마 마지나레만 해당한
>   다)·바베시아병(바베시아 비제미나 및 보비스만 해당한다)·타이레리아병(타이레리아 팔마
>   및 에눌라타만 해당한다)
>   – 돼지열병·아프리카돼지열병·돼지수포병(水疱病)·돼지텟센병·돼지단독·돼지일본뇌염
>   – 양두(羊痘)·수포성구내염(水疱性口內炎)·비저(鼻疽)·말전염성빈혈·아프리카마역(馬疫)·
>   광견병(狂犬病)
>   – 뉴캣슬병·가금콜레라·추백리(雛白痢)·조류(鳥類)인플루엔자·닭전염성후두기관염·닭전
>   염성기관지염·가금티프스
>   – 현저한 증상을 나타내거나 인체에 위해를 끼칠 우려가 있다고 판단되는 파상풍·농독증·패
>   혈증·요독증·황달·수종·종양·중독증·전신쇠약·전신빈혈증·이상고열증상·주사반응
>   (생물학적제제에 의하여 현저한 반응을 나타낸 것만 해당한다)
>   • 강제로 물을 먹였거나 먹였다고 믿을 만한 역학조사·정밀검사 결과나 임상증상이 있는 가축
> ㉡ 리스테리아병, 살모넬라병, 파스튜렐라병 및 선모충증

6 수입식품에 대한 잔류허용기준의 설정을 요청하려는 자가 식품의약품안전처장에게 제출하여야 할 자료로 맞지 않는 것은?

① 농약 또는 동물용 의약품의 독성에 관한 자료와 그 요약서

② 수입국의 농약 또는 동물용 의약품의 표준품

③ 수출국의 잔류허용기준에 관한 자료와 잔류허용기준의 설정에 관한 자료

④ 농약 또는 동물용 의약품의 식품 잔류에 관한 자료와 그 요약서

> **NOTE** 수입식품에 대한 잔류허용기준의 설정을 요청하려는 자는 설정 요청서(전자문서로 된 요청서를 포함한다)에 다음 각 호의 자료(전자문서를 포함한다)를 첨부하여 식품의약품안전처장에게 제출하여야 한다.〈시행규칙 제5조의2〉
> ㉠ 농약 또는 동물용 의약품의 독성에 관한 자료와 그 요약서
> ㉡ 농약 또는 동물용 의약품의 식품 잔류에 관한 자료와 그 요약서
> ㉢ 국제식품규격위원회의 잔류허용기준에 관한 자료와 잔류허용기준의 설정에 관한 자료
> ㉣ 수출국의 잔류허용기준에 관한 자료와 잔류허용기준의 설정에 관한 자료
> ㉤ 수출국의 농약 또는 동물용 의약품의 표준품

7 다음 중 식품 등의 관리계획에 포함되어야 할 사항으로 맞지 않는 것은?

① 식품 등의 기준 및 규격 관리의 기본 목표 및 추진방향

② 식품 등의 유해물질 노출량 평가

③ 식품 등의 기준 및 규격의 재평가에 관한 사항

④ 식품 등의 유해물질의 최초 노출량의 적정관리 방안

> **NOTE** 식품 등의 기준 및 규격 관리계획 등〈법 제7조의4〉
> ㉠ 식품의약품안전처장은 관계 중앙행정기관의 장과의 협의 및 심의위원회의 심의를 거쳐 식품 등의 기준 및 규격 관리 기본계획(이하 "관리계획"이라 한다)을 5년마다 수립·추진할 수 있다.
> ㉡ 관리계획에는 다음 각 호의 사항이 포함되어야 한다.
> • 식품 등의 기준 및 규격 관리의 기본 목표 및 추진방향
> • 식품 등의 유해물질 노출량 평가
> • 식품 등의 유해물질의 총 노출량 적정관리 방안
> • 식품 등의 기준 및 규격의 재평가에 관한 사항
> • 그 밖에 식품 등의 기준 및 규격 관리에 필요한 사항

8 다음 중 식품의약품안전처장은 관계 중앙행정기관의 장과의 협의 및 심의위원회의 심의를 거쳐 식품 등의 기준 및 규격 관리 기본계획을 몇 년마다 수립 · 추진할 수 있는가?

① 3년
② 5년
③ 7년
④ 10년

> **NOTE** 식품 등의 기준 및 규격 관리계획 등⟨법 제7조의4⟩ ··· 식품의약품안전처장은 관계 중앙행정기관의 장과의 협의 및 심의위원회의 심의를 거쳐 식품 등의 기준 및 규격 관리 기본계획(이하 "관리계획"이라 한다)을 5년마다 수립 · 추진할 수 있다.

9 다음 중 식품 등의 기준 및 규격 관리 기본계획에 포함되는 노출량 평가 · 관리의 대상이 되는 유해물질의 종류로 맞지 않는 것은?

① 중금속
② 곰팡이 독소
③ 유기성오염물질
④ 판매 · 유통 과정에서 생성되는 오염물질

> **NOTE** 식품 등의 기준 및 규격 관리 기본계획(이하 "관리계획"이라 한다)에 포함되는 노출량 평가 · 관리의 대상이 되는 유해물질의 종류는 다음 각 호와 같다.⟨시행규칙 제5조의4⟩
> ㉠ 중금속
> ㉡ 곰팡이 독소
> ㉢ 유기성오염물질
> ㉣ 제조 · 가공 과정에서 생성되는 오염물질
> ㉤ 그 밖에 식품 등의 안전관리를 위하여 식품의약품안전처장이 노출량 평가 · 관리가 필요하다고 인정한 유해물질

ANSWER 8.② 9.④

10 식품의약품안전처장이 관리계획 및 식품 등의 기준 및 규격 관리 시행계획을 수립·시행할 경우 참고해야 할 자료로 보기 어려운 것은?

① 식품 등의 유해물질 발생원인에 관한 자료

② 식품 등의 유해물질 저감화(低減化)에 관한 자료

③ 총식이조사(TDS, Total Diet Study)에 관한 자료

④ 영양 및 식생활 조사에 관한 자료

> ▌**NOTE**▐ 식품의약품안전처장은 관리계획 및 식품 등의 기준 및 규격 관리 시행계획을 수립·시행할 때에는 다음 각 호의 자료를 바탕으로 하여야 한다.〈시행규칙 제5조의4〉
> ㉠ 식품 등의 유해물질 오염도에 관한 자료
> ㉡ 식품 등의 유해물질 저감화(低減化)에 관한 자료
> ㉢ 총식이조사(TDS, Total Diet Study)에 관한 자료
> ㉣ 「국민영양관리법」에 따른 영양 및 식생활 조사에 관한 자료

기구와 용기 · 포장

(1) 유독기구 등의 판매 · 사용 금지〈법 제8조〉

유독 · 유해물질이 들어 있거나 묻어 있어 인체의 건강을 해칠 우려가 있는 기구 및 용기 · 포장과 식품 또는 식품첨가물에 직접 닿으면 해로운 영향을 끼쳐 인체의 건강을 해칠 우려가 있는 기구 및 용기 · 포장을 판매하거나 판매할 목적으로 제조 · 수입 · 저장 · 운반 · 진열하거나 영업에 사용하여서는 아니 된다.

(2) 기구 및 용기 · 포장에 관한 기준 및 규격〈법 제9조〉

① 식품의약품안전처장은 국민보건을 위하여 필요한 경우에는 판매하거나 영업에 사용하는 기구 및 용기 · 포장에 관하여 다음 각 호의 사항을 정하여 고시한다.
  ㉠ 제조 방법에 관한 기준
  ㉡ 기구 및 용기 · 포장과 그 원재료에 관한 규격

② 식품의약품안전처장은 기준과 규격이 고시되지 아니한 기구 및 용기 · 포장의 기준과 규격을 인정받으려는 자에게 ① 각 호의 사항을 제출하게 하여 「식품 · 의약품분야 시험 · 검사 등에 관한 법률」에 따라 식품의약품안전처장이 지정한 식품전문 시험 · 검사기관 또는 총리령으로 정하는 시험 · 검사기관의 검토를 거쳐 기준과 규격이 고시될 때까지 해당 기구 및 용기 · 포장의 기준과 규격으로 인정할 수 있다.

③ 수출할 기구 및 용기 · 포장과 그 원재료에 관한 기준과 규격은 수입자가 요구하는 기준과 규격을 따를 수 있다.

④ 기준과 규격이 정하여진 기구 및 용기 · 포장은 그 기준에 따라 제조하여야 하며, 그 기준과 규격에 맞지 아니한 기구 및 용기 · 포장은 판매하거나 판매할 목적으로 제조 · 수입 · 저장 · 운반 · 진열하거나 영업에 사용하여서는 아니 된다.

03 출제예상문제

1 다음 중 국민보건을 위하여 판매하거나 영업에 사용하는 기구 및 용기·포장에 관하여 제조방법과 원재료에 관한 규격을 정하여 고시하는 자는 누구인가?

① 식품의약품안전처장   ② 보건복지부장관

③ 식약청장   ④ 국무총리

> **NOTE** 기구 및 용기·포장에 관한 기준 및 규격〈법 제9조〉
> 식품의약품안전처장은 국민보건을 위하여 필요한 경우에는 판매하거나 영업에 사용하는 기구 및 용기·포장에 관하여 다음 각 호의 사항을 정하여 고시한다.
> ㉠ 제조 방법에 관한 기준
> ㉡ 기구 및 용기·포장과 그 원재료에 관한 규격

2 다음 중 기구와 용기·포장에 대한 설명으로 맞지 않는 것은?

① 유독·유해물질이 들어 있거나 묻어 있어 인체의 건강을 해칠 우려가 있는 기구 및 용기는 판매 및 진열을 해서는 아니 된다.

② 식품의약품안전처장은 기준과 규격이 고시되지 아니한 기구 및 용기·포장의 기준과 규격을 인정받으려는 자에게 식품의약품안전처장이 지정한 식품전문 시험·검사기관의 검토를 거쳐 기준과 규격이 고시될 때까지 해당 기구 및 용기·포장의 기준과 규격으로 인정할 수 있다.

③ 수출할 기구 및 용기·포장과 그 원재료에 관한 기준과 규격은 수입자가 요구하는 기준과 규격을 따라서는 아니 된다.

④ 기준과 규격에 맞지 아니한 기구 및 용기·포장은 판매하거나 판매할 목적으로 제조·수입·저장·운반·진열하거나 영업에 사용하여서는 아니 된다.

> **NOTE** 수출할 기구 및 용기·포장과 그 원재료에 관한 기준과 규격은 수입자가 요구하는 기준과 규격을 따를 수 있다.〈법 제9조〉

ANSWER   1.①   2.③

04 식품 등의 공전(公典) 및 검사 등

(1) 식품 등의 공전〈법 제14조〉

식품의약품안전처장은 다음 각 호의 기준 등을 실은 식품 등의 공전을 작성·보급하여야 한다.

① 정하여진 식품 또는 식품첨가물의 기준과 규격

② 정하여진 기구 및 용기·포장의 기준과 규격

(2) 위해평가〈법 제15조〉

① 식품의약품안전처장은 국내외에서 유해물질이 함유된 것으로 알려지는 등 위해의 우려가 제기되는 식품 등이 위해식품 또는 유독·유해물질 함유식품 등에 해당한다고 의심되는 경우에는 그 식품 등의 위해요소를 신속히 평가하여 그것이 위해식품 등인지를 결정하여야 하며, **위해평가의 대상 등**은 다음과 같다.

  ㉠ 식품, 식품첨가물, 기구 또는 용기·포장(이하 "식품등"이라 한다)의 **위해평가**(이하 "위해평가"라 한다) 대상은 다음 각 호로 한다.〈시행령 제4조〉

  ㉮ 국제식품규격위원회 등 국제기구 또는 외국 정부가 인체의 건강을 해칠 우려가 있다고 인정하여 판매하거나 판매할 목적으로 채취·제조·수입·가공·사용·조리·저장·소분(小分: 완제품을 나누어 유통을 목적으로 재포장하는 것을 말한다. 이하 같다)·운반 또는 진열을 금지하거나 제한한 식품 등

  ㉯ 국내외의 연구·검사기관에서 인체의 건강을 해칠 우려가 있는 원료 또는 성분 등이 검출된 식품 등

  ㉰ 「소비자기본법」에 따라 등록한 소비자단체 또는 식품 관련 학회가 위해평가를 요청한 식품 등으로서 식품위생심의위원회(이하 "심의위원회"라 한다)가 인체의 건강을 해칠 우려가 있다고 인정한 식품 등

  ㉱ 새로운 원료·성분 또는 기술을 사용하여 생산·제조·조합되거나 안전성에 대한 기준 및 규격이 정하여지지 아니하여 인체의 건강을 해칠 우려가 있는 식품 등

  ㉡ 위해평가에서 평가하여야 할 위해요소는 다음 각 호의 요인으로 한다.〈시행령 제4조〉

  ㉮ 잔류농약, 중금속, 식품첨가물, 잔류 동물용 의약품, 환경오염물질 및 제조·가공·조리과정에서 생성되는 물질 등 화학적 요인

      ⓝ 식품 등의 형태 및 이물(異物) 등 물리적 요인

      ⓓ 식중독 유발 세균 등 미생물적 요인

  ⓒ 위해평가는 다음 각 호의 과정을 순서대로 거친다. 다만, 식품의약품안전처장이 현재의 기술수준이나 위해요소의 특성에 따라 따로 방법을 정한 경우에는 그에 따를 수 있다.〈시행령 제4조〉

      ㉮ 위해요소의 인체 내 독성을 확인하는 위험성 확인과정

      ㉯ 위해요소의 인체노출 허용량을 산출하는 위험성 결정과정

      ㉰ 위해요소가 인체에 노출된 양을 산출하는 노출평가과정

      ㉱ 위험성 확인과정, 위험성 결정과정 및 노출평가과정의 결과를 종합하여 해당 식품등이 건강에 미치는 영향을 판단하는 위해도(危害度) 결정과정

  ⓔ 심의위원회는 각 과정별 결과 등에 대하여 심의·의결하여야 한다. 다만, 해당 식품 등에 대하여 국제식품규격위원회 등 국제기구 또는 국내외의 연구·검사기관에서 이미 위해평가를 실시하였거나 위해요소에 대한 과학적 시험·분석 자료가 있는 경우에는 심의·의결을 한 것으로 본다.

  ⓜ 위해평가의 방법, 기준 및 절차 등에 관한 세부 사항은 식품의약품안전처장이 정하여 고시한다.

② 식품의약품안전처장은 위해평가가 끝나기 전까지 국민건강을 위하여 예방조치가 필요한 식품 등에 대하여는 판매하거나 판매할 목적으로 채취·제조·수입·가공·사용·조리·저장·소분·운반 또는 진열하는 것을 일시적으로 금지할 수 있다. 다만, 국민건강에 급박한 위해가 발생하였거나 발생할 우려가 있다고 식품의약품안전처장이 인정하는 경우에는 그 금지조치를 하여야 한다.

③ 식품의약품안전처장은 일시적 금지조치를 하려면 미리 심의위원회의 심의·의결을 거쳐야 한다. 다만, 국민건강을 급박하게 위해할 우려가 있어서 신속히 금지조치를 하여야 할 필요가 있는 경우에는 먼저 일시적 금지조치를 한 뒤 지체 없이 심의위원회의 심의·의결을 거칠 수 있다.

④ 심의위원회는 심의하는 경우 대통령령으로 정하는 이해관계인(법 제15조제2항에 따른 일시적 금지조치로 인하여 영업상의 불이익을 받았거나 받게 되는 영업자를 말한다.)의 의견을 들어야 한다.〈시행령 제5조〉

⑤ 식품의약품안전처장은 위해평가나 단서(다만, 국민건강을 급박하게 위해할 우려가 있어서 신속히 금지조치를 하여야 할 필요가 있는 경우에는 먼저 일시적 금지조치를 한 뒤 지체 없이 심의위원회의 심의·의결을 거칠 수 있다.)에 따른 사후 심의위원회의 심의·의결에서 위해가 없다고 인정된 식품 등에 대하여는 지체 없이 일시적 금지조치를 해제하여야 한다.

⑥ 위해평가의 대상, 방법 및 절차, 그 밖에 필요한 사항은 대통령령으로 정한다.

(3) 위해평가 결과 등에 관한 공표〈법 제15조의2〉

① 식품의약품안전처장은 위해평가 결과에 관한 사항을 공표할 수 있으며, 평가의 결과를 인터넷 홈페이지, 신문, 방송 등을 통하여 공표할 수 있다.〈시행령 제5조의2〉

② 중앙행정기관의 장, 특별시장·광역시장·특별자치시장·도지사·특별자치도지사(이하 "시·도지사"라 한다), 시장·군수·구청장(자치구의 구청장을 말한다. 이하 같다) 또는 대통령령으로 정하는 공공기관(「공공기관의 운영에 관한 법률」에 따른 공공기관을 말한다.)의 장은 식품의 위해 여부가 의심되는 경우나 위해와 관련된 사실을 공표하려는 경우로서 위해평가가 필요한 경우에는 반드시 식품의약품안전처장에게 그 사실을 미리 알리고 협의하여야 한다.

③ ①에 따른 공표방법 등 공표에 필요한 사항은 대통령령으로 정한다.

(4) 소비자 등의 위생검사 등 요청〈법 제16조〉

① 식품의약품안전처장[대통령령으로 정하는 그 소속 기관의 장(지방식품의약품안전청장)을 포함한다. 이하 이 조에서 같다], 시·도지사 또는 시장·군수·구청장은 대통령령으로 정하는 일정 수 이상의 소비자(같은 영업소에 의하여 같은 피해를 입은 5명 이상의 소비자), 소비자단체 또는 「식품·의약품분야 시험·검사 등에 관한 법률」에 따른 시험·검사기관 중 총리령으로 정하는 시험·검사기관이 식품 등 또는 영업시설 등에 대하여 출입·검사·수거 등(이하 이 조에서 "위생검사 등"이라 한다)을 요청하는 경우에는 이에 따라야 한다. 다만, 다음 각 호의 어느 하나에 해당하는 경우에는 그러하지 아니하다.

    ㉠ 같은 소비자, 소비자단체 또는 시험·검사기관이 특정 영업자의 영업을 방해할 목적으로 같은 내용의 위생검사 등을 반복적으로 요청하는 경우

    ㉡ 식품의약품안전처장, 시·도지사 또는 시장·군수·구청장이 기술 또는 시설, 재원(財源) 등의 사유로 위생검사 등을 할 수 없다고 인정하는 경우

② 위생검사등 요청서 … 출입·검사·수거 등(이하 "위생검사등"이라 한다)을 요청하려는 자는 요청서에 요청인의 신분을 확인할 수 있는 증명서를 첨부하여 식품의약품안전처장, 지방식품의약품안전청장, 특별시장·광역시장·특별자치시장·도지사·특별자치도지사(이하 "시·도지사"라 한다) 또는 시장·군수·구청장(자치구의 구청장을 말한다. 이하 같다)에게 제출하여야 한다. 〈시행규칙 제9조〉

③ 식품위생검사기관〈시행규칙 제9조의2〉

    ㉠ 식품의약품안전평가원

    ㉡ 지방식품의약품안전청

    ㉢ 시·도 보건환경연구원

④ 식품의약품안전처장, 시·도지사 또는 시장·군수·구청장은 제①항에 따라 위생검사 등의 요청에 따르는 경우 14일 이내에 위생검사 등을 하고 그 결과를 대통령령으로 정하는 바에 따라 위생검사 등의 요청을 한 소비자, 소비자단체 또는 시험·검사기관에 알리고 인터넷 홈페이지에 게시하여야 하며, 위생검사 등의 결과를 알리는 경우에는 소비자의 대표자, 소비자단체의 장 또는 시험·검사 기관의 장이 요청하는 방법으로 하되, 따로 정하지 아니한 경우에는 문서로 한다.〈시행령 제6조〉

(5) 위해식품 등에 대한 긴급대응〈법 제17조〉

① 식품의약품안전처장은 판매하거나 판매할 목적으로 채취·제조·수입·가공·조리·저장·소분 또는 운반(이하 이 조에서 "제조·판매 등"이라 한다)되고 있는 식품 등이 다음 각 호의 어느 하나에 해당하는 경우에는 긴급대응방안을 마련하고 필요한 조치를 하여야 한다.

  ㉠ 국내외에서 식품 등 위해발생 우려가 총리령으로 정하는 과학적 근거에 따라 제기되었거나 제기된 경우

  ㉡ 그 밖에 식품 등으로 인하여 국민건강에 중대한 위해가 발생하거나 발생할 우려가 있는 경우로서 대통령령으로 정하는 다음에 해당하는 경우〈시행령 제7조〉

    ㉮ 국내외에서 위해식품등의 섭취로 인하여 사상자가 발생한 경우

    ㉯ 국내외의 연구·검사기관에서 인체의 건강을 해칠 심각한 우려가 있는 원료 또는 성분이 식품 등에서 검출된 경우

    ㉰ 질병에 걸린 동물을 사용하였거나 원료 또는 성분 등을 사용하여 제조·가공 또는 조리한 식품 등이 발견된 경우

② 긴급대응방안은 다음 각 호의 사항이 포함되어야 한다.

  ㉠ 해당 식품 등의 종류

  ㉡ 해당 식품 등으로 인하여 인체에 미치는 위해의 종류 및 정도

  ㉢ 제조·판매 등의 금지가 필요한 경우 이에 관한 사항

  ㉣ 소비자에 대한 긴급대응요령 등의 교육·홍보에 관한 사항

  ㉤ 그 밖에 식품 등의 위해 방지 및 확산을 막기 위하여 필요한 사항

③ 식품의약품안전처장은 긴급대응이 필요하다고 판단되는 식품 등에 대하여는 그 위해 여부가 확인되기 전까지 해당 식품 등의 제조·판매 등을 금지하여야 한다.

④ 영업자는 식품 등에 대하여는 제조·판매 등을 하여서는 아니 된다.

⑤ 식품의약품안전처장은 제조·판매 등을 금지하려면 미리 대통령령으로 정하는 이해관계인(금지 조치로 인하여 영업상의 불이익을 받거나 받게 되는 영업자를 말한다)의 의견을 들어야 한다.

⑥ 영업자는 금지조치에 대하여 이의가 있는 경우에는 대통령령으로 정하는 바에 따라 식품의약품 안전처장에게 해당 금지의 전부 또는 일부의 해제를 요청할 수 있으며, 해당 금지의 전부 또는 일부의 해제를 요청하려는 영업자는 총리령으로 정하는 해제 요청서를 식품의약품안전처장에게 제출하여야 한다. 또한 해제 요청서를 받은 식품의약품안전처장은 검토 결과를 지체 없이 해당 요청자에게 알려야 한다.

⑦ 해당 금지의 전부 또는 일부의 해제를 요청하려는 영업자는 해제 요청서에 「식품 · 의약품분야 시험 · 검사 등에 관한 법률」에 따라 지정된 식품전문 시험 · 검사기관 또는 총리령으로 정하는 시험 · 검사기관이 발행한 시험 · 검사성적서(이하 "검사성적서"라 한다)를 첨부하여 식품의약품 안전처장에게 제출하여야 한다. 〈시행규칙 제11조〉

⑧ 식품의약품안전처장은 식품 등으로 인하여 국민건강에 위해가 발생하지 아니하였거나 발생할 우려가 없어졌다고 인정하는 경우에는 금지의 전부 또는 일부를 해제하여야 한다.

⑨ 식품의약품안전처장은 국민건강에 급박한 위해가 발생하거나 발생할 우려가 있다고 인정되는 위해식품에 관한 정보를 국민에게 긴급하게 전달하여야 하는 경우로서 대통령령으로 정하는 요건에 해당하는 경우에는 「방송법」에 따른 방송사업자 중 대통령령으로 정하는 방송사업자에 대하여 이를 신속하게 방송하도록 요청하거나 「전기통신사업법」에 따른 기간통신사업자 중 대통령령으로 정하는 기간통신사업자에 대하여 이를 신속하게 문자 또는 음성으로 송신하도록 요청할 수 있다.

　㉠ 대통령령으로 정하는 요건에 해당하는 경우〈시행령 제8조〉
　　㉮ 국내외에서 위해식품등의 섭취로 인하여 사상자가 발생한 경우
　　㉯ 국내외의 연구 · 검사기관에서 인체의 건강을 해칠 심각한 우려가 있는 원료 또는 성분이 식품 등에서 검출된 경우
　　㉰ 질병에 걸린 동물을 사용하였거나 같은 조 제2항에 따른 원료 또는 성분 등을 사용하여 제조 · 가공 또는 조리한 식품 등이 발견된 경우
　㉡ 대통령령으로 정하는 방송사업자 : 「방송법 시행령」의 지상파텔레비전방송사업자 및 지상파라디오방송사업자를 말한다.
　㉢ 대통령령으로 정하는 기간통신사업자 : 「전기통신사업법」에 따라 기간통신사업자로 허가받은 자로서 주파수를 할당받아 제공하는 역무 중 이동전화 역무 또는 개인휴대통신 역무를 제공하는 자를 말한다.
　㉣ 방송 및 송신의 구체적인 방법과 절차는 각각의 방송사업자 및 기간통신사업자가 자율적으로 결정한다.

⑨ 요청을 받은 방송사업자 및 기간통신사업자는 특별한 사유가 없는 한 이에 응하여야 한다.

(6) 유전자변형식품 등의 안전성 심사 등〈법 제18조〉

① 유전자변형식품 등을 식용(食用)으로 수입·개발·생산하는 자는 최초로 유전자변형식품 등을 수입하는 경우 등 대통령령으로 정하는 경우에는 식품의약품안전처장에게 해당 식품 등에 대한 안전성 심사를 받아야 하며, "최초로 유전자변형식품등을 수입하는 경우 등 대통령령으로 정하는 경우"란 다음 각 호의 어느 하나에 해당하는 경우를 말한다.〈시행령 제9조〉

  ㉠ 최초로 유전자변형식품등[인위적으로 유전자를 재조합하거나 유전자를 구성하는 핵산을 세포나 세포 내 소기관으로 직접 주입하는 기술 또는 분류학에 따른 과(科)의 범위를 넘는 세포융합기술에 해당하는 생명공학기술을 활용하여 재배·육성된 농산물·축산물·수산물 등을 원재료로 하여 제조·가공한 식품 또는 식품첨가물을 말한다.]을 수입하거나 개발 또는 생산하는 경우

  ㉡ 안전성 심사를 받은 후 10년이 지난 유전자변형식품등으로서 시중에 유통되어 판매되고 있는 경우

  ㉢ 그 밖에 안전성 심사를 받은 후 10년이 지나지 아니한 유전자변형식품등으로서 식품의약품안전처장이 새로운 위해요소가 발견되었다는 등의 사유로 인체의 건강을 해칠 우려가 있다고 인정하여 심의위원회의 심의를 거쳐 고시하는 경우

② 식품의약품안전처장은 유전자변형식품 등의 안전성 심사를 위하여 식품의약품안전처에 유전자변형식품 등 안전성심사위원회를 둔다.

③ 안전성심사위원회의 구성·기능·운영에 필요한 사항은 대통령령으로 정하며, 유전자변형식품 등 안전성심사위원회의 구성·운영 등에 관한 사항은 다음과 같다.〈시행령 제10조〉

  ㉠ 유전자변형식품등 안전성심사위원회는 위원장 1명을 포함한 20명 이내의 위원으로 구성한다.

  ㉡ 안전성심사위원회의 위원은 유전자변형식품등에 관한 학식과 경험이 풍부한 사람으로서 다음 각 호의 어느 하나에 해당하는 사람 중에서 식품의약품안전처장이 위촉한다.

    ㉮ 유전자변형식품 관련 학회 또는 「고등교육법」에 따른 대학 또는 산업대학의 추천을 받은 사람

    ㉯ 시민단체(「비영리민간단체 지원법」에 따른 비영리민간단체를 말한다. 이하 같다)의 추천을 받은 자

    ㉰ 식품위생 관계 공무원

  ㉢ 안전성심사위원회의 위원장은 위원 중에서 호선(互選)한다.

  ㉣ 위원의 임기는 2년으로 한다. 다만, 위원이 궐위(闕位)된 경우 그 보궐위원의 임기는 전임위원 임기의 남은 기간으로 한다.

  ㉤ 위원장은 안전성심사위원회를 대표하며, 안전성심사위원회의 업무를 총괄한다.

  ㉥ 안전성심사위원회에 출석한 위원에게는 예산의 범위에서 수당과 여비를 지급할 수 있다. 다만, 공무원인 위원이 그 소관 업무와 직접 관련하여 출석하는 경우에는 그러하지 아니하다.

Ⓟ 규정한 사항 외에 안전성심사위원회의 운영에 필요한 사항은 안전성심사위원회의 의결을 거쳐 위원장이 정한다.

④ 안전성 심사의 대상, 안전성 심사를 위한 자료제출의 범위 및 심사절차 등에 관하여는 식품의약품안전처장이 정하여 고시한다.

(7) 검사명령 등〈법 제19조의4〉

① 식품의약품안전처장은 다음 각 호의 어느 하나에 해당하는 식품 등을 채취·제조·가공·사용·조리·저장·소분·운반 또는 진열하는 영업자에 대하여 「식품·의약품분야 시험·검사 등에 관한 법률」에 따른 식품전문 시험·검사기관 또는 국외시험·검사기관에서 검사를 받을 것을 명(이하 "검사명령"이라 한다)할 수 있다. 다만, 검사로써 위해성분을 확인할 수 없다고 식품의약품안전처장이 인정하는 경우에는 관계 자료 등으로 갈음할 수 있다.

㉠ 국내외에서 유해물질이 검출된 식품 등

㉡ 그 밖에 국내외에서 위해발생의 우려가 제기되었거나 제기된 식품 등

② 검사명령을 받은 영업자는 총리령으로 정하는 검사기한 내에 검사를 받거나 관련 자료 등을 제출하여야 하며, 검사기한은 검사명령을 받은 날부터 20일 이내로 한다.

③ 검사명령 대상 식품 등의 범위, 제출 자료 등 세부사항은 식품의약품안전처장이 정하여 고시한다.

(8) 특정 식품 등의 수입·판매 등 금지〈법 제21조〉

① 식품의약품안전처장은 특정 국가 또는 지역에서 채취·제조·가공·사용·조리 또는 저장된 식품 등이 그 특정 국가 또는 지역에서 위해한 것으로 밝혀졌거나 위해의 우려가 있다고 인정되는 경우에는 그 식품 등을 수입·판매하거나 판매할 목적으로 제조·가공·사용·조리·저장·소분·운반 또는 진열하는 것을 금지할 수 있다.

② 식품의약품안전처장은 위해평가 또는 「수입식품안전관리 특별법」에 따른 검사 후 식품 등에서 유독·유해물질이 검출된 경우에는 해당 식품 등의 수입을 금지하여야 한다. 다만, 인체의 건강을 해칠 우려가 없다고 식품의약품안전처장이 인정하는 경우는 그러하지 아니하다.

③ 식품의약품안전처장은 금지를 하려면 미리 관계 중앙행정기관의 장의 의견을 듣고 심의위원회의 심의·의결을 거쳐야 한다. 다만, 국민건강을 급박하게 위해할 우려가 있어서 신속히 금지조치를 하여야 할 필요가 있는 경우 먼저 금지조치를 한 뒤 지체 없이 심의위원회의 심의·의결을 거칠 수 있다.

④ 심의위원회가 심의하는 경우 대통령령으로 정하는 이해관계인은 심의위원회에 출석하여 의견을 진술하거나 문서로 의견을 제출할 수 있다.

⑤ 식품의약품안전처장은 직권으로 또는 ① 및 ②에 따라 수입·판매 등이 금지된 식품 등에 대하여 이해관계가 있는 국가 또는 수입한 영업자의 신청을 받아 그 식품 등에 위해가 없는 것으로 인정되면 심의위원회의 심의·의결을 거쳐 금지의 전부 또는 일부를 해제할 수 있다.

⑥ 식품의약품안전처장은 금지나 해제를 하는 경우에는 고시하여야 한다.

⑦ 식품의약품안전처장은 수입·판매 등이 금지된 해당 식품 등의 제조업소, 이해관계가 있는 국가 또는 수입한 영업자가 원인 규명 및 개선사항을 제시할 경우에는 금지의 전부 또는 일부를 해제할 수 있다. 이 경우 개선사항에 대한 확인이 필요한 때에는 현지 조사를 할 수 있다.

(9) 출입 · 검사 · 수거 등〈법 제22조〉

① 식품의약품안전처장(대통령령으로 정하는 그 소속 기관의 장을 포함한다. 이하 이 조에서 같다), 시·도지사 또는 시장·군수·구청장은 식품 등의 위해방지·위생관리와 영업질서의 유지를 위하여 필요하면 다음 각 호의 구분에 따른 조치를 할 수 있다. 또한 "대통령령으로 정하는 그 소속 기관의 장"이란 지방식품의약품안전청장을 말한다.

㉠ 영업자나 그 밖의 관계인에게 필요한 서류나 그 밖의 자료의 제출 요구

㉡ 관계 공무원으로 하여금 다음 각 목에 해당하는 출입·검사·수거 등의 조치

㉮ 영업소(사무소, 창고, 제조소, 저장소, 판매소, 그 밖에 이와 유사한 장소를 포함한다)에 출입하여 판매를 목적으로 하거나 영업에 사용하는 식품 등 또는 영업시설 등에 대하여 하는 검사

㉯ 검사에 필요한 최소량의 식품 등의 무상 수거

무상으로 수거할 수 있는 식품 등의 대상과 그 수거량〈시행규칙 별표 8〉

1. 무상수거대상 식품등 : 검사에 필요한 식품등을 수거할 경우
2. 수거대상 및 수거량
　가. 식품(식품접객업소 등의 음식물 포함)

식품의 종류	수거량	비고
1) 가공식품	600g(ml) (다만, 캡슐류는 200g)	1. 수거량은 검체의 개수별 무게 또는 용량을 모두 합한 것으로 말하며, 검사에 필요한 시험재료 1건당 수거양의 범위 안에서 수거하여야 한다. 다만, 검체채취로 인한 오염 등 소분·채취하기 어려운 경우에는 수거량을 초과하더라도 최소포장단위 그대로 채취할 수 있다. 2. 가공식품에 잔류농약검사, 방사능검사, 이물검사 등이 추가될 경우에는 각각 1kg을 추가로 수거하여야 한다(다만, 잔류농약검사 중 건조채소 및 침출차는 0.3kg). 3. 방사선 조사 검사가 추가될 경우에는 0.2kg을 추가로 수거하여야 한다. 다만, 소스류 및 식품등의 기준 및 규격에 따른 방사선 조사 검사 대상 원료가 2종 이상이 혼합된 식품은 0.6kg을 추가로 수거하고, 밤·생버섯·곡류 및 두류는 1kg을 추가로 수거하여야 한다. 4. 세균발육검사항목이 있는 경우 및 통조림식품은 6개(세균발육검사용 5개, 그 밖에 이화학검사용 1개)를 수거하여야 한다. 5. 2개 이상을 수거하는 경우에는 그 용기 또는 포장과 제조연월일이 같은 것이어야 한다. 6. 용량검사를 하여야 하는 경우에는 수거량을 초과하더라도 식품등의 기준 및 규격에서 정한 용량검사에 필요한 양을 추가하여 수거할 수 있다. 7. 분석 중 최종 확인 등을 위하여 추가로 검체가 필요한 경우에는 추가로 검체를 수거할 수 있다.
2) 유탕처리식품	추가1kg	
3) 자연산물 • 곡류·두류 및 기타 자연산물 • 채소류 • 과실류 • 수산물	1~3kg 1~3kg 3~5kg 0.3~4kg	

	8. 식품위생감시원이 의심물질이 있다고 판단되어 검사항목을 추가하는 경우 또는 「식품·의약품분야 시험·검사 등에 관한 법률」 제16조에 따른 식품 등 시험·검사기관 또는 같은 조 제4항 단서에 따라 총리령으로 정하는 시험·검사기관(이하 이 표에서 "시험·검사기관"이라 한다)이 두 곳 이상인 경우에는 수거량을 초과하여 수거할 수 있다.

나. 식품첨가물

시험항목별	수거량
식품등의 기준 및 규격의 적부에 관한시험	고체 : 200g 액체 : 500g(㎖) 기체 : 1kg
비소·중금속 함유량시험	50g(㎖)
비고	

1. 분석 중 최종 확인 등을 위하여 추가로 검체가 필요한 경우에는 추가로 검체를 수거할 수 있다.
2. 식품위생감시원이 의심물질이 있다고 판단되어 검사항목을 추가하는 경우 또는 시험·검사기관이 두 곳 이상인 경우에는 수거량을 초과하여 수거할 수 있다.

다. 기구 또는 용기·포장

시험항목별	수거량
재질·용출시험	기구 또는 용기·포장에 대한 식품등의 기준 및 규격검사에 필요한 양
비고	

1. 분석 중 최종 확인 등을 위하여 추가로 검체가 필요한 경우에는 추가로 검체를 수거할 수 있다.
2. 식품위생감시원이 의심물질이 있다고 판단되어 검사항목을 추가하는 경우 또는 시험·검사기관이 두 곳 이상인 경우에는 수거량을 초과하여 수거할 수 있다.

• 관계 공무원이 식품등을 수거한 경우에는 수거증(전자문서를 포함한다)을 발급하여야 한다.
• 식품등을 수거한 관계 공무원은 그 수거한 식품등을 그 수거 장소에서 봉함하고 관계 공무원 및 피수거자의 인장 등으로 봉인하여야 한다.

- 식품의약품안전처장, 시·도지사 또는 시장·군수·구청장은 수거한 식품등에 대해서는 지체 없이 「식품·의약품분야 시험·검사 등에 관한 법률」에 따라 식품의약품안전처장이 지정한 식품전문 시험·검사기관 또는 총리령으로 정하는 시험·검사기관에 검사를 의뢰하여야 한다.
- 식품의약품안전처장, 시·도지사 또는 시장·군수·구청장은 관계 공무원으로 하여금 출입·검사·수거를 하게 한 경우에는 수거검사 처리대장(전자문서를 포함한다)에 그 내용을 기록하고 이를 갖춰 두어야 한다.
- 출입·검사·수거 또는 열람하려는 공무원의 권한을 표시하는 증표는 식품위생감시원증이다.

㉰ 영업에 관계되는 장부 또는 서류의 열람

② 식품의약품안전처장은 시·도지사 또는 시장·군수·구청장이 출입·검사·수거 등의 업무를 수행하면서 식품 등으로 인하여 발생하는 위생 관련 위해방지 업무를 효율적으로 하기 위하여 필요한 경우에는 관계 행정기관의 장, 다른 시·도지사 또는 시장·군수·구청장에게 행정응원 (行政應援)을 하도록 요청할 수 있다. 이 경우 행정응원을 요청받은 관계 행정기관의 장, 시·도지사 또는 시장·군수·구청장은 특별한 사유가 없으면 이에 따라야 한다.

③ 출입·검사·수거 또는 열람하려는 공무원은 그 권한을 표시하는 증표 및 조사기간, 조사범위, 조사담당자, 관계 법령 등 대통령령으로 정하는 사항이 기재된 서류를 지니고 이를 관계인에게 내보여야 하며, 출입·검사·수거 등(이하 이 조에서 "위생검사등"이라 한다)을 요청하려는 자는 총리령으로 정하는 요청서를 식품의약품안전처장(지방식품의약품안전청장을 포함한다. 이하 이 조에서 같다), 특별시장·광역시장·특별자치시장·도지사·특별자치도지사(이하 "시·도지사" 라 한다) 또는 시장·군수·구청장(자치구의 구청장을 말한다. 이하 같다)에게 제출하되, 소비자의 대표자, 「소비자기본법」에 따른 소비자단체의 장 또는 「식품·의약품분야 시험·검사 등에 관한 법률」에 따른 시험·검사기관의 장을 통하여 제출하여야 한다. 또한 "조사기간, 조사범위, 조사담당자, 관계 법령 등 대통령령으로 정하는 사항"이란 다음 각 호의 사항을 말한다.

㉠ 조사목적
㉡ 조사기간 및 대상
㉢ 조사의 범위 및 내용
㉣ 조사담당자의 성명 및 소속
㉤ 제출자료의 목록
㉥ 조사 관계 법령
㉦ 그 밖에 해당 조사에 필요한 사항
◎ 출입·검사·수거 등〈시행규칙 제19조〉
　㉮ 출입·검사·수거 등은 국민의 보건위생을 위하여 필요하다고 판단되는 경우에는 수시로 실시한다.

④ 행정처분을 받은 업소에 대한 출입·검사·수거 등은 그 처분일부터 6개월 이내에 1회 이상 실시하여야 한다. 다만, 행정처분을 받은 영업자가 그 처분의 이행 결과를 보고하는 경우에는 그러하지 아니하다.

④ 행정응원의 절차, 비용 부담 방법, 그 밖에 필요한 사항은 대통령령으로 정하며, 다음과 같다.

〈시행령 제13조〉

㉠ 식품의약품안전처장(지방식품의약품안전청장을 포함한다. 이하 이 조에서 같다)이 관계 행정 기관의 장, 다른 관할구역의 시·도지사 또는 시장·군수·구청장에게 행정응원을 요청할 때 에는 응원이 필요한 지역, 업무 수행의 내용, 위생점검반의 편성 및 운영에 관한 계획을 수 립하여 통보하여야 한다.

㉡ 행정응원 업무를 수행하는 공무원은 식품의약품안전처장의 지휘·감독을 받는다.

㉢ 행정응원에 드는 비용은 식품의약품안전처장이 부담한다.

⑽ **식품 등의 재검사**〈법 제23조〉

① 식품의약품안전처장(대통령령으로 정하는 그 소속 기관의 장을 포함한다. 이하 이 조에서 같다), 시·도지사 또는 시장·군수·구청장은 식품 등을 검사한 결과 해당 식품 등이 기준이나 규격 에 맞지 아니하면 대통령령으로 정하는 바에 따라 해당 영업자에게 해당 검사에 적용한 검사방 법, 검체의 채취·취급방법 및 검사 결과를 해당 검사성적서 또는 검사증명서가 작성된 날부터 7일 이내에 통보하여야 한다.

② 통보를 받은 영업자가 그 검사 결과에 이의가 있으면 검사한 제품과 같은 제품(같은 날에 같은 영업시설에서 같은 제조 공정을 통하여 제조·생산된 제품에 한정한다)을 식품의약품안전처장 이 인정하는 국내외 검사기관 2곳 이상에서 같은 검사 항목에 대하여 검사를 받아 그 결과가 통보받은 검사 결과와 다를 때에는 그 검사기관의 검사성적서 또는 검사증명서를 첨부하여 식 품의약품안전처장, 시·도지사 또는 시장·군수·구청장에게 재검사를 요청할 수 있다. 다만, 시간이 경과함에 따라 검사 결과가 달라질 수 있는 검사항목 등 총리령으로 정하는 검사항목은 재검사 대상에서 제외하며, 재검사 대상에서 제외하는 검사항목은 이물, 미생물, 곰팡이독소, 잔류농약 및 잔류동물용의약품에 관한 검사로 한다.

③ 재검사 요청을 받은 식품의약품안전처장, 시·도지사 또는 시장·군수·구청장은 영업자가 제 출한 검사 결과가 다르다고 확인되거나 같은 항의 검사에 따른 검체(檢體)의 채취·취급방법, 검사방법·검사과정 등이 식품 등의 기준 및 규격에 위반된다고 인정되는 때에는 지체 없이 재 검사하고 해당 영업자에게 재검사 결과를 통보하여야 한다. 이 경우 재검사 수수료와 보세창고 료 등 재검사에 드는 비용은 영업자가 부담한다.

(11) **자가품질검사 의무〈법 제31조〉**

① 식품 등을 제조·가공하는 영업자는 총리령으로 정하는 바에 따라 제조·가공하는 식품 등이 기준과 규격에 맞는지를 검사하여야 한다.

  ㉠ 자가품질검사는 자가품질검사기준에 따라 하여야 한다.

  ㉡ 자가품질검사에 관한 기록서는 2년간 보관하여야 한다.

② 식품의약품안전처장 및 시·도지사는 검사를 해당 영업을 하는 자가 직접 행하는 것이 부적합한 경우 「식품·의약품분야 시험·검사 등에 관한 법률」에 따른 자가품질위탁 시험·검사기관에 위탁하여 검사하게 할 수 있다.

③ 검사를 직접 행하는 영업사는 검사 결과 해당 식품 등이 국민 건강에 위해가 발생하거나 발생할 우려가 있는 경우에는 지체 없이 식품의약품안전처장에게 보고하여야 한다.

자가품질검사기준〈시행규칙 별표 12〉

1. 식품등에 대한 자가품질검사는 판매를 목적으로 제조·가공하는 품목별로 실시하여야 한다. 다만, 식품공전에서 정한 동일한 검사항목을 적용받은 품목을 제조·가공하는 경우에는 식품유형별로 이를 실시할 수 있다.

2. 기구 및 용기·포장의 경우 동일한 재질의 제품으로 크기나 형태가 다를 경우에는 재질별로 자가품질검사를 실시할 수 있다.

3. 자가품질검사주기의 적용시점은 제품제조일을 기준으로 산정한다. 다만, 「수입식품안전관리 특별법」에 따른 주문자상표부착식품등과 식품제조·가공업자가 자신의 제품을 만들기 위하여 수입한 반가공 원료식품 및 용기·포장은 「관세법」에 따라 관할 세관장이 신고필증을 발급한 날을 기준으로 산정한다.

4. 자가품질검사는 식품의약품안전처장이 정하여 고시하는 식품유형별 검사항목을 검사한다. 다만, 식품제조·가공 과정 중 특정 식품첨가물을 사용하지 아니한 경우에는 그 항목의 검사를 생략할 수 있다.

5. 영업자가 다른 영업자에게 식품등을 제조하게 하는 경우에는 식품등을 제조하게 하는 자 또는 직접 그 식품등을 제조하는 자가 자가품질검사를 실시하여야 한다.

6. 식품등의 자가품질검사는 다음의 구분에 따라 실시하여야 한다.

   가. 식품제조·가공업

     1) 과자류, 빵류 또는 떡류(과자, 캔디류, 추잉껌 및 떡류만 해당한다), 코코아가공품류, 초콜릿류, 잼류, 당류, 음료류[다류(茶類) 및 커피류만 해당한다], 절임류 또는 조림류, 수산가공식품류(젓갈류, 건포류, 조미김, 기타 수산물가공품만 해당한다), 두부류 또는 묵류, 주류, 면류, 조미식품(고춧가루, 실고추 및 향신료가공품, 식염만 해당한다), 즉석식품류(만두류, 즉석섭취식품, 즉석조리식품만 해당한다), 장류, 농산가공식품류(전분류, 밀가루, 기타농산가공품류 중 곡류가공품, 두류가공품, 서류가공품, 기

타 농산가공품만 해당한다), 식용유지가공품(모조치즈, 식물성크림, 기타 식용유지가공품만 해당한다), 동물성가공식품류(추출가공식품만 해당한다), 기타가공품, 선박에서 통·병조림을 제조하는 경우 및 단순가공품(자연산물을 그 원형을 알아볼 수 없도록 분해·절단 등의 방법으로 변형시키거나 1차 가공처리한 식품원료를 식품첨가물을 사용하지 아니하고 단순히 서로 혼합만 하여 가공한 제품이거나 이 제품에 식품제조·가공업의 허가를 받아 제조·포장된 조미식품을 포장된 상태 그대로 첨부한 것을 말한다)만을 가공하는 경우 : 3개월마다 1회 이상 식품의약품안전처장이 정하여 고시하는 식품유형별 검사항목

2) 식품제조·가공업자가 자신의 제품을 만들기 위하여 수입한 반가공 원료식품 및 용기·포장

　　가) 반가공 원료식품 : 6개월마다 1회 이상 식품의약품안전처장이 정하여 고시하는 식품유형별 검사항목

　　나) 용기·포장: 동일재질별로 6개월마다 1회 이상 재질별 성분에 관한 규격

3) 빵류, 식육함유가공품, 알함유가공품, 동물성가공식품류(기타식육 또는 기타알제품), 음료류(과일·채소류음료, 탄산음료류, 두유류, 발효음료류, 인삼·홍삼음료, 기타음료만 해당한다, 비가열음료는 제외한다), 식용유지류(들기름, 추출들깨유만 해당한다) : 2개월마다 1회 이상 식품의약품안전처장이 정하여 고시하는 식품유형별 검사항목

4) 1)부터 3)까지의 규정 외의 식품 : 1개월마다 1회 이상 식품의약품안전처장이 정하여 고시하는 식품유형별 검사항목

5) 전년도의 조사·평가 결과가 만점의 90퍼센트 이상인 식품: 1)·3)·4)에도 불구하고 6개월마다 1회 이상 식품의약품안전처장이 정하여 고시하는 식품유형별 검사항목

6) 식품의약품안전처장이 식중독 발생위험이 높다고 인정하여 지정·고시한 기간에는 1) 및 2)에 해당하는 식품은 1개월마다 1회 이상, 3)에 해당하는 식품은 15일마다 1회 이상, 4)에 해당하는 식품은 1주일마다 1회 이상 실시하여야 한다.

7) 「주세법」에 따른 검사 결과 적합 판정을 받은 주류는 자가품질검사를 실시하지 않을 수 있다. 이 경우 해당 검사는 주류의 자가품질검사 항목에 대한 검사를 포함하여야 한다.

나. 즉석판매제조·가공업

1) 빵류(크림을 위에 바르거나 안에 채워 넣은 것만 해당한다), 당류(설탕류, 포도당, 과당류, 올리고당류만 해당한다), 식육함유가공품, 어육가공품류(연육, 어묵, 어육소시지 및 기타 어육가공품만 해당한다), 두부류 또는 묵류, 식용유지류(압착식용유만 해당한다), 특수용도식품, 소스, 음료류(커피, 과일·채소류음료, 탄산음료류, 두유류, 발효음료류, 인삼·홍삼음료, 기타음료만 해당한다), 동물성가공식품류(추출가공식품만 해당한다), 빙과류, 즉석섭취식품(도시락, 김밥류, 햄버거류 및 샌드위치류만 해당한다), 즉석조리식품(순대류만 해당한다), 「축산물 위생관리법」 제2조제2호에 따른 유가공품, 식육가공품 및 알가공품 : 9개월 마다 1회 이상 식품의약품안전처장이 정하여 고시하는 식품 및 축산물가공품 유형별 검사항목

> 2) 식품제조 · 가공업 영업자가 제조 · 가공한 식품 또는 수입식품 등 수입 · 판매업 영업자가 수입 · 판매한 식품으로 즉석 판매제조 · 가공업소 내에서 소비자가 원하는 만큼 덜어서 직접 최종소비자에게 판매하는 식품에 따른 영업을 하는 경우에는 자가품질검사를 실시하지 않을 수 있다.
>
> 다. 식품첨가물
> 1) 기구 등 살균소독제 : 6개월마다 1회 이상 살균소독력
> 2) 1) 외의 식품첨가물 : 6개월마다 1회 이상 식품첨가물별 성분에 관한 규격
> 라. 기구 또는 용기 · 포장 : 동일재질별로 6개월마다 1회 이상 재질별 성분에 관한 규격

④ 검사의 항목 · 절차, 그 밖에 검사에 필요한 사항은 총리령으로 정한다.

⑿ 자가품질검사의무의 면제〈법 제31조의2〉

식품의약품안전처장 또는 시 · 도지사는 식품안전관리인증기준적용업소가 다음 각 호에 해당하는 경우에는 총리령으로 정하는 바에 따라 자가품질검사를 면제할 수 있다.

① 식품안전관리인증기준적용업소가 검사가 포함된 식품안전관리인증기준을 지키는 경우

② 조사 · 평가 결과 그 결과가 우수하다고 총리령으로 정하는 바에 따라 식품의약품안전처장이 인정하는 경우

③ 식품안전관리인증기준적용업소의 자가품질검사 의무를 면제하는 경우는 해당 식품안전관리인증기준적용업소에 대하여 조사 · 평가를 한 결과가 만점의 95퍼센트 이상인 경우로 한다.〈시행규칙 제31조의2〉

⒀ 식품위생감시원〈법 제32조〉

① 관계 공무원의 직무와 그 밖에 식품위생에 관한 지도 등을 하기 위하여 식품의약품안전처(대통령령으로 정하는 그 소속 기관을 포함한다), 특별시 · 광역시 · 특별자치시 · 도 · 특별자치도(이하 "시 · 도"라 한다) 또는 시 · 군 · 구(자치구를 말한다. 이하 같다)에 식품위생감시원을 둔다.

② 식품위생감시원의 자격 · 임명 · 직무범위, 그 밖에 필요한 사항은 대통령령으로 정한다.

③ 식품위생감시원의 자격 및 임명〈시행령 제16조〉
 ㉠ "대통령령으로 정하는 그 소속 기관"이란 지방식품의약품안전청을 말한다.
 ㉡ 식품위생감시원은 식품의약품안전처장(지방식품의약품안전청장을 포함한다), 시 · 도지사 또는 시장 · 군수 · 구청장이 다음 각 호의 어느 하나에 해당하는 소속 공무원 중에서 임명한다.
  ㉮ 위생사, 식품기술사 · 식품기사 · 식품산업기사 · 수산제조기술사 · 수산제조기사 · 수산제조산업기사 또는 영양사

④ 「고등교육법」에 따른 대학 또는 전문대학에서 의학·한의학·약학·한약학·수의학·축산학·축산가공학·수산제조학·농산제조학·농화학·화학·화학공학·식품가공학·식품화학·식품제조학·식품공학·식품과학·식품영양학·위생학·발효공학·미생물학·조리학·생물학 분야의 학과 또는 학부를 졸업한 자 또는 이와 같은 수준 이상의 자격이 있는 자
    ⑪ 외국에서 위생사 또는 식품제조기사의 면허를 받은 자나 ④호와 같은 과정을 졸업한 자로서 식품의약품안전처장이 적당하다고 인정하는 자
    ⑭ 1년 이상 식품위생행정에 관한 사무에 종사한 경험이 있는 자
  ⓒ 식품의약품안전처장(지방식품의약품안전청장을 포함한다), 시·도지사 또는 시장·군수·구청장은 요건에 해당하는 자만으로는 식품위생감시원의 인력 확보가 곤란하다고 인정될 경우에는 식품위생행정에 종사하는 자 중 소정의 교육을 2주 이상 받은 자에 대하여 그 식품위생행정에 종사하는 기간 동안 식품위생감시원의 자격을 인정할 수 있다.

④ 식품위생감시원의 직무〈시행령 제17조〉
  ㉠ 식품 등의 위생적인 취급에 관한 기준의 이행 지도
  ㉡ 수입·판매 또는 사용 등이 금지된 식품 등의 취급 여부에 관한 단속
  ㉢ 표시기준 또는 과대광고 금지의 위반 여부에 관한 단속
  ㉣ 출입·검사 및 검사에 필요한 식품등의 수거
  ㉤ 시설기준의 적합 여부의 확인·검사
  ㉥ 영업자 및 종업원의 건강진단 및 위생교육의 이행 여부의 확인·지도
  ㉦ 조리사 및 영양사의 법령 준수사항 이행 여부의 확인·지도
  ㉧ 행정처분의 이행 여부 확인
  ㉨ 식품 등의 압류·폐기 등
  ㉩ 영업소의 폐쇄를 위한 간판 제거 등의 조치
  ㉪ 그 밖에 영업자의 법령 이행 여부에 관한 확인·지도

(14) 소비자식품위생감시원〈법 제33조〉

① 식품의약품안전처장(대통령령으로 정하는 그 소속 기관의 장을 포함한다. 이하 이 조에서 같다), 시·도지사 또는 시장·군수·구청장은 식품위생관리를 위하여 「소비자기본법」에 따라 등록한 소비자단체의 임직원 중 해당 단체의 장이 추천한 자나 식품위생에 관한 지식이 있는 자를 소비자식품위생감시원으로 위촉할 수 있다.

② 위촉된 소비자식품위생감시원의 직무는 다음 각 호와 같다.
  ㉠ 식품접객업을 하는 자(이하 "식품접객영업자"라 한다)에 대한 위생관리 상태 점검

ⓒ 유통 중인 식품 등이 표시·광고의 기준에 맞지 아니하거나 부당한 표시 또는 광고행위의 금지 규정을 위반한 경우 관할 행정관청에 신고하거나 그에 관한 자료 제공

ⓒ 식품위생감시원이 하는 식품 등에 대한 수거 및 검사 지원

ⓔ 그 밖에 식품위생에 관한 사항으로서 대통령령으로 정하는 사항(행정처분의 이행 여부 확인을 지원하는 업무)〈시행령 제18조〉

③ 소비자식품위생감시원은 직무를 수행하는 경우 그 권한을 남용하여서는 아니 된다.

④ 소비자식품위생감시원을 위촉한 식품의약품안전처장, 시·도지사 또는 시장·군수·구청장은 소비자식품위생감시원에게 직무 수행에 필요한 교육을 하여야 한다.

⑤ 식품의약품안전처장, 시·도지사 또는 시장·군수·구청장은 소비자식품위생감시원이 다음 각 호의 어느 하나에 해당하면 그 소비자식품위생감시원을 해촉(解囑)하여야 한다.

ⓐ 추천한 소비자단체에서 퇴직하거나 해임된 경우

ⓑ 직무와 관련하여 부정한 행위를 하거나 권한을 남용한 경우

ⓒ 질병이나 부상 등의 사유로 직무 수행이 어렵게 된 경우

⑥ 소비자식품위생감시원이 직무를 수행하기 위하여 식품접객영업자의 영업소에 단독으로 출입하려면 미리 식품의약품안전처장, 시·도지사 또는 시장·군수·구청장의 승인을 받아야 한다.

⑦ 소비자식품위생감시원이 승인을 받아 식품접객영업자의 영업소에 단독으로 출입하는 경우에는 승인서와 신분을 표시하는 증표 및 조사기간, 조사범위, 조사담당자, 관계 법령 등 대통령령으로 정하는 사항이 기재된 서류를 지니고 이를 관계인에게 내보여야 한다.

⑧ 소비자식품위생감시원의 자격, 직무 범위 및 교육, 그 밖에 필요한 사항은 대통령령으로 정한다.

⑨ 소비자식품위생감시원의 자격 등〈시행령 제18조〉

ⓐ "대통령령으로 정하는 그 소속 기관의 장"이란 지방식품의약품안전청장을 말한다.

ⓑ 소비자식품위생감시원으로 위촉될 수 있는 자는 다음 각 호의 어느 하나에 해당하는 자로 한다.

㉮ 식품의약품안전처장이 정하여 고시하는 교육과정을 마친 자

㉯ 다음 각 호의 어느 하나에 해당하는 자

• 위생사, 식품기술사·식품기사·식품산업기사·수산제조기술사·수산제조기사·수산제조산업기사 또는 영양사

• 「고등교육법」에 따른 대학 또는 전문대학에서 의학·한의학·약학·한약학·수의학·축산학·축산가공학·수산제조학·농산제조학·농화학·화학·화학공학·식품가공학·식품화학·식품제조학·식품공학·식품과학·식품영양학·위생학·발효공학·미생물학·조리학·생물학 분야의 학과 또는 학부를 졸업한 자 또는 이와 같은 수준 이상의 자격이 있는 자

- 외국에서 위생사 또는 식품제조기사의 면허를 받은 자나 제2호와 같은 과정을 졸업한 자로서 식품의약품안전처장이 적당하다고 인정하는 자
- 1년 이상 식품위생행정에 관한 사무에 종사한 경험이 있는 자

ⓒ 식품의약품안전처장(지방식품의약품안전청장을 포함한다.), 시·도지사 또는 시장·군수·구청장은 소비자식품위생감시원에 대하여 반기(半期)마다 식품위생법령 및 위해식품등 식별 등에 관한 교육을 실시하고, 소비자식품위생감시원이 직무를 수행하기 전에 그 직무에 관한 교육을 실시하여야 한다.

ⓓ 식품의약품안전처장, 시·도지사 또는 시장·군수·구청장은 소비자식품위생감시원의 활동을 지원하기 위하여 예산 또는 식품진흥기금(이하 "기금"이라 한다)의 범위에서 식품의약품안전처장이 정하는 바에 따라 수당 등을 지급할 수 있다.

ⓔ 단독출입의 승인 절차와 그 밖에 소비자식품위생감시원의 운영에 필요한 사항은 식품의약품안전처장이 정하여 고시한다.

ⓕ "조사기간, 조사범위, 조사담당자 및 관계 법령 등 대통령령으로 정하는 사항"이란 다음 각 호의 사항을 말한다.
  ㉮ 조사목적
  ㉯ 조사기간 및 대상
  ㉰ 조사의 범위 및 내용
  ㉱ 소비자식품위생감시원의 성명 및 위촉기관
  ㉲ 소비자식품위생감시원의 소속 단체(단체에 소속된 경우만 해당한다)
  ㉳ 그 밖에 해당 조사에 필요한 사항

ⓖ 영업소를 단독으로 출입할 때 지니는 승인서 및 증표의 서식은 총리령으로 정한다.

(15) 소비자 위생점검 참여 등〈법 제35조〉

① 대통령령으로 정하는 영업자는 식품위생에 관한 전문적인 지식이 있는 자 또는 「소비자기본법」에 따라 등록한 소비자단체의 장이 추천한 자로서 식품의약품안전처장이 정하는 자에게 위생관리 상태를 점검받을 수 있으며, "대통령령으로 정하는 영업자"란 다음 각 호의 영업자를 말한다.
  ㉠ 식품제조·가공업자
  ㉡ 식품첨가물제조업자
  ㉢ 기타 식품판매업자
  ㉣ 식품접객업자 중 모범업소로 지정받은 영업자

② 점검 결과 식품의약품안전처장이 정하는 기준에 적합하여 합격한 경우 해당 영업자는 그 합격 사실을 총리령으로 정하는 바에 따라 해당 영업소에서 제조·가공한 식품 등에 표시하거나 광고할 수 있다.

③ 식품의약품안전처장(대통령령으로 정하는 그 소속 기관의 장(지방식품의약품안전청장)을 포함한다. 이하 이 조에서 같다), 시·도지사 또는 시장·군수·구청장은 위생점검을 받은 영업소 중 식품의약품안전처장이 정하는 기준에 따른 우수 등급의 영업소에 대하여는 관계 공무원으로 하여금 총리령으로 정하는 일정 기간 동안 출입·검사·수거 등을 하지 아니하게 할 수 있다.

④ 식품의약품안전처장, 시·도지사 또는 시장·군수·구청장은 출입·검사·수거 등에 참여를 희망하는 소비자를 참여하게 하여 위생 상태를 점검할 수 있다.

⑤ 위생관리 상태 점검을 신청하는 경우에는 1개월 이내에 위생점검을 하여야 한다. 이 경우 같은 업소에 대한 위생점검은 연 1회로 한정한다.

⑥ 위생점검의 절차 및 결과 표시 등〈시행규칙 제35조〉

ㄱ 위생관리 상태의 점검을 신청하려는 영업자는 소비자 위생점검 참여신청서(전자문서로 된 신청서를 포함한다)에 다음 각 호의 구분에 따른 서류(전자문서를 포함한다)를 첨부하여 식품의약품안전처장에게 제출하여야 한다.

• 식품제조·가공업자 및 식품첨가물제조업자의 경우 : 제품명, 사용한 원재료명 및 성분배합 비율, 제조·가공의 방법, 사용한 식품첨가물의 명칭·사용량 등에 관한 서류
• 기타 식품판매업자의 경우 : 제품의 안전성 및 위생적 관리, 보존 및 보관에 관한 서류
• 식품접객업자 중 모범업소로 지정받은 영업자의 경우 : 취수원, 배수시설 등 건물의 구조 및 환경, 주방시설 및 기구, 원재료의 보관 및 운반시설, 종업원의 서비스, 제공반찬과 가격 표시, 남은 음식을 처리할 수 있는 시설 및 설비에 관한 서류

ㄴ 식품의약품안전처장은 신청을 받은 경우에는 신청 받은 날부터 1개월 이내에 식품위생에 관한 전문적인 지식이 있는 사람 또는 소비자단체의 장이 추천한 사람 중에서 해당 영업소의 업종 등을 고려하여 적합한 전문가들로 점검단을 구성하여 위생점검을 실시하게 하여야 한다.

ㄷ 식품의약품안전처장은 위생점검 결과 합격한 영업자에게는 위생점검 합격증서를 발급하고, 그 영업자는 그 합격사실을 표시하거나 광고할 수 있다. 이 경우 그 표시사항은 제품·포장·용기 및 주변의 도안 등을 고려하여 소비자가 알아보기 쉽게 표시하여야 한다.

ㄹ 식품의약품안전처장, 시·도지사 또는 시장·군수·구청장은 우수 등급의 영업소에 대하여는 우수 등급이 확정된 날부터 2년 동안 출입·검사·수거 등을 하지 아니할 수 있다.

04 출제예상문제

1 다음 중 공전에 기재할 사항으로 맞지 않는 것은?

① 식품 또는 식품첨가물의 기준과 규격

② 기구의 기준과 규격

③ 용기·포장의 기준과 규격

④ 함량 및 가격의 표시기준

> **NOTE** 식품 등의 공전〈법 제14조〉… 식품의약품안전처장은 다음 각 호의 기준 등을 실은 식품 등의 공전을 작성·보급하여야 한다.
> ㉠ 식품 또는 식품첨가물의 기준과 규격
> ㉡ 기구 및 용기·포장의 기준과 규격

2 다음 중 위해평가에서 평가하여야 할 위해요소로 맞지 않는 것은?

① 식중독 유발 세균 등 미생물적 요인

② 식품 등의 형태 및 이물(異物) 등 물리적 요인

③ 잔류농약, 중금속, 식품첨가물 및 제조·가공·조리과정에서 생성되는 물질 등 물리적 요인

④ 잔류 동물용 의약품, 환경오염물질 및 제조·가공·조리과정에서 생성되는 물질 등 화학적 요인

> **NOTE** 위해평가에서 평가하여야 할 위해요소는 다음 각 호의 요인으로 한다. 〈시행령 제4조〉
> ㉠ 잔류농약, 중금속, 식품첨가물, 잔류 동물용 의약품, 환경오염물질 및 제조·가공·조리과정에서 생성되는 물질 등 화학적 요인
> ㉡ 식품 등의 형태 및 이물(異物) 등 물리적 요인
> ㉢ 식중독 유발 세균 등 미생물적 요인

ANSWER 1.④ 2.③

3 다음 중 식품, 식품첨가물, 기구 또는 용기 · 포장의 위해평가 대상으로 맞지 않는 것은?

① 국내외의 연구 · 검사기관에서 인체의 건강을 해칠 우려가 있는 원료 또는 성분 등이 검출된 식품 등

② 의약품 관련 학회가 위해평가를 요청한 식품 등으로서 약사협회가 인체의 건강을 해칠 우려가 있다고 인정한 식품 등

③ 새로운 원료 · 성분 또는 기술을 사용하여 생산 · 제조 · 조합되거나 안전성에 대한 기준 및 규격이 정하여지지 아니하여 인체의 건강을 해칠 우려가 있는 식품 등

④ 국제식품규격위원회 등 국제기구 또는 외국 정부가 인체의 건강을 해칠 우려가 있다고 인정하여 판매하거나 판매할 목적으로 채취 · 제조 · 수입 · 가공 · 사용 · 조리 · 저장 · 소분(小分: 완제품을 나누어 유통을 목적으로 재포장하는 것을 말한다. 이하 같다) · 운반 또는 진열을 금지하거나 제한한 식품 등

> **NOTE** 위해평가의 대상〈시행령 제4조〉…식품, 식품첨가물, 기구 또는 용기 · 포장(이하 "식품등"이라 한다)의 위해평가(이하 "위해평가"라 한다) 대상은 다음 각 호로 한다.
> ㉠ 국제식품규격위원회 등 국제기구 또는 외국 정부가 인체의 건강을 해칠 우려가 있다고 인정하여 판매하거나 판매할 목적으로 채취 · 제조 · 수입 · 가공 · 사용 · 조리 · 저장 · 소분(小分 : 완제품을 나누어 유통을 목적으로 재포장하는 것을 말한다. 이하 같다) · 운반 또는 진열을 금지하거나 제한한 식품 등
> ㉡ 국내외의 연구 · 검사기관에서 인체의 건강을 해칠 우려가 있는 원료 또는 성분 등이 검출된 식품 등
> ㉢ 「소비자기본법」에 따라 등록한 소비자단체 또는 식품 관련 학회가 위해평가를 요청한 식품 등으로서 식품위생심의위원회(이하 "심의위원회"라 한다)가 인체의 건강을 해칠 우려가 있다고 인정한 식품 등
> ㉣ 새로운 원료 · 성분 또는 기술을 사용하여 생산 · 제조 · 조합되거나 안전성에 대한 기준 및 규격이 정하여지지 아니하여 인체의 건강을 해칠 우려가 있는 식품 등

4 다음 중 식품의약품안전처장, 시 · 도지사 또는 시장 · 군수 · 구청장은 위생검사 등의 요청이 있는 경우 몇 일 이내에 위생검사 등을 하여야 하는가?

① 7일 이내　　　　　　　　　② 10일 이내
③ 14일 이내　　　　　　　　　④ 30일 이내

> **NOTE** 식품의약품안전처장, 시 · 도지사 또는 시장 · 군수 · 구청장은 위생검사 등의 요청에 따르는 경우 14일 이내에 위생검사 등을 하고 그 결과를 대통령령으로 정하는 바에 따라 위생검사 등의 요청을 한 소비자, 소비자단체 또는 시험 · 검사기관에 알리고 인터넷 홈페이지에 게시하여야 한다.〈법 제16조〉

ANSWER 3.② 4.③

5 다음 중 위생검사를 요청할 수 있는 대상으로 맞지 않는 것은?

① 같은 영업소에 의하여 같은 피해를 입은 10명 이상의 소비자

② 식품의약품안전평가원

③ 지방식품의약품안전청

④ 시·도 보건환경연구원

> **NOTE** 식품의약품안전처장(대통령령으로 정하는 그 소속 기관의 장(지방식품의약품안전청장)을 포함한다. 이하 이 조에서 같다), 시·도지사 또는 시장·군수·구청장은 대통령령으로 정하는 일정 수 이상의 소비자(같은 영업소에 의하여 같은 피해를 입은 5명 이상의 소비자), 소비자단체 또는 「식품·의약품분야 시험·검사 등에 관한 법률」에 따른 시험·검사기관 중 총리령으로 정하는 시험·검사기관이 식품 등 또는 영업시설 등에 대하여 출입·검사·수거 등(이하 이 조에서 "위생검사 등"이라 한다)을 요청하는 경우에는 이에 따라야 한다.〈법 제16조〉
> "총리령으로 정하는 식품위생검사기관"이란 다음 각 호의 기관을 말한다.〈시행규칙 제9조의2〉
> ㉠ 식품의약품안전평가원
> ㉡ 지방식품의약품안전청
> ㉢ 시·도 보건환경연구원

6 다음 중 위해식품 등에 대한 긴급대응방안에 포함되어야 할 대상으로 맞지 않는 것은?

① 해당 식품 등의 종류

② 해당 식품 등으로 인하여 인체에 미치는 위해의 종류 및 정도

③ 제조·판매 등의 금지가 필요한 경우 이에 관한 사항

④ 제조자에 대한 긴급대응요령 등의 교육·홍보에 관한 사항

> **NOTE** 긴급대응방안은 다음 각 호의 사항이 포함되어야 한다.〈법 제17조〉
> ㉠ 해당 식품 등의 종류
> ㉡ 해당 식품 등으로 인하여 인체에 미치는 위해의 종류 및 정도
> ㉢ 제조·판매 등의 금지가 필요한 경우 이에 관한 사항
> ㉣ 소비자에 대한 긴급대응요령 등의 교육·홍보에 관한 사항
> ㉤ 그 밖에 식품 등의 위해 방지 및 확산을 막기 위하여 필요한 사항

7 다음 중 유전자변형식품 등 안전성심사위원회에 관한 설명으로 맞지 않는 것은?

① 유전자변형식품 등 안전성심사위원회는 위원장 1명을 포함한 15명 이내의 위원으로 구성한다.

② 안전성심사위원회의 위원은 유전자변형식품 관련 학회 대학이나 산업대학의 추천을 받은 사람을 식품의약품안전처장이 위촉한다.

③ 안전성심사위원회의 위원은 시민단체의 추천을 받은 사람을 식품의약품안전처장이 위촉한다.

④ 안전성심사위원회의 위원장은 위원 중에서 호선(互選)한다.

> ■NOTE 유전자 변형 식품 등 안전성심사위원회의 구성·운영 등〈시행령 제10조〉
> ㉠ 유전자변형식품 등 안전성심사위원회는 위원장 1명을 포함한 20명 이내의 위원으로 구성한다.
> ㉡ 안전성심사위원회의 위원은 유전자변형식품등에 관한 학식과 경험이 풍부한 사람으로서 다음 각 호의 어느 하나에 해당하는 사람 중에서 식품의약품안전처장이 위촉한다.
> • 유전자변형식품 관련 학회 또는 「고등교육법」에 따른 대학 또는 신업대학이 추천을 받은 사람
> • 시민단체(「비영리민간단체 지원법」에 따른 비영리민간단체를 말한다. 이하 같다)의 추천을 받은 자
> • 식품위생 관계 공무원
> ㉢ 안전성심사위원회의 위원장은 위원 중에서 호선(互選)한다.
> ㉣ 위원의 임기는 2년으로 한다. 다만, 위원이 궐위(闕位)된 경우 그 보궐위원의 임기는 전임위원 임기의 남은 기간으로 한다.
> ㉤ 위원장은 안전성심사위원회를 대표하며, 안전성심사위원회의 업무를 총괄한다.
> ㉥ 안전성심사위원회에 출석한 위원에게는 예산의 범위에서 수당과 여비를 지급할 수 있다. 다만, 공무원인 위원이 그 소관 업무와 직접 관련하여 출석하는 경우에는 그러하지 아니하다.
> ㉦ ㉠부터 ㉥까지, 규정한 사항 외에 안전성심사위원회의 운영에 필요한 사항은 안전성심사위원회의 의결을 거쳐 위원장이 정한다.

8 다음 중 유전자변형식품 등 안전성심사위원회의 위원의 제척(除斥)대상으로 맞지 않는 것은?

① 위원이 해당 안건의 당사자와 친족이거나 친족이었던 경우

② 위원 또는 위원이 속한 법인·단체 등이 해당 안건에 대하여 증언, 진술, 자문, 연구, 용역 또는 감정을 한 경우

③ 위원이나 위원이 속한 법인·단체 등이 해당 안건의 당사자의 대리인이거나 대리인이었던 경우

④ 위원이 해당 안건의 당사자인 법인·단체 등에 최근 5년 이내에 임원 또는 직원으로 재직하였던 경우

■ANSWER 7.① 8.④

위원의 제척·기피·회피〈시행령 제10조의2〉

     ⊙ 안전성심사위원회의 위원이 다음 각 호의 어느 하나에 해당하는 경우에는 안전성심사위원회의 심의·의결에서 제척(除斥)된다.

- 위원 또는 그 배우자나 배우자이었던 사람이 해당 안건의 당사자(당사자가 법인·단체 등인 경우에는 그 임원 또는 직원을 포함한다.)가 되거나 그 안건의 당사자와 공동권리자 또는 공동의무자인 경우
- 위원이 해당 안건의 당사자와 친족이거나 친족이었던 경우
- 위원 또는 위원이 속한 법인·단체 등이 해당 안건에 대하여 증언, 진술, 자문, 연구, 용역 또는 감정을 한 경우
- 위원이나 위원이 속한 법인·단체 등이 해당 안건의 당사자의 대리인이거나 대리인이었던 경우
- 위원이 해당 안건의 당사자인 법인·단체 등에 최근 3년 이내에 임원 또는 직원으로 재직하였던 경우

     ⓛ 해당 안건의 당사자는 위원에게 공정한 심의·의결을 기대하기 어려운 사정이 있는 경우에는 안전성심사위원회에 기피 신청을 할 수 있고, 안전성심사위원회는 의결로 이를 결정한다. 이 경우 기피 신청의 대상인 위원은 그 의결에 참여하지 못한다.

     ⓒ 위원이 제척 사유에 해당하는 경우에는 스스로 해당 안건의 심의·의결에서 회피(回避)하여야 한다.

9 다음 중 소비자식품위생감시원의 직무에 대한 설명으로 맞지 않는 것은?

① 식품접객업을 하는 자에 대한 위생관리 상태 점검

② 유통 중인 식품 등이 표시기준에 맞지 아니하거나 허위표시 또는 과대광고 금지 규정을 위반한 경우 관할 행정관청에 신고하거나 그에 관한 자료 제공

③ 식품위생감시원이 하는 식품 등에 대한 수거 및 검사 지원

④ 사법처분의 이행 여부 확인을 지원하는 업무

소비자식품위생감시원의 직무는 다음 각 호와 같다.〈법 제33조〉

     ⊙ 식품접객업을 하는 자(이하 "식품접객영업자"라 한다)에 대한 위생관리 상태 점검

     ⓛ 유통 중인 식품 등이 표시기준에 맞지 아니하거나 허위표시 또는 과대광고 금지 규정을 위반한 경우 관할 행정관청에 신고하거나 그에 관한 자료 제공

     ⓒ 식품위생감시원이 하는 식품 등에 대한 수거 및 검사 지원

     ⓔ 그 밖에 식품위생에 관한 사항으로서 대통령령으로 정하는 사항(행정처분의 이행 여부 확인을 지원하는 업무)

9.④

10 다음 중 식품위생법상 검사명령에 대한 설명으로 맞지 않는 것은?

① 국내외에서 유해물질이 검출된 식품 등에 대해서 식품의약품안전처장은 시험·검사기관에서 검사를 받을 것을 명할 수 있다.

② 국내외에서 위해발생의 우려가 제기되었거나 제기된 식품 등에 대해서 식품의약품안전처장은 시험·검사기관에서 검사를 받을 것을 명할 수 있다.

③ 검사기한은 검사명령을 받은 날부터 15일 이내로 한다.

④ 검사명령 대상 식품 등의 범위, 제출 자료 등 세부사항은 식품의약품안전처장이 정하여 고시한다.

> **NOTE** 검사명령 등〈법 제19조의4〉
> ㉠ 식품의약품안전처장은 다음 각 호의 어느 하나에 해낭하는 식품 등을 채취·제조·가공·사용·조리·저장·소분·운반 또는 진열하는 영업자에 대하여「식품·의약품분야 시험·검사 등에 관한 법률」에 따른 식품전문 시험·검사기관 또는 국외시험·검사기관에서 검사를 받을 것을 명(이하 "검사명령"이라 한다)할 수 있다. 다만, 검사로써 위해성분을 확인할 수 없다고 식품의약품안전처장이 인정하는 경우에는 관계 자료 등으로 갈음할 수 있다.
> • 국내외에서 유해물질이 검출된 식품 등
> • 그 밖에 국내외에서 위해발생의 우려가 제기되었거나 제기된 식품 등
> ㉡ 검사명령을 받은 영업자는 총리령으로 정하는 검사기한 내에 검사를 받거나 관련 자료 등을 제출하여야 하며, 검사기한은 검사명령을 받은 날부터 20일 이내로 한다.
> ㉢ 검사명령 대상 식품 등의 범위, 제출 자료 등 세부사항은 식품의약품안전처장이 정하여 고시한다.

11 다음 중 식품 등의 재검사에 대한 설명으로 맞지 않는 것은?

① 식품의약품안전처장, 시·도지사 또는 시장·군수·구청장은 해당 영업자에게 해당 검사에 적용한 검사방법 등을 검사성적서 또는 검사증명서가 작성된 날부터 7일 이내에 통보하여야 한다.

② 통보를 받은 영업자가 그 검사 결과에 이의가 있으면 식품의약품안전처장, 시·도지사 또는 시장·군수·구청장에게 재검사를 요청할 수 있다.

③ 해당 영업자에게 재검사 결과를 통보하여야 한다.

④ 재검사 수수료와 보세창고료 등 재검사에 드는 비용은 식품의약품안전처장, 시·도지사 또는 시장·군수·구청장이 부담한다.

NOTE 식품 등의 재검사〈법 제23조〉
① 식품의약품안전처장(대통령령으로 정하는 그 소속 기관의 장을 포함한다. 이하 이 조에서 같다), 시·도지사 또는 시장·군수·구청장은 식품 등을 검사한 결과 해당 식품 등이 기준이나 규격에 맞지 아니하면 대통령령으로 정하는 바에 따라 해당 영업자에게 해당 검사에 적용한 검사방법, 검체의 채취·취급방법 및 검사 결과를 해당 검사성적서 또는 검사증명서가 작성된 날부터 7일 이내에 통보하여야 한다.
② 통보를 받은 영업자가 그 검사 결과에 이의가 있으면 검사한 제품과 같은 제품(같은 날에 같은 영업시설에서 같은 제조 공정을 통하여 제조·생산된 제품에 한정한다)을 식품의약품안전처장이 인정하는 국내외 검사기관 2곳 이상에서 같은 검사 항목에 대하여 검사를 받아 그 결과가 통보받은 검사 결과와 다를 때에는 그 검사기관의 검사성적서 또는 검사증명서를 첨부하여 식품의약품안전처장, 시·도지사 또는 시장·군수·구청장에게 재검사를 요청할 수 있다. 다만, 시간이 경과함에 따라 검사 결과가 달라질 수 있는 검사항목 등 총리령으로 정하는 검사항목은 재검사 대상에서 제외하며, 재검사 대상에서 제외하는 검사항목은 이물, 미생물, 곰팡이독소, 잔류농약 및 잔류동물용의약품에 관한 검사로 한다.
③ 재검사 요청을 받은 식품의약품안전처장, 시·도지사 또는 시장·군수·구청장은 영업자가 제출한 검사 결과가 다르다고 확인되거나 검사에 따른 검체(檢體)의 채취·취급방법, 검사방법·검사과정 등이 식품 등의 기준 및 규격에 위반된다고 인정되는 때에는 지체 없이 재검사하고 해당 영업자에게 재검사 결과를 통보하여야 한다. 이 경우 재검사 수수료와 보세창고료 등 재검사에 드는 비용은 영업자가 부담한다.

12 다음 중 식품위생감시원의 직무에 대한 설명으로 맞지 않는 것은?

① 식품 등의 위생적인 취급에 관한 기준의 이행 지도
② 시설기준의 적합 여부의 확인·검사
③ 영업소의 폐쇄를 위한 간판 제거 등의 조치
④ 영업자의 법령 준수사항 이행 여부의 확인·지도

NOTE 식품위생감시원의 직무〈시행령 제17조〉
㉠ 식품 등의 위생적인 취급에 관한 기준의 이행 지도
㉡ 수입·판매 또는 사용 등이 금지된 식품 등의 취급 여부에 관한 단속
㉢ 표시기준 또는 과대광고 금지의 위반 여부에 관한 단속
㉣ 출입·검사 및 검사에 필요한 식품 등의 수거
㉤ 시설기준의 적합 여부의 확인·검사
㉥ 영업자 및 종업원의 건강진단 및 위생교육의 이행 여부의 확인·지도
㉦ 조리사 및 영양사의 법령 준수사항 이행 여부의 확인·지도
㉧ 행정처분의 이행 여부 확인
㉨ 식품 등의 압류·폐기 등
㉩ 영업소의 폐쇄를 위한 간판 제거 등의 조치
㉪ 그 밖에 영업자의 법령 이행 여부에 관한 확인·지도

ANSWER 12.④

13 다음 중 자가품질검사기준으로 맞지 않는 것은?

① 식품 등에 대한 자가품질검사는 반드시 판매를 목적으로 제조·가공하는 품목별로 실시하여야 한다.

② 기구 및 용기·포장의 경우 동일한 재질의 제품으로 크기나 형태가 다를 경우에는 재질별로 자가품질검사를 실시할 수 있다.

③ 자가품질검사주기의 적용시점은 제품제조일을 기준으로 산정한다.

④ 자가품질검사는 식품의약품안전처장이 정하여 고시하는 식품유형별 검사항목을 검사한다.

> **NOTE** 자가품질검사기준〈시행규칙 별표 12〉
> ㉠ 식품등에 대한 자가품질검사는 판매를 목적으로 제조·가공하는 품목별로 실시하여야 한다. 다만, 식품공전에서 정한 농일한 검사항목을 적용받은 품목을 제조·가공하는 경우에는 식품유형별로 이를 실시할 수 있다.
> ㉡ 기구 및 용기·포장의 경우 동일한 재질의 제품으로 크기나 형태가 다를 경우에는 재질별로 자가품질검사를 실시할 수 있다.
> ㉢ 자가품질검사주기의 적용시점은 제품제조일을 기준으로 산정한다. 다만, 「수입식품안전관리 특별법」에 따른 주문자상표부착식품등과 식품제조·가공업자가 자신의 제품을 만들기 위하여 수입한 반가공 원료식품 및 용기·포장은 「관세법」에 따라 관할 세관장이 신고필증을 발급한 날을 기준으로 산정한다.
> ㉣ 자가품질검사는 식품의약품안전처장이 정하여 고시하는 식품유형별 검사항목을 검사한다. 다만, 식품제조·가공 과정 중 특정 식품첨가물을 사용하지 아니한 경우에는 그 항목의 검사를 생략할 수 있다.
> ㉤ 영업자가 다른 영업자에게 식품등을 제조하게 하는 경우에는 식품등을 제조하게 하는 자 또는 직접 그 식품등을 제조하는 자가 자가품질검사를 실시하여야 한다.

14 다음 중 위생관리 상태 점검을 신청하는 경우에는 언제까지 위생점검을 하여야 하는가?

① 1개월 이내
② 2개월 이내
③ 3개월 이내
④ 4개월 이내

> **NOTE** 위생관리 상태 점검을 신청하는 경우에는 1개월 이내에 위생점검을 하여야 한다. 이 경우 같은 업소에 대한 위생점검은 연 1회로 한정한다.〈시행령 제20조〉

ANSWER 13.① 14.①

15 다음 중 소비자식품위생감시원으로 위촉될 수 있는 자로 맞지 않는 것은?

① 식품의약품안전처장이 정하여 고시하는 교육과정을 마친 자

② 위생사, 식품기술사 · 식품기사 · 식품산업기사 · 수산제조기술사 · 수산제조기사 · 수산제조산업기사 또는 영양사

③ 3년 이상 식품위생행정에 관한 사무에 종사한 경험이 있는 자

④ 외국에서 위생사 또는 식품제조기사의 면허를 받은 자

> ■NOTE 소비자식품위생감시원으로 위촉될 수 있는 자는 다음 각 호의 어느 하나에 해당하는 자로 한다.〈시행령 제18조〉
> ㉠ 식품의약품안전처장이 정하여 고시하는 교육과정을 마친 자
> ㉡ 다음 각 호의 어느 하나에 해당하는 자
> • 위생사, 식품기술사 · 식품기사 · 식품산업기사 · 수산제조기술사 · 수산제조기사 · 수산제조산업기사 또는 영양사
> • 「고등교육법」에 따른 대학 또는 전문대학에서 의학 · 한의학 · 약학 · 한약학 · 수의학 · 축산학 · 축산가공학 · 수산제조학 · 농산제조학 · 화공학 · 화학 · 화학공학 · 식품가공학 · 식품화학 · 식품제조학 · 식품공학 · 식품과학 · 식품영양학 · 위생학 · 발효공학 · 미생물학 · 조리학 · 생물학 분야의 학과 또는 학부를 졸업한 자 또는 이와 같은 수준 이상의 자격이 있는 자
> • 외국에서 위생사 또는 식품제조기사의 면허를 받은 자나 대학 또는 전문대학을 졸업한 자로서 식품의약품안전처장이 적당하다고 인정하는 자
> • 1년 이상 식품위생행정에 관한 사무에 종사한 경험이 있는 자

05 영업

(1) 시설기준〈법 제36조〉

① 다음의 영업을 하려는 자는 총리령으로 정하는 시설기준에 맞는 시설을 갖추어야 한다.

　㉠ 식품 또는 식품첨가물의 제조업, 가공업, 운반업, 판매업 및 보존업

　㉡ 기구 또는 용기 · 포장의 제조업

　㉢ 식품접객업

※ 총리령으로 정하는 업종별 시설기준은 다음과 같다.

업종별시설기준〈시행규칙 별표 14〉

1. 식품제조 · 가공업의 시설기준

　가. 식품의 제조시설과 원료 및 제품의 보관시설 등이 설비된 건축물(이하 "건물"이라 한다)의 위치 등

　　1) 건물의 위치는 축산폐수 · 화학물질, 그 밖에 오염물질의 발생시설로부터 식품에 나쁜 영향을 주지 아니하는 거리를 두어야 한다.

　　2) 건물의 구조는 제조하려는 식품의 특성에 따라 적정한 온도가 유지될 수 있고, 환기가 잘 될 수 있어야 한다.

　　3) 건물의 자재는 식품에 나쁜 영향을 주지 아니하고 식품을 오염시키지 아니하는 것이어야 한다.

　나. 작업장

　　1) 작업장은 독립된 건물이거나 식품제조 · 가공 외의 용도로 사용되는 시설과 분리(별도의 방을 분리함에 있어 벽이나 층 등으로 구분하는 경우를 말한다. 이하 같다)되어야 한다.

　　2) 작업장은 원료처리실 · 제조가공실 · 포장실 및 그 밖에 식품의 제조 · 가공에 필요한 작업실을 말하며, 각각의 시설은 분리 또는 구획(칸막이 · 커튼 등으로 구분하는 경우를 말한다. 이하 같다)되어야 한다. 다만, 제조공정의 자동화 또는 시설 · 제품의 특수성으로 인하여 분리 또는 구획할 필요가 없다고 인정되는 경우로서 각각의 시설이 서로 구분(선 · 줄 등으로 구분하는 경우를 말한다. 이하 같다)될 수 있는 경우에는 그러하지 아니하다.

　　3) 작업장의 바닥 · 내벽 및 천장 등은 다음과 같은 구조로 설비되어야 한다.

　　　가) 바닥은 콘크리트 등으로 내수처리를 하여야 하며, 배수가 잘 되도록 하여야 한다.

　　　나) 내벽은 바닥으로부터 1.5미터까지 밝은 색의 내수성으로 설비하거나 세균방지용 페인트로 도색하여야 한다. 다만, 물을 사용하지 않고 위생상 위해발생의 우려가 없는 경우에는 그러하지 아니하다.

다) 작업장의 내부 구조물, 벽, 바닥, 천장, 출입문, 창문 등은 내구성, 내부식성 등을 가지고, 세척·소독이 용이하여야 한다.

4) 작업장 안에서 발생하는 악취·유해가스·매연·증기 등을 환기시키기에 충분한 환기시설을 갖추어야 한다.

5) 작업장은 외부의 오염물질이나 해충, 설치류, 빗물 등의 유입을 차단할 수 있는 구조이어야 한다.

6) 작업장은 폐기물·폐수 처리시설과 격리된 장소에 설치하여야 한다.

다. 식품취급시설 등

1) 식품을 제조·가공하는데 필요한 기계·기구류 등 식품취급시설은 식품의 특성에 따라 식품 등의 기준 및 규격에서 정하고 있는 제조·가공기준에 적합한 것이어야 한다.

2) 식품취급시설 중 식품과 직접 접촉하는 부분은 위생적인 내수성재질[스테인레스·알루미늄·에프알피(FRP)·테프론 등 물을 흡수하지 아니하는 것을 말한다. 이하 같다]로서 씻기 쉬운 것이거나 위생적인 목재로서 씻는 것이 가능한 것이어야 하며, 열탕·증기·살균제 등으로 소독·살균이 가능한 것이어야 한다.

3) 냉동·냉장시설 및 가열처리시설에는 온도계 또는 온도를 측정할 수 있는 계기를 설치하여야 한다.

라. 급수시설

1) 수돗물이나 「먹는물관리법」에 따른 먹는 물의 수질기준에 적합한 지하수 등을 공급할 수 있는 시설을 갖추어야 한다.

2) 지하수 등을 사용하는 경우 취수원은 화장실·폐기물처리시설·동물사육장, 그 밖에 지하수가 오염될 우려가 있는 장소로부터 영향을 받지 아니하는 곳에 위치하여야 한다.

3) 먹기에 적합하지 않은 용수는 교차 또는 합류되지 않아야 한다.

마. 화장실

1) 작업장에 영향을 미치지 아니하는 곳에 정화조를 갖춘 수세식화장실을 설치하여야 한다. 다만, 인근에 사용하기 편리한 화장실이 있는 경우에는 화장실을 따로 설치하지 아니할 수 있다.

2) 화장실은 콘크리트 등으로 내수처리를 하여야 하고, 바닥과 내벽(바닥으로부터 1.5미터까지)에는 타일을 붙이거나 방수페인트로 색칠하여야 한다.

바. 창고 등의 시설

1) 원료와 제품을 위생적으로 보관·관리할 수 있는 창고를 갖추어야 한다. 다만, 창고에 갈음할 수 있는 냉동·냉장시설을 따로 갖춘 업소에서는 이를 설치하지 아니할 수 있다.

2) 창고의 바닥에는 양탄자를 설치하여서는 아니 된다.

사. 검사실

1) 식품등의 기준 및 규격을 검사할 수 있는 검사실을 갖추어야 한다. 다만, 다음 각 호의 어느 하나에 해당하는 경우에는 이를 갖추지 아니할 수 있다.

가) 「식품·의약품분야 시험·검사 등에 관한 법률」에 따른 자가품질위탁 시험·검사기관 등에 위탁하여 자가품질검사를 하려는 경우

나) 같은 영업자가 다른 장소에 영업신고한 같은 업종의 영업소에 검사실을 갖추고 그 검사실에서 자가품질검사를 하려는 경우

다) 같은 영업자가 설립한 식품 관련 연구·검사기관에서 자사 제품에 대하여 자가품질검사를 하려는 경우

라) 「독점규제 및 공정거래에 관한 법률」에 따른 기업집단에 속하는 식품관련 연구·검사기관 또는 계열회사가 영업신고한 같은 업종의 영업소의 검사실에서 자가품질검사를 하려는 경우

2) 검사실을 갖추는 경우에는 자가품질검사에 필요한 기계·기구 및 시약류를 갖추어야 한다.

아. 운반시설

식품을 운반하기 위한 차량, 운반도구 및 용기를 갖춘 경우 식품과 직접 접촉하는 부분의 재질은 인체에 무해하며 내수성·내부식성을 갖추어야 한다.

자. 시설기준 적용의 특례

1) 선박에서 수산물을 제조·가공하는 경우에는 다음의 시설만 설비할 수 있다.

가) 작업장

작업장에서 발생하는 악취·유해가스·매연·증기 등을 환기시키는 시설을 갖추어야 한다.

나) 창고 등의 시설 등

냉동·냉장시설을 갖추어야 한다.

다) 화장실

수세식 화장실을 두어야 한다.

2) 식품제조·가공업자가 제조·가공시설 등이 부족한 경우에는 식품제조·가공업의 영업신고를 한 자에게 위탁하여 식품을 제조·가공할 수 있다.

3) 하나의 업소가 둘 이상의 업종의 영업을 할 경우 또는 둘 이상의 식품을 제조·가공하고자 할 경우로서 각각의 제품이 전부 또는 일부의 동일한 공정을 거쳐 생산되는 경우에는 그 공정에 사용되는 시설 및 작업장을 함께 쓸 수 있다. 이 경우 「축산물가공처리법」에 따라 축산물가공처리업의 허가를 받은 업소, 「먹는물관리법」에 따라 먹는샘물제조업의 허가를 받은 업소, 「주세법」에 따라 주류제조의 면허를 받아 주류를 제조하는 업소 및 「건강기능식품에 관한 법률」에 따라 건강기능식품제조업의 허가를 받은 업소 및 「양곡관리법」에 따라 양곡가공업 등록을 한 업소의 시설 및 작업장도 또한 같다.

4) 「농어업·농어촌 및 식품산업 기본법」에 따른 농어업인, 생산자단체, 「농어업경영체 육성 및 지원에 관한 법률」에 따른 영농조합법인·영어조합법인 또는 농업회사법인·어업회사법인이 국내산 농산물과 수산물을 주된 원료로 식품을 직접 제조·가공하는 영업과 「전통시장 및 상점가 육성을 위한 특별법」에 따른 전통시장에서 식품을 제조·가공하는 영업에 대해서는 특별자치도지사·시장·군수·구청장은 그 시설기준을 따로 정할 수 있다.

5) 식품제조·가공업을 함께 영위하려는 의약품제조업자 또는 의약외품제조업자는 제조하는 의약품 또는 의약외품 중 내복용 제제가 식품에 전이될 우려가 없다고 식품의약품안전처장이 인정하는 경우에는 해당 의약품 또는 의약외품 제조시설을 식품제조·가공시설로 이용할 수 있다. 이 경우 식품제조·가공시설로 이용할 수 있는 기준 및 방법 등 세부사항은 식품의약품안전처장이 정하여 고시한다.

6) 「곤충산업의 육성 및 지원에 관한 법률」에 따른 곤충농가가 곤충을 주된 원료로 하여 식품을 제조·가공하는 영업을 하려는 경우 특별자치시장·특별자치도지사·시장·군수·구청장은 그 시설기준을 따로 정할 수 있다.

2. 즉석판매제조·가공업의 시설기준

　가. 건물의 위치 등

　　1) 독립된 건물이거나 즉석판매제조·가공 외의 용도로 사용되는 시설과 분리 또는 구획되어야
　　　한다. 다만, 백화점 등 식품을 전문으로 취급하는 일정장소(식당가·식품매장 등을 말한다)에
　　　서 즉석판매제조·가공업의 영업을 하려는 경우, 「축산물 위생관리법」에 따른 식육판매업소
　　　에서 식육을 이용하여 즉석판매제조·가공업의 영업을 하려는 경우 및 「건강기능식품에 관한
　　　법률 시행령」에 따른 건강기능식품일반판매업소에서 즉석판매제조·가공업의 영업을 하려는
　　　경우로서 식품위생상 위해발생의 우려가 없다고 인정되는 경우에는 그러하지 아니하다.

　　2) 건물의 위치·구조 및 자재에 관하여는 1. 식품제조·가공업의 시설기준 중 가. 건물의 위치
　　　등의 관련 규정을 준용한다.

　나. 작업장

　　1) 식품을 제조·가공할 수 있는 기계·기구류 등이 설치된 제조·가공실을 두어야 한다. 다만,
　　　식품제조·가공업 영업자가 제조·가공한 식품 또는 「수입식품안전관리 특별법」에 따라 등록
　　　한 수입식품등 수입·판매업 영업자가 수입·판매한 식품을 소비자가 원하는 만큼 덜어서 판
　　　매하는 것만 하고, 식품의 제조·가공은 하지 아니하는 영업자인 경우에는 제조·가공실을
　　　두지 아니할 수 있다.

　　2) 제조가공실의 시설 등에 관하여는 1. 식품제조·가공업의 시설기준 중 나. 작업장의 관련규
　　　정을 준용한다.

　다. 식품취급시설 등

　　식품취급시설 등에 관하여는 1. 식품제조·가공업의 시설기준 중 다. 식품취급시설 등의 관련규
　　정을 준용한다.

　라. 급수시설

　　급수시설은 1. 식품제조·가공업의 시설기준 중 라. 급수시설의 관련 규정을 준용한다. 다만, 인
　　근에 수돗물이나 「먹는물관리법」에 따른 먹는물 수질기준에 적합한 지하수 등을 공급할 수 있는
　　시설이 있는 경우에는 이를 설치하지 아니할 수 있다.

　마. 판매시설

　　식품을 위생적으로 유지·보관할 수 있는 진열·판매시설을 갖추어야 한다.

　바. 화장실

　　1) 화장실을 작업장에 영향을 미치지 아니하는 곳에 설치하여야 한다.

　　2) 정화조를 갖춘 수세식 화장실을 설치하여야 한다. 다만, 상·하수도가 설치되지 아니한 지역
　　　에서는 수세식이 아닌 화장실을 설치할 수 있다.

　　3) 2)단서에 따라 수세식이 아닌 화장실을 설치하는 경우에는 변기의 뚜껑과 환기시설을 갖추어
　　　야 한다.

　　4) 공동화장실이 설치된 건물 안에 있는 업소 및 인근에 사용이 편리한 화장실이 있는 경우에는
　　　따로 설치하지 아니할 수 있다.

사. 시설기준 적용의 특례

  1) 「전통시장 및 상점가 육성을 위한 특별법」에 따른 전통시장 또는 「관광진흥법 시행령」에 따른 종합유원시설업의 시설 안에서 이동판매형태의 즉석판매제조·가공업을 하려는 경우에는 특별자치시장·특별자치도지사·시장·군수·구청장이 그 시설기준을 따로 정할 수 있다.

  2) 「도시와 농어촌 간의 교류촉진에 관한 법률」에 따라 농어촌체험·휴양마을사업자가 지역 농·수·축산물을 주재료로 이용한 식품을 제조·판매·가공하는 경우에는 특별자치시장·특별자치도지사·시장·군수·구청장이 그 시설기준을 따로 정할 수 있다.

  3) 지방자치단체의 장이 주최·주관 또는 후원하는 지역행사 등에서 즉석판매제조·가공업을 하려는 경우에는 특별자치시장·특별자치도지사·시장·군수·구청장이 그 시설기준을 따로 정할 수 있다.

  4) 지방자치단체 및 농림축산식품부장관이 인정한 생산자단체등에서 국내산 농·수·축산물을 주재료로 이용한 식품을 제조·판매·가공하는 경우에는 특별자치시장·특별자치도지사·시장·군수·구청장이 그 시설기준을 따로 정할 수 있다.

  5) 「전시산업발전법」에 따른 전시시설 또는 「국제회의산업 육성에 관한 법률」에 따른 국제회의 시설에서 즉석판매제조·가공업을 하려는 경우에는 특별자치시장·특별자치도지사·시장·군수·구청장이 그 시설기준을 따로 정할 수 있다.

  6) 그 밖에 특별자치시장·특별자치도지사·시장·군수·구청장이 별도로 지정하는 장소에서 즉석판매제조·가공업을 하려는 경우에는 특별자치시장·특별자치도지사·시장·군수·구청장이 그 시설기준을 따로 정할 수 있다.

3. 식품첨가물제조업의 시설기준

식품제조·가공업의 시설기준을 준용한다. 다만, 건물의 위치·구조 및 작업장에 대하여는 신고관청이 위생상 위해발생의 우려가 없다고 인정하는 경우에는 그러하지 아니하다.

4. 식품운반업의 시설기준

가. 운반시설

  1) 냉동 또는 냉장시설을 갖춘 적재고(積載庫)가 설치된 운반 차량 또는 선박이 있어야 한다. 다만, 어패류에 식용얼음을 넣어 운반하는 경우와 냉동 또는 냉장시설이 필요 없는 식품만을 취급하는 경우에는 그러하지 아니하다.

  2) 냉동 또는 냉장시설로 된 적재고의 내부는 식품등의 기준 및 규격 중 운반식품의 보존 및 유통기준에 적합한 온도를 유지하여야 하며, 시설외부에서 내부의 온도를 알 수 있도록 온도계를 설치하여야 한다.

  3) 적재고는 혈액 등이 누출되지 아니하고 냄새를 방지할 수 있는 구조이어야 한다.

나. 세차시설

세차장은 「수질환경보전법」에 적합하게 전용세차장을 설치하여야 한다. 다만, 동일 영업자가 공동으로 세차장을 설치하거나 타인의 세차장을 사용계약한 경우에는 그러하지 아니하다.

다. 차고

식품운반용 차량을 주차시킬 수 있는 전용차고를 두어야 한다. 다만, 타인의 차고를 사용계약한 경우와 「화물자동차 운수사업법」에 따른 사용신고 대상이 아닌 자가용 화물자동차의 경우에는 그러하지 아니하다.

라. 사무소

영업활동을 위한 사무소를 두어야 한다. 다만, 영업활동에 지장이 없는 경우에는 다른 사무소를 함께 사용할 수 있고, 「화물자동차 운수사업법 시행령」에 따른 개별화물자동차 운송사업의 영업자가 식품운반업을 하려는 경우에는 사무소를 두지 아니할 수 있다.

5. 식품소분·판매업의 시설기준

가. 공통시설기준

1) 작업장 또는 판매장(식품자동판매기영업 및 유통전문판매업을 제외한다)

가) 건물은 독립된 건물이거나 주거장소 또는 식품소분·판매업 외의 용도로 사용되는 시설과 분리 또는 구획되어야 한다.

나) 식품소분업의 소분실은 1. 식품제조·가공업의 시설기준 중 나. 작업장의 관련규정을 준용한다.

2) 급수시설(식품소분업 등 물을 사용하지 아니하는 경우를 제외한다)

수돗물이나 「먹는물관리법」에 따른 먹는 물의 수질기준에 적합한 지하수 등을 공급할 수 있는 시설을 갖추어야 한다.

3) 화장실(식품자동판매기영업을 제외한다)

가) 화장실은 작업장 및 판매장에 영향을 미치지 아니하는 곳에 설치하여야 한다.

나) 정화조를 갖춘 수세식 화장실을 설치하여야 한다. 다만, 상·하수도가 설치되지 아니한 지역에서는 수세식이 아닌 화장실을 설치할 수 있다.

다) 나)단서에 따라 수세식이 아닌 화장실을 설치한 경우에는 변기의 뚜껑과 환기시설을 갖추어야 한다.

라) 공동화장실이 설치된 건물 안에 있는 업소 및 인근에 사용이 편리한 화장실이 있는 경우에는 따로 화장실을 설치하지 아니할 수 있다.

4) 공통시설기준의 적용특례

지방자치단체 및 농림축산식품부장관이 인정한 생산자단체 등에서 국내산 농·수·축산물의 판매촉진 및 소비홍보 등을 위하여 14일 이내의 기간에 한하여 특정장소에서 농·수·축산물의 판매행위를 하려는 경우에는 공통시설기준에 불구하고 특별자치도지사·시장·군수·구청장(시·도에서 농·수·축산물의 판매행위를 하는 경우에는 시·도지사)이 시설기준을 따로 정할 수 있다.

나. 업종별 시설기준

1) 식품소분업

가) 식품등을 소분·포장할 수 있는 시설을 설치하여야 한다.

나) 소분·포장하려는 제품과 소분·포장한 제품을 보관할 수 있는 창고를 설치하여야 한다.

2) 식용얼음판매업

가) 판매장은 얼음을 저장하는 창고와 취급실이 구획되어야 한다.

나) 취급실의 바닥은 타일·콘크리트 또는 두꺼운 목판자 등으로 설비하여야 하고, 배수가 잘 되어야 한다.

다) 판매장의 주변은 배수가 잘 되어야 한다.

라) 배수로에는 덮개를 설치하여야 한다.

마) 얼음을 저장하는 창고에는 보기 쉬운 곳에 온도계를 비치하여야 한다.

바) 소비자에게 배달판매를 하려는 경우에는 위생적인 용기가 있어야 한다.

3) 식품자동판매기영업

가) 식품자동판매기(이하 "자판기"라 한다)는 위생적인 장소에 설치하여야 하며, 옥외에 설치하는 경우에는 비·눈·직사광선으로부터 보호되는 구조이어야 한다.

나) 더운 물을 필요로 하는 제품의 경우에는 제품의 음용온도는 68℃ 이상이 되도록 하여야 하고, 자판기 내부에는 살균등(더운 물을 필요로 하는 경우를 제외한다)·정수기 및 온도계가 부착되어야 한다. 다만, 물을 사용하지 않는 경우는 제외한다.

다) 자판기 안의 물탱크는 내부청소가 쉽도록 뚜껑을 설치하고 녹이 슬지 아니하는 재질을 사용하여야 한다.

라) 삭제 〈2011.8.19〉

4) 유통전문판매업

가) 영업활동을 위한 독립된 사무소가 있어야 한다. 다만, 영업활동에 지장이 없는 경우에는 다른 사무소를 함께 사용할 수 있다.

나) 식품을 위생적으로 보관할 수 있는 창고를 갖추어야 한다. 이 경우 보관창고는 영업신고를 한 영업소의 소재지와 다른 곳에 설치하거나 임차하여 사용할 수 있다.

다) 상시 운영하는 반품·교환품의 보관시설을 두어야 한다.

5) 집단급식소 식품판매업

가) 사무소

영업활동을 위한 독립된 사무소가 있어야 한다. 다만, 영업활동에 지장이 없는 경우에는 다른 사무소를 함께 사용할 수 있다.

나) 작업장

(1) 식품을 선별·분류하는 작업은 항상 찬 곳(0~18℃)에서 할 수 있도록 하여야 한다.

(2) 작업장은 식품을 위생적으로 보관하거나 선별 등의 작업을 할 수 있도록 독립된 건물이거나 다른 용도로 사용되는 시설과 분리되어야 한다.

(3) 작업장 바닥은 콘크리트 등으로 내수처리를 하여야 하고, 물이 고이거나 습기가 차지 아니하게 하여야 한다.

(4) 작업장에는 쥐, 바퀴 등 해충이 들어오지 못하게 하여야 한다.

(5) 작업장에서 사용하는 칼, 도마 등 조리기구는 육류용과 채소용 등 용도별로 구분하여 그 용도로만 사용하여야 한다.

다) 창고 등 보관시설

(1) 식품등을 위생적으로 보관할 수 있는 창고를 갖추어야 한다. 이 경우 창고는 영업신고를 한 소재지와 다른 곳에 설치하거나 임차하여 사용할 수 있다.

(2) 창고에는 식품의약품안전처장이 정하는 보존 및 유통기준에 적합한 온도에서 보관할 수 있도록 냉장시설 및 냉동시설을 갖추어야 한다. 다만, 창고에서 냉장처리나 냉동처리가 필요하지 아니한 식품을 처리하는 경우에는 냉장시설 또는 냉동시설을 갖추지 아니하여도 된다.

(3) 서로 오염원이 될 수 있는 식품을 보관·운반하는 경우 구분하여 보관·운반하여야 한다.

라) 운반차량

  (1) 식품을 위생적으로 운반하기 위하여 냉동시설이나 냉장시설을 갖춘 적재고가 설치된 운반차량을 1대 이상 갖추어야 한다. 다만, 허가, 신고 또는 등록한 영업자와 계약을 체결하여 냉동 또는 냉장시설을 갖춘 운반차량을 이용하는 경우에는 운반차량을 갖추지 아니하여도 된다.

  (2) (1)의 규정에도 불구하고 냉동 또는 냉장시설이 필요 없는 식품만을 취급하는 경우에는 운반차량에 냉동시설이나 냉장시설을 갖춘 적재고를 설치하지 아니하여도 된다.

6) 삭제 〈2016.2.4.〉

7) 기타식품판매업

가) 냉동시설 또는 냉장고·진열대 및 판매대를 설치하여야 한다. 다만, 냉장·냉동 보관 및 유통을 필요로 하지 않는 제품을 취급하는 경우는 제외한다.

나) 삭제 〈2012.1.17〉

6. 식품보존업의 시설기준

가. 식품조사처리업

원자력관계법령에서 정한 시설기준에 적합하여야 한다.

나. 식품냉동·냉장업

1) 작업장은 독립된 건물이거나 다른 용도로 사용되는 시설과 분리되어야 한다. 다만, 다음 각 호의 어느 하나에 해당하는 경우에는 그러하지 아니할 수 있다.

가) 밀봉 포장된 식품과 밀봉 포장된 축산물(「축산물 위생관리법」에 따른 축산물을 말한다)을 같은 작업장에 구분하여 보관하는 경우

나) 「수입식품안전관리 특별법」에 따라 등록한 수입식품등 보관업의 시설과 함께 사용하는 작업장의 경우

2) 작업장에는 적하실(積下室)·냉동예비실·냉동실 및 냉장실이 있어야 하고, 각각의 시설은 분리 또는 구획되어야 한다. 다만, 냉동을 하지 아니할 경우에는 냉동예비실과 냉동실을 두지 아니할 수 있다.

3) 작업장의 바닥은 콘크리트 등으로 내수처리를 하여야 하고, 물이 고이거나 습기가 차지 아니하도록 하여야 한다.

4) 냉동예비실·냉동실 및 냉장실에는 보기 쉬운 곳에 온도계를 비치하여야 한다.

5) 작업장에는 작업장 안에서 발생하는 악취·유해가스·매연·증기 등을 배출시키기 위한 환기시설을 갖추어야 한다.

6) 작업장에는 쥐·바퀴 등 해충이 들어오지 못하도록 하여야 한다.

7) 상호오염원이 될 수 있는 식품을 보관하는 경우에는 서로 구별할 수 있도록 하여야 한다.

8) 작업장 안에서 사용하는 기구 및 용기·포장 중 식품에 직접 접촉하는 부분은 씻기 쉬우며, 살균소독이 가능한 것이어야 한다.

9) 수돗물이나 「먹는물관리법」에 따른 먹는 물의 수질기준에 적합한 지하수 등을 공급할 수 있는 시설을 갖추어야 한다.

10) 화장실을 설치하여야 하며, 화장실의 시설은 2. 즉석판매제조·가공업의 시설기준 중 바. 화장실의 관련규정을 준용한다.

7. 용기·포장류 제조업의 시설기준

식품제조·가공업의 시설기준을 준용한다. 다만, 신고관청이 위생상 위해발생의 우려가 없다고 인정하는 경우에는 그러하지 아니하다.

8. 식품접객업의 시설기준

가. 공통시설기준

　1) 영업장

　　가) 독립된 건물이거나 식품접객업의 영업허가를 받거나 영업신고를 한 업종 외의 용도로 사용되는 시설과 분리, 구획 또는 구분되어야 한다(일반음식점에서 「축산물위생관리법 시행령」의 식육판매업을 하려는 경우, 휴게음식점에서 「음악산업진흥에 관한 법률」에 따른 음반·음악영상물판매업을 하는 경우 및 관할 세무서장의 의제 주류판매 면허를 받고 제과점에서 영업을 하는 경우는 제외한다). 다만, 다음의 어느 하나에 해당하는 경우에는 분리되어야 한다.

　　　(1) 식품접객업의 영업허가를 받거나 영업신고를 한 업종과 다른 식품접객업의 영업을 하려는 경우. 다만, 휴게음식점에서 제과점영업을 하려는 경우 또는 제과점에서 휴게음식점영업을 하려는 경우는 제외한다.

　　　(2) 「음악산업진흥에 관한 법률」의 노래연습장업을 하려는 경우

　　　(3) 「다중이용업소의 안전관리에 관한 특별법 시행규칙」의 콜라텍업을 하려는 경우

　　　(4) 「체육시설의 설치·이용에 관한 법률」에 따른 무도학원업 또는 무도장업을 하려는 경우

　　　(5) 「동물보호법」에 따른 동물의 출입, 전시 또는 사육이 수반되는 영업을 하려는 경우

　　나) 영업장은 연기·유해가스등의 환기가 잘 되도록 하여야 한다.

　　다) 음향 및 반주시설을 설치하는 영업자는 「소음·진동관리법」에 따른 생활소음·진동이 규제기준에 적합한 방음장치 등을 갖추어야 한다.

　　라) 공연을 하려는 휴게음식점·일반음식점 및 단란주점의 영업자는 무대시설을 영업장 안에 객석과 구분되게 설치하되, 객실 안에 설치하여서는 아니 된다.

　　마) 「동물보호법」에 따른 동물의 출입, 전시 또는 사육이 수반되는 시설과 직접 접한 영업장의 출입구에는 손을 소독할 수 있는 장치, 용품 등을 갖추어야 한다.

　2) 조리장

　　가) 조리장은 손님이 그 내부를 볼 수 있는 구조로 되어 있어야 한다. 다만, 제과점영업소로서 같은 건물 안에 조리장을 설치하는 경우와 「관광진흥법 시행령」에 따른 관광호텔업 및 관광공연장업의 조리장의 경우에는 그러하지 아니하다.

　　나) 조리장 바닥에 배수구가 있는 경우에는 덮개를 설치하여야 한다.

　　다) 조리장 안에는 취급하는 음식을 위생적으로 조리하기 위하여 필요한 조리시설·세척시설·폐기물용기 및 손 씻는 시설을 각각 설치하여야 하고, 폐기물용기는 오물·악취 등이 누출되지 아니하도록 뚜껑이 있고 내수성 재질로 된 것이어야 한다.

　　라) 1명의 영업자가 하나의 조리장을 둘 이상의 영업에 공동으로 사용할 수 있는 경우는 다음과 같다.

　　　(1) 같은 건물 안의 같은 통로를 출입구로 사용하여 휴게음식점·제과점영업 및 일반음식점영업을 하려는 경우

(2) 「관광진흥법 시행령」에 따른 전문휴양업, 종합휴양업 및 유원시설업 시설 안의 같은 장소에서 휴게음식점·제과점영업 또는 일반음식점영업 중 둘 이상의 영업을 하려는 경우

(3) 삭제⟨2017.12.29⟩

(4) 제과점 영업자가 식품제조·가공업 또는 즉석판매제조·가공업의 제과·제빵류 품목을 제조·가공하려는 경우

(5) 제과점영업자가 기존 제과점의 영업신고관청과 같은 관할 구역에서 둘 이상의 제과점을 운영하려는 경우

마) 조리장에는 주방용 식기류를 소독하기 위한 자외선 또는 전기살균소독기를 설치하거나 열탕세척소독시설(식중독을 일으키는 병원성 미생물 등이 살균될 수 있는 시설이어야 한다. 이하 같다)을 갖추어야 한다. 다만, 주방용 식기류를 기구등의 살균·소독제로만 소독하는 경우에는 그러하지 아니하다.

바) 충분한 환기를 시킬 수 있는 시설을 갖추어야 한다. 다만, 자연적으로 통풍이 가능한 구조의 경우에는 그러하지 아니하다.

사) 식품등의 기준 및 규격 중 식품별 보존 및 유통기준에 적합한 온도가 유지될 수 있는 냉장시설 또는 냉동시설을 갖추어야 한다.

3) 급수시설

가) 수돗물이나 「먹는물관리법」에 따른 먹는 물의 수질기준에 적합한 지하수 등을 공급할 수 있는 시설을 갖추어야 한다.

나) 지하수를 사용하는 경우 취수원은 화장실·폐기물처리시설·동물사육장, 그 밖에 지하수가 오염될 우려가 있는 장소로부터 영향을 받지 아니하는 곳에 위치하여야 한다.

4) 화장실

가) 화장실은 콘크리트 등으로 내수처리를 하여야 한다. 다만, 공중화장실이 설치되어 있는 역·터미널·유원지 등에 위치하는 업소, 공동화장실이 설치된 건물 안에 있는 업소 및 인근에 사용하기 편리한 화장실이 있는 경우에는 따로 화장실을 설치하지 아니할 수 있다.

나) 화장실은 조리장에 영향을 미치지 아니하는 장소에 설치하여야 한다.

다) 정화조를 갖춘 수세식 화장실을 설치하여야 한다. 다만, 상·하수도가 설치되지 아니한 지역에서는 수세식이 아닌 화장실을 설치할 수 있다.

라) 다)단서에 따라 수세식이 아닌 화장실을 설치하는 경우에는 변기의 뚜껑과 환기시설을 갖추어야 한다.

마) 화장실에는 손을 씻는 시설을 갖추어야 한다.

5) 공통시설기준의 적용특례

가) 공통시설기준에도 불구하고 다음의 경우에는 특별자치도지사·시장·군수·구청장(시·도에서 음식물의 조리·판매행위를 하는 경우에는 시·도지사)이 시설기준을 따로 정할 수 있다.

(1) 「전통시장 및 상점가 육성을 위한 특별법」에 따른 전통시장에서 음식점영업을 하는 경우
(2) 해수욕장 등에서 계절적으로 음식점영업을 하는 경우
(3) 고속도로·자동차전용도로·공원·유원시설 등의 휴게장소에서 영업을 하는 경우
(4) 건설공사현장에서 영업을 하는 경우
(5) 지방자치단체 및 농림축산식품부장관이 인정한 생산자단체등에서 국내산 농·수·축산물의 판매촉진 및 소비홍보 등을 위하여 특정장소에서 음식물의 조리·판매행위를 하려는 경우
(6) 「전시산업발전법」에 따른 전시시설에서 휴게음식점영업, 일반음식점영업 또는 제과점영업을 하는 경우
(7) 지방자치단체의 장이 주최, 주관 또는 후원하는 지역행사 등에서 휴게음식점영업, 일반음식점영업 또는 제과점영업을 하는 경우
(8) 「국제회의산업 육성에 관한 법률」에 따른 국제회의시설에서 휴게음식점, 일반음식점, 제과점 영업을 하려는 경우
(9) 그 밖에 특별자치시장·특별자치도지사·시장·군수·구청장이 별도로 지정하는 장소에서 휴게음식점, 일반음식점, 제과점 영업을 하려는 경우
나) 「도시와 농어촌 간의 교류촉진에 관한 법률」에 따라 농어촌체험·휴양마을사업자가 농어촌체험·휴양프로그램에 부수하여 음식을 제공하는 경우로서 그 영업시설기준을 따로 정한 경우에는 그 시설기준에 따른다.
다) 백화점, 슈퍼마켓 등에서 휴게음식점영업 또는 제과점영업을 하려는 경우와 음식물을 전문으로 조리하여 판매하는 백화점 등의 일정장소(식당가를 말한다)에서 휴게음식점영업·일반음식점영업 또는 제과점영업을 하려는 경우로서 위생상 위해발생의 우려가 없다고 인정되는 경우에는 각 영업소와 영업소 사이를 분리 또는 구획하는 별도의 차단벽이나 칸막이 등을 설치하지 아니할 수 있다.
라) 「관광진흥법」에 따라 시·도지사가 지정한 관광특구에서 휴게음식점영업, 일반음식점영업 또는 제과점영업을 하는 경우에는 영업장 신고면적에 포함되어 있지 아니한 옥외시설에서 해당 영업별 식품을 제공할 수 있다. 이 경우 옥외시설의 기준에 관한 사항은 시장·군수 또는 구청장이 따로 정하여야 한다.
마) 「관광진흥법」의 호텔업을 영위하는 장소 또는 시·도지사 또는 시장·군수·구청장이 별도로 지정하는 장소에서 휴게음식점영업, 일반음식점영업 또는 제과점영업을 하는 경우에는 공통시설기준에도 불구하고 시장·군수 또는 구청장이 시설기준 등을 따로 정하여 영업장 신고면적 외 옥외 등에서 음식을 제공할 수 있다.
나. 업종별시설기준
1) 휴게음식점영업·일반음식점영업 및 제과점영업
가) 일반음식점에 객실(투명한 칸막이 또는 투명한 차단벽을 설치하여 내부가 전체적으로 보이는 경우는 제외한다)을 설치하는 경우 객실에는 잠금장치를 설치할 수 없다.
나) 휴게음식점 또는 제과점에는 객실(투명한 칸막이 또는 투명한 차단벽을 설치하여 내부가 전체적으로 보이는 경우는 제외한다)을 둘 수 없으며, 객석을 설치하는 경우 객석에는 높이 1.5미터 미만의 칸막이(이동식 또는 고정식)를 설치할 수 있다. 이 경우 2면 이상을 완전히 차단하지 아니하여야 하고, 다른 객석에서 내부가 서로 보이도록 하여야 한다.

다) 기차·자동차·선박 또는 수상구조물로 된 유선장(遊船場)·도선장(渡船場) 또는 수상레저사업장을 이용하는 경우 다음 시설을 갖추어야 한다.
　(1) 1일의 영업시간에 사용할 수 있는 충분한 양의 물을 저장할 수 있는 내구성이 있는 식수탱크
　(2) 1일의 영업시간에 발생할 수 있는 음식물 찌꺼기 등을 처리하기에 충분한 크기의 오물통 및 폐수탱크
　(3) 음식물의 재료(원료)를 위생적으로 보관할 수 있는 시설
라) 영업장으로 사용하는 바닥면적(「건축법 시행령」에 따라 산정한 면적을 말한다)의 합계가 100제곱미터(영업장이 지하층에 설치된 경우에는 그 영업장의 바닥면적 합계가 66제곱미터) 이상인 경우에는 「다중이용업소의 안전관리에 관한 특별법」에 따른 소방시설등 및 영업장 내부 피난통로 그 밖의 안전시설을 갖추어야 한다. 다만, 영업장(내부계단으로 연결된 복층구조의 영업장을 제외한다)이 지상 1층 또는 지상과 직접 접하는 층에 설치되고 그 영업장의 주된 출입구가 건축물 외부의 지면과 직접 연결되는 곳에서 하는 영업을 제외한다.
마) 휴게음식점·일반음식점 또는 제과점의 영업장에는 손님이 이용할 수 있는 자막용 영상장치 또는 자동반주장치를 설치하여서는 아니 된다. 다만, 연회석을 보유한 일반음식점에서 회갑연, 칠순연 등 가정의 의례로서 행하는 경우에는 그러하지 아니하다.
바) 일반음식점의 객실 안에는 무대장치, 음향 및 반주시설, 우주볼 등의 특수조명시설을 설치하여서는 아니 된다.
사) 삭제 〈2012.12.17〉
2) 단란주점영업
가) 영업장 안에 객실이나 칸막이를 설치하려는 경우에는 다음 기준에 적합하여야 한다.
　(1) 객실을 설치하는 경우 주된 객장의 중앙에서 객실 내부가 전체적으로 보일 수 있도록 설비하여야 하며, 통로형태 또는 복도형태로 설비하여서는 아니 된다.
　(2) 객실로 설치할 수 있는 면적은 객석면적의 2분의 1을 초과할 수 없다.
　(3) 주된 객장 안에서는 높이 1.5미터 미만의 칸막이(이동식 또는 고정식)를 설치할 수 있다. 이 경우 2면 이상을 완전히 차단하지 아니하여야 하고, 다른 객석에서 내부가 서로 보이도록 하여야 한다.
나) 객실에는 잠금장치를 설치할 수 없다.
다) 「다중이용업소의 안전관리에 관한 특별법」에 따른 소방시설등 및 영업장 내부 피난통로 그 밖의 안전시설을 갖추어야 한다.
3) 유흥주점영업
가) 객실에는 잠금장치를 설치할 수 없다.
나) 「다중이용업소의 안전관리에 관한 특별법」에 따른 소방시설등 및 영업장 내부 피난통로 그 밖의 안전시설을 갖추어야 한다.
9. 위탁급식영업의 시설기준
가) 사무소
영업활동을 위한 독립된 사무소가 있어야 한다. 다만, 영업활동에 지장이 없는 경우에는 다른 사무소를 함께 사용할 수 있다.

나) 창고 등 보관시설

(1) 식품등을 위생적으로 보관할 수 있는 창고를 갖추어야 한다. 이 경우 창고는 영업신고를 한 소재지와 다른 곳에 설치하거나 임차하여 사용할 수 있다.

(2) 창고에는 식품등을 식품등의 기준 및 규격에서 정하고 있는 보존 및 유통기준에 적합한 온도에서 보관할 수 있도록 냉장·냉동시설을 갖추어야 한다.

다) 운반시설

(1) 식품을 위생적으로 운반하기 위하여 냉동시설이나 냉장시설을 갖춘 적재고가 설치된 운반차량을 1대 이상 갖추어야 한다. 다만, 허가 또는 신고한 영업자와 계약을 체결하여 냉동 또는 냉장시설을 갖춘 운반차량을 이용하는 경우에는 운반차량을 갖추지 아니하여도 된다.

(2) (1)의 규정에도 불구하고 냉동 또는 냉장시설이 필요 없는 식품만을 취급하는 경우에는 운반차량에 냉동시설이나 냉장시설을 갖춘 적재고를 설치하지 아니하여도 된다.

라) 식재료 처리시설

식품첨가물이나 다른 원료를 사용하지 아니하고 농·임·수산물을 단순히 자르거나 껍질을 벗기거나 말리거나 소금에 절이거나 숙성하거나 가열(살균의 목적 또는 성분의 현격한 변화를 유발하기 위한 목적의 경우를 제외한다)하는 등의 가공과정 중 위생상 위해발생의 우려가 없고 식품의 상태를 관능검사로 확인할 수 있도록 가공하는 경우 그 재료처리시설의 기준은 제1호나목부터 마목까지의 규정을 준용한다.

마) 나)부터 라)까지의 시설기준에도 불구하고 집단급식소의 창고 등 보관시설 및 식재료 처리시설을 이용하는 경우에는 창고 등 보관시설과 식재료 처리시설을 설치하지 아니할 수 있으며, 위탁급식업자가 식품을 직접 운반하지 않는 경우에는 운반시설을 갖추지 아니할 수 있다.

② 영업의 세부 종류와 그 범위는 다음 각 호와 같다.〈시행령 제21조〉

㉠ 식품제조·가공업 : 식품을 제조·가공하는 영업

㉡ 즉석판매제조·가공업 : 총리령으로 정하는 식품을 제조·가공업소에서 직접 최종소비자에게 판매하는 영업

> **즉석판매제조·가공 대상식품〈시행규칙 별표 15〉**
>
> 1. 식품제조·가공업 및 「축산물위생관리법 시행령」에 따른 축산물가공업에서 제조·가공할 수 있는 식품에 해당하는 모든 식품(통·병조림 식품 제외)
> 2. 식품제조·가공업 영업자 및 「축산물위생관리법 시행령」에 따른 축산물가공업의 영업자가 제조·가공한 식품 또는 「수입식품안전관리 특별법」에 따라 등록한 수입식품등 수입·판매업 영업자 및 「축산물위생관리법 시행령」에 따른 축산물가공업의 영업자가 수입·판매한 식품으로 즉석판매제조·가공업소 내에서 소비자가 원하는 만큼 덜어서 직접 최종 소비자에게 판매하는 식품. 다만, 다음 각 목의 어느 하나에 해당하는 식품은 제외한다.
>   가. 통·병조림 제품
>   나. 레토르트식품
>   다. 냉동식품

> 라. 어육제품
> 마. 특수용도식품(체중조절용 조제식품은 제외한다)
> 바. 식초
> 사. 전분
> 아. 알가공품
> 자. 유가공품

　　ⓒ 식품첨가물제조업

　　　㉮ 감미료·착색료·표백제 등의 화학적 합성품을 제조·가공하는 영업

　　　㉯ 천연 물질로부터 유용한 성분을 추출하는 등의 방법으로 얻은 물질을 제조·가공하는 영업

　　　㉰ 식품첨가물의 혼합제재를 제조·가공하는 영업

　　　㉱ 기구 및 용기·포장을 살균·소독할 목적으로 사용되어 간접적으로 식품에 이행(移行)될 수 있는 물질을 제조·가공하는 영업

　　ⓔ 식품운반업 : 직접 마실 수 있는 유산균음료(살균유산균음료를 포함한다)나 어류·조개류 및 그 가공품 등 부패·변질되기 쉬운 식품을 위생적으로 운반하는 영업. 다만, 해당 영업자의 영업소에서 판매할 목적으로 식품을 운반하는 경우와 해당 영업자가 제조·가공한 식품을 운반하는 경우는 제외한다.

　　ⓜ 식품소분·판매업

　　　㉮ **식품소분업** : 총리령으로 정하는 식품 또는 식품첨가물의 완제품을 나누어 유통할 목적으로 재포장·판매하는 영업. 식품소분업의 신고대상은 다음과 같다.〈시행규칙 제38조〉

　　　•"총리령으로 정하는 식품 또는 식품첨가물"이란 영업의 대상이 되는 식품 또는 식품첨가물(수입되는 식품 또는 식품첨가물을 포함한다)과 벌꿀[영업자가 자가채취하여 직접 소분(小分)·포장하는 경우를 제외한다]을 말한다. 다만, 어육제품, 특수용도식품(체중조절용 조제식품은 제외한다), 통·병조림 제품, 레토르트식품, 전분, 장류 및 식초는 소분·판매하여서는 아니 된다.

　　　•식품 또는 식품첨가물제조업의 신고를 한 자가 자기가 제조한 제품의 소분·포장만을 하기 위하여 신고를 한 제조업소 외의 장소에서 식품소분업을 하려는 경우에는 그 제품이 식품소분업 신고대상 품목이 아니더라도 식품소분업 신고를 할 수 있다.

　　　㉯ **식품판매업**

　　　•**식용얼음판매업** : 식용얼음을 전문적으로 판매하는 영업

　　　•**식품자동판매기영업** : 식품을 자동판매기에 넣어 판매하는 영업. 다만, 유통기간이 1개월 이상인 완제품만을 자동판매기에 넣어 판매하는 경우는 제외한다.

　　　•**유통전문판매업** : 식품 또는 식품첨가물을 스스로 제조·가공하지 아니하고 제1호의 식품제조·가공업자 또는 식품첨가물제조업자에게 의뢰하여 제조·가공한 식품 또는 식품첨가물을 자신의 상표로 유통·판매하는 영업

　　　•**집단급식소 식품판매업** : 집단급식소에 식품을 판매하는 영업

- **기타 식품판매업** : 총리령으로 정하는 일정 규모 이상의 백화점, 슈퍼마켓, 연쇄점 등에서 식품을 판매하는 영업. "총리령으로 정하는 일정 규모 이상의 백화점, 슈퍼마켓, 연쇄점 등"이란 백화점, 슈퍼마켓, 연쇄점 등의 영업장의 면적이 300제곱미터 이상인 업소를 말한다.〈시행규칙 제39조〉

ⓑ **식품보존업**

㉮ **식품조사처리업** : 방사선을 쬐어 식품의 보존성을 물리적으로 높이는 것을 업(業)으로 하는 영업

㉯ **식품냉동·냉장업** : 식품을 얼리거나 차게 하여 보존하는 영업. 다만, 수산물의 냉동·냉장은 제외한다.

ⓢ **용기·포장류제조업**

㉮ **용기·포장지제조업** : 식품 또는 식품첨가물을 넣거나 싸는 물품으로서 식품 또는 식품첨가물에 직접 접촉되는 용기(옹기류는 제외한다)·포장지를 제조하는 영업

㉯ **옹기류제조업** : 식품을 제조·조리·저장할 목적으로 사용되는 독, 항아리, 뚝배기 등을 제조하는 영업

ⓞ **식품접객업**

㉮ **휴게음식점영업** : 주로 다류(茶類), 아이스크림류 등을 조리·판매하거나 패스트푸드점, 분식점 형태의 영업 등 음식류를 조리·판매하는 영업으로서 음주행위가 허용되지 아니하는 영업. 다만, 편의점, 슈퍼마켓, 휴게소, 그 밖에 음식류를 판매하는 장소(만화가게 및 「게임산업진흥에 관한 법률」에 따른 인터넷컴퓨터게임시설제공업을 하는 영업소 등 음식류를 부수적으로 판매하는 장소를 포함한다)에서 컵라면, 일회용 다류 또는 그 밖의 음식류에 물을 부어 주는 경우는 제외한다.

㉯ **일반음식점영업** : 음식류를 조리·판매하는 영업으로서 식사와 함께 부수적으로 음주행위가 허용되는 영업

㉰ **단란주점영업** : 주로 주류를 조리·판매하는 영업으로서 손님이 노래를 부르는 행위가 허용되는 영업

㉱ **유흥주점영업** : 주로 주류를 조리·판매하는 영업으로서 유흥종사자를 두거나 유흥시설을 설치할 수 있고 손님이 노래를 부르거나 춤을 추는 행위가 허용되는 영업

㉲ **위탁급식영업** : 집단급식소를 설치·운영하는 자와의 계약에 따라 그 집단급식소에서 음식류를 조리하여 제공하는 영업

㉳ **제과점영업** : 주로 빵, 떡, 과자 등을 제조·판매하는 영업으로서 음주행위가 허용되지 아니하는 영업

(2) 영업허가 등〈법 제37조〉

① 영업 중 대통령령으로 정하는 영업을 하려는 자는 대통령령으로 정하는 바에 따라 영업 종류별 또는 영업소별로 식품의약품안전처장 또는 특별자치시장·특별자치도지사·시장·군수·구청장의 허가를 받아야 한다. 허가받은 사항 중 대통령령으로 정하는 중요한 사항을 변경할 때에도 또한 같다.

㉠ 허가를 받아야 하는 영업 및 허가관청〈시행령 제23조〉

　㉮ 식품조사처리업 : 식품의약품안전처장

　㉯ 단란주점영업과 유흥주점영업 : 특별자치시장·특별자치도지사 또는 시장·군수·구청장

㉡ 허가를 받아야 하는 변경사항 : 변경할 때 허가를 받아야 하는 사항은 영업소 소재지로 한다.
〈시행령 제24조〉

㉢ 영업허가의 신청〈시행규칙 제40조〉

　㉮ 영업허가를 받으려는 자는 영업허가신청서(전자문서로 된 신청서를 포함한다)에 다음 각 호의
서류(전자문서를 포함한다)를 첨부하여 허가관청에 제출하여야 한다.

　　ⓐ 교육이수증(미리 교육을 받은 경우만 해당한다)

　　ⓑ 유선 및 도선사업 면허증 또는 신고필증(수상구조물로 된 유선장 또는 도선장에서 단란주점
영업 및 유흥주점영업을 하려는 경우만 해당한다)

　　ⓒ 「먹는물관리법」에 따른 먹는물 수질검사기관이 발행한 수질검사(시험)성적서(수돗물이 아닌
지하수 등을 먹는 물 또는 식품등의 제조과정이나 식품의 조리·세척 등에 사용하는 경우
만 해당한다)

　　ⓓ 「다중이용업소의 안전관리에 관한 특별법」에 따라 소방본부장 또는 소방서장이 발행하는
안전시설등 완비증명서(단란주점영업 및 유흥주점영업을 하려는 경우만 해당한다)

　㉯ 신청서를 제출받은 허가관청은 「전자정부법」에 따른 행정정보의 공동이용을 통하여 다음 각
호의 서류를 확인하여야 한다. 다만, 신청인이 ⓒ부터 ⓔ까지의 확인에 동의하지 아니하는 경
우에는 그 사본을 첨부하도록 하여야 한다.

　　ⓐ 토지이용계획확인서

　　ⓑ 건축물대장

　　ⓒ 액화석유가스 사용시설완성검사증명서(단란주점영업 및 유흥주점영업을 하려는 자 중 「액화
석유가스의 안전관리 및 사업법」에 따라 액화석유가스 사용시설의 완성검사를 받아야 하는
경우만 해당한다)

　　ⓓ 「전기사업법」 및 시행규칙에 따른 전기안전점검확인서(단란주점영업 및 유흥주점영업을 하
려는 경우만 해당한다)

　　ⓔ 건강진단결과서(제49조에 따른 건강진단대상자의 경우만 해당한다)

　㉰ 허가관청은 신청인이 영업허가를 받으려는 자가 피성년후견인이거나 파산선고를 받고 복권되
지 아니한 자인 경우에 해당하는지 여부를 내부적으로 확인할 수 없는 경우에는 서류 외에 신
원 확인에 필요한 자료를 제출하게 할 수 있다. 이 경우 신청인이 외국인인 경우에는 해당 국
가의 정부나 그 밖의 권한 있는 기관이 발행한 서류 또는 공증인이 공증한 신청인의 진술서로
서 「재외공관 공증법」에 따라 해당 국가에 주재하는 대한민국공관의 영사관이 확인한 서류를
제출하게 할 수 있다.

ⓡ 허가관청은 영업허가를 할 경우에는 식품조사처리업의 영업의 경우, 단란주점 영업 및 유흥주점 영업의 영업의 경우에는 영업허가증을 각각 발급하여야 한다. 이 경우 허가관청은 영업허가 관리대장을 각각 작성하여 보관하거나 같은 서식으로 전산망에 입력하여 관리하여야 한다.

ⓜ 영업자가 허가증을 잃어버렸거나 허가증이 헐어 못 쓰게 되어 허가증을 재발급 받으려는 경우에는 재발급신청서(허가증이 헐어 못 쓰게 된 경우에는 못 쓰게 된 허가증을 첨부하여야 한다)를 허가관청에 제출하여야 한다.

ㄹ 허가사항의 변경〈시행규칙 제41조〉

㉮ 변경허가를 받으려는 자는 허가사항 변경 신청·신고서에 허가증과 **다음 각 호의 서류를 첨부하여 허가관청에 제출하여야 한다.**

ⓐ 유선 및 도선사업 면허증 또는 신고필증(수상구조물로 된 유선장 또는 도선장에서 단란주점영업 및 유흥주점영업을 하려는 경우만 해당한다)

ⓑ 「먹는물관리법」에 따른 먹는물 수질검사기관이 발행한 수질검사(시험)성적서(수돗물이 아닌 지하수 등을 먹는 물 또는 식품등의 제조과정이나 식품의 조리·세척 등에 사용하는 경우만 해당한다)

ⓒ 「다중이용업소의 안전관리에 관한 특별법」에 따라 소방본부장 또는 소방서장이 발행하는 안전시설등 완비증명서(단란주점영업 및 유흥주점영업을 하려는 경우만 해당한다)

㉯ 신청서를 제출받은 허가관청은 「전자정부법」에 따른 행정정보의 공동이용을 통하여 **다음 각 호의 서류를 확인하여야 한다.** 다만, 신청인이 ⓒ 및 ⓓ의 확인에 동의하지 아니하는 경우에는 그 사본을 첨부하도록 하여야 한다.

ⓐ 토지이용계획확인서

ⓑ 건축물대장

ⓒ 액화석유가스 사용시설완성검사증명서(단란주점영업 및 유흥주점영업을 하려는 자 중 「액화석유가스의 안전관리 및 사업법」에 따라 액화석유가스 사용시설의 완성검사를 받아야 하는 경우만 해당한다)

ⓓ 「전기사업법」 및 시행규칙에 따른 전기안전점검확인서(단란주점영업 및 같은 호 라목의 유흥주점영업을 하려는 경우만 해당한다)

㉰ 영업허가를 받은 자가 **다음 각 호의 사항을 변경한 경우에는** 허가관청에 허가사항 변경 신청·신고서에 허가증(영업장의 면적을 변경하는 경우에는 서류를 포함한다)을 첨부하여 신고하여야 한다. 다만, 영업자 지위승계에 따른 변경의 경우는 제외한다.

ⓐ 영업자의 성명(영업자가 법인인 경우에는 그 대표자의 성명을 말한다)

ⓑ 영업소의 명칭 또는 상호

ⓒ 영업장의 면적

② 식품의약품안전처장 또는 특별자치시장·특별자치도지사·시장·군수·구청장은 영업허가를 하는 때에는 필요한 조건을 붙일 수 있다.

③ 영업허가를 받은 자가 폐업하거나 허가받은 사항 중 중요한 사항을 제외한 경미한 사항을 변경할 때에는 식품의약품안전처장 또는 특별자치시장·특별자치도지사·시장·군수·구청장에게 신고하여야 한다.

④ 영업 중 대통령령으로 정하는 영업을 하려는 자는 대통령령으로 정하는 바에 따라 영업 종류별 또는 영업소별로 식품의약품안전처장 또는 특별자치시장·특별자치도지사·시장·군수·구청장에게 신고하여야 한다. 신고한 사항 중 대통령령으로 정하는 중요한 사항을 변경하거나 폐업할 때에도 또한 같다.

  ㉠ 영업신고를 하여야 하는 업종〈시행령 제25조〉

    ㉮ 즉석판매제조·가공업

    ㉯ 식품운반업

    ㉰ 식품소분·판매업

    ㉱ 식품냉동·냉장업

    ㉲ 용기·포장류제조업(자신의 제품을 포장하기 위하여 용기·포장류를 제조하는 경우는 제외한다)

    ㉳ 휴게음식점영업, 일반음식점영업, 위탁급식영업 및 제과점영업

  ㉡ 다음 각 호의 어느 하나에 해당하는 경우에는 신고하지 아니한다.〈시행령 제25조〉

    ㉮ 「양곡관리법」에 따른 양곡가공업 중 도정업을 하는 경우

    ㉯ 「식품산업진흥법」에 따라 수산물가공업[어유(간유) 가공업, 냉동·냉장업 및 선상수산물가공업만 해당한다]의 신고를 하고 해당 영업을 하는 경우

    ㉰ 「축산물 위생관리법」에 따라 축산물가공업의 허가를 받아 해당 영업을 하거나 식육즉석판매가공업 신고를 하고 해당 영업을 하는 경우

    ㉱ 「건강기능식품에 관한 법률」에 따라 건강기능식품제조업 및 건강기능식품판매업의 영업허가를 받거나 영업신고를 하고 해당 영업을 하는 경우

    ㉲ 식품첨가물이나 다른 원료를 사용하지 아니하고 농산물·임산물·수산물을 단순히 자르거나, 껍질을 벗기거나, 말리거나, 소금에 절이거나, 숙성하거나, 가열(살균의 목적 또는 성분의 현격한 변화를 유발하기 위한 목적의 경우는 제외한다. 이하 같다)하는 등의 가공과정 중 위생상 위해가 발생할 우려가 없고 식품의 상태를 관능검사(官能檢査)로 확인할 수 있도록 가공하는 경우. 다만, 다음 각 목의 어느 하나에 해당하는 경우는 제외한다.

      ⓐ 집단급식소에 식품을 판매하기 위하여 가공하는 경우

      ⓑ 식품의약품안전처장이 기준과 규격을 정하여 고시한 신선편의식품(과일, 야채, 채소, 새싹 등을 식품첨가물이나 다른 원료를 사용하지 아니하고 단순히 자르거나, 껍질을 벗기거나, 말리거나, 소금에 절이거나, 숙성하거나, 가열하는 등의 가공과정을 거친 상태에서 따로 씻는 등의 과정 없이 그대로 먹을 수 있게 만든 식품을 말한다)을 판매하기 위하여 가공하는 경우

ⓑ 「농업·농촌 및 식품산업 기본법」에 따른 농업인과 「수산업·어촌 발전 기본법」에 따른 어업인 및 「농어업경영체 육성 및 지원에 관한 법률」에 따른 영농조합법인과 영어조합법인이 생산한 농산물·임산물·수산물을 집단급식소에 판매하는 경우. 다만, 다른 사람으로 하여금 생산하거나 판매하게 하는 경우는 제외한다.

ⓒ 신고를 하여야 하는 변경사항〈시행령 제26조〉

　　㉮ 영업자의 성명(법인인 경우에는 그 대표자의 성명을 말한다)

　　㉯ 영업소의 명칭 또는 상호

　　㉰ 영업소의 소재지

　　㉱ 영업장의 면적

　　㉲ 즉석판매제조·가공업을 하는 자가 즉석판매제조·가공 대상 식품 중 식품의 유형을 달리하여 새로운 식품을 제조·가공하려는 경우(변경 전 식품의 유형 또는 변경하려는 식품의 유형이 자가품질검사 대상인 경우만 해당한다)

　　㉳ 식품운반업을 하는 자가 냉장·냉동차량을 증감하려는 경우

　　㉴ 식품자동판매기영업을 하는 자가 같은 특별자치시·시(「제주특별자치도 설치 및 국제자유도시 조성을 위한 특별법」에 따른 행정시를 포함한다)·군·구(자치구를 말한다. 이하 같다)에서 식품자동판매기의 설치 대수를 증감하려는 경우

ⓓ 영업의 신고 등〈시행규칙 제42조〉

　　㉮ 영업신고를 하려는 자는 영업에 필요한 시설을 갖춘 후 영업신고서(전자문서로 된 신고서를 포함한다)에 다음 각 호의 서류(전자문서를 포함한다)를 첨부하여 신고관청에 제출하여야 한다.

　　　ⓐ 교육이수증(미리 교육을 받은 경우만 해당한다)

　　　ⓑ 제조·가공하려는 식품 및 식품첨가물의 종류 및 제조방법설명서(즉석판매제조·가공 영업만 해당한다)

　　　ⓒ 시설사용계약서(식품운반업을 하려는 자 중 차고 또는 세차장을 임대할 경우만 해당한다)

　　　ⓓ 「먹는물관리법」에 따른 먹는물 수질검사기관이 발행한 수질검사(시험)성적서(수돗물이 아닌 지하수 등을 먹는 물 또는 식품등의 제조과정이나 식품의 조리·세척 등에 사용하는 경우만 해당한다)

　　　ⓔ 유선 및 도선사업 면허증 또는 신고필증(수상구조물로 된 유선장 및 도선장에서 휴게음식점영업, 일반음식점영업 및 제과점영업을 하려는 경우만 해당한다)

　　　ⓕ 「다중이용업소의 안전관리에 관한 특별법」에 따라 소방본부장 또는 소방서장이 발행하는 안전시설등 완비증명서(같은 법에 따른 안전시설등 완비증명서의 발급대상 영업의 경우만 해당한다)

　　　ⓖ 식품자동판매기의 종류 및 설치장소가 기재된 서류(2대 이상의 식품자동판매기를 설치하고 일련관리번호를 부여하여 일괄 신고를 하는 경우만 해당한다)

　　　ⓗ 수상레저사업 등록증(수상구조물로 된 수상레저사업장에서 휴게음식점영업 및 제과점영업을 하려는 경우만 해당한다)

ⓘ 「국유재산법 시행규칙」에 따른 국유재산 사용허가서(국유철도의 정거장시설에서 즉석판매제조·가공업의 영업, 식품소분·판매업의 영업, 휴게음식점영업, 일반음식점영업 또는 제과점영업을 하려는 경우 및 군사시설에서 일반음식점영업을 하려는 경우만 해당한다)

ⓙ 해당 도시철도사업자와 체결한 도시철도시설 사용계약에 관한 서류(도시철도의 정거장시설에서 즉석판매제조·가공업의 영업, 식품소분·판매업의 영업, 휴게음식점영업, 일반음식점영업 또는 제과점영업을 하려는 경우만 해당한다)

ⓚ 예비군식당 운영계약에 관한 서류(군사시설에서 일반음식점영업을 하려는 경우만 해당한다)

ⓛ 「자동차관리법 시행규칙」에 따른 이동용 음식판매 용도인 소형·경형화물자동차 이동용 음식판매 용도인 특수작업형 특수자동차(이하 "음식판매자동차"라 한다)를 사용하여 휴게음식점영업 또는 제과점영업을 하려는 경우는 음식판매자동차를 사용하는 영업의 신고 시 첨부서류

ⓜ 「어린이놀이시설 안전관리법」 및 같은 법 시행령에 따른 어린이놀이시설 설치검사합격증 또는 「어린이놀이시설 안전관리법」 및 시행령에 따른 어린이놀이시설 정기시설검사합격증

㉯ 신고서를 제출받은 신고관청은 「전자정부법」에 따른 행정정보의 공동이용을 통하여 **다음 각 호의 서류를 확인하여야 한다.** 다만, 신청인이 ⓒ부터 ⓕ까지의 확인에 동의하지 아니하는 경우에는 그 사본을 첨부하도록 하여야 한다.

ⓐ 토지이용계획확인서

ⓑ 건축물대장

ⓒ 액화석유가스 사용시설완성검사증명서(휴게음식점영업, 일반음식점영업 및 제과점영업을 하려는 자 중 「액화석유가스의 안전관리 및 사업법」에 따라 액화석유가스 사용시설의 완성검사를 받아야 하는 경우만 해당한다)

ⓓ 자동차등록증(음식판매자동차를 사용하여 휴게음식점영업 또는 제과점영업을 하려는 경우만 해당한다)

ⓔ 사업자등록증(「고등교육법」에 따른 학교에서 해당 학교의 경영자가 음식판매자동차를 사용하여 휴게음식점영업 또는 제과점영업을 하려는 경우만 해당한다)

ⓕ 건강진단결과서(건강진단 대상자만 해당한다)

㉰ 신고한 영업소의 소재지 이외의 장소에서 1개월 이내의 범위에서 한시적으로 영업을 하려는 즉석판매제조·가공업자는 영업을 하려는 지역의 관할 행정관청에 영업신고증 및 자가품질검사 결과(자가품질검사가 필요한 영업의 경우만 해당한다)를 제출하여야 한다.

㉱ 음식판매자동차를 사용하는 휴게음식점영업자 또는 제과점영업자가 신고한 영업소의 소재지 외의 장소에서 해당 영업을 하려는 경우에는 영업을 하려는 지역의 관할 행정관청에 영업신고증 및 첨부 서류(전자문서를 포함한다)를 제출하여야 한다.

㉲ 영업신고증 및 서류를 제출받은 관할 행정관청은 지체 없이 제출된 영업신고증의 뒷면에 제출일 및 새로운 영업소의 소재지를 적어 발급하고 그 사실을 신고관청에 통보하여야 하며, 신고관청은 통보받은 내용을 영업신고 관리대장에 작성·보관하거나 전산망에 입력하여 관리하여야 한다.

㉺ 영업신고를 할 경우 같은 사람이 같은 시설 안에서 식품판매업 중 식용얼음판매업, 식품자동 판매기영업 및 기타 식품판매업을 하려는 경우에도 영업별로 각각 영업신고를 하여야 한다.

　　㉻ 식품자동판매기영업을 신고할 때 같은 특별자치시·시(제주특별자치도의 경우에는 행정시를 말한다)·군·구(자치구를 말한다)에서 식품자동판매기를 2대 이상 설치하여 영업을 하려는 경우에는 해당 식품자동판매기에 일련관리번호를 부여하여 일괄 신고를 할 수 있다.

　　㉼ 신고를 받은 신고관청은 지체 없이 영업신고증을 발급하여야 한다.

　　㉽ 신고증을 발급한 신고관청은 영업신고 관리대장을 각각 작성·보관하거나 같은 서식으로 전산망에 입력하여 관리하여야 한다.

　　㉾ 신고를 받은 신고관청은 해당 영업소의 시설에 대한 확인이 필요한 경우에는 신고증 발급 후 15일 이내에 신고받은 사항을 확인하여야 한다. 다만, 식품접객업 영업신고를 받은 경우에는 반드시 1개월 이내에 해당 영업소의 시설에 대하여 신고받은 사항을 확인하여야 한다.

　　㉿ 영업자가 신고증을 잃어버렸거나 헐어 못 쓰게 되어 신고증을 재발급 받으려는 경우에는 재발급신청서에 신고증(신고증이 헐어 못 쓰게 되어 재발급을 신청하는 경우만 해당한다)을 첨부하여 신고관청에 신청하여야 한다.

　⑩ **신고사항의 변경**〈시행규칙 제43조〉: 변경신고를 하려는 자는 영업신고사항 변경신고서(전자문서로 된 신고서를 포함한다)에 영업신고증을 첨부하여 신고관청에 제출하여야 한다. 이 경우 신고관청은 「전자정부법」에 따른 행정정보의 공동이용을 통하여 다음 각 호의 서류를 확인하여야 하며, 신청인이 ㉰ 및 ㉱의 확인에 동의하지 아니하는 경우에는 그 사본을 첨부하도록 하여야 한다.

　　㉮ 토지이용계획확인서

　　㉯ 건축물대장

　　㉰ 액화석유가스 사용시설완성검사증명서(휴게음식점영업, 일반음식점영업 및 제과점영업을 하려는 자 중 「액화석유가스의 안전관리 및 사업법」에 따라 액화석유가스 사용시설의 완성검사를 받아야 하는 경우만 해당한다)

　　㉱ 자동차등록증(신고한 음식판매자동차의 면적을 변경하려는 경우만 해당한다)

⑤ 영업 중 대통령령으로 정하는 영업을 하려는 자는 대통령령으로 정하는 바에 따라 영업 종류별 또는 영업소별로 식품의약품안전처장 또는 특별자치시장·특별자치도지사·시장·군수·구청장에게 등록하여야 하며, 등록한 사항 중 대통령령으로 정하는 중요한 사항을 변경할 때에도 또한 같다. 다만, 폐업하거나 대통령령으로 정하는 중요한 사항을 제외한 경미한 사항을 변경할 때에는 식품의약품안전처장 또는 특별자치시장·특별자치도지사·시장·군수·구청장에게 신고하여야 한다.

ⓐ 영업의 등록 등〈시행규칙 제43조의2〉

ⓐ 영업등록을 하려는 자는 영업에 필요한 시설을 갖춘 후 영업등록신청서(전자문서로 된 신청서를 포함한다)에 다음 각 호의 서류(전자문서를 포함한다)를 첨부하여 등록관청에 제출하여야 한다. 이 경우 등록신청을 받은 등록관청은 「전자정부법」에 따른 행정정보의 공동이용을 통하여 토지이용계획확인서, 건축물대장 및 건강진단결과서(건강진단대상자만 해당한다.)를 확인하여야 하며, 신청인이 건강진단결과서의 확인에 동의하지 아니하는 경우에는 그 사본을 첨부하도록 하여야 한다.

ⓐ 교육이수증(미리 교육을 받은 경우에만 해당한다)

ⓑ 제조·가공하려는 식품 또는 식품첨가물의 종류 및 제조방법 설명서

ⓒ 「먹는물관리법」에 따른 먹는물 수질검사기관이 발행한 수질검사(시험)성적서(수돗물이 아닌 지하수 등을 먹는 물 또는 식품등의 제조과정 등에 사용하는 경우에만 해당한다)

ⓐ 등록신청을 받은 등록관청은 해당 영업소의 시설을 확인한 후 영업등록증을 발급하여야 한다.

ⓐ 등록증을 발급한 등록관청은 영업등록 관리대장을 작성·보관하거나 같은 서식으로 전산망에 입력하여 관리하여야 한다.

ⓐ 영업자가 등록증을 잃어버렸거나 등록증이 헐어 못 쓰게 되어 등록증을 재발급받으려는 경우에는 재발급신청서(등록증이 헐어 못 쓰게 된 경우에는 못 쓰게 된 등록증을 첨부하여야 한다)를 등록관청에 제출하여야 한다.

ⓑ 등록사항의 변경〈시행규칙 제43조의3〉

ⓐ 변경등록을 하려는 자는 변경등록신청서에 등록증과 다음 각 호의 서류를 첨부하여 등록관청에 제출하여야 한다. 이 경우 등록관청은 「전자정부법」에 따른 행정정보의공동이용을 통하여 토지이용계획확인서 및 건축물대장을 확인하여야 한다.

ⓐ 새롭게 제조·가공하려는 식품 또는 식품첨가물의 종류 및 제조방법설명서(변경사항의 경우에만 해당한다)

ⓑ 「먹는물관리법」에 따른 먹는물 수질검사기관이 발행한 수질검사(시험)성적서(수돗물이 아닌 지하수 등을 먹는 물 또는 식품등의 제조과정 등에 사용하는 경우에만 해당한다)

ⓐ 영업등록을 한 자가 **다음 각 호의 사항을 변경**한 경우에는 변경신고서에 등록증과 변경내용을 기재한 서류를 첨부하여 **등록관청에 신고하여야 한다.** 다만, 영업자 지위승계에 따른 변경의 경우는 제외한다.

ⓐ 영업자의 성명(법인의 경우에는 그 대표자의 성명을 말한다)

ⓑ 영업소의 명칭 또는 상호

ⓒ 영업장의 면적

ⓒ 폐업신고〈시행규칙 제44조〉

㉮ 폐업신고를 하려는 자는 영업의 폐업신고서(전자문서로 된 신고서를 포함한다)에 영업허가증, 영업신고증 또는 영업등록증을 첨부하여 허가관청, 신고관청 또는 등록관청에 제출하여야 한다.

㉯ 폐업신고를 하려는 자가 「부가가치세법」에 따른 폐업신고를 같이 하려는 경우에는 폐업신고서에 「부가가치세법 시행규칙」의 폐업신고서를 함께 제출하여야 한다. 이 경우 허가관청, 신고관청 또는 등록관청은 함께 제출받은 폐업신고서를 지체 없이 관할 세무서장에게 송부(정보통신망을 이용한 송부를 포함한다)하여야 한다.

㉰ 관할 세무서장이 「부가가치세법 시행령」에 따라 폐업신고를 받아 이를 해당 허가관청, 신고관청 또는 등록관청에 송부한 경우에는 폐업신고서가 제출된 것으로 본다.

⑥ 식품 또는 식품첨가물의 제조업·가공업의 허가를 받거나 신고 또는 등록을 한 자가 식품 또는 식품첨가물을 제조·가공하는 경우에는 총리령으로 정하는 바에 따라 식품의약품안전처장 또는 특별자치시장·특별자치도지사·시장·군수·구청장에게 그 사실을 보고하여야 한다. 보고한 사항 중 총리령으로 정하는 중요한 사항을 변경하는 경우에도 또한 같다.

㉠ 품목제조의 보고 등에 관한 사항은 다음과 같다.〈시행규칙 제45조〉

㉮ 식품 또는 식품첨가물의 제조·가공에 관한 보고를 하려는 자는 품목제조보고서(전자문서로 된 보고서를 포함한다)에 다음 각 호의 서류(전자문서를 포함한다)를 첨부하여 제품생산 시작 전이나 제품생산 시작 후 7일 이내에 등록관청에 제출하여야 한다. 이 경우 식품제조·가공업자가 식품을 위탁 제조·가공하는 경우에는 위탁자가 보고를 하여야 한다.

• 제조방법설명서
• 「식품·의약품분야 시험·검사 등에 관한 법률」에 따라 식품의약품안전처장이 지정한 식품전문 시험·검사기관 또는 총리령으로 정하는 시험·검사기관이 발급한 식품등의 한시적 기준 및 규격 검토서(식품등의 한시적 기준 및 규격의 인정 대상이 되는 식품등만 해당한다)
• 식품의약품안전처장이 정하여 고시한 기준에 따라 설정한 유통기한의 설정사유서(표시기준에 따른 유통기한 표시 대상 식품 외에 유통기한을 표시하려는 식품을 포함한다)
• 할랄인증 식품(기관으로부터 이슬람교도가 먹을 수 있도록 허용됨을 인증받은 식품을 말한다.) 인증서 사본(할랄인증 식품의 표시·광고를 하는 경우만 해당한다)

㉯ 등록관청은 ㉮에 따른 보고를 받은 경우에는 그 내용을 품목제조보고 관리대장에 기록·보관하여야 한다.

㉡ 품목제조보고사항 등의 변경〈시행규칙 제46조〉: 보고를 한 자가 해당 품목에 대하여 다음 각 호의 어느 하나에 해당하는 사항을 변경하려는 경우에는 품목제조보고사항 변경보고서(전자문서로 된 보고서를 포함한다)에 품목제조보고서 사본, 유통기한 연장사유서(유통기한을 변경하려는 경우만 해당한다) 및 할랄인증 식품 인증서 사본(할랄인증 식품 해당 여부를 변경하려는 경우만 해당한다)을 첨부하여 등록관청에 제출하여야 한다. 다만, 수출용 식품등을 제조하기 위하여 변경하는 경우는 그러하지 아니하다.

⑦ 제품명

⑭ 원재료명 또는 성분명 및 배합비율(품목제조보고 시 등록관청에 제출한 원재료성분 및 배합비율을 변경하려는 경우만 해당한다)

㉑ 유통기한(품목제조보고를 한 자가 해당 품목의 유통기한을 연장하려는 경우만 해당한다)

㉒ 할랄인증 식품 해당 여부

ⓒ 영업허가 등의 보고〈시행규칙 제47조〉: 지방식품의약품안전청장 또는 특별자치시장·특별자치도지사·시장·군수·구청장은 영업허가(식품조사처리업만 해당한다)를 하였거나 영업등록을 한 경우에는 그 날부터 15일 이내에 지방식품의약품안전청장 또는 특별자치시장·특별자치도지사의 경우에는 식품의약품안전처장에게, 시장·군수·구청장의 경우에는 시·도지사에게 보고하여야 한다. 이 경우 시·도지사는 시장·군수·구청장으로부터 보고받은 사항을 분기별로 분기 종료 후 20일 이내에 식품의약품안전처장에게 보고하여야 한다.

⑦ 식품의약품안전처장 또는 특별자치시장·특별자치도지사·시장·군수·구청장은 영업자(영업신고 또는 영업등록을 한 자만 해당한다)가 「부가가치세법」에 따라 관할세무서장에게 폐업신고를 하거나 관할세무서장이 사업자등록을 말소한 경우에는 신고 또는 등록 사항을 직권으로 말소할 수 있으며, 직권으로 신고 또는 등록 사항을 말소하려는 경우에는 **다음 각 호의 절차에 따른다.** 〈시행규칙 제47조의2〉

㉠ 신고 또는 등록 사항 말소 예정사실을 해당 영업자에게 사전 통지할 것

㉡ 신고 또는 등록 사항 말소 예정사실을 해당 기관 게시판과 인터넷 홈페이지에 10일 이상 예고할 것

⑧ 규정에 따라 폐업하고자 하는 자는 규정에 따른 영업정지 등 행정 제재처분기간 중에는 폐업신고를 할 수 없다.

⑨ 식품의약품안전처장 또는 특별자치시장·특별자치도지사·시장·군수·구청장은 직권말소를 위하여 필요한 경우 관할 세무서장에게 영업자의 폐업여부에 대한 정보 제공을 요청할 수 있다. 이 경우 요청을 받은 관할 세무서장은 「전자정부법」에 따라 영업자의 폐업여부에 대한 정보를 제공한다.

㉠ 등록하여야 하는 영업〈시행령 제26조의2〉: 특별자치시장·특별자치도지사 또는 시장·군수·구청장에게 등록하여야 하는 영업은 다음 각 호와 같다.

㉑ 식품제조·가공업(「주세법」에 따라 주류 제조면허를 받아 주류를 제조하는 경우에는 식품의약품안전처장에게 등록하여야 한다.)

㉒ 식품첨가물제조업

ⓛ 다음 각 호의 어느 하나에 해당하는 경우에는 등록하지 아니한다.〈시행령 제26조의2〉

㉮ 「양곡관리법」에 따른 양곡가공업 중 도정업을 하는 경우

㉯ 「식품산업진흥법」에 따라 수산물가공업[어유(간유) 가공업, 냉동·냉장업 및 선상수산물가공업만 해당한다]의 신고를 하고 해당 영업을 하는 경우

㉰ 「축산물 위생관리법」에 따라 축산물가공업의 허가를 받아 해당 영업을 하는 경우

㉱ 「건강기능식품에 관한 법률」에 따라 건강기능식품제조업의 영업허가를 받아 해당 영업을 하는 경우

㉲ 식품첨가물이나 다른 원료를 사용하지 아니하고 농산물·임산물·수산물을 단순히 자르거나, 껍질을 벗기거나, 말리거나, 소금에 절이거나, 숙성하거나, 가열하는 등의 가공과정 중 위생상 위해가 발생할 우려가 없고 식품의 상태를 관능검사로 확인할 수 있도록 가공하는 경우. 다만, 다음 각 목의 어느 하나에 해당하는 경우는 제외한다.

ⓐ 집단급식소에 식품을 판매하기 위하여 가공하는 경우

ⓑ 식품의약품안전처장이 기준과 규격을 정하여 고시한 신선편의식품(과일, 야채, 채소, 새싹 등을 식품첨가물이나 다른 원료를 사용하지 아니하고 단순히 자르거나, 껍질을 벗기거나, 말리거나, 소금에 절이거나, 숙성하거나, 가열하는 등의 가공과정을 거친 상태에서 따로 씻는 등의 과정 없이 그대로 먹을 수 있게 만든 식품을 말한다)을 판매하기 위하여 가공하는 경우

ⓒ 등록하여야 하는 변경사항〈시행령 제26조의3〉: 변경할 때 등록하여야 하는 사항은 다음 각 호와 같다.

㉮ 영업소의 소재지

㉯ 식품제조·가공업을 하는 자가 추가로 시설을 갖추어 새로운 식품군(식품의약품안전처장이 정하여 고시하는 식품의 기준 및 규격에 따른 식품군을 말한다)에 해당하는 식품을 제조·가공하려는 경우

㉰ 식품첨가물제조업을 하는 자가 추가로 시설을 갖추어 새로운 식품첨가물(식품의약품안전처장이 정하여 고시하는 식품의 기준 및 규격에 따른 식품첨가물을 말한다)을 제조하려는 경우

(3) 영업허가 등의 제한〈법 제38조〉

① 다음 각 호의 어느 하나에 해당하면 영업허가를 하여서는 아니 된다.

㉠ 해당 영업 시설이 시설기준에 맞지 아니한 경우

㉡ 영업허가가 취소(영업허가가 취소된 경우는 제외한다)되거나 「식품 등의 표시·광고에 관한 법률」에 따라 영업허가가 최소되고 6개월이 지나기 전에 같은 장소에서 같은 종류의 영업을 하려는 경우. 다만, 영업시설 전부를 철거하여 영업허가가 취소된 경우에는 그러하지 아니하다.

㉢ 영업허가가 취소되거나 영업허가가 취소되고 2년이 지나기 전에 같은 장소에서 식품접객업을 하려는 경우

ⓔ 영업허가가 취소되거나 「식품 등의 표시·광고에 관한 법률」에 따라 영업허가가 최소되고 2년이 지나기 전에 같은 자(법인인 경우에는 그 대표자를 포함한다)가 취소된 영업과 같은 종류의 영업을 하려는 경우

ⓜ 영업허가가 취소되거나 영업허가가 취소된 후 3년이 지나기 전에 같은 자(법인인 경우에는 그 대표자를 포함한다)가 식품접객업을 하려는 경우

ⓗ 영업허가가 취소되고 5년이 지나기 전에 같은 자(법인인 경우에는 그 대표자를 포함한다)가 취소된 영업과 같은 종류의 영업을 하려는 경우

ⓢ 식품접객업 중 국민의 보건위생을 위하여 허가를 제한할 필요가 뚜렷하다고 인정되어 시·도지사가 지정하여 고시하는 영업에 해당하는 경우

ⓞ 영업허가를 받으려는 자가 피성년후견인이거나 파산선고를 받고 복권되지 아니한 자인 경우

② 다음 각 호의 어느 하나에 해당하는 경우에는 영업신고 또는 영업등록을 할 수 없다.

ⓐ 등록취소 또는 영업소 폐쇄명령이나 「식품 등의 표시·광고에 관한 법률」에 따른 등록최소 또는 영업소 폐쇄명령을 받고 6개월이 지나기 전에 같은 장소에서 같은 종류의 영업을 하려는 경우. 다만, 영업시설 전부를 철거하여 등록취소 또는 영업소 폐쇄명령을 받은 경우에는 그러하지 아니하다.

ⓑ 영업소 폐쇄명령을 받거나 영업소 폐쇄명령을 받은 후 1년이 지나기 전에 같은 장소에서 식품접객업을 하려는 경우

ⓒ 등록취소 또는 영업소 폐쇄명령이나 「식품 등의 표시·광고에 관한 법률」에 따른 등록최소 또는 영업소 폐쇄명령을 받고 2년이 지나기 전에 같은 자(법인인 경우에는 그 대표자를 포함한다)가 등록취소 또는 폐쇄명령을 받은 영업과 같은 종류의 영업을 하려는 경우

ⓓ 영업소 폐쇄명령을 받거나 영업소 폐쇄명령을 받고 2년이 지나기 전에 같은 자(법인인 경우에는 그 대표자를 포함한다)가 식품접객업을 하려는 경우

ⓔ 등록취소 또는 영업소 폐쇄명령을 받고 5년이 지나지 아니한 자(법인인 경우에는 그 대표자를 포함한다)가 등록취소 또는 폐쇄명령을 받은 영업과 같은 종류의 영업을 하려는 경우

(4) 영업 승계〈법 제39조〉

① 영업자가 영업을 양도하거나 사망한 경우 또는 법인이 합병한 경우에는 그 양수인·상속인 또는 합병 후 존속하는 법인이나 합병에 따라 설립되는 법인은 그 영업자의 지위를 승계한다.

② 다음 각 호의 어느 하나에 해당하는 절차에 따라 영업 시설의 전부를 인수한 자는 그 영업자의 지위를 승계한다. 이 경우 종전의 영업자에 대한 영업 허가·등록 또는 그가 한 신고는 그 효력을 잃는다.

ⓐ 「민사집행법」에 따른 경매

ⓛ「채무자 회생 및 파산에 관한 법률」에 따른 환가(換價)

ⓒ「국세징수법」, 「관세법」 또는 「지방세징수법」에 따른 압류재산의 매각

ⓡ 그 밖에 ⓐ부터 ⓒ까지의 절차에 준하는 절차

③ 그 영업자의 지위를 승계한 자는 총리령으로 정하는 바에 따라 1개월 이내에 그 사실을 식품의
약품안전처장 또는 특별자치시장·특별자치도지사·시장·군수·구청장에게 신고하여야 하며,
영업자 지위승계 신고절차는 다음과 같다.〈시행규칙 제48조〉

ⓐ 영업자의 지위승계 신고를 하려는 자는 영업자 지위승계 신고서(전자문서로 된 신고서를 포
함한다)에 다음 각 호의 서류를 첨부하여 허가관청, 신고관청 또는 등록관청에 제출하여야 한다.

㉠ 영업허가증, 영업신고증 또는 영업등록증

㉡ 다음 각 목에 따른 권리의 이전을 증명하는 서류(전자문서를 포함한다)

ⓐ 양도의 경우에는 양도·양수를 증명할 수 있는 서류 사본

ⓑ 상속의 경우에는 가족관계증명서와 상속인임을 증명하는 서류

ⓒ 그 밖에 해당 사유별로 영업자의 지위를 승계하였음을 증명할 수 있는 서류

㉢ 교육이수증(미리 식품위생교육을 받은 경우만 해당한다)

㉣ 건강진단결과서(건강진단 대상자만 해당한다)

㉤ 위임인의 자필서명이 있는 위임인의 신분증명서 사본 및 위임장(양도인 또는 양수인이 영업자
지위승계 신고를 위임한 경우만 해당한다)

㉥ 「다중이용업소의 안전관리에 관한 특별법」에 따른 화재배상책임보험에 가입하였음을 증명하는
서류

ⓛ ⓐ에 따라 영업자의 지위승계 신고를 하려는 상속인이 폐업신고를 함께 하려는 경우에는 제1
항 각 호의 첨부서류 중 제1항 제1호 및 같은 항 제2호 나목의 서류(상속인이 영업자 지위승
계 신고를 위임한 경우에는 같은 항 제5호의 서류를 포함한다)만을 첨부하여 제출할 수 있다.

ⓒ 허가관청은 신청인이 사유에 해당하는지 여부를 내부적으로 확인할 수 없는 경우에는 ⓐ의
서류 외에 신원 확인에 필요한 자료를 제출하게 할 수 있다.

ⓡ 영업자 지위승계 신고를 하는 자가 영업소의 명칭 또는 상호를 변경하려는 경우에는 이를 함
께 신고할 수 있다.

④ 승계에 관하여는 영업허가 등의 제한규정을 준용한다. 다만, 상속인이 피성년후견인이거나 파산선
고를 받고 복권되지 아니한 경우에 해당하면 상속받은 날부터 3개월 동안은 그러하지 아니하다.

(5) 건강진단〈법 제40조〉

① 총리령으로 정하는 영업자 및 그 종업원은 건강진단을 받아야 한다. 다만, 다른 법령에 따라
같은 내용의 건강진단을 받는 경우에는 이 법에 따른 건강진단을 받은 것으로 본다. 또한 건강
진단 대상자에 관한 사항은 다음과 같다.〈시행규칙 제49조〉

ⓐ 건강진단을 받아야 하는 사람은 식품 또는 식품첨가물(화학적 합성품 또는 기구등의 살균·소독제는 제외한다)을 채취·제조·가공·조리·저장·운반 또는 판매하는 일에 직접 종사하는 영업자 및 종업원으로 한다. 다만, 완전 포장된 식품 또는 식품첨가물을 운반하거나 판매하는 일에 종사하는 사람은 제외한다.

ⓑ 건강진단을 받아야 하는 영업자 및 그 종업원은 영업 시작 전 또는 영업에 종사하기 전에 미리 건강진단을 받아야 한다.

ⓒ 건강진단은 「식품위생 분야 종사자의 건강진단 규칙」에서 정하는 바에 따른다.

② 건강진단을 받은 결과 타인에게 위해를 끼칠 우려가 있는 질병이 있다고 인정된 자는 그 영업에 종사하지 못한다.

③ 영업자는 건강진단을 받지 아니한 자나 건강진단 결과 타인에게 위해를 끼칠 우려가 있는 질병이 있는 자를 그 영업에 종사시키지 못한다.

④ 건강진단의 실시방법 등과 타인에게 위해를 끼칠 우려가 있는 질병의 종류는 총리령으로 정하며, 영업에 종사하지 못하는 사람은 다음의 질병에 걸린 사람으로 한다.〈시행규칙 제50조〉

ⓐ 「감염병의 예방 및 관리에 관한 법률」에 따른 제1군감염병

ⓑ 「감염병의 예방 및 관리에 관한 법률」에 따른 결핵(비감염성인 경우는 제외한다)

ⓒ 피부병 또는 그 밖의 화농성(化膿性)질환

ⓓ 후천성면역결핍증(「감염병의 예방 및 관리에 관한 법률」에 따라 성병에 관한 건강진단을 받아야 하는 영업에 종사하는 사람만 해당한다)

(6) 식품위생교육〈법 제41조〉

① 대통령령으로 정하는 영업자 및 유흥종사자를 둘 수 있는 식품접객업 영업자의 종업원은 매년 식품위생에 관한 교육(이하 "식품위생교육"이라 한다)을 받아야 한다.

ⓐ "대통령령으로 정하는 영업자"란 다음 각 호의 영업자를 말한다.〈시행령 제27조〉

㉮ 식품제조·가공업자

㉯ 즉석판매제조·가공업자

㉰ 식품첨가물제조업자

㉱ 식품운반업자

㉲ 식품소분·판매업자(식용얼음판매업자 및 식품자동판매기영업자는 제외한다)

㉳ 식품보존업자

㉴ 용기·포장류제조업자

㉵ 식품접객업자

ⓛ 식품위생교육기관 등〈시행규칙 제51조〉

㉮ 식품위생교육을 실시하는 기관은 식품의약품안전처장이 지정·고시하는 식품위생교육전문기관, 동업자조합 또는 한국식품산업협회로 한다.

㉯ 식품위생교육의 내용은 식품위생, 개인위생, 식품위생시책, 식품의 품질관리 등으로 한다.

㉰ 식품위생교육전문기관의 운영과 식품교육내용에 관한 세부 사항은 식품의약품안전처장이 정한다.

ⓒ 교육시간〈시행규칙 제52조〉

㉮ 영업자와 종업원이 받아야 하는 **식품위생교육 시간**은 다음 각 호와 같다.

ⓐ 영업자 : 3시간

ⓑ 유흥주점영업의 유흥종사자 : 2시간

ⓒ 집단급식소를 설치·운영하는 자 : 3시간

㉯ 영업을 하려는 자가 받아야 하는 **식품위생교육 시간**은 다음 각 호와 같다.

ⓐ 식품제조 가공업·즉석판매제조 가공업·식품첨가물 제조업에 해당하는 영업을 하려는 자 : 8시간

ⓑ 식품운반업·식품소분판매업·식품보존업·용기·포장류제조업에 해당하는 영업을 하려는 자 : 4시간

ⓒ 식품접객업의 영업을 하려는 자 : 6시간

ⓓ 집단급식소를 설치·운영하려는 자 : 6시간

㉰ 식품위생교육을 받은 자가 다음 각 호의 어느 하나에 해당하는 경우에는 해당 영업에 대한 신규 식품위생교육을 받은 것으로 본다.

ⓐ 신규 식품위생교육을 받은 날부터 2년이 지나지 않은 자 또는 교육을 받은 날부터 1년이 지나지 아니한 자가 교육받은 업종과 같은 업종으로 영업을 하려는 경우

ⓑ 신규 식품위생교육을 받은 날부터 2년이 지나지 않은 자 또는 교육을 받은 날부터 1년이 지나지 아니한 자가 다음 각 목의 어느 하나에 해당하는 업종 중에서 같은 목의 다른 업종으로 영업을 하려는 경우

• 식품제조·가공업, 즉석판매제조·가공업, 식품첨가물제조업

• 휴게음식점영업, 일반음식점영업 및 제과점영업

• 단란주점영업 및 유흥주점영업

• 식품제조가공업, 즉석판매제조가공업, 식품첨가물제조업의 어느 하나에 해당하는 영업에서 식품운반업, 식품소분판매업, 식품보존업, 용기·포장류제조업의 어느 하나에 해당하는 영업으로 업종을 변경하는 경우

• 영업을 하는 자가 식품자동판매기영업으로 업종을 변경하거나 그 업종을 함께 하려는 경우

㉱ 식품위생교육을 받은 자가 다음 각 호의 어느 하나에 해당하는 경우에는 해당 영업에 대하여 식품위생교육을 받은 것으로 본다.

ⓐ 해당 연도에 교육을 받은 자가 기존 영업의 허가관청·신고관청·등록관청과 같은 관할 구역에서 교육받은 업종과 같은 업종으로 영업을 하고 있는 경우

ⓑ 해당 연도에 교육을 받은 자가 기존 영업의 허가관청·신고관청·등록관청과 같은 관할 구역에서 다음 각 목의 어느 하나에 해당하는 업종 중에서 같은 목의 다른 업종으로 영업을 하고 있는 경우
- 식품제조·가공업, 즉석판매제조·가공업 및 식품첨가물제조업
- 휴게음식점영업, 일반음식점영업 및 제과점영업
- 단란주점영업 및 유흥주점영업

② 교육교재 등〈시행규칙 제53조〉

㉮ 식품위생교육기관은 교육교재를 제작하여 교육 대상자에게 제공하여야 한다.

㉯ 식품위생교육기관은 식품위생교육을 수료한 사람에게 수료증을 발급하고, 교육 실시 결과를 교육 후 1개월 이내에 허가관청, 신고관청 또는 등록관청에, 해당 연도 종료 후 1개월 이내에 식품의약품안전처장에게 각각 보고하여야 하며, 수료증 발급대장 등 교육에 관한 기록을 2년 이상 보관·관리하여야 한다.

② 영업을 하려는 자는 미리 식품위생교육을 받아야 한다. 다만, 부득이한 사유로 미리 식품위생교육을 받을 수 없는 경우에는 영업을 시작한 뒤에 식품의약품안전처장이 정하는 바에 따라 식품위생교육을 받을 수 있으며, 도서·벽지 등의 영업자 등에 대한 **식품위생교육은 다음과 같이** 한다.〈시행규칙 제54조〉

㉠ 식품위생교육 대상자 중 허가관청, 신고관청 또는 등록관청에서 교육에 참석하기 어렵다고 인정하는 도서·벽지 등의 영업자 및 종업원에 대해서는 교육교재를 배부하여 이를 익히고 활용하도록 함으로써 교육을 갈음할 수 있다.

㉡ 식품위생교육 대상자 중 영업준비상 사전교육을 받기가 곤란하다고 허가관청, 신고관청 또는 등록관청이 인정하는 자에 대해서는 영업허가를 받거나 영업신고 또는 영업등록을 한 후 3개월 이내에 허가관청, 신고관청 또는 등록관청이 정하는 바에 따라 식품위생교육을 받게 할 수 있다.

③ 교육을 받아야 하는 자가 영업에 직접 종사하지 아니하거나 두 곳 이상의 장소에서 영업을 하는 경우에는 종업원 중에서 식품위생에 관한 책임자를 지정하여 영업자 대신 교육을 받게 할 수 있다. 다만, 집단급식소에 종사하는 조리사 및 영양사(「국민영양관리법」에 따라 영양사 면허를 받은 사람을 말한다. 이하 같다)가 식품위생에 관한 책임자로 지정되어 교육을 받은 경우에는 해당 연도의 식품위생교육을 받은 것으로 본다.

④ 다음 각 호의 어느 하나에 해당하는 면허를 받은 자가 식품접객업을 하려는 경우에는 식품위생교육을 받지 아니하여도 된다.

㉠ 조리사 면허

㉡ 「국민영양관리법」에 따른 영양사 면허

㉢ 「공중위생관리법」에 따른 위생사 면허

⑤ 영업자는 특별한 사유가 없는 한 식품위생교육을 받지 아니한 자를 그 영업에 종사하게 하여서는 아니 된다.

(7) 실적보고〈법 제42조〉

① 식품 또는 식품첨가물을 제조·가공하는 영업자는 총리령으로 정하는 바에 따라 식품 및 식품첨가물을 생산한 실적 등을 식품의약품안전처장 또는 시·도지사에게 보고하여야 한다.

② 생산실적 등의 보고〈시행규칙 제56조〉
　㉠ 식품 및 식품첨가물의 생산실적 등에 관한 보고(전자문서를 포함한다)는 서식에 따라 하되, 해당 연도 종료 후 1개월 이내에 하여야 한다.
　㉡ 영업자가 보고를 할 때에는 등록관청을 거쳐 식품의약품안전처장 또는 시·도지사(특별자치시장·특별자치도지사를 제외한다)에게 보고하여야 한다.

(8) 영업 제한〈법 제43조〉

① 시·도지사는 영업 질서와 선량한 풍속을 유지하는 데에 필요한 경우에는 영업자 중 식품접객영업자와 그 종업원에 대하여 영업시간 및 영업행위를 제한할 수 있다.

② 제한 사항은 대통령령으로 정하는 범위에서 해당 시·도의 조례로 정하며, 특별시·광역시·특별자치시·도·특별자치도(이하 "시·도"라 한다)의 조례로 영업을 제한하는 경우 영업시간의 제한은 1일당 8시간 이내로 하여야 한다.〈시행령 제28조〉

(9) 영업자 등의 준수사항〈법 제44조〉

① 식품접객영업자 등 대통령령으로 정하는 영업자와 그 종업원은 영업의 위생관리와 질서유지, 국민의 보건위생 증진을 위하여 영업의 종류에 따라 다음 각 호에 해당하는 사항을 지켜야 한다.
　㉠ 「축산물 위생관리법」에 따른 검사를 받지 아니한 축산물 또는 실험 등의 용도로 사용한 동물은 운반·보관·진열·판매하거나 식품의 제조·가공에 사용하지 말 것
　㉡ 「야생생물 보호 및 관리에 관한 법률」을 위반하여 포획·채취한 야생생물은 이를 식품의 제조·가공에 사용하거나 판매하지 말 것
　㉢ 유통기한이 경과된 제품·식품 또는 그 원재료를 조리·판매의 목적으로 소분·운반·진열·보관하거나 이를 판매 또는 식품의 제조·가공에 사용하지 말 것
　㉣ 수돗물이 아닌 지하수 등을 먹는 물 또는 식품의 조리·세척 등에 사용하는 경우에는 「먹는물관리법」에 따른 먹는물 수질검사기관에서 총리령으로 정하는 바에 따라 검사를 받아 마시기에 적합하다고 인정된 물을 사용할 것. 다만, 둘 이상의 업소가 같은 건물에서 같은 수원(水源)을 사용하는 경우에는 하나의 업소에 대한 시험결과로 나머지 업소에 대한 검사를 갈음할 수 있다.

ⓜ 위해평가가 완료되기 전까지 일시적으로 금지된 식품 등을 제조·가공·판매·수입·사용 및 운반하지 말 것

ⓑ 식중독 발생 시 보관 또는 사용 중인 식품은 역학조사가 완료될 때까지 폐기하거나 소독 등으로 현장을 훼손하여서는 아니 되고 원상태로 보존하여야 하며, 식중독 원인규명을 위한 행위를 방해하지 말 것

ⓢ 손님을 꾀어서 끌어들이는 행위를 하지 말 것

ⓞ 그 밖에 영업의 원료관리, 제조공정 및 위생관리와 질서유지, 국민의 보건위생 증진 등을 위하여 총리령으로 정하는 사항

ⓩ 준수사항 적용 대상 영업자의 범위 : "대통령령으로 정하는 영업자"란 다음 각 호의 영업자를 말한다.〈시행령 제29조〉

   ㉮ 식품제조·가공업자

   ㉯ 즉석판매제조·가공업자

   ㉰ 식품첨가물제조업자

   ㉱ 식품운반업자

   ㉲ 식품소분·판매업자

   ㉳ 식품조사처리업자

   ㉴ 식품접객업자

ⓒ 식품접객영업자 등이 지켜야 할 준수사항은 다음과 같다.

식품접객업영업자 등의 준수사항〈시행규칙 별표 17〉

1. 식품제조·가공업자 및 식품첨가물제조업자와 그 종업원의 준수사항

   가. 생산 및 작업기록에 관한 서류와 원료의 입고·출고·사용에 대한 원료수불 관계 서류를 작성하되 이를 거짓으로 작성해서는 안된다. 이 경우 해당 서류는 최종 기재일부터 3년간 보관하여야 한다.

   나. 식품제조·가공업자는 제품의 거래기록을 작성하여야 하고, 최종 기재일부터 3년간 보관하여야 한다.

   다. 유통기한이 경과된 제품은 판매목적으로 진열·보관·판매(대리점을 통하여 또는 직접 진열·보관하거나 판매하는 경우만 해당한다)하거나 이를 식품 등의 제조·가공에 사용하지 아니하여야 한다. 다만, 폐기용 또는 교육용이라는 표시를 명확하게 하여 진열·보관하는 경우는 제외한다.

   라. 식품을 텔레비전·인쇄물 등으로 광고하는 경우에는 제품명 및 업소명을 포함하여야 한다.

   마. 식품제조·가공업자는 장난감 등을 식품과 함께 포장하여 판매하는 경우 장난감 등이 식품의 보관·섭취에 사용되는 경우를 제외하고는 식품과 구분하여 별도로 포장하여야 한다. 이 경우 장난감 등은 「품질경영 및 공산품안전관리법」에 따른 제품검사의 안전기준에 적합한 것이어야 한다.

바. 식품제조·가공업자 또는 식품첨가물제조업자는 식품제조·가공업 또는 식품첨가물 제조업의 영업등록을 한 자에게 위탁하여 식품 또는 식품첨가물을 제조·가공하는 경우에는 위탁한 그 제조·가공업자에 대하여 반기별 1회 이상 위생관리상태 등을 점검하여야 한다. 다만, 위탁하려는 식품과 동일한 식품에 대하여 식품안전관리인증 기준적용업소로 인증받거나 「어린이 식생활안전관리 특별법」에 따라 품질인증을 받은 영업자에게 위탁하는 경우는 제외한다.

사. 식품제조·가공업자 및 식품첨가물제조업자는 이물이 검출되지 아니하도록 필요한 조치를 하여야 하고, 소비자로부터 이물 검출 등 불만사례 등을 신고 받은 경우 그 내용을 기록하여 2년간 보관하여야 하며, 이 경우 소비자가 제시한 이물과 증거품(사진, 해당 식품 등을 말한다)은 6개월간 보관하여야 한다. 다만, 부패하거나 변질될 우려가 있는 이물 또는 증거품은 2개월간 보관할 수 있다.

아. 식품제조·가공업자는 「축산물 위생관리법」에 따른 표시사항을 모두 표시하지 않은 축산물, 허가받지 않은 작업장에서 도축·집유·가공·포장 또는 보관된 축산물, 검사를 받지 않은 축산물, 영업 허가를 받지 아니한 자가 도축·집유·가공·포장 또는 보관된 축산물 또는 실험 등의 용도로 사용한 동물을 식품의 제조 또는 가공에 사용하여서는 아니 된다.

자. 수돗물이 아닌 지하수 등을 먹는 물 또는 식품의 제조·가공 등에 사용하는 경우에는 「먹는물관리법」에 따른 먹는 물 수질검사기관에서 1년(음료류 등 마시는 용도의 식품인 경우에는 6개월)마다 「먹는물관리법」에 따른 먹는 물의 수질기준에 따라 검사를 받아 마시기에 적합하다고 인정된 물을 사용하여야 한다.

차. 모유대용으로 사용하는 식품, 영·유아의 이유 또는 영양보충의 목적으로 제조·가공한 식품을 신문·잡지·라디오 또는 텔레비전을 통하여 광고하는 경우에는 조제분유와 동일한 명칭 또는 유사한 명칭을 사용하여 소비자가 혼동할 우려가 있는 광고를 하여서는 아니 된다.

카. 위해평가가 완료되기 전까지 일시적으로 금지된 제품에 대하여는 이를 제조·가공·유통·판매하여서는 아니 된다.

타. 식품제조·가공업자가 자신의 제품을 만들기 위하여 수입한 반가공 원료 식품 및 용기·포장과 「대외무역법」에 따른 외화획득용 원료로 수입한 식품등을 부패하거나 변질되어 또는 유통기한이 경과하여 폐기한 경우에는 이를 증명하는 자료를 작성하고, 최종 작성일부터 2년간 보관하여야 한다.

파. 우수업소로 지정받은 자 외의 자는 우수업소로 오인·혼동할 우려가 있는 표시를 하여서는 아니 된다.

하. 자가품질검사를 하는 식품제조·가공업자 또는 식품첨가물제조업자는 검사설비에 검사 결과의 변경 시 그 변경내용이 기록·저장되는 시스템을 설치·운영하여야 한다.

거. 초산($C_2H_4O_2$) 함량비율이 99% 이상인 빙초산을 제조하는 식품첨가물제조업자는 빙초산에 「품질경영 및 공산품안전관리법」에 따른 어린이보호포장을 하여야 한다.

2. 즉석판매제조·가공업자와 그 종업원의 준수사항

　가. 제조·가공한 식품을 판매를 목적으로 하는 사람에게 판매하여서는 아니 되며, 다음의 어느 하나에 해당하는 방법으로 배달하는 경우를 제외하고는 영업장 외의 장소에서 판매하여서는 아니 된다.

　　1) 영업자나 그 종업원이 최종소비자에게 직접 배달하는 경우

　　2) 식품의약품안전처장이 정하여 고시하는 기준에 따라 우편 또는 택배 등의 방법으로 최종소비자에게 배달하는 경우

　나. 손님이 보기 쉬운 곳에 가격표를 붙여야 하며, 가격표대로 요금을 받아야 한다.

　다. 영업신고증을 업소 안에 보관하여야 한다.

　라. 「축산물 위생관리법」에 따른 표시사항을 모두 표시하지 않은 축산물, 허가받지 않은 작업장에서 도축·집유·가공·포장 또는 보관된 축산물, 검사를 받지 않은 축산물, 영업 허가를 받지 아니한 자가 도축·집유·가공·포장 또는 보관된 축산물 또는 실험 등의 용도로 사용한 동물은 식품의 제조·가공에 사용하여서는 아니 된다.

　마. 「야생동·식물보호법」을 위반하여 포획한 야생동물은 이를 식품의 제조·가공에 사용하여서는 아니 된다.

　바. 유통기한이 경과된 제품을 진열·보관하거나 이를 식품의 제조·가공에 사용하여서는 아니 된다.

　사. 수돗물이 아닌 지하수 등을 먹는 물 또는 식품의 조리·세척 등에 사용하는 경우에는 「먹는물관리법」에 따른 먹는 물 수질검사기관에서 다음의 검사를 받아 마시기에 적합하다고 인정된 물을 사용하여야 한다. 다만, 둘 이상의 업소가 같은 건물에서 같은 수원(水原)을 사용하는 경우에는 하나의 업소에 대한 시험결과로 해당 업소에 대한 검사에 갈음할 수 있다.

　　1) 일부항목 검사 : 1년마다(모든 항목 검사를 하는 연도의 경우는 제외한다) 「먹는물 수질기준 및 검사 등에 관한 규칙」에 따른 마을상수도의 검사기준에 따른 검사(잔류염소검사를 제외한다). 다만, 시·도지사가 오염의 염려가 있다고 판단하여 지정한 지역에서는 먹는 물의 수질기준에 따른 검사를 하여야 한다.

　　2) 모든 항목 검사 : 2년마다 「먹는물 수질기준 및 검사 등에 관한 규칙」에 따른 먹는 물의 수질기준에 따른 검사

　아. 위해평가가 완료되기 전까지 일시적으로 금지된 식품등을 제조·가공·판매하여서는 아니 된다.

3. 식품소분·판매(식품자동판매기영업 및 집단급식소 식품판매업은 제외한다)·운반업자와 그 종업원의 준수사항

　가. 영업자간의 거래에 관하여 식품의 거래기록(전자문서를 포함한다)을 작성하고, 최종 기재일부터 2년 동안 이를 보관하여야 한다.

　나. 영업허가증 또는 신고증을 영업소 안에 보관하여야 한다.

　다. 수돗물이 아닌 지하수 등을 먹는 물 또는 식품의 조리·세척 등에 사용하는 경우에

는 「먹는물관리법」에 따른 먹는 물 수질검사기관에서 다음의 구분에 따라 검사를 받아 마시기에 적합하다고 인정된 물을 사용하여야 한다. 다만, 같은 건물에서 같은 수원을 사용하는 경우에는 하나의 업소에 대한 시험결과로 갈음할 수 있다.

    1) 일부항목 검사 : 1년마다(모든 항목 검사를 하는 연도의 경우를 제외한다) 「먹는물 수질기준 및 검사 등에 관한 규칙」에 따른 마을 상수도의 검사기준에 따른 검사(잔류염소검사를 제외한다). 다만, 시·도지사가 오염의 염려가 있다고 판단하여 지정한 지역에서는 먹는 물의 수질기준에 따른 검사를 하여야 한다.

    2) 모든 항목 검사 : 2년마다 「먹는물 수질기준 및 검사 등에 관한 규칙」에 따른 먹는 물의 수질기준에 따른 검사

라. 식품판매업자가 식품을 텔레비전·인쇄물 등으로 광고하는 경우에는 제품명·제조업소명 및 판매업소명을 포함하여야 한다.

마. 식품판매업자는 제1호마목을 위반한 식품을 판매하여서는 아니 된다.

바. 삭제 〈2016. 2. 4.〉

사. 식품운반업자는 운반차량을 이용하여 살아있는 동물을 운반하여서는 아니 되며, 운반 목적 외에 운반차량을 사용하여서는 아니 된다.

아. 「축산물 위생관리법」에 따른 표시사항을 모두 표시하지 않은 축산물, 허가받지 않은 작업장에서 도축·집유·가공·포장 또는 보관된 축산물, 검사를 받지 않은 축산물, 영업 허가를 받지 아니한 자가 도축·집유·가공·포장 또는 보관된 축산물 또는 실험 등의 용도로 사용한 동물은 운반·보관·진열 또는 판매하여서는 아니 된다.

자. 유통기한이 경과된 제품을 판매의 목적으로 소분·운반·진열 또는 보관하여서는 아니 되며, 이를 판매하여서는 아니 된다.

차. 식품판매영업자는 즉석판매제조·가공영업자가 제조·가공한 식품을 진열·판매하여서는 아니 된다.

카. 이유식 등을 신문·잡지·라디오 또는 텔레비전을 통하여 광고하는 경우에는 조제분유와 같은 명칭 또는 유사한 명칭을 사용하여 소비자가 혼동할 우려가 있는 광고를 하여서는 아니 된다.

타. 삭제 〈2016. 2. 4.〉

파. 식품소분·판매업자는 위해평가가 완료되기 전까지 일시적으로 금지된 식품 등에 대하여는 이를 수입·가공·사용·운반 등을 하여서는 아니 된다.

하. 식품소분업자 및 유통전문판매업자는 소비자로부터 이물 검출 등 불만사례 등을 신고 받은 경우에는 그 내용을 2년간 기록·보관하여야 하며, 소비자가 제시한 이물과 증거품(사진, 해당 식품 등을 말한다)은 6개월간 보관하여야 한다. 다만, 부패하거나 변질될 우려가 있는 이물 또는 증거품은 2개월간 보관할 수 있다.

거. 유통전문판매업자는 제조·가공을 위탁한 제조·가공업자에 대하여 반기마다 1회 이상 위생관리 상태를 점검하여야 한다. 다만, 위탁받은 제조·가공업자가 위탁받은 식품과 동일한 식품에 대하여 식품안전관리인증기준적용업소인 경우, 우수등급 영업소

인 경우 또는 위탁받은 식품과 동일한 식품에 대하여 「어린이 식생활안전관리 특별법」에 따라 품질인증을 받은 자인 경우는 제외한다.

4. 식품자동판매기영업자와 그 종업원의 준수사항
   가. 자판기용 제품은 적법하게 제조·가공된 것을 사용하여야 하며, 유통기한이 경과된 제품을 보관하거나 이를 사용하여서는 아니 된다.
   나. 자판기 내부의 정수기 또는 살균장치 등이 낡거나 닳아 없어진 경우에는 즉시 바꾸어야 하고, 그 기능이 떨어진 경우에는 즉시 그 기능을 보강하여야 한다.
   다. 자판기 내부(재료혼합기, 급수통, 급수호스 등)는 하루 1회 이상 세척 또는 소독하여 청결히 하여야 하고, 그 기능이 떨어진 경우에는 즉시 교체하여야 한다.
   라. 자판기 설치장소 주변은 항상 청결하게 하고, 뚜껑이 있는 쓰레기통을 비치하여야 하며, 쥐·바퀴 등 해충이 자판기 내부에 침입하지 아니하도록 하여야 한다.
   마. 매일 위생상태 및 고장여부를 점검하여야 하고, 그 내용을 다음과 같은 아크릴로 된 점검표에 기록하여 보기 쉬운 곳에 항상 비치하여야 한다.

점검일시	점검자	점검결과		비고
		내부청결상태	정상가동여부	

   바. 자판기에는 영업신고번호, 자판기별 일련관리번호(2대 이상을 일괄신고한 경우에 한한다), 제품의 명칭 및 고장시의 연락전화번호를 12포인트 이상의 글씨로 판매기 앞면의 보기 쉬운 곳에 표시하여야 한다.

5. 집단급식소 식품판매업자와 그 종업원의 준수사항
   가. 영업자는 식품의 구매·운반·보관·판매 등의 과정에 대한 거래내역을 2년간 보관하여야 한다.
   나. 「축산물 위생관리법」에 따른 표시사항을 모두 표시하지 않은 축산물, 허가받지 않은 작업장에서 도축·집유·가공·포장 또는 보관된 축산물, 검사를 받지 않은 축산물, 영업 허가를 받지 아니한 자가 도축·집유·가공·포장 또는 보관된 축산물 또는 실험 등의 용도로 사용한 동물 또는 「야생동·식물보호법」을 위반하여 포획한 야생동물은 판매하여서는 아니 된다.
   다. 냉동식품을 공급할 때에 해당 집단급식소의 영양사 및 조리사가 해동(解凍)을 요청할 경우 해동을 위한 별도의 보관 장치를 이용하거나 냉장운반을 할 수 있다. 이 경우 해당 제품이 해동 중이라는 표시, 해동을 요청한 자, 해동 시작시간, 해동한 자 등 해동에 관한 내용을 표시하여야 한다.
   라. 작업장에서 사용하는 기구, 용기 및 포장은 사용 전, 사용 후 및 정기적으로 살균·소독하여야 하며, 동물·수산물의 내장 등 세균의 오염원이 될 수 있는 식품 부산물을 처리한 경우에는 사용한 기구에 따른 오염을 방지하여야 한다.
   마. 유통기한이 지난 식품 또는 그 원재료를 집단급식소에 판매하기 위하여 보관·운반 및 사용하여서는 아니 된다.

바. 수돗물이 아닌 지하수 등을 먹는 물 또는 식품의 조리·세척 등에 사용하는 경우에는 「먹는물관리법」에 따른 먹는 물 수질검사기관에서 다음의 검사를 받아 마시기에 적합하다고 인정된 물을 사용하여야 한다. 다만, 둘 이상의 업소가 같은 건물에서 같은 수원을 사용하는 경우에는 하나의 업소에 대한 시험결과로 해당 업소에 대한 검사에 갈음할 수 있다.

　　1) 일부항목 검사 : 1년(모든 항목 검사를 하는 연도는 제외한다) 마다 「먹는물 수질기준 및 검사 등에 관한 규칙」에 따른 마을상수도의 검사기준에 따른 검사(잔류염소검사는 제외한다)를 하여야 한다. 다만, 시·도지사가 오염의 염려가 있다고 판단하여 지정한 지역에서는 먹는 물의 수질기준에 따른 검사를 하여야 한다.

　　2) 모든 항목 검사 : 2년마다 「먹는물 수질기준 및 검사 등에 관한 규칙」에 따른 먹는 물의 수질기준에 따른 검사

사. 위해평가가 완료되기 전까지 일시적으로 금지된 식품등을 사용하여서는 아니 된다.

아. 식중독 발생시 보관 또는 사용 중인 식품은 역학조사가 완료될 때까지 폐기하거나 소독 등으로 현장을 훼손하여서는 아니 되고 원상태로 보존하여야 하며, 식중독 원인규명을 위한 행위를 방해하여서는 아니 된다.

6. 식품조사처리업자 및 그 종업원의 준수사항

　조사연월일 및 시간, 조사대상식품명칭 및 무게 또는 수량, 조사선량 및 선량보증, 조사목적에 관한 서류를 작성하여야 하고, 최종 기재일부터 3년간 보관하여야 한다.

7. 식품접객업자(위탁급식영업자는 제외한다)와 그 종업원의 준수사항

　가. 물수건, 숟가락, 젓가락, 식기, 찬기, 도마, 칼, 행주, 그 밖의 주방용구는 기구등의 살균·소독제, 열탕, 자외선살균 또는 전기살균의 방법으로 소독한 것을 사용하여야 한다.

　나. 「축산물 위생관리법」에 따른 표시사항을 모두 표시하지 않은 축산물, 허가받지 않은 작업장에서 도축·집유·가공·포장 또는 보관된 축산물, 검사를 받지 않은 축산물, 영업 허가를 받지 아니한 자가 도축·집유·가공·포장 또는 보관된 축산물 또는 실험 등의 용도로 사용한 동물은 음식물의 조리에 사용하여서는 아니 된다.

　다. 업소 안에서는 도박이나 그 밖의 사행행위 또는 풍기문란행위를 방지하여야 하며, 배달판매 등의 영업행위 중 종업원의 이러한 행위를 조장하거나 묵인하여서는 아니 된다.

　라. 삭제 〈2011.8.19〉

　마. 삭제 〈2011.8.19〉

　바. 제과점영업자가 조리장을 공동 사용하는 경우 빵류를 실제 제조한 업소명과 소재지를 소비자가 알아볼 수 있도록 별도로 표시하여야 한다. 이 경우 게시판, 팻말 등 다양한 방법으로 표시할 수 있다.

　사. 간판에는 해당업종명과 허가를 받거나 신고한 상호를 표시하여야 한다. 이 경우 상호와 함께 외국어를 병행하여 표시할 수 있으나 업종구분에 혼동을 줄 수 있는 사항은 표시하여서는 아니 된다.

아. 손님이 보기 쉽도록 영업소의 외부 또는 내부에 가격표(부가가치세 등이 포함된 것으로서 손님이 실제로 내야 하는 가격이 표시된 가격표를 말한다)를 붙이거나 게시하되, 신고한 영업장 면적이 150제곱미터 이상인 휴게음식점 및 일반음식점은 영업소의 외부와 내부에 가격표를 붙이거나 게시하여야 하고, 가격표대로 요금을 받아야 한다.

자. 영업허가증·영업신고증·조리사면허증(조리사를 두어야 하는 영업에만 해당한다)을 영업소 안에 보관하고, 허가관청 또는 신고관청이 식품위생·식생활개선 등을 위하여 게시할 것을 요청하는 사항을 손님이 보기 쉬운 곳에 게시하여야 한다.

차. 식품의약품안전처장 또는 시·도지사가 국민에게 혐오감을 준다고 인정하는 식품을 조리·판매하여서는 아니 되며, 「멸종위기에 처한 야생동식물종의 국제거래에 관한 협약」에 위반하여 포획·채취한 야생동물·식물을 사용하여 조리·판매하여서는 아니 된다.

카. 유통기한이 경과된 원료 또는 완제품을 조리·판매의 목적으로 보관하거나 이를 음식물의 조리에 사용하여서는 아니 된다.

타. 허가를 받거나 신고한 영업 외의 다른 영업시설을 설치하거나 다음에 해당하는 영업 행위를 하여서는 아니 된다.

　1) 휴게음식점영업자·일반음식점영업자 또는 단란주점영업자가 유흥접객원을 고용하여 유흥접객행위를 하게 하거나 종업원의 이러한 행위를 조장하거나 묵인하는 행위

　2) 휴게음식점영업자·일반음식점영업자가 음향 및 반주시설을 갖추고 손님이 노래를 부르도록 허용하는 행위. 다만, 연회석을 보유한 일반음식점에서 회갑연, 칠순연 등 가정의 의례로서 행하는 경우에는 그러하지 아니하다.

　3) 일반음식점영업자가 주류만을 판매하거나 주로 다류를 조리·판매하는 다방형태의 영업을 하는 행위

　4) 휴게음식점영업자가 손님에게 음주를 허용하는 행위

　5) 식품접객업소의 영업자 또는 종업원이 영업장을 벗어나 시간적 소요의 대가로 금품을 수수하거나, 영업자가 종업원의 이러한 행위를 조장하거나 묵인하는 행위

　6) 휴게음식점영업 중 주로 다류 등을 조리·판매하는 영업소에서 「청소년보호법」에 따른 청소년인 종업원에게 영업소를 벗어나 다류 등을 배달하게 하여 판매하는 행위

　7) 휴게음식점영업자·일반음식점영업자가 음향시설을 갖추고 손님이 춤을 추는 것을 허용하는 행위. 다만, 특별자치도·시·군·구의 조례로 별도의 안전기준, 시간 등을 정하여 별도의 춤을 추는 공간이 아닌 객석에서 춤을 추는 것을 허용하는 경우는 제외한다.

파. 유흥주점영업자는 성명, 주민등록번호, 취업일, 이직일, 종사분야를 기록한 종업원(유흥접객원만 해당한다)명부를 비치하여 기록·관리하여야 한다.

하. 손님을 꾀어서 끌어들이는 행위를 하여서는 아니 된다.

거. 업소 안에서 선량한 미풍양속을 해치는 공연, 영화, 비디오 또는 음반을 상영하거나 사용하여서는 아니 된다.

너. 수돗물이 아닌 지하수 등을 먹는 물 또는 식품의 조리·세척 등에 사용하는 경우에는 「먹는물관리법」에 따른 먹는 물 수질검사기관에서 다음의 검사를 받아 마시기에 적합하다고 인정된 물을 사용하여야 한다. 다만, 둘 이상의 업소가 같은 건물에서 같은 수원을 사용하는 경우에는 하나의 업소에 대한 시험결과로 해당 업소에 대한 검사에 갈음할 수 있다.

    1) 일부항목 검사 : 1년(모든 항목 검사를 하는 연도는 제외한다) 마다 「먹는물 수질기준 및 검사 등에 관한 규칙」에 따른 마을상수도의 검사기준에 따른 검사(잔류염소검사는 제외한다)를 하여야 한다. 다만, 시·도지사가 오염의 염려가 있다고 판단하여 지정한 지역에서는 먹는 물의 수질기준에 따른 검사를 하여야 한다.

    2) 모든 항목 검사 : 2년마다 「먹는물 수질기준 및 검사 등에 관한 규칙」에 따른 먹는 물의 수질기준에 따른 검사

더. 동물의 내장을 조리한 경우에는 이에 사용한 기계·기구류 등을 세척하여 살균하여야 한다.

러. 식품접객업자는 손님이 먹고 남은 음식물을 다시 사용하거나 조리하거나 또는 보관(폐기용이라는 표시를 명확하게 하여 보관하는 경우는 제외한다)하여서는 아니 된다.

머. 식품접객업자는 공통찬통, 소형찬기 또는 복합찬기를 사용하거나, 손님이 남은 음식물을 싸서 가지고 갈 수 있도록 포장용기를 비치하고 이를 손님에게 알리는 등 음식문화개선을 위해 노력하여야 한다.

버. 휴게음식점영업자·일반음식점영업자 또는 단란주점영업자는 영업장 안에 설치된 무대시설 외의 장소에서 공연을 하거나 공연을 하는 행위를 조장·묵인하여서는 아니 된다. 다만, 일반음식점영업자가 손님의 요구에 따라 회갑연, 칠순연 등 가정의 의례로서 행하는 경우에는 그러하지 아니하다.

서. 「야생동·식물보호법」을 위반하여 포획한 야생동물을 사용한 식품을 조리·판매하여서는 아니 된다.

어. 위해평가가 완료되기 전까지 일시적으로 금지된 식품등을 사용·조리하여서는 아니 된다.

저. 조리·가공한 음식을 진열하고, 진열된 음식을 손님이 선택하여 먹을 수 있도록 제공하는 형태(이하 "뷔페"라 한다)로 영업을 하는 일반음식점영업자는 제과점영업자에게 당일 제조·판매하는 빵류를 구입하여 구입 당일 이를 손님에게 제공할 수 있다. 이 경우 당일 구입하였다는 증명서(거래명세서나 영수증 등을 말한다)를 6개월간 보관하여야 한다.

처. 모범업소가 아닌 업소의 영업자는 모범업소로 오인·혼동할 우려가 있는 표시를 하여서는 아니 된다.

커. 손님에게 조리하여 제공하는 식품의 주재료, 중량 등이 아목에 따른 가격표에 표시된 내용과 달라서는 아니 된다.

터. 아목에 따른 가격표에는 불고기, 갈비 등 식육의 가격을 100그램당 가격으로 표시하

여야 하며, 조리하여 제공하는 경우에는 조리하기 이전의 중량을 표시할 수 있다. 100그램당 가격과 함께 1인분의 가격도 표시하려는 경우에는 다음의 예와 같이 1인분의 중량과 가격을 함께 표시하여야 한다.

　　예) 불고기 100그램 ○○원(1인분 120그램 △△원)

　　　　갈비 100그램 ○○원(1인분 150그램 △△원)

　퍼. 음식판매자동차를 사용하는 휴게음식점영업자 및 제과점영업자는 신고한 장소가 아닌 장소에서 그 음식판매자동차로 휴게음식점영업 및 제과점영업을 하여서는 아니 된다.

8. 위탁급식영업자와 그 종업원의 준수사항

　가. 집단급식소를 설치·운영하는 자와 위탁 계약한 사항 외의 영업행위를 하여서는 아니 된다.

　나. 물수건, 숟가락, 젓가락, 식기, 찬기, 도마, 칼, 행주 그 밖에 주방용구는 기구 등의 살균·소독제, 열탕, 자외선살균 또는 전기살균의 방법으로 소독한 것을 사용하여야 한다.

　다. 「축산물 위생관리법」에 따른 표시사항을 모두 표시하지 않은 축산물, 허가받지 않은 작업장에서 도축·집유·가공·포장 또는 보관된 축산물, 검사를 받지 않은 축산물, 영업 허가를 받지 아니한 자가 도축·집유·가공·포장 또는 보관된 축산물 또는 실험 등의 용도로 사용한 동물을 음식물의 조리에 사용하여서는 아니 되며, 「야생동·식물보호법」에 위반하여 포획한 야생동물을 사용하여 조리하여서는 아니 된다.

　라. 유통기한이 경과된 원료 또는 완제품을 조리할 목적으로 보관하거나 이를 음식물의 조리에 사용하여서는 아니 된다.

　마. 수돗물이 아닌 지하수 등을 먹는 물 또는 식품의 조리·세척 등에 사용하는 경우에는 「먹는물관리법」에 따른 먹는 물 수질검사기관에서 다음의 구분에 따라 검사를 받아 마시기에 적합하다고 인정된 물을 사용하여야 한다. 다만, 같은 건물에서 같은 수원을 사용하는 경우에는 하나의 업소에 대한 시험결과로 갈음할 수 있다.

　　1) 일부항목 검사 : 1년마다(모든 항목 검사를 하는 연도의 경우를 제외한다) 「먹는물 수질기준 및 검사 등에 관한 규칙」에 따른 마을상수도의 검사기준에 따른 검사(잔류염소검사를 제외한다). 다만, 시·도지사가 오염의 염려가 있다고 판단하여 지정한 지역에서는 먹는 물의 수질기준에 따른 검사를 하여야 한다.

　　2) 모든 항목 검사 : 2년마다 「먹는물 수질기준 및 검사 등에 관한 규칙」에 따른 먹는 물의 수질기준에 따른 검사

　바. 동물의 내장을 조리한 경우에는 이에 사용한 기계·기구류 등을 세척하고 살균하여야 한다.

　사. 조리·제공한 식품(병원의 경우에는 일반식만 해당한다)을 보관할 때에는 매회 1인분 분량을 섭씨 영하 18도 이하에서 144시간 이상 보관하여야 한다.

　아. 삭제 〈2011.8.19〉

　자. 삭제 〈2011.8.19〉

차. 위해평가가 완료되기 전까지 일시적으로 금지된 식품등에 대하여는 이를 사용·조리하여서는 아니 된다.

카. 식중독 발생시 보관 또는 사용 중인 보존식이나 식재료는 역학조사가 완료될 때까지 폐기하거나 소독 등으로 현장을 훼손하여서는 아니 되고 원상태로 보존하여야 하며, 원인규명을 위한 행위를 방해하여서는 아니 된다.

타. 모범업소가 아닌 업소의 영업자는 모범업소로 오인·혼동할 우려가 있는 표시를 하여서는 아니 된다.

② 식품접객영업자는 「청소년 보호법」에 따른 청소년에게 다음 각 호의 어느 하나에 해당하는 행위를 하여서는 아니 된다.

㉠ 청소년을 유흥접객원으로 고용하여 유흥행위를 하게 하는 행위

㉡ 「청소년 보호법」에 따른 청소년출입·고용 금지업소에 청소년을 출입시키거나 고용하는 행위

㉢ 「청소년 보호법」에 따른 청소년고용금지업소에 청소년을 고용하는 행위

㉣ 청소년에게 주류(酒類)를 제공하는 행위

③ 누구든지 영리를 목적으로 식품접객업을 하는 장소[유흥종사자를 둘 수 있도록 대통령령으로 정하는 영업(유흥주점영업)을 하는 장소는 제외한다]에서 손님과 함께 술을 마시거나 노래 또는 춤으로 손님의 유흥을 돋우는 접객행위(공연을 목적으로 하는 가수, 악사, 댄서, 무용수 등이 하는 행위는 제외한다)를 하거나 다른 사람에게 그 행위를 알선하여서는 아니 된다.

④ 식품접객영업자는 유흥종사자를 고용·알선하거나 호객행위를 하여서는 아니 된다.

(10) 위해식품 등의 회수〈법 제45조〉

① 판매의 목적으로 식품 등을 제조·가공·소분·수입 또는 판매한 영업자(「수입식품안전관리 특별법」에 따라 등록한 수입식품 등 수입·판매업자를 포함한다.)는 해당 식품 등이 위반한 사실(식품 등의 위해와 관련이 없는 위반사항을 제외한다)을 알게 된 경우에는 지체 없이 유통 중인 해당 식품 등을 회수하거나 회수하는 데에 필요한 조치를 하여야 한다. 이 경우 영업자는 회수계획을 식품의약품안전처장, 시·도지사 또는 시장·군수·구청장에게 미리 보고하여야 하며, 회수결과를 보고받은 시·도지사 또는 시장·군수·구청장은 이를 지체 없이 식품의약품안전처장에게 보고하여야 한다. 다만, 해당 식품 등이 「수입식품안전관리 특별법」에 따라 수입한 식품 등이고, 보고의무자가 해당 식품 등을 수입한 자인 경우에는 식품의약품안전처장에게 보고하여야 하며, 위해식품 등의 회수계획 및 절차 등은 다음과 같다.〈시행규칙 제59조〉

㉠ 회수계획에 포함되어야 할 사항은 다음 각 호와 같다.

㉮ 제품명, 거래업체명, 생산량(수입량을 포함한다) 및 판매량

ⓝ 회수계획량(위해식품 등으로 판명 당시 해당 식품 등의 소비량 및 유통기한 등을 고려하여 산
　　　　출하여야 한다)
　　　ⓓ 회수 사유
　　　ⓔ 회수방법
　　　ⓜ 회수기간 및 예상 소요기간
　　　ⓑ 회수되는 식품등의 폐기 등 처리방법
　　　ⓢ 회수 사실을 국민에게 알리는 방법
　ⓛ 허가관청, 신고관청 또는 등록관청은 영업자로부터 회수계획을 보고받은 경우에는 지체 없이
　　다음 각 호에 따른 조치를 하여야 한다.
　　　ⓐ 식품의약품안전처장에게 회수계획을 통보할 것. 이 경우 허가관청, 신고관청 또는 등록관청이
　　　　시장·군수·구청장인 경우에는 시·도지사를 거쳐야 한다.
　　　ⓑ 해당 영업자에게 회수계획의 공표를 명할 것
　　　ⓒ 유통 중인 해당 회수 식품 등에 대하여 해당 위반 사실을 확인하기 위한 검사를 실시할 것
　ⓒ 공표명령을 받은 영업자는 해당 위해식품등을 회수하고, 그 회수결과를 지체 없이 허가관청,
　　신고관청 또는 등록관청에 보고하여야 한다. 이 경우 회수결과 보고서에는 다음 각 호의 사
　　항이 포함되어야 한다.
　　　ⓐ 식품등의 제조·가공량, 판매량, 회수량 및 미회수량 등이 포함된 회수실적
　　　ⓑ 미회수량에 대한 조치계획
　　　ⓒ 재발 방지를 위한 대책
　ⓔ 회수계획, 허가관청 등의 조치, 회수 및 회수결과 보고에 관한 세부사항은 식품의약품안전처
　　장이 정하여 고시한다.

② 식품의약품안전처장, 시·도지사 또는 시장·군수·구청장은 회수에 필요한 조치를 성실히 이
　행한 영업자에 대하여 해당 식품 등으로 인하여 받게 되는 행정처분을 대통령령으로 정하는 바
　에 따라 감면할 수 있으며, 행정처분을 감면하는 경우 그 감면기준은 다음 각 호의 구분에 따
　른다. 〈시행령 제31조〉
　ⓛ 회수계획에 따른 회수계획량의 5분의 4 이상을 회수한 경우 : 그 위반행위에 대한 행정처분을
　　면제
　ⓛ 회수계획량 중 일부를 회수한 경우 : 다음 각 목의 어느 하나에 해당하는 기준에 따라 행정처
　　분을 경감
　　　ⓐ 회수계획량의 3분의 1 이상을 회수한 경우(ⓛ의 경우는 제외한다)
　　　　ⓐ 행정처분의 기준이 영업허가 취소, 등록취소 또는 영업소 폐쇄인 경우에는 영업정지 2개월
　　　　　이상 6개월 이하의 범위에서 처분
　　　　ⓑ 행정처분기준이 영업정지 또는 품목·품목류의 제조정지인 경우에는 정지처분기간의 3분의
　　　　　2 이하의 범위에서 경감

④ 회수계획량의 4분의 1 이상 3분의 1 미만을 회수한 경우
　　ⓐ 행정처분기준이 영업허가 취소, 등록취소 또는 영업소 폐쇄인 경우에는 영업정지 3개월 이상 6개월 이하의 범위에서 처분
　　ⓑ 행정처분기준이 영업정지 또는 품목·품목류의 제조정지인 경우에는 정지처분기간의 2분의 1 이하의 범위에서 경감
③ 회수대상 식품등 회수계획·회수절차 및 회수결과 보고 등에 관하여 필요한 사항은 총리령으로 정한다.
　㉠ 회수대상 식품등의 기준〈시행규칙 제58조〉

회수대상이 되는 식품등의 기준〈시행규칙 별표 18〉

1. 식품의약품안전처장이 정한 식품·식품첨가물의 기준 및 규격의 위반사항 중 다음 각 목의 어느 하나에 해당한 경우
　가. 비소·카드뮴·납·수은·중금속·메탄올 및 시안화물의 기준을 위반한 경우
　나. 바륨, 포름알데히드, o-톨루엔설폰아미드, 다이옥신 또는 폴리옥시에틸렌의 기준을 위반한 경우
　다. 방사능기준을 위반한 경우
　라. 농산물의 농약잔류허용기준을 초과한 경우
　마. 곰팡이 독소기준을 초과한 경우
　바. 패류 독소기준을 위반한 경우
　사. 항생물질 등의 잔류허용기준(항생물질·합성항균제, 합성호르몬제)을 초과한 것을 원료로 사용한 경우
　아. 식중독균(살모넬라, 대장균 O157:H7, 리스테리아 모노사이토제네스, 캠필로박터 제주니, 클로스트리디움 보툴리눔) 검출기준을 위반한 경우
　자. 허용한 식품첨가물 외의 인체에 위해한 공업용 첨가물을 사용한 경우
　차. 주석·포스파타제·암모니아성질소·아질산이온 또는 형광증백제시험에서 부적합하다고 판정된 경우
　카. 식품조사처리기준을 위반한 경우
　타. 식품등에서 유리·금속 등 섭취과정에서 인체에 직접적인 위해나 손상을 줄 수 있는 재질이나 크기의 이물 또는 심한 혐오감을 줄 수 있는 이물이 발견된 경우. 다만, 이물의 혼입 원인이 객관적으로 밝혀져 다른 제품에서 더 이상 동일한 이물이 발견될 가능성이 없다고 식품의약품안전처장이 인정하는 경우에는 그러하지 아니하다.
　파. 자가품질검사 결과 허용된 첨가물 외의 첨가물이 검출된 경우
　하. 대장균검출기준을 위반한 사실이 확인된 경우
　거. 그 밖에 식품등을 제조·가공·조리·소분·유통 또는 판매하는 과정에서 혼입되어 인체의 건강을 해칠 우려가 있거나 섭취하기에 부적합한 물질로서 식품의약품안전처장이 인정하는 경우

2. 식품의약품안전처장이 정한 기구 또는 용기·포장의 기준 및 규격에 위반한 것으로서 유독·유해물질이 검출된 경우
3. 국제기구 및 외국의 정부 등에서 위생상 위해우려를 제기하여 식품의약품안전처장이 사용금지한 원료·성분이 검출된 경우
4. 그 밖에 다음 각 목의 어느 하나에 해당하는 경우
   가. 표시대상 알레르기 유발 원료 성분을 표시하지 않은 경우
   나. 제조연월일 또는 유통기한을 사실과 다르게 표시하거나 표시하지 않은 경우
   다. 그 밖에 제품의 안전성에 의심이 되는 경우
5. 그 밖에 회수대상이 되는 경우는 섭취함으로서 인체의 건강을 해치거나 해칠 우려가 있다고 인정하는 경우로서 식품의약품안전처장이 정하는 기준에 따른다.

④ "위반한 사실(식품등의 위해와 관련이 없는 위반사항을 제외한다)을 알게 된 경우"란 자가품질 검사 또는 「식품·의약품분야 시험·검사 등에 관한 법률」에 따른 식품 등 시험·검사기관의 위탁검사 결과 해당 식품등이 기준을 위반한 사실을 확인한 경우를 말한다.

(11) 식품 등의 이물 발견보고 등〈법 제46조〉

① 판매의 목적으로 식품 등을 제조·가공·소분·수입 또는 판매하는 영업자는 소비자로부터 판매제품에서 식품의 제조·가공·조리·유통 과정에서 정상적으로 사용된 원료 또는 재료가 아닌 것으로서 섭취할 때 위생상 위해가 발생할 우려가 있거나 섭취하기에 부적합한 물질[이하 "이물(異物)"이라 한다]을 발견한 사실을 신고 받은 경우 지체 없이 이를 식품의약품안전처장, 시·도지사 또는 시장·군수·구청장에게 보고하여야 하며, 이물 보고의 대상 등에 대한 사항은 다음과 같다.〈시행규칙 제60조〉

  ㉠ 영업자가 지방식품의약품안전청장, 시·도지사 또는 시장·군수·구청장에게 보고하여야 하는 이물(異物)은 다음 각 호의 어느 하나에 해당하는 물질을 말한다.
   ㉮ 금속성 이물, 유리조각 등 섭취과정에서 인체에 직접적인 위해나 손상을 줄 수 있는 재질 또는 크기의 물질
   ㉯ 기생충 및 그 알, 동물의 사체 등 섭취과정에서 혐오감을 줄 수 있는 물질
   ㉰ 그 밖에 인체의 건강을 해칠 우려가 있거나 섭취하기에 부적합한 물질로서 식품의약품안전처장이 인정하는 물질

  ㉡ 이물의 발견 사실을 보고하려는 자는 이물보고서(전자문서로 된 보고서를 포함한다)에 사진, 해당 식품 등 증거자료를 첨부하여 관할 지방식품의약품안전청장, 시·도지사 또는 시장·군수·구청장에게 제출하여야 한다.

ⓒ 이물 보고를 받은 관할 지방식품의약품안전청장, 시·도지사 또는 시장·군수·구청장은 다음 각 호에 따라 구분하여 식품의약품안전처장에게 통보하여야 한다.

  ㉮ ㉠ ㉮에 해당하는 이물 또는 같은 항 ㉯·㉰ 중 식품의약품안전처장이 위해 우려가 있다고 정하는 이물의 경우: 보고받은 즉시 통보

  ㉯ ㉮ 외의 이물의 경우: 월별로 통보

ⓔ 보고 대상 이물의 범위, 크기, 재질 및 보고 방법 등 세부적인 사항은 식품의약품안전처장이 정하여 고시한다.

② 「소비자기본법」에 따른 한국소비자원 및 소비자단체는 소비자로부터 이물 발견의 신고를 접수하는 경우 지체 없이 이를 식품의약품안전처장에게 통보하여야 한다.

③ 시·도지사 또는 시장·군수·구청장은 소비자로부터 이물 발견의 신고를 접수하는 경우 이를 식품의약품안전처장에게 통보하여야 한다.

④ 식품의약품안전처장은 규정에 따라 이물 발견의 신고를 통보받은 경우 이물혼입 원인 조사를 위하여 필요한 조치를 취하여야 한다.

⑿ **위생등급**〈법 제47조〉

① 식품의약품안전처장 또는 특별자치시장·특별자치도지사·시장·군수·구청장은 총리령으로 정하는 위생등급 기준에 따라 위생관리 상태 등이 우수한 식품 등의 제조·가공업소, 식품접객업소 또는 집단급식소를 우수업소 또는 모범업소로 지정할 수 있으며, 지정하는 사항에 대한 설명은 다음과 같다.〈시행규칙 제61조〉

  ㉠ 우수업소 또는 모범업소의 지정은 다음 각 호의 구분에 따른 자가 행한다.

    ㉮ **우수업소의 지정**: 식품의약품안전처장 또는 특별자치시장·특별자치도지사·시장·군수·구청장

    ㉯ **모범업소의 지정**: 특별자치시장·특별자치도지사·시장·군수·구청장

  ㉡ 식품제조·가공업 및 식품첨가물제조업은 우수업소와 일반업소로 구분하며, 집단급식소 및 일반음식점영업은 모범업소와 일반업소로 구분한다. 이 경우 그 등급 결정의 기준은 우수업소·모범업소의 지정기준에 따른다.

우수업소 · 모범업소의 지정기준(시행규칙 별표 19)

1. 우수업소

　가. 건물의 주변환경은 식품위생환경에 나쁜 영향을 주지 아니하여야 하며, 항상 청결하게 관리되어야 한다.

　나. 건물은 작업에 필요한 공간을 확보하여야 하며, 환기가 잘 되어야 한다.

　다. 원료처리실 · 제조가공실 · 포장실 등 작업장은 분리 · 구획되어야 한다.

　라. 작업장의 바닥 · 내벽 및 천장은 내수처리를 하여야 하며, 항상 청결하게 관리되어야 한다.

　마. 작업장의 바닥은 적절한 경사를 유지하도록 하여 배수가 잘 되도록 하여야 한다.

　바. 작업장의 출입구와 창은 완전히 꼭 닫힐 수 있어야 하며, 방충시설과 쥐 막이 시설이 설치되어야 한다.

　사. 제조하려는 식품 등의 특성에 맞는 기계 · 기구류를 갖추어야 하며, 기계 · 기구류는 세척이 용이하고 부식되지 아니하는 재질이어야 한다.

　아. 원료 및 제품은 항상 위생적으로 보관 · 관리되어야 한다.

　자. 작업장 · 냉장시설 · 냉동시설 등에는 온도를 측정할 수 있는 계기가 알아보기 쉬운 곳에 설치되어야 한다.

　차. 오염되기 쉬운 작업장의 출입구에는 탈의실 · 작업화 또는 손 등을 세척 · 살균할 수 있는 시설을 갖추어야 한다.

　카. 급수시설은 식품의 특성별로 설치하여야 하며, 지하수 등을 사용하는 경우 취수원은 오염지역으로부터 20미터 이상 떨어진 곳에 위치하여야 한다.

　타. 하수나 폐수를 적절하게 처리할 수 있는 하수 · 폐수이동 및 처리시설을 갖추어야 한다.

　파. 화장실은 정화조를 갖춘 수세식 화장실로서 내수처리 되어야 한다.

　하. 식품등을 직접 취급하는 종사자는 위생적인 작업복 · 신발 등을 착용하여야 하며, 손은 항상 청결히 유지하여야 한다.

　거. 그 밖에 우수업소의 지정기준 등과 관련한 세부사항은 식품의약품안전처장이 정하는 바에 따른다.

2. 모범업소

　가. 집단급식소

　　1) 식품안전관리인증기준(HACCP)적용업소로 인증받아야 한다.

　　2) 최근 3년간 식중독 발생하지 아니하여야 한다.

　　3) 조리사 및 영양사를 두어야 한다.

　　4) 그 밖에 일반음식점이 갖추어야 하는 기준을 모두 갖추어야 한다.

　나. 일반음식점

　　1) 건물의 구조 및 환경

　　　가) 청결을 유지할 수 있는 환경을 갖추고 내구력이 있는 건물이어야 한다.

　　　나) 마시기에 적합한 물이 공급되며, 배수가 잘 되어야 한다.

　　　다) 업소 안에는 방충시설 · 쥐 막이 시설 및 환기시설을 갖추고 있어야 한다.

2) 주방

가) 주방은 공개되어야 한다.

나) 입식조리대가 설치되어 있어야 한다.

다) 냉장시설·냉동시설이 정상적으로 가동되어야 한다.

라) 항상 청결을 유지하여야 하며, 식품의 원료 등을 보관할 수 있는 창고가 있어야 한다.

마) 식기 등을 소독할 수 있는 설비가 있어야 한다.

3) 객실 및 객석

가) 손님이 이용하기에 불편하지 아니한 구조 및 넓이여야 한다.

나) 항상 청결을 유지하여야 한다.

4) 화장실

가) 정화조를 갖춘 수세식이어야 한다.

나) 손 씻는 시설이 설치되어야 한다.

다) 벽 및 바닥은 타일 등으로 내수 처리되어 있어야 한다.

라) 1회용 위생종이 또는 에어타월이 비치되어 있어야 한다.

5) 종업원

가) 청결한 위생복을 입고 있어야 한다.

나) 개인위생을 지키고 있어야 한다.

다) 친절하고 예의바른 태도를 가져야 한다.

6) 그 밖의 사항

가) 1회용 물 컵, 1회용 숟가락, 1회용 젓가락 등을 사용하지 아니하여야 한다.

나) 그 밖에 모범업소의 지정기준 등과 관련한 세부사항은 식품의약품안전처장이 정하는 바에 따른다.

ⓒ 식품의약품안전처장 또는 특별자치시장·특별자치도지사·시장·군수·구청장은 우수업소 또는 모범업소로 지정된 업소에 대하여 해당 업소에서 생산한 식품 또는 식품첨가물에 식품의약품안전처장이 정하는 우수업소 로고를 표시하게 하거나 해당 업소의 외부 또는 내부에 식품의약품안전처장이 정하는 규격에 따른 모범업소 표지판을 붙이게 할 수 있으며, 다음 각 호의 어느 하나에 해당하는 경우를 제외하고는 우수업소 또는 모범업소로 지정된 날부터 2년 동안은 출입·검사를 하지 아니할 수 있다.

㉮ 시정명령 또는 시설개수명령을 받은 업소

㉯ 징역 또는 벌금형이 확정된 영업자가 운영하는 업소

㉰ 과태료 처분을 받은 업소

② 식품의약품안전처장 또는 특별자치시장·특별자치도지사·시장·군수·구청장은 지정을 취소할 경우 다음 각 호의 조치를 취하여야 한다.
  ㉮ 우수업소 지정증 또는 모범업소 지정증의 회수
  ㉯ 우수업소 표지판 또는 모범업소 표지판의 회수
  ㉰ 그 밖에 해당 업소에 대한 우수업소 또는 모범업소 지정에 따른 지원의 중지
⑩ 지정이 취소된 우수업소 또는 모범업소의 영업자 또는 운영자는 그 지정증 및 표지판을 지체 없이 식품의약품안전처장 또는 특별자치시장·특별자치도지사·시장·군수·구청장에게 반납하여야 한다.

② 식품의약품안전처장[대통령령으로 정하는 그 소속 기관의 장(지방식품의약품안전청장)을 포함한다], 시·도지사 또는 시장·군수·구청장은 지정한 우수업소 또는 모범업소에 대하여 관계 공무원으로 하여금 총리령으로 정하는 일정 기간 동안 출입·검사·수거 등을 하지 아니하게 할 수 있으며, 시·도지사 또는 시장·군수·구청장은 영업자의 위생관리시설 및 위생설비시설 개선을 위한 융자 사업과 음식문화 개선과 좋은 식단 실천을 위한 사업에 대하여 우선 지원 등을 할 수 있다.

③ 식품의약품안전처장 또는 특별자치시장·특별자치도지사·시장·군수·구청장은 우수업소 또는 모범업소로 지정된 업소가 그 지정기준에 미치지 못하거나 영업정지 이상의 행정처분을 받게 되면 지체 없이 그 지정을 취소하여야 한다.

④ 우수업소 또는 모범업소의 지정 및 그 취소에 관한 사항은 총리령으로 정한다.

⒀ 식품접객업소의 위생등급 지정 등〈법 제47조의2〉

① 식품의약품안전처장, 시·도지사 또는 시장·군수·구청장은 식품접객업소의 위생 수준을 높이기 위하여 식품접객영업자의 신청을 받아 식품접객업소의 위생상태를 평가하여 위생등급을 지정할 수 있으며, 위생등급의 지정절차 및 위생등급 공표·표시의 방법 등은 다음과 같다.〈시행규칙 제61조의2〉
  ㉠ 위생등급을 지정받으려는 식품접객영업자(일반음식점영업자로 한정한다)는 위생등급 지정신청서에 영업신고증을 첨부하여 식품의약품안전처장, 시·도지사 또는 시장·군수·구청장에게 제출하여야 한다.
  ㉡ 신청을 받은 식품의약품안전처장, 시·도지사 또는 시장·군수·구청장은 신청을 받은 날부터 60일 이내에 식품의약품안전처장이 정하여 고시하는 절차와 방법에 따라 위생등급을 지정하고 위생등급 지정서를 발급하여야 한다.

ⓒ 공표는 식품의약품안전처, 시·도 또는 시·군·구의 인터넷 홈페이지에 게재하는 방법으로 한다.

ⓔ 위생등급을 표시할 때에는 위생등급 표지판을 그 영업장의 주된 출입구 또는 소비자가 잘 볼 수 있는 장소에 부착하는 방법으로 한다.

ⓜ 공표 및 위생등급 표지판의 도안·규격 등에 필요한 세부 사항은 식품의약품안전처장이 정하여 고시한다.

② 식품의약품안전처장은 식품접객업소의 위생상태 평가 및 위생등급 지정에 필요한 기준 및 방법 등을 정하여 고시하여야 한다.

③ 식품의약품안전처장, 시·도지사 또는 시장·군수·구청장은 위생등급 지정 결과를 공표할 수 있다.

④ 위생등급을 지정받은 식품접객영업자는 그 위생등급을 표시하여야 하며, 광고할 수 있다.

⑤ 위생등급의 유효기간은 위생등급을 지정한 날부터 2년으로 한다. 다만, 총리령으로 정하는 바에 따라 그 기간을 연장할 수 있으며, 위생등급 유효기간의 연장 등에 관한 사항은 다음과 같다.

〈시행규칙 제61조의3〉

ⓐ 위생등급의 유효기간을 연장하려는 자는 위생등급 유효기간 연장신청서에 위생등급 지정서를 첨부하여 위생등급의 유효기간이 끝나기 60일 전까지 식품의약품안전처장, 시·도지사 또는 시장·군수·구청장에 신청하여야 한다.

ⓑ 유효기간의 연장신청을 받은 식품의약품안전처장, 시·도지사 또는 시장·군수·구청장은 식품의약품안전처장이 정하여 고시하는 절차와 방법에 따라 위생등급을 지정하고, 위생등급 지정서를 발급하여야 한다.

⑥ 식품의약품안전처장, 시·도지사 또는 시장·군수·구청장은 위생등급을 지정받은 식품접객영업자가 다음 각 호의 어느 하나에 해당하는 경우 그 지정을 취소하거나 시정을 명할 수 있다.

ⓐ 위생등급을 지정받은 후 그 기준에 미달하게 된 경우

ⓑ 위생등급을 표시하지 아니하거나 허위로 표시·광고하는 경우

ⓒ 영업정지 이상의 행정처분을 받은 경우

ⓓ 그 밖에 ⓐ부터 ⓒ까지에 준하는 사항으로서 총리령으로 정하는 사항을 지키지 아니한 경우 (거짓 또는 그 밖의 부정한 방법으로 위생등급을 지정받은 경우를 말한다.)

⑦ 식품의약품안전처장, 시·도지사 또는 시장·군수·구청장은 위생등급 지정을 받았거나 받으려는 식품접객영업자에게 필요한 기술적 지원을 할 수 있으며, 기술적 지원의 구체적 내용은 다음 각 호와 같다.

㉠ 위생등급 지정에 관한 교육

㉡ 위생등급 지정 등에 필요한 검사

⑧ 식품의약품안전처장, 시·도지사 또는 시장·군수·구청장은 위생등급을 지정한 식품접객업소에 대하여 출입·검사·수거 등을 총리령으로 정하는 기간(2년) 동안 하지 아니하게 할 수 있다.

⑨ 시·도지사 또는 시장·군수·구청장은 식품진흥기금을 영업자의 위생관리시설 및 위생설비시설 개선을 위한 융자 사업과 식품접객업소의 위생등급 지정 사업에 우선 지원할 수 있다.

⑩ 식품의약품안전처장, 시·도지사 또는 시장·군수·구청장은 위생등급 지정에 관한 업무를 대통령령으로 정하는 관계 전문기관이나 단체에 위탁할 수 있다. 이 경우 필요한 예산을 지원할 수 있으며, 위생등급 지정에 관한 업무 중 **다음 각 호의 업무를 법 제70조의2에 따른 한국식품안전관리인증원에 위탁한다.**〈시행령 제32조의2〉

㉠ 위생등급 지정을 받았거나 받으려는 식품접객영업자에 대한 기술지원

㉡ 위생등급 지정을 위한 식품접객업소의 위생상태 평가

㉢ 위생등급 지정과 관련된 전문인력의 양성 및 교육·훈련

㉣ 위생등급 지정에 관한 정보의 수집·제공 및 홍보

㉤ 위생등급 지정에 관한 조사·연구 사업

㉥ 그 밖에 위생등급 지정 활성화를 위하여 필요하다고 식품의약품안전처장, 시·도지사 또는 시장·군수·구청장이 인정하는 사업

⑪ 위생등급과 그 지정 절차, 위생등급 지정 결과 공표 및 기술적 지원 등에 필요한 사항은 총리령으로 정한다.

(14) 식품안전관리인증기준〈법 제48조〉

① 식품의약품안전처장은 식품의 원료관리 및 제조·가공·조리·소분·유통의 모든 과정에서 위해한 물질이 식품에 섞이거나 식품이 오염되는 것을 방지하기 위하여 각 과정의 위해요소를 확인·평가하여 중점적으로 관리하는 기준(이하 "식품안전관리인증기준"이라 한다)을 식품별로 정하여 고시할 수 있다.

② 총리령으로 정하는 식품을 제조·가공·조리·소분·유통하는 영업자는 식품의약품안전처장이 식품별로 고시한 식품안전관리인증기준을 지켜야 하며, **식품안전관리인증기준 대상 식품은 다음과 같다.**〈시행규칙 제62조〉

㉠ "총리령으로 정하는 식품"이란 다음 각 호의 어느 하나에 해당하는 식품을 말한다.

㉮ 어육가공품 중 어묵·어육소시지

㉯ 냉동수산식품 중 어류·연체류·조미가공품

ⓒ 냉동식품 중 피자류 · 만두류 · 면류

ⓒ 과자류 중 과자 · 캔디류 · 빙과류

ⓒ 음료류

ⓒ 레토르트식품

ⓒ 김치류 중 배추김치

ⓒ 빵 또는 떡류 중 빵류 · 떡류

ⓒ 코코아가공품 또는 초콜릿류 중 초콜릿류

ⓒ 면류 중 국수 · 유탕면류

ⓒ 특수용도식품

ⓒ 즉석섭취 · 편의식품류 중 즉석섭취식품

ⓒ 즉석섭취 · 편의식품류의 즉석조리식품 중 순대

ⓒ 식품에 대한 식품안전관리인증기준의 적용 · 운영에 관한 세부적인 사항은 식품의약품안전처
장이 정하여 고시한다.

③ 식품의약품안전처장은 식품안전관리인증기준을 지켜야 하는 영업자와 그 밖에 식품안전관리인
증기준을 지키기 원하는 영업자의 업소를 식품별 식품안전관리인증기준 적용업소(이하 "식품안
전관리인증기준적용업소"라 한다)로 인증할 수 있다. 이 경우 식품안전관리인증기준적용업소로
인증을 받은 영업자가 그 인증을 받은 사항 중 총리령으로 정하는 사항을 변경하려는 경우에는
식품의약품안전처장의 변경 인증을 받아야 하며, **식품안전관리인증기준적용업소의 인증신청 등**
에 관한 사항은 다음과 같다.〈시행규칙 제63조〉

ⓒ 식품안전관리인증기준적용업소로 인증을 받으려는 자는 식품안전관리인증기준적용업소 인증
신청서(전자문서로 된 신청서를 포함한다)에 식품안전관리인증기준에 따라 작성한 적용대상
식품별 식품안전관리인증계획서(전자문서를 포함한다)를 첨부하여 해당 업무를 위탁받은 기관
(이하 "인증기관"이라 한다)의 장에게 제출하여야 한다.

ⓒ **식품안전관리인증기준적용업소로 인증을 받으려는 자는 다음 각 호의 요건을 갖추어야 한다.**

ⓒ 선행요건관리기준(식품안전관리인증기준을 적용하기 위하여 미리 갖추어야 하는 시설기준 및
위생관리기준을 말한다)을 작성하여 운용할 것

ⓒ 식품안전관리인증기준을 작성하여 운용할 것

ⓒ 인증신청을 받은 인증기관의 장은 해당 업소를 식품안전관리인증기준적용업소로 인증한 경우
에는 식품안전관리인증기준적용업소 인증서를 발급하여야 한다.

ⓒ 식품안전관리인증기준적용업소로 인증받은 사항 중 식품의 위해를 방지하거나 제거하여 안전
성을 확보할 수 있는 단계 또는 공정(이하 "중요관리점"이라 한다)을 변경하거나 영업장 소재
지를 변경하려는 자는 변경신청서(전자문서로 된 신청서를 포함한다)에 다음 각 호의 서류(전
자문서를 포함한다)를 첨부하여 인증기관의 장에게 제출하여야 한다.

㉮ 식품안전관리인증기준적용업소 인증서

　　㉯ 중요관리점의 변경 내용에 대한 설명서

　㉤ 인증기관의 장은 변경신청을 받으면 서류검토 또는 현장실사 등의 방법으로 변경사항을 확인하고 식품안전관리인증기준의 적용에 적합하다고 인정되는 경우에는 인증서를 재발급하여야 한다.

　㉥ 인증기관의 장은 인증서를 발급하거나 재발급하였을 때에는 지체 없이 그 사실을 식품의약품안전처장과 관할 지방식품의약품안전청장에게 통보하여야 한다.

④ 식품의약품안전처장은 식품안전관리인증기준적용업소로 인증받은 영업자에게 총리령으로 정하는 바에 따라 그 인증 사실을 증명하는 서류를 발급하여야 한다. 변경 인증을 받은 경우에도 또한 같다.

⑤ 식품안전관리인증기준적용업소의 영업자와 종업원은 총리령으로 정하는 교육훈련을 받아야 하며, 식품안전관리인증기준적용업소의 영업자 및 종업원에 대한 교육훈련에 관한 사항은 다음과 같다. 〈시행규칙 제64조〉

　㉠ 식품안전관리인증기준적용업소의 영업자 및 종업원이 받아야 하는 교육훈련의 종류는 다음 각 호와 같다. 다만, 조사·평가 결과 만점의 95퍼센트 이상을 받은 식품안전관리인증기준적용업소의 종업원에 대하여는 그 다음 연도의 정기교육훈련을 면제한다.

　　㉮ 영업자 및 종업원에 대한 신규 교육훈련

　　㉯ 종업원에 대하여 매년 1회 이상 실시하는 정기교육훈련

　　㉰ 그 밖에 식품의약품안전처장이 식품위해사고의 발생 및 확산이 우려되어 영업자 및 종업원에게 명하는 교육훈련

　㉡ 교육훈련의 내용에는 다음 각 호의 사항이 포함되어야 한다.

　　㉮ 식품안전관리인증기준의 원칙과 절차에 관한 사항

　　㉯ 식품위생제도 및 식품위생관련 법령에 관한 사항

　　㉰ 식품안전관리인증기준의 적용방법에 관한 사항

　　㉱ 식품안전관리인증기준의 조사·평가 및 자체평가에 관한 사항

　　㉲ 식품안전관리인증기준과 관련된 식품위생에 관한 사항

　㉢ 교육훈련의 시간은 다음 각 호와 같다.

　　㉮ 신규 교육훈련 : 영업자의 경우 2시간 이내, 종업원의 경우 16시간 이내

　　㉯ 정기교육훈련 : 4시간 이내

　　㉰ ㉠ ㉰에 따른 교육훈련 : 8시간 이내

　㉣ 교육훈련은 다음 각 호의 기관이나 단체 중 식품의약품안전처장이 지정하여 고시하는 기관이나 단체에서 실시한다.

　　㉮ 「고등교육법」에 따른 대학

　　㉯ 그 밖에 식품안전관리인증기준에 관한 전문인력을 보유한 기관, 단체 및 업체

ⓜ 교육훈련기관 등은 교육 대상자로부터 교육에 필요한 수강료를 받을 수 있다. 이 경우 수강료는 다음 각 호의 사항을 고려하여 실비(實費) 수준으로 교육훈련기관 등의 장이 결정한다.
　㉮ 강사수당
　㉯ 교육교재 편찬 비용
　㉰ 교육에 필요한 실험재료비 및 현장 실습에 드는 비용
　㉱ 그 밖에 교육 관련 사무용품 구입비 등 필요한 경비
ⓗ 교육훈련 대상별 교육시간, 실시방법, 그 밖에 교육훈련에 관한 세부적인 사항은 식품의약품안전처장이 정하여 고시한다.

⑥ 식품의약품안전처장은 식품안전관리인증기준적용업소의 인증을 받거나 받으려는 영업자에게 위해요소중점관리에 필요한 기술적·경제직 지원을 할 수 있으며, 식품안전관리인증기준적용업소의 인증을 받거나 받으려는 영업자에게 식품안전관리인증기준에 관한 다음 각 호의 사항을 지원할 수 있다.〈시행규칙 제65조〉
㉠ 식품안전관리인증기준 적용에 관한 전문적 기술과 교육
㉡ 위해요소 분석 등에 필요한 검사
㉢ 식품안전관리인증기준 적용을 위한 자문 비용
㉣ 식품안전관리인증기준 적용을 위한 시설·설비 등 개수·보수 비용
㉤ 교육훈련 비용

⑦ 식품안전관리인증기준적용업소의 인증요건·인증절차, 영업자 및 종업원에 대한 교육실시 기관, 교육훈련 방법·절차, 교육훈련비 및 기술적·경제적 지원에 필요한 사항은 총리령으로 정한다.

⑧ 식품의약품안전처장은 식품안전관리인증기준적용업소의 효율적 운영을 위하여 총리령으로 정하는 식품안전관리인증기준의 준수 여부 등에 관한 조사·평가를 할 수 있으며, 그 결과 식품안전관리인증기준적용업소가 다음 각 호의 어느 하나에 해당하면 그 인증을 취소하거나 시정을 명할 수 있다. 다만, 식품안전관리인증기준적용업소가 ㉡ 및 ㉢에 해당할 경우 인증을 취소하여야 한다.
㉠ 식품안전관리인증기준을 지키지 아니한 경우
㉡ 거짓이나 그 밖의 부정한 방법으로 인증을 받은 경우
㉢ 법 또는 「식품 등의 표시·광고에 관한 법률」에 따라 영업정지 2개월 이상의 행정처분을 받은 경우
㉣ 영업자와 그 종업원이 교육훈련을 받지 아니한 경우
㉤ 그 밖에 ㉠부터 ㉣까지에 준하는 사항으로서 총리령으로 정하는 사항을 지키지 아니한 경우
※ "총리령으로 정하는 사항을 지키지 아니한 경우"란 다음 각 호의 경우를 말한다.〈시행규칙 제67조〉
　㉠ 식품안전관리인증기준적용업소의 영업자가 인증받은 식품을 다른 업소에 위탁하여 제조·가공한 경우
　㉡ 변경신청을 하지 아니한 경우

ⓒ 식품안전관리인증기준적용업소 인증취소 등의 기준은 다음과 같다.

식품안전관리인증기준적용업소의 인증취소 등의 기준〈시행규칙 별표 20〉

위반사항	근거 법령	처분기준
1. 식품안전관리인증기준을 지키지 않은 경우로서 다음 각 목의 어느 하나에 해당하는 경우	법 제48조제8항제1호	
가. 원재료·부재료 입고 시 공급업체로부터 식품안전관리인증기준에서 정한 검사성적서를 받지도 않고 식품안전관리인증기준에서 정한 자체검사도 하지 않은 경우		인증취소
나. 식품안전관리인증기준에서 정한 작업장 세척 또는 소독을 하지 않고 식품안전관리인증기준에서 정한 종사자 위생관리도 하지 않은 경우		인증취소
다. 살균 또는 멸균 등 가열이 필요한 공정에서 식품안전관리인증기준에서 정한 중요관리점에 대한 모니터링을 하지 않거나 중요관리점에 대한 한계기준의 위반 사실이 있음에도 불구하고 지체 없이 개선조치를 이행하지 않은 경우		인증취소
라. 지하수를 비가열 섭취식품의 원재료·부재료의 세척용수 또는 배합수로 사용하면서 살균 또는 소독을 하지 않은 경우		인증취소
마. 식품안전관리인증기준서에서 정한 제조·가공방법대로 제조·가공하지 않은 경우		시정명령
바. 식품안전관리인증기준적용업소에 대한 조사·평가 결과 부적합 판정을 받은 경우로서 다음의 어느 하나에 해당하는 경우 1) 선행요건 관리분야에서 만점의 60퍼센트 미만을 받은 경우 2) 식품안전관리인증기준 관리분야에서 만점의 60퍼센트 미만을 받은 경우		인증취소
사. 식품안전관리인증기준적용업소에 대한 조사·평가 결과 부적합 판정을 받은 경우로서 다음의 어느 하나에 해당하는 경우 1) 선행요건 관리분야에서 만점의 85퍼센트 미만 60퍼센트 이상을 받은 경우 2) 식품안전관리인증기준 관리분야에서 만점의 85퍼센트 미만 60퍼센트 이상을 받은 경우		시정명령

2. 2개월 이상의 영업정지를 받은 경우 또는 그에 갈음하여 과징금을 부과 받은 경우	법 제48조제8항제2호	인증취소
3. 영업자 및 종업원이 교육훈련을 받지 아니한 경우	법 제48조제8항제3호	시정명령
4. 식품안전관리인증기준적용업소의 영업자가 인증받은 식품을 다른 업소에 위탁하여 제조·가공한 경우	법 제48조제8항제4호	인증취소
5. 변경신고를 하지 아니한 경우	법 제48조제8항제4호	시정명령
6. 2회 이상의 시정명령을 받고도 이를 이행하지 아니한 경우	법 제48조제8항	인증취소
7. 시정명령을 받고도 이를 이행하지 않은 경우	법 제48조제8항제1호	인증취소
8. 거짓이나 그 밖의 부정한 방법으로 인증을 받은 경우	법 제48조제8항제1호의2	인증취소

ⓑ 식품안전관리인증기준적용업소에 대한 조사·평가〈시행규칙 제66조〉

㉮ 지방식품의약품안전청장은 식품안전관리인증기준적용업소로 인증받은 업소에 대하여 식품안전관리인증기준의 준수 여부 등에 관하여 매년 1회 이상 조사·평가할 수 있다.

㉯ 조사·평가사항은 다음 각 호와 같다.

ⓐ 제조·가공·조리 및 유통에 따른 위해요소분석, 중요관리점 결정 등이 포함된 식품안전관리인증기준의 준수 여부

ⓑ 교육훈련 수료 여부

㉰ 그 밖에 조사·평가에 관한 세부적인 사항은 식품의약품안전처장이 정한다.

⑨ 식품안전관리인증기준적용업소가 아닌 업소의 영업자는 식품안전관리인증기준적용업소라는 명칭을 사용하지 못한다.

⑩ 식품안전관리인증기준적용업소의 영업자는 인증받은 식품을 다른 업소에 위탁하여 제조·가공하여서는 아니 된다. 다만, 위탁하려는 식품과 동일한 식품에 대하여 식품안전관리인증기준적용업소로 인증된 업소에 위탁하여 제조·가공하려는 경우 등 대통령령으로 정하는 경우에는 그러하지 아니하다.

※ "위탁하려는 식품과 동일한 식품에 대하여 식품안전관리인증기준적용업소로 인증된 업소에 위탁하여 제조·가공하려는 경우 등 대통령령으로 정한 경우"란 다음 각 호의 경우를 말한다.〈시행령 제33조〉

㉠ 위탁하려는 식품과 같은 식품에 대하여 식품안전관리인증기준 적용업소(이하 "식품안전관리인증기준적용업소"라 한다)로 인증된 업소에 위탁하여 제조·가공하려는 경우

㉡ 위탁하려는 식품과 같은 제조 공정·중요관리점(식품의 위해를 방지하거나 제거하여 안전성을 확보할 수 있는 단계 또는 공정을 말한다)에 대하여 식품안전관리인증기준적용업소로 인증된 업소에 위탁하여 제조·가공하려는 경우

⑪ 식품의약품안전처장[대통령령으로 정하는 그 소속 기관의 장(지방식품의약품안전청장)을 포함한다], 시·도지사 또는 시장·군수·구청장은 식품안전관리인증기준적용업소에 대하여 관계 공무원으로 하여금 총리령으로 정하는 일정 기간 동안 출입·검사·수거 등을 하지 아니하게 할 수 있으며, 시·도지사 또는 시장·군수·구청장은 영업자의 위생관리시설 및 위생설비시설 개선을 위한 융자 사업에 대하여 우선 지원 등을 할 수 있으며, 지방식품의약품안전청장, 시·도지사 또는 시장·군수·구청장은 인증 유효기간(이하 "인증유효기간"이라 한다) 동안 관계 공무원으로 하여금 출입·검사를 하지 아니하게 할 수 있다.〈시행규칙 제68조〉

⑫ 식품의약품안전처장은 식품안전관리인증기준적용업소의 공정별·품목별 위해요소의 분석, 기술지원 및 인증 등의 업무를 「한국식품안전관리인증원의 설립 및 운영에 관한 법률」에 따른 한국식품안전관리인증원 등 대통령령으로 정하는 기관에 위탁할 수 있다.

　㉠ 위탁기관의 종류〈시행령 제34조〉

　　㉮ 한국식품안전관리인증원

　　㉯ 「정부출연연구기관 등의 설립·운영 및 육성에 관한 법률」에 따른 정부출연연구기관

　　㉰ 정부가 설립하거나 운영비용의 전부 또는 일부를 지원하는 연구기관으로서 식품안전관리인증기준(식품안전관리인증기준을 말한다.)에 관한 전문인력을 보유한 기관

　　㉱ 그 밖에 식품안전관리인증기준 업무를 할 목적으로 설립된 비영리법인 또는 연구소

　㉡ 위탁받는 기관은 다음 각 호의 업무를 수행한다.

　　㉮ 식품안전관리인증기준적용업소의 인증, 변경인증, 인증 증명 서류의 발급, 인증을 받거나 받으려는 영업자에 대한 기술지원 및 인증 유효기간의 연장

　　㉯ 식품안전관리인증기준과 관련된 전문인력의 양성 및 교육·훈련

　　㉰ 식품안전관리인증기준적용업소의 공정별·품목별 위해요소의 분석

　　㉱ 식품안전관리인증기준에 관한 정보의 수집·제공 및 홍보

　　㉲ 식품안전관리인증기준에 관한 조사·연구사업

　　㉳ 그 밖에 식품안전관리인증기준 활성화를 위하여 필요한 사업

⑬ 식품의약품안전처장은 위탁기관에 대하여 예산의 범위에서 사용경비의 전부 또는 일부를 보조할 수 있다.

⒂ 인증 유효기간〈법 제48조의2〉

① 인증의 유효기간은 인증을 받은 날부터 3년으로 하며, 변경 인증의 유효기간은 당초 인증 유효기간의 남은 기간으로 한다.

② 인증 유효기간을 연장하려는 자는 총리령으로 정하는 바에 따라 식품의약품안전처장에게 연장 신청을 하여야 한다.

③ 식품의약품안전처장은 연장신청을 받았을 때에는 안전관리인증기준에 적합하다고 인정하는 경우 3년의 범위에서 그 기간을 연장할 수 있다.

④ 인증유효기간의 연장신청 등〈시행규칙 제68조의2〉

　　㉠ 인증기관의 장은 인증유효기간이 끝나기 90일 전까지 다음 각 호의 사항을 식품안전관리인증기준적용업소의 영업자에게 통지하여야 한다. 이 경우 통지는 휴대전화 문자메시지, 전자우편, 팩스, 전화 또는 문서 등으로 할 수 있다.

　　　　㉮ 인증유효기간을 연장하려면 인증유효기간이 끝나기 60일 전까지 연장 신청을 하여야 한다는 사실

　　　　㉯ 인증유효기간의 연장 신청 절차 및 방법

　　㉡ 인증유효기간의 연장을 신청하려는 영업자는 인증유효기간이 끝나기 60일 전까지 식품안전관리인증기준적용업소 인증연장신청서(전자문서로 된 신청서를 포함한다)에 다음 각 호의 서류(전자문서를 포함한다)를 첨부하여 인증기관의 장에게 제출하여야 한다.

　　　　㉮ 식품안전관리인증기준에 따라 작성한 적용대상 식품별 식품안전관리인증계획서

　　　　㉯ 식품안전관리인증기준적용업소 인증서 원본

　　㉢ 인증기관의 장은 인증유효기간을 연장하는 경우에는 식품안전관리인증기준적용업소 인증서를 발급하여야 한다.

(16) 식품안전관리인증기준적용업소에 대한 조사·평가 등〈법 제48조의3〉

① 식품의약품안전처장은 식품안전관리인증기준적용업소로 인증받은 업소에 대하여 식품안전관리인증기준의 준수 여부와 교육훈련 수료 여부를 연 1회 이상 조사·평가하여야 한다.

② 식품의약품안전처장은 조사·평가 결과 그 결과가 우수한 식품안전관리인증기준적용업소에 대해서는 조사·평가를 면제하는 등 행정적·재정적 지원을 할 수 있다. 다만, 식품안전관리인증기준적용업소가 인증 유효기간 내에 이 법을 위반하여 영업의 정지, 허가 취소 등 행정처분을 받은 경우에는 조사·평가를 면제하여서는 아니 된다.

③ 그 밖에 조사·평가의 방법 및 절차 등에 필요한 사항은 총리령으로 정한다.

(17) 식품이력추적관리 등록기준 등〈법 제49조〉

① 식품을 제조·가공 또는 판매하는 자 중 식품이력추적관리를 하려는 자는 총리령으로 정하는 등록기준을 갖추어 해당 식품을 식품의약품안전처장에게 등록할 수 있다. 다만, 영유아식 제조·가공업자, 일정 매출액·매장면적 이상의 식품판매업자 등 총리령으로 정하는 자는 식품의약품안전처장에게 등록하여야 한다.

ⓐ 식품이력추적관리의 등록신청 등〈시행규칙 제69조〉

  ㉮ 식품이력추적관리에 관한 등록을 하려는 자는 식품이력추적관리 등록신청서(전자문서로 된 신청서를 포함한다)에 다음 각 호의 서류(전자문서를 포함한다)를 첨부하여 지방식품의약품안전청장에게 제출하여야 한다.

    ⓐ 식품 품목제조보고서(유통전문판매업의 경우에는 수탁자의 식품 품목제조보고서) 사본

    ⓑ 식품이력관리전산시스템 등 식품의약품안전처장이 정하여 고시하는 사항을 포함한 식품이력추적관리 계획서

  ㉯ "총리령으로 정하는 등록기준"이란 식품이력추적관리에 필요한 기록의 작성·보관 및 관리 등에 필요한 시스템(이하 "식품이력관리전산시스템"이라 한다)을 말한다.

  ㉰ 식품이력추적관리의 등록대상인 식품의 품목은 다음 각 호의 요건을 모두 갖추어야 한다.

    ⓐ 제조·가공단계부터 판매단계까지의 식품이력에 관한 정보를 추적하여 제공할 수 있도록 관리되고 있을 것

    ⓑ 제조·가공단계부터 판매단계까지 식품의 회수 등 사후관리체계를 갖추고 있을 것

  ㉱ 신청을 받은 지방식품의약품안전청장은 식품이력관리전산시스템을 갖추고 있는지 여부와 등록대상에 적합한 품목인지 여부를 심사하고, 그 심사 결과 적합하다고 인정되는 경우에는 해당 식품을 품목별로 등록한 후 식품이력추적관리 품목 등록증을 발급하여야 한다.

ⓑ 식품이력추적관리 등록 대상〈시행규칙 제69조의2〉: "총리령으로 정하는 자"란 다음 각 호의 자를 말한다.

  ㉮ 영유아식(영아용 조제식품, 성장기용 조제식품, 영유아용 곡류 조제식품 및 그 밖의 영유아용 식품을 말한다) 제조·가공업자

  ㉯ 임산·수유부용 식품, 특수의료용도 등 식품 및 체중조절용 조제식품 제조·가공업자

  ㉰ 기타 식품판매업자

ⓒ 등록사항〈시행규칙 제70조〉: 식품이력추적관리의 등록사항은 다음 각 호와 같다.

  ㉮ 국내식품의 경우

    ⓐ 영업소의 명칭(상호)과 소재지

    ⓑ 제품명과 식품의 유형

    ⓒ 유통기한 및 품질유지기한

    ⓓ 보존 및 보관방법

  ㉯ 수입식품의 경우

    ⓐ 영업소의 명칭(상호)과 소재지

    ⓑ 제품명

    ⓒ 원산지(국가명)

    ⓓ 제조회사 또는 수출회사

② 등록한 식품을 제조·가공 또는 판매하는 자는 식품이력추적관리에 필요한 기록의 작성·보관 및 관리 등에 관하여 식품의약품안전처장이 정하여 고시하는 기준(이하 "식품이력추적관리기준" 이라 한다)을 지켜야 한다.

③ 등록을 한 자는 등록사항이 변경된 경우 변경사유가 발생한 날부터 1개월 이내에 식품의약품안 전처장에게 신고하여야 하며, **등록사항의 변경신고에 관한 사항은 다음과 같다.**⟨시행규칙 제71조⟩

  ㉠ 등록사항 변경 신고를 하려는 자는 그 변경사유가 발생한 날부터 1개월 이내에 변경신고서(전 자문서로 된 신고서를 포함한다)에 식품이력추적관리 품목 등록증을 첨부하여 지방식품의약 품안전청장에게 제출하여야 한다.

  ㉡ 변경신고를 받은 지방식품의약품안전청장은 식품이력추적관리 품목 등록증에 변경사항을 기 재하여 내주어야 한다.

④ 등록한 식품에는 식품의약품안전처장이 정하여 고시하는 바에 따라 식품이력추적관리의 표시를 할 수 있다.

⑤ 식품의약품안전처장은 등록한 식품을 제조·가공 또는 판매하는 자에 대하여 식품이력추적관리 기준의 준수 여부 등을 3년마다 조사·평가하여야 한다. 다만, 등록한 식품을 제조·가공 또는 판매하는 자에 대하여는 2년마다 조사·평가하여야 하며, **조사·평가 등에 관한 사항은 다음과 같다.**⟨시행규칙 제72조⟩

  ㉠ 식품이력추적관리를 등록한 식품을 제조·가공 또는 판매하는 자에 대하여 식품이력추적관리 기준의 준수 여부 등에 대한 조사·평가를 하는 경우에는 서류검토 및 현장조사의 방법으로 한다.

  ㉡ 조사·평가에는 다음 각 호의 사항이 포함되어야 한다.

  　㉮ 식품이력관리전산시스템의 구축·운영 여부

  　㉯ 식품이력추적관리기준의 준수 여부

  ㉢ 규정한 사항 외에 조사·평가의 점검사항과 방법 등에 필요한 세부사항은 식품의약품안전처 장이 정하여 고시한다.

⑥ 식품의약품안전처장은 등록을 한 자에게 예산의 범위에서 식품이력추적관리에 필요한 자금을 지원할 수 있으며, **식품의약품안전처장은 식품이력추적관리를 등록한 자에게 다음 각 호의 사 항에 대하여 자금을 지원할 수 있다.**⟨시행규칙 제73조⟩

  ㉠ 식품이력관리전산시스템의 구축·운영에 필요한 장비 구입

  ㉡ 식품이력관리전산시스템의 프로그램 개발 비용

  ㉢ 그 밖에 식품의약품안전처장이 식품이력추적관리에 필요하다고 인정하는 사업

⑦ 식품의약품안전처장은 등록을 한 자가 식품이력추적관리기준을 지키지 아니하면 그 등록을 취소하거나 시정을 명할 수 있다.

  ㉠ 식품이력추적관리 등록증의 반납 : 식품이력추적관리 등록이 취소된 자는 식품이력추적관리 품목 등록증을 지체 없이 지방식품의약품안전청장에게 반납하여야 한다.〈시행규칙 제74조〉

  ㉡ 식품이력추적관리 등록취소 등의 기준 : 식품이력추적관리 등록취소 등의 기준은 다음과 같다.〈시행규칙 제74조의2〉

식품이력추적관리 등록취소 등의 기준〈시행규칙 별표 20의2〉

위반사항	근거법령	처분기준
1. 식품이력추적관리 정보를 특별한 사유 없이 식품이력추적관리시스템에 제공하지 아니한 경우로서	법 제49조제7항	
가. 2일 이상 30일 미만(토요일 및 공휴일은 산입하지 아니한다. 이하 같다) 식품이력추적관리 정보 전부를 제공하지 아니한 경우		시정명령
나. 30일 이상 식품이력추적관리 정보 전부를 제공하지 아니한 경우		해당품목 등록취소
다. 5일 이상 식품이력추적관리 정보 일부를 제공하지 아니한 경우		시정명령
2. 식품이력추적관리기준을 지키지 아니한 경우(1에 해당하는 경우는 제외한다)	법 제49조제7항	시정명령
3. 3년 내에 2회의 시정명령을 받고 이를 모두 이행하지 아니한 경우	법 제49조제7항	해당품목 등록취소

⒅ 식품이력추적관리정보의 기록·보관 등〈법 제49조의2〉

① 등록한 자(이하 이 조에서 "등록자"라 한다)는 식품이력추적관리기준에 따른 식품이력추적관리정보를 총리령으로 정하는 바에 따라 전산기록장치에 기록·보관하여야 하며, 식품이력추적관리정보를 기록·보관할 때에는 식품이력관리전산시스템을 활용하여야 한다.

② 등록자는 식품이력추적관리정보의 기록을 해당 제품의 유통기한 등이 경과한 날부터 2년 이상 보관하여야 한다.

③ 등록자는 기록·보관된 정보가 식품이력추적관리시스템에 연계되도록 협조하여야 한다.

(19) 식품이력추적관리시스템의 구축 등〈법 제49조의3〉

① 식품의약품안전처장은 식품이력추적관리시스템을 구축·운영하고, 식품이력추적관리시스템과 식품이력추적관리정보가 연계되도록 하여야 한다.

② 식품의약품안전처장은 식품이력추적관리시스템에 연계된 정보 중 총리령으로 정하는 정보는 소비자 등이 인터넷 홈페이지를 통하여 쉽게 확인할 수 있도록 하여야 하며, "총리령으로 정하는 정보"란 다음 각 호의 구분에 따른 정보를 말한다.〈시행규칙 제74조의4〉

　㉠ 국내식품의 경우 : 다음 각 목의 정보

　　㉮ 식품이력추적관리번호

　　㉯ 제조업소의 명칭 및 소재지

　　㉰ 제조일

　　㉱ 유통기한 또는 품질유지기한

　　㉲ 원재료명 또는 성분명

　　㉳ 원재료의 원산지 국가명

　　㉴ 유전자변형식품(인위적으로 유전자를 재조합하거나 유전자를 구성하는 핵산을 세포나 세포 내 소기관으로 직접 주입하는 기술 또는 분류학에 따른 과(科)의 범위를 넘는 세포융합기술에 해당하는 생명공학기술을 활용하여 재배·육성된 농산물·축산물·수산물 등을 원재료로 하여 제조·가공한 식품 또는 식품첨가물을 말한다. 이하 같다) 여부

　　㉵ 출고일

　　㉶ 회수대상 여부 및 회수사유

　㉡ 수입식품의 경우 : 다음 각 목의 정보

　　㉮ 식품이력추적관리번호

　　㉯ 수입업소 명칭 및 소재지

　　㉰ 제조국

　　㉱ 제조업소의 명칭 및 소재지

　　㉲ 제조일

　　㉳ 유전자변형식품 여부

　　㉴ 수입일

　　㉵ 유통기한 또는 품질유지기한

　　㉶ 원재료명 또는 성분명

　　㉷ 회수대상 여부 및 회수사유

③ 정보는 해당 제품의 유통기한 또는 품질유지기한이 경과한 날부터 1년 이상 확인할 수 있도록 하여야 한다.

④ 누구든지 연계된 정보를 식품이력추적관리 목적 외에 사용하여서는 아니 된다.

05 출제예상문제

1 다음 중 식품접객업에 해당되지 않는 것은?

① 휴게음식점영업
② 단란주점영업
③ 제과점영업
④ 식용얼음 판매업

> **NOTE** 식품접객업〈시행령 제21조 제8호〉
> ㉠ 휴게음식점영업 : 주로 다류(茶類), 아이스크림류 등을 조리·판매하거나 패스트푸드점, 분식점 형태의 영업 등 음식류를 조리·판매하는 영업으로서 음주행위가 허용되지 아니하는 영업. 다만, 편의점, 슈퍼마켓, 휴게소, 그 밖에 음식류를 판매하는 장소(만화가게 및 「게임산업진흥에 관한 법률」에 따른 인터넷컴퓨터게임시설제공업을 하는 영업소 등 음식류를 부수적으로 판매하는 장소를 포함한다)에서 컵라면, 일회용 다류 또는 그 밖의 음식류에 물을 부어 주는 경우는 제외한다.
> ㉡ 일반음식점영업 : 음식류를 조리·판매하는 영업으로서 식사와 함께 부수적으로 음주행위가 허용되는 영업
> ㉢ 단란주점영업 : 주로 주류를 조리·판매하는 영업으로서 손님이 노래를 부르는 행위가 허용되는 영업
> ㉣ 유흥주점영업 : 주로 주류를 조리·판매하는 영업으로서 유흥종사자를 두거나 유흥시설을 설치할 수 있고 손님이 노래를 부르거나 춤을 추는 행위가 허용되는 영업
> ㉤ 위탁급식영업 : 집단급식소를 설치·운영하는 자와의 계약에 따라 그 집단급식소에서 음식류를 조리하여 제공하는 영업
> ㉥ 제과점영업 : 주로 빵, 떡, 과자 등을 제조·판매하는 영업으로서 음주행위가 허용되지 아니하는 영업

2 다음 중 식품제조·가공업의 시설기준으로 맞지 않는 것은?

① 바닥은 콘크리트 등으로 내수처리를 하여야 하며, 배수가 잘 되도록 하여야 한다.

② 내벽은 바닥으로부터 2미터까지 밝은 색의 내수성으로 설비하거나 세균방지용 페인트로 도색하여야 한다.

③ 작업장의 내부 구조물, 벽, 바닥, 천장, 출입문, 창문 등은 내구성, 내부식성 등을 가지고, 세척·소독이 용이하여야 한다.

④ 작업장은 외부의 오염물질이나 해충, 설치류, 빗물 등의 유입을 차단할 수 있는 구조이어야 한다.

> **NOTE** 내벽은 바닥으로부터 1.5미터까지 밝은 색의 내수성으로 설비하거나 세균방지용 페인트로 도색하여야 한다. 다만, 물을 사용하지 않고 위생상 위해발생의 우려가 없는 경우에는 그러하지 아니하다.〈시행규칙 별표 14〉

3 다음 중 식품자동판매기영업장의 시설기준으로 맞지 않는 것은?

① 식품자동판매기는 위생적인 장소에 설치하여야 한다.

② 옥외에 설치하는 경우에는 비·눈·직사광선으로부터 보호되는 구조이어야 한다.

③ 더운 물을 필요로 하는 제품의 경우에는 제품의 음용온도는 75℃ 이상이 되도록 하여야 한다.

④ 자판기 안의 물탱크는 내부청소가 쉽도록 뚜껑을 설치하고 녹이 슬지 아니하는 재질을 사용하여야 한다.

> **NOTE** 식품자동판매기영업〈시행규칙 별표 14〉
> ㉠ 식품자동판매기(이하 "자판기"라 한다)는 위생적인 장소에 설치하여야 하며, 옥외에 설치하는 경우에는 비·눈·직사광선으로부터 보호되는 구조이어야 한다.
> ㉡ 더운 물을 필요로 하는 제품의 경우에는 제품의 음용온도는 68℃ 이상이 되도록 하여야 하고, 자판기 내부에는 살균등(더운 물을 필요로 하는 경우를 제외한다)·정수기 및 온도계가 부착되어야 한다. 다만, 물을 사용하지 않는 경우는 제외한다.
> ㉢ 자판기 안의 물탱크는 내부청소가 쉽도록 뚜껑을 설치하고 녹이 슬지 아니하는 재질을 사용하여야 한다.

4 다음 중 즉석판매제조 · 가공업의 화장실 시설기준으로 맞지 않는 것은?

① 화장실을 작업장에 영향을 미치지 아니하는 곳에 설치하여야 한다.

② 반드시 정화조를 갖춘 수세식 화장실을 설치하여야 한다.

③ 공동화장실이 설치된 건물 안에 있는 업소 및 인근에 사용이 편리한 화장실이 있는 경우에는 따로 설치하지 아니할 수 있다.

④ 수세식이 아닌 화장실을 설치하는 경우에는 변기의 뚜껑과 환기시설을 갖추어야 한다.

> ■NOTE 정화조를 갖춘 수세식 화장실을 설치하여야 한다. 다만, 상 · 하수도가 설치되지 아니한 지역에서는 수세식이 아닌 화장실을 설치할 수 있다.〈시행규칙 별표 14〉

5 다음 중 단란주점영업의 허가관청으로 맞지 않는 것은?

① 특별자치시장   ② 특별자치도지사

③ 식품의약품안전처장   ④ 시장 · 군수 · 구청장

> ■NOTE 허가를 받아야 하는 영업 및 허가관청〈시행령 제23조〉
> ㉠ 식품조사처리업 : 식품의약품안전처장
> ㉡ 단란주점영업과 유흥주점영업 : 특별자치시장 · 특별자치도지사 또는 시장 · 군수 · 구청장

6 다음 중 영업신고를 하여야 하는 업종으로 맞지 않는 것은?

① 즉석판매제조 · 가공업

② 식품소분 · 판매업

③ 자신의 제품을 포장하기 위하여 포장류를 제조하는 경우

④ 휴게음식점영업

> ■NOTE 영업신고를 하여야 하는 업종〈시행령 제25조〉
> ㉠ 즉석판매제조 · 가공업
> ㉡ 식품운반업
> ㉢ 식품소분 · 판매업
> ㉣ 식품냉동 · 냉장업
> ㉤ 용기 · 포장류제조업(자신의 제품을 포장하기 위하여 용기 · 포장류를 제조하는 경우는 제외한다)
> ㉥ 휴게음식점영업, 일반음식점영업, 위탁급식영업 및 제과점영업

■ANSWER   4.②   5.③   6.③

7 다음 중 신고를 하여야 하는 변경사항으로 맞지 않는 것은?

① 영업소의 명칭 또는 상호

② 영업소의 소재지

③ 식품운반업을 하는 자가 냉장·냉동차량을 증감하려는 경우

④ 대표자의 이력사항

> **NOTE** 신고를 하여야 하는 변경사항〈시행령 제26조〉
> ㉠ 영업자의 성명(법인인 경우에는 그 대표자의 성명을 말한다)
> ㉡ 영업소의 명칭 또는 상호
> ㉢ 영업소의 소재지
> ㉣ 영업장의 면적
> ㉤ 즉석판매제조·가공업을 하는 자가 즉석판매제조·가공 대상 식품 중 식품의 유형을 달리
> 하여 새로운 식품을 제조·가공하려는 경우(변경 전 식품의 유형 또는 변경하려는 식품의
> 유형이 자가품질검사 대상인 경우만 해당한다)
> ㉥ 식품운반업을 하는 자가 냉장·냉동차량을 증감하려는 경우
> ㉦ 식품자동판매기영업을 하는 자가 같은 특별자치시·시(「제주특별자치도 설치 및 국제자유
> 도시 조성을 위한 특별법」에 따른 행정시를 포함한다)·군·구(자치구를 말한다. 이하 같
> 다)에서 식품자동판매기의 설치 대수를 증감하려는 경우

8 다음 중 매년 식품위생에 관한 교육을 받아야 하는 업종으로 맞지 않는 것은?

① 식품제조·가공업자　　　　　　② 식용얼음 판매업자

③ 용기·포장류 제조업자　　　　　④ 식품보존업자

> **NOTE** 식품위생교육의 대상〈시행령 제27조〉
> ㉠ 식품제조·가공업자
> ㉡ 즉석판매제조·가공업자
> ㉢ 식품첨가물제조업자
> ㉣ 식품운반업자
> ㉤ 식품소분·판매업자(식용얼음판매업자 및 식품자동판매기영업자는 제외한다)
> ㉥ 식품보존업자
> ㉦ 용기·포장류제조업자
> ㉧ 식품접객업자

9 다음 중 영업허가 등의 제한 사항으로 맞지 않는 것은?

① 해당 영업 시설이 시설기준에 맞지 아니한 경우

② 영업허가가 취소되거나 영업허가가 취소되고 3년이 지나기 전에 같은 장소에서 식품접객업을 하려는 경우

③ 영업허가가 취소되거나 영업허가가 취소된 후 3년이 지나기 전에 같은 자(법인인 경우에는 그 대표자를 포함한다)가 식품접객업을 하려는 경우

④ 영업허가를 받으려는 자가 피성년후견인이거나 파산선고를 받고 복권되지 아니한 자인 경우

> **NOTE** 영업허가 등의 제한〈법 제38조〉…다음 각 호의 어느 하나에 해당하면 영업허가를 하여서는 아니 된다.
> ㉠ 해당 영업 시설이 시설기준에 맞지 아니한 경우
> ㉡ 영업허가가 취소되거나 「식품 등의 표시·광고에 관한 법률」에 따라 영업허가가 취소되고 6개월이 지나기 전에 같은 장소에서 같은 종류의 영업을 하려는 경우. 다만, 영업시설 전부를 철거하여 영업허가가 취소된 경우에는 그러하지 아니하다.
> ㉢ 영업허가가 취소되거나 영업허가가 취소되고 2년이 지나기 전에 같은 장소에서 식품접객업을 하려는 경우
> ㉣ 영업허가가 취소되거나 「식품 등의 표시·광고에 관한 법률」에 따라 영업허가가 취소되고 2년이 지나기 전에 같은 자(법인인 경우에는 그 대표자를 포함한다)가 취소된 영업과 같은 종류의 영업을 하려는 경우
> ㉤ 영업허가가 취소되거나 영업허가가 취소된 후 3년이 지나기 전에 같은 자(법인인 경우에는 그 대표자를 포함한다)가 식품접객업을 하려는 경우
> ㉥ 영업허가가 취소되고 5년이 지나기 전에 같은 자(법인인 경우에는 그 대표자를 포함한다)가 취소된 영업과 같은 종류의 영업을 하려는 경우
> ㉦ 식품접객업 중 국민의 보건위생을 위하여 허가를 제한할 필요가 뚜렷하다고 인정되어 시·도지사가 지정하여 고시하는 영업에 해당하는 경우
> ㉧ 영업허가를 받으려는 자가 피성년후견인이거나 파산선고를 받고 복권되지 아니한 자인 경우

10 다음 중 유흥주점영업의 유흥종사자가 받아야 하는 교육시간으로 알맞은 것은?

① 2시간   ② 3시간

③ 4시간   ④ 6시간

> **NOTE** 유흥주점영업의 유흥종사자…2시간의 교육을 받아야 한다.

11 다음 중 식품제조 · 가공업자 및 식품첨가물제조업자와 그 종업원의 준수사항으로 맞지 않는 것은?

① 생산 및 작업기록에 관한 서류와 원료의 입고 · 출고 · 사용에 대한 원료수불 관계 서류를 작성하되 이를 거짓으로 작성해서는 안 되며 해당 서류는 최종 기재일부터 3년간 보관하여야 한다.

② 식품제조 · 가공업자는 제품의 거래기록을 작성하여야 하고, 최종 기재일부터 2년간 보관하여야 한다.

③ 식품을 텔레비전 · 인쇄물 등으로 광고하는 경우에는 제품명 및 업소명을 포함하여야 한다.

④ 소비자로부터 이물 검출 등 불만사례 등을 신고 받은 경우 그 내용을 기록하여 2년간 보관하여야 한다.

> ■NOTE 식품제조 · 가공업자 및 식품첨가물제조업자와 그 종업원의 준수사항〈시행규칙 별표 17〉 … 식품제조 · 가공업자는 제품의 거래기록을 작성하여야 하고, 최종 기재일부터 3년간 보관하여야 한다.

12 다음 중 유해식품의 회수계획에 포함되어야 할 사항으로 맞지 않는 것은?

① 회수물량의 가격

② 회수계획량

③ 회수기간 및 예상 소요기간

④ 회수되는 식품 등의 폐기 등 처리방법

> ■NOTE 회수계획에 포함되어야 할 사항〈시행규칙 제59조〉
> ㉠ 제품명, 거래업체명, 생산량(수입량을 포함한다) 및 판매량
> ㉡ 회수계획량(위해식품 등으로 판명 당시 해당 식품 등의 소비량 및 유통기한 등을 고려하여 산출하여야 한다)
> ㉢ 회수 사유
> ㉣ 회수방법
> ㉤ 회수기간 및 예상 소요기간
> ㉥ 회수되는 식품 등의 폐기 등 처리방법
> ㉦ 회수 사실을 국민에게 알리는 방법

13 다음 중 식품의약품안전처장, 시·도지사 또는 시장·군수·구청장은 회수에 필요한 조치를 성실히 이행한 영업자에 대하여 행정처분을 감면하는 경우 그 감면기준으로 맞지 않는 것은?

① 회수계획에 따른 회수계획량의 5분의 4 이상을 회수한 경우 : 그 위반행위에 대한 행정처분을 면제

② 회수계획량의 3분의 1 이상을 회수한 경우 영업허가 취소, 등록취소 또는 영업소 폐쇄인 경우에는 영업정지 2개월 이상 6개월 이하의 범위에서 처분

③ 회수계획량의 3분의 1 이상을 회수한 경우 영업정지 또는 품목·품목류의 제조정지인 경우에는 정지처분기간의 2분의 1 이하의 범위에서 경감

④ 회수계획량의 4분의 1 이상 3분의 1 미만을 회수한 경우 행정처분기준이 영업허가 취소, 등록취소 또는 영업소 폐쇄인 경우에는 영업정지 3개월 이상 6개월 이하의 범위에서 처분

> ▮NOTE 식품의약품안전처장, 시·도지사 또는 시장·군수·구청장은 회수에 필요한 조치를 성실히 이행한 영업자에 대하여 해당 식품 등으로 인하여 받게 되는 행정처분을 대통령령으로 정하는 바에 따라 감면할 수 있으며, 행정처분을 감면하는 경우 그 감면기준은 다음 각 호의 구분에 따른다.〈시행령 제31조〉
> ㉠ 회수계획량(이하 이 조에서 "회수계획량"이라 한다)의 5분의 4 이상을 회수한 경우 : 그 위반행위에 대한 행정처분을 면제
> ㉡ 회수계획량 중 일부를 회수한 경우 : 다음 각 목의 어느 하나에 해당하는 기준에 따라 행정처분을 경감
> ㉮ 회수계획량의 3분의 1 이상을 회수한 경우(㉠의 경우는 제외한다)
> ⓐ 행정처분의 기준(이하 이 조에서 "행정처분기준"이라 한다)이 영업허가 취소, 등록취소 또는 영업소 폐쇄인 경우에는 영업정지 2개월 이상 6개월 이하의 범위에서 처분
> ⓑ 행정처분기준이 영업정지 또는 품목·품목류의 제조정지인 경우에는 정지처분기간의 3분의 2 이하의 범위에서 경감
> ㉯ 회수계획량의 4분의 1 이상 3분의 1 미만을 회수한 경우
> ⓐ 행정처분기준이 영업허가 취소, 등록취소 또는 영업소 폐쇄인 경우에는 영업정지 3개월 이상 6개월 이하의 범위에서 처분
> ⓑ 행정처분기준이 영업정지 또는 품목·품목류의 제조정지인 경우에는 정지처분기간의 2분의 1 이하의 범위에서 경감

▮ANSWER 13.③

14 다음 중 우수업소의 지정기준으로 맞지 않는 것은?

① 작업장·냉장시설·냉동시설 등에는 온도를 측정할 수 있는 계기가 알아보기 쉬운 곳에 설치되어야 한다.

② 건물은 작업에 필요한 공간을 확보하여야 하며, 환기가 잘 되어야 한다.

③ 급수시설은 식품의 특성별로 설치하여야 하며, 지하수 등을 사용하는 경우 취수원은 오염지역으로부터 50미터 이상 떨어진 곳에 위치하여야 한다.

④ 하수나 폐수를 적절하게 처리할 수 있는 하수·폐수이동 및 처리시설을 갖추어야 한다.

> **NOTE** 우수업소 지정기준〈시행규칙 별표 19〉
> ㉠ 건물의 주변환경은 식품위생환경에 나쁜 영향을 주지 아니하여야 하며, 항상 청결하게 관리되어야 한다.
> ㉡ 건물은 작업에 필요한 공간을 확보하여야 하며, 환기가 잘 되어야 한다.
> ㉢ 원료처리실·제조가공실·포장실 등 작업장은 분리·구획되어야 한다.
> ㉣ 작업장의 바닥·내벽 및 천장은 내수처리를 하여야 하며, 항상 청결하게 관리되어야 한다.
> ㉤ 작업장의 바닥은 적절한 경사를 유지하도록 하여 배수가 잘 되도록 하여야 한다.
> ㉥ 작업장의 출입구와 창은 완전히 꼭 닫힐 수 있어야 하며, 방충시설과 쥐 막이 시설이 설치되어야 한다.
> ㉦ 제조하려는 식품 등의 특성에 맞는 기계·기구류를 갖추어야 하며, 기계·기구류는 세척이 용이하고 부식되지 아니하는 재질이어야 한다.
> ㉧ 원료 및 제품은 항상 위생적으로 보관·관리되어야 한다.
> ㉨ 작업장·냉장시설·냉동시설 등에는 온도를 측정할 수 있는 계기가 알아보기 쉬운 곳에 설치되어야 한다.
> ㉩ 오염되기 쉬운 작업장의 출입구에는 탈의실·작업화 또는 손 등을 세척·살균할 수 있는 시설을 갖추어야 한다.
> ㉪ 급수시설은 식품의 특성별로 설치하여야 하며, 지하수 등을 사용하는 경우 취수원은 오염지역으로부터 20미터 이상 떨어진 곳에 위치하여야 한다.
> ㉫ 하수나 폐수를 적절하게 처리할 수 있는 하수·폐수이동 및 처리시설을 갖추어야 한다.
> ㉬ 화장실은 정화조를 갖춘 수세식 화장실로서 내수처리 되어야 한다.
> ㉭ 식품등을 직접 취급하는 종사자는 위생적인 작업복·신발 등을 착용하여야 하며, 손은 항상 청결히 유지하여야 한다.
> ㉮ 그 밖에 우수업소의 지정기준 등과 관련한 세부사항은 식품의약품안전처장이 정하는 바에 따른다.

15 다음 중 회수대상이 되는 식품 등의 기준으로 맞지 않는 것은?

① 표시대상 알레르기 유발 원료 성분을 표시하지 않은 경우

② 제조연월일 또는 유통기한을 사실과 다르게 표시하거나 표시하지 않은 경우

③ 그 밖에 제품의 안전성에 의심이 되는 경우

④ 함량 및 가격의 표시를 하지 않은 경우

> ■NOTE 회수대상이 되는 식품등의 기준〈시행규칙 별표 18〉
> ㉠ 표시대상 알레르기 유발 원료 성분을 표시하지 않은 경우
> ㉡ 제조연월일 또는 유통기한을 사실과 다르게 표시하거나 표시하지 않은 경우
> ㉢ 그 밖에 제품의 안전성에 의심이 되는 경우

16 다음 중 집단급식소의 모범업소 선정기준으로 맞지 않는 것은?

① 식품안전관리인증기준(HACCP)적용업소로 인증 받아야 한다.

② 최근 5년간 식중독 발생하지 아니하여야 한다.

③ 조리사 및 영양사를 두어야 한다.

④ 일반음식점이 갖추어야 하는 기준을 모두 갖추어야 한다.

> ■NOTE 집단급식소의 모범업소 선정기준〈시행규칙 별표 19〉
> ㉠ 식품안전관리인증기준(HACCP)적용업소로 인증 받아야 한다.
> ㉡ 최근 3년간 식중독 발생하지 아니하여야 한다.
> ㉢ 조리사 및 영양사를 두어야 한다.
> ㉣ 그 밖에 일반음식점이 갖추어야 하는 기준을 모두 갖추어야 한다.

17 다음 중 식품의약품안전처장 또는 특별자치시장·특별자치도지사·시장·군수·구청장은 우수업소 또는 모범업소로 지정된 업소에 대하여 우수업소 또는 모범업소로 지정된 날부터 얼마의 기간 동안 출입·검사를 하지 아니할 수 있는가?

① 우수업소 또는 모범업소로 지정된 날부터 2년 동안

② 우수업소 또는 모범업소로 지정된 날부터 1년 동안

③ 우수업소 또는 모범업소로 지정된 날부터 3년 동안

④ 우수업소 또는 모범업소로 지정된 날부터 5년 동안

> **NOTE** 식품의약품안전처장 또는 특별자치시장·특별자치도지사·시장·군수·구청장은 우수업소 또는 모범업소로 지정된 업소에 대하여 해당 업소에서 생산한 식품 또는 식품첨가물에 식품의약품안전처장이 정하는 우수업소 로고를 표시하게 하거나 해당 업소의 외부 또는 내부에 식품의약품안전처장이 정하는 규격에 따른 모범업소 표지판을 붙이게 할 수 있으며, 다음 각 호의 어느 하나에 해당하는 경우를 제외하고는 우수업소 또는 모범업소로 지정된 날부터 2년 동안은 출입·검사를 하지 아니할 수 있다. 〈시행규칙 제61조〉
> ㉠ 시정명령 또는 시설개수명령을 받은 업소
> ㉡ 징역 또는 벌금형이 확정된 영업자가 운영하는 업소
> ㉢ 과태료 처분을 받은 업소

18 다음 중 식품접객업소의 위생등급 지정 등에 대한 사항으로 맞지 않는 것은?

① 신청을 받은 식품의약품안전처장, 시·도지사 또는 시장·군수·구청장은 신청을 받은 날부터 30일 이내에 위생등급 지정서를 발급하여야 한다.

② 위생등급을 지정받으려는 식품접객영업자 위생등급 지정신청서에 영업신고증을 첨부하여 식품의약품안전처장, 시·도지사 또는 시장·군수·구청장에게 제출하여야 한다.

③ 공표는 식품의약품안전처, 시·도 또는 시·군·구의 인터넷 홈페이지에 게재하는 방법으로 한다.

④ 위생등급을 지정받은 식품접객영업자는 그 위생등급을 표시하여야 하며, 광고할 수 있다.

> **NOTE** 신청을 받은 식품의약품안전처장, 시·도지사 또는 시장·군수·구청장은 신청을 받은 날부터 60일 이내에 식품의약품안전처장이 정하여 고시하는 절차와 방법에 따라 위생등급을 지정하고 위생등급 지정서를 발급하여야 한다. 〈시행규칙 제61조의2〉

19 다음 중 위생등급의 취소 사유로 맞지 않는 것은?

① 위생등급을 지정받은 후 그 기준에 미달하게 된 경우

② 위생등급을 표시하지 아니하거나 허위로 표시·광고하는 경우

③ 영업취소 이상의 행정처분을 받은 경우

④ 거짓 또는 그 밖의 부정한 방법으로 위생등급을 지정받은 경우

> **NOTE** 식품의약품안전처장, 시·도지사 또는 시장·군수·구청장은 위생등급을 지정받은 식품접객영
> 업자가 다음 각 호의 어느 하나에 해당하는 경우 그 지정을 취소하거나 시정을 명할 수 있다.
> 〈식품위생법 제47조의2〉
> ㉠ 위생등급을 지정받은 후 그 기준에 미달하게 된 경우
> ㉡ 위생등급을 표시하지 아니하거나 허위로 표시·광고하는 경우
> ㉢ 영업정지 이상의 행정처분을 받은 경우
> ㉣ 그 밖에 ㉠부터 ㉢까지에 준하는 사항으로서 총리령으로 정하는 사항을 지키지 아니한 경
> 우(거짓 또는 그 밖의 부정한 방법으로 위생등급을 지정받은 경우를 말한다.)

20 다음 중 위생등급 지정에 관한 업무를 위탁할 수 있는 기관으로 알맞은 것은?

① 한국식품안전관리인증원　　　　　② 식품의약품안전처

③ 각 시·군·구청　　　　　　　　　④ 식품안전협회

> **NOTE** 식품의약품안전처장, 시·도지사 또는 시장·군수·구청장은 위생등급 지정에 관한 업무를 대
> 통령령으로 정하는 관계 전문기관이나 단체에 위탁할 수 있다. 이 경우 필요한 예산을 지원할
> 수 있으며, 위생등급 지정에 관한 업무 중 다음 각 호의 업무를 한국식품안전관리인증원에 위
> 탁한다.〈시행령 제32조의2〉
> ㉠ 위생등급 지정을 받았거나 받으려는 식품접객영업자에 대한 기술지원
> ㉡ 위생등급 지정을 위한 식품접객업소의 위생상태 평가
> ㉢ 위생등급 지정과 관련된 전문인력의 양성 및 교육·훈련
> ㉣ 위생등급 지정에 관한 정보의 수집·제공 및 홍보
> ㉤ 위생등급 지정에 관한 조사·연구 사업
> ㉥ 그 밖에 위생등급 지정 활성화를 위하여 필요하다고 식품의약품안전처장, 시·도지사 또는
> 시장·군수·구청장이 인정하는 사업

21 다음 중 식품안전관리인증기준적용업소의 인증취소 사유로 맞지 않는 것은?

① 식품안전관리인증기준에서 정한 작업장 세척 또는 소독을 하지 않고 식품안전관리인증기준에서 정한 종사자 위생관리도 하지 않은 경우

② 살균 또는 멸균 등 가열이 필요한 공정에서 식품안전관리인증기준에서 정한 중요 관리점에 대한 모니터링을 하지 않은 경우

③ 지하수를 비가열 섭취식품의 원재료·부재료의 세척용수 또는 배합수로 사용하면서 살균 또는 소독을 하지 않은 경우

④ 식품안전관리인증기준서에서 정한 제조·가공 방법대로 제조·가공하지 않은 경우

> **NOTE** 식품안전관리인증기준적용업소의 인증취소 등의 기준〈시행규칙 별표 20〉… 식품안전관리인증기준서에서 정한 제조·가공 방법대로 제조·가공하지 않은 경우는 시정명령 사항이다.

22 다음 중 식품안전관리 인증기준의 유효기간으로 알맞은 것은?

① 인증을 받은 날부터 1년
② 인증을 받은 날부터 2년
③ 인증을 받은 날부터 3년
④ 인증을 받은 날부터 4년

> **NOTE** 인증 유효기간〈법 제48조의2〉
> ㉠ 인증의 유효기간은 인증을 받은 날부터 3년으로 하며, 변경 인증의 유효기간은 당초 인증 유효기간의 남은 기간으로 한다.
> ㉡ 인증 유효기간을 연장하려는 자는 총리령으로 정하는 바에 따라 식품의약품안전처장에게 연장신청을 하여야 한다.
> ㉢ 식품의약품안전처장은 연장신청을 받았을 때에는 안전관리인증기준에 적합하다고 인정하는 경우 3년의 범위에서 그 기간을 연장할 수 있다.

23 다음 중 식품이력 추적관리 등록취소 등의 기준에 따라 해당품목 등록취소 사유로 알맞은 것은?

① 2일 이상 30일 미만 식품이력추적관리 정보 전부를 제공하지 아니한 경우

② 30일 이상 식품이력추적관리 정보 전부를 제공하지 아니한 경우

③ 5일 이상 식품이력추적관리 정보 일부를 제공하지 아니한 경우

④ 식품이력추적관리기준을 지키지 아니한 경우

NOTE 식품이력추적관리 등록취소 등의 기준〈시행규칙 별표 20의2〉

위반사항	근거법령	처분 기준
1. 식품이력추적관리 정보를 특별한 사유 없이 식품이력추적관리시스템에 제공하지 아니한 경우로서	법 제49조제7항	
가. 2일 이상 30일 미만(토요일 및 공휴일은 산입하지 아니한다. 이하 같다) 식품이력추적관리 정보 전부를 제공하지 아니한 경우		시정명령
나. 30일 이상 식품이력추적관리 정보 전부를 제공하지 아니한 경우		해당품목 등록취소
다. 5일 이상 식품이력추적관리 정보 일부를 제공하지 아니한 경우		시정명령
2. 식품이력추적관리기준을 지키지 아니한 경우(제1호에 해당하는 경우는 제외한다)	법 제49조제7항	시정명령
3. 3년 내에 2회의 시정명령을 받고 이를 모두 이행하지 아니한 경우	법 제49조제7항	해당품목 등록취소

24 다음 중 식품이력추적관리정보 기록의 보관기간으로 알맞은 것은?

① 해당 제품의 유통기한 등이 경과한 날부터 2년 이상 보관

② 해당 제품의 유통이 시작한 날부터 2년 이상 보관

③ 해당 제품의 유통기한 등이 경과한 날부터 3년 이상 보관

④ 해당 제품의 유통이 시작한 날부터 3년 이상 보관

> ■NOTE 식품이력추적관리정보의 기록·보관 등〈법 제49조의2〉
> ㉠ 등록한 자(이하 이 조에서 "등록자"라 한다)는 식품이력추적관리기준에 따른 식품이력추적관리정보를 총리령으로 정하는 바에 따라 전산기록장치에 기록·보관하여야 하며, 식품이력추적관리정보를 기록·보관할 때에는 식품이력관리전산시스템을 활용하여야 한다.
> ㉡ 등록지는 식품이력추적관리정보의 기록을 해당 제품의 유통기한 등이 경과한 날부터 2년 이상 보관하여야 한다.
> ㉢ 등록자는 기록·보관된 정보가 식품이력추적관리시스템에 연계되도록 협조하여야 한다.

25 다음 중 식품이력추적관리의 등록사항으로 맞지 않은 것은?

① 영업소의 명칭(상호)과 소재지

② 생산자와 제품의 가격

③ 유통기한 및 품질유지기한

④ 보존 및 보관방법

> ■NOTE 등록사항〈시행규칙 제70조〉
> ㉠ 국내식품의 경우
> • 영업소의 명칭(상호)과 소재지
> • 제품명과 식품의 유형
> • 유통기한 및 품질유지기한
> • 보존 및 보관방법
> ㉡ 수입식품의 경우
> • 영업소의 명칭(상호)과 소재지
> • 제품명
> • 원산지(국가명)
> • 제조회사 또는 수출회사

06 조리사 등

(1) 조리사〈법 제51조〉

① 집단급식소 운영자와 대통령령으로 정하는 식품접객업자는 조리사(調理士)를 두어야 한다. 다만, 다음 각 호의 어느 하나에 해당하는 경우에는 조리사를 두지 아니하여도 된다.

　㉠ 집단급식소 운영자 또는 식품접객영업자 자신이 조리사로서 직접 음식물을 조리하는 경우

　㉡ 1회 급식인원 100명 미만의 산업체인 경우

　㉢ 영양사가 조리사의 면허를 받은 경우

　※ **조리사를 두어야 하는 식품접객업자**〈시행령 제36조〉 ··· 조리사를 두어야 하는 식품접객업자는 식품접객업 중 복어를 조리 · 판매하는 영업을 하는 자로 한다.

② 집단급식소에 근무하는 조리사는 다음 각 호의 직무를 수행한다.

　㉠ 집단급식소에서의 식단에 따른 조리업무[식재료의 전(前)처리에서부터 조리, 배식 등의 전 과정을 말한다]

　㉡ 구매식품의 검수 지원

　㉢ 급식설비 및 기구의 위생 · 안전 실무

　㉣ 그 밖에 조리실무에 관한 사항

(2) 영양사〈법 제52조〉

① 집단급식소 운영자는 영양사(營養士)를 두어야 한다. 다만, 다음 각 호의 어느 하나에 해당하는 경우에는 영양사를 두지 아니하여도 된다.

　㉠ 집단급식소 운영자 자신이 영양사로서 직접 영양 지도를 하는 경우

　㉡ 1회 급식인원 100명 미만의 산업체인 경우

　㉢ 조리사가 영양사의 면허를 받은 경우

② 집단급식소에 근무하는 영양사는 다음 각 호의 직무를 수행한다.

　㉠ 집단급식소에서의 식단 작성, 검식(檢食) 및 배식관리

　㉡ 구매식품의 검수(檢受) 및 관리

　㉢ 급식시설의 위생적 관리

ⓔ 집단급식소의 운영일지 작성

ⓜ 종업원에 대한 영양 지도 및 식품위생교육

(3) 조리사의 면허〈법 제53조〉

① 조리사가 되려는 자는 「국가기술자격법」에 따라 해당 기능분야의 자격을 얻은 후 특별자치시장·특별자치도지사·시장·군수·구청장의 면허를 받아야 한다.

② 조리사의 면허신청 등〈시행규칙 제80조〉

　ⓘ 조리사의 면허를 받으려는 자는 조리사 면허증 발급·재발급 신청서에 다음 각 호의 서류를 첨부하여 특별자치시장·특별자치도지사·시장·군수·구청장에게 제출하여야 한다. 이 경우 특별자치시장·특별자치도지사·시장·군수·구청장은 「전자정부법」에 따른 행정정보의 공동이용을 통하여 조리사 국가기술자격증을 확인하여야 하며, 신청인이 그 확인에 동의하지 아니하는 경우에는 국가기술자격증 사본을 첨부하도록 하여야 한다.

　　㉮ 사진 2장(최근 6개월 이내에 찍은 탈모 상반신 가로 3센티미터, 세로 4센티미터의 사진)

　　㉯ 정신질환자에 해당하는 사람이 아님을 증명하는 의사의 진단서 또는 전문의의 진단서

　　㉰ 감염병환자 또는 마약·약물중독자에 해당하는 사람이 아님을 증명하는 의사의 진단서

　ⓛ 특별자치시장·특별자치도지사·시장·군수·구청장은 조리사의 면허를 한 때에는 조리사명부에 기록하고 조리사 면허증을 발급하여야 한다.

③ 면허증의 재발급〈시행규칙 제81조〉

　ⓘ 조리사는 면허증을 잃어버렸거나 헐어 못 쓰게 된 경우에는 조리사 면허증 발급·재발급 신청서에 사진 2장(최근 6개월 이내에 찍은 탈모 상반신 가로 3센티미터, 세로 4센티미터 사진)과 면허증(헐어 못 쓰게 된 경우만 해당한다)을 첨부하여 특별자치시장·특별자치도지사·시장·군수·구청장에게 제출하여야 한다.

　ⓛ 조리사는 면허증의 기재사항에 변경이 있는 경우 조리사 면허증 기재사항 변경신청서에 면허증과 그 변경을 증명하는 서류를 첨부하여 특별자치시장·특별자치도지사·시장·군수·구청장에게 제출하여야 한다.

(4) 결격사유〈법 제54조〉

다음 각 호의 어느 하나에 해당하는 자는 조리사 면허를 받을 수 없다.

① 「정신보건법」에 따른 정신질환자. 다만, 전문의가 조리사로서 적합하다고 인정하는 자는 그러하지 아니하다.

② 「감염병의 예방 및 관리에 관한 법률」에 따른 감염병환자. 다만, B형간염환자는 제외한다.

③ 「마약류관리에 관한 법률」에 따른 마약이나 그 밖의 약물 중독자

④ 조리사 면허의 취소처분을 받고 그 취소된 날부터 1년이 지나지 아니한 자

(5) 명칭 사용 금지〈법 제55조〉

조리사가 아니면 조리사라는 명칭을 사용하지 못한다.

(6) 교육〈법 제56조〉

① 식품의약품안전처장은 식품위생 수준 및 자질의 향상을 위하여 필요한 경우 조리사와 영양사에게 교육(조리사의 경우 보수교육을 포함한다.)을 받을 것을 명할 수 있다. 다만, 집단급식소에 종사하는 조리사와 영양사는 2년마다 교육을 받아야 한다.

② 조리사 및 영양사의 교육〈시행규칙 제83조〉

   ㉠ 식품의약품안전처장은 식품으로 인하여 「감염병의 예방 및 관리에 관한 법률」에 따른 감염병이 유행하거나 집단식중독의 발생 및 확산 등으로 국민건강을 해칠 우려가 있다고 인정되는 경우 또는 시·도지사가 국제적 행사나 대규모 특별행사 등으로 식품위생 수준의 향상이 필요하여 식품위생에 관한 교육의 실시를 요청하는 경우에는 다음 각 호의 어느 하나에 해당하는 조리사 및 영양사에게 식품의약품안전처장이 정하는 시간에 해당하는 교육을 받을 것을 명할 수 있다. 이 경우 교육실시기관은 식품의약품안전처장이 지정한 기관으로 한다.

      ㉮ 조리사를 두어야 하는 식품접객업소 또는 집단급식소에 종사하는 조리사

      ㉯ 영양사를 두어야 하는 집단급식소에 종사하는 영양사

   ㉡ 조리사 면허를 받은 영양사나 영양사 면허를 받은 조리사가 교육을 이수한 경우에는 해당 조리사 교육과 영양사 교육을 모두 받은 것으로 본다.

   ㉢ 교육을 받아야 하는 조리사 및 영양사가 식품의약품안전처장이 정하는 질병 치료 등 부득이한 사유로 교육에 참석하기가 어려운 경우에는 교육교재를 배부하여 이를 익히고 활용하도록 함으로써 교육을 갈음할 수 있다.

③ 조리사 및 영양사의 교육기관 등〈시행규칙 제84조〉

   ㉠ 집단급식소에 종사하는 조리사 및 영양사에 대한 교육은 식품의약품안전처장이 식품위생 관련 교육을 목적으로 하는 전문기관 또는 단체 중에서 지정한 기관이 실시한다.

   ㉡ 교육기관은 다음 각 호의 내용에 대한 교육을 실시한다.

      ㉮ 식품위생법령 및 시책

      ㉯ 집단급식 위생관리

ⓒ 식중독 예방 및 관리를 위한 대책

ⓡ 조리사 및 영양사의 자질향상에 관한 사항

ⓜ 그 밖에 식품위생을 위하여 필요한 사항

ⓒ 교육시간은 6시간으로 한다.

ⓡ 규정한 사항 외에 교육방법 및 내용 등에 관하여 필요한 사항은 식품의약품안전처장이 정하여 고시한다.

④ 교육의 위탁〈시행령 제38조〉

ⓖ 식품의약품안전처장은 조리사 및 영양사에 대한 교육업무를 위탁하려는 경우에는 조리사 및 영양사에 대한 교육을 목적으로 설립된 전문기관 또는 단체에 위탁하여야 한다.

ⓛ 교육업무를 위탁받은 전문기관 또는 단체는 조리사 및 영양사에 대힌 교육을 실시히고, 교육 이수자 및 교육시간 등 교육실시 결과를 식품의약품안전처장에게 보고하여야 한다.

06 출제예상문제

1 다음 중 조리사를 두지 않아도 되는 경우로 맞지 않는 것은?

① 집단급식소 운영자 자신이 조리사로서 직접 음식물을 조리하는 경우

② 식품접객영업자 자신이 조리사로서 직접 음식물을 조리하는 경우

③ 1회 급식인원 100명 이상의 산업체인 경우

④ 영양사가 조리사의 면허를 받은 경우

> **NOTE** 조리사〈법 제51조〉… 집단급식소 운영자와 대통령령으로 정하는 식품접객업자는 조리사(調理士)를 두어야 한다. 다만, 다음 각 호의 어느 하나에 해당하는 경우에는 조리사를 두지 아니하여도 된다.
> ㉠ 집단급식소 운영자 또는 식품접객영업자 자신이 조리사로서 직접 음식물을 조리하는 경우
> ㉡ 1회 급식인원 100명 미만의 산업체인 경우
> ㉢ 영양사가 조리사의 면허를 받은 경우

2 다음 중 조리사의 직무로 맞지 않는 것은?

① 집단급식소에서의 식단에 따른 조리업무

② 집단급식소의 운영일지 작성

③ 급식설비 및 기구의 위생·안전 실무

④ 조리실무에 관한 사항

> **NOTE** 조리사의 직무〈법 제51조〉
> ㉠ 집단급식소에서의 식단에 따른 조리업무[식재료의 전(前)처리에서부터 조리, 배식 등의 전 과정을 말한다]
> ㉡ 구매식품의 검수 지원
> ㉢ 급식설비 및 기구의 위생·안전 실무
> ㉣ 그 밖에 조리실무에 관한 사항

ANSWER 1.③ 2.②

3 다음 중 영양사를 두지 않아도 되는 경우로 맞지 않는 것은?

① 집단급식소 운영자 자신이 영양사로서 직접 영양 지도를 하는 경우

② 1회 급식인원 100명 미만의 산업체인 경우

③ 조리사가 영양사의 면허를 받은 경우

④ 식품접객영업자 자신이 영양사로서 직접 음식물을 조리하는 경우

> **NOTE** 영양사〈법 제52조〉 … 집단급식소 운영자는 영양사(營養士)를 두어야 한다. 다만, 다음 각 호의 어느 하나에 해당하는 경우에는 영양사를 두지 아니하여도 된다.
> ㉠ 집단급식소 운영자 자신이 영양사로서 직접 영양 지도를 하는 경우
> ㉡ 1회 급식인원 100명 미만의 산업체인 경우
> ㉢ 조리사가 영양사이 면허를 받은 경우

4 다음 중 영양사의 직무로 맞지 않는 것은?

① 급식설비 및 기구의 위생 · 안전 실무

② 집단급식소에서의 식단 작성, 검식(檢食) 및 배식관리

③ 종업원에 대한 영양 지도 및 식품위생교육

④ 구매식품의 검수(檢受) 및 관리

> **NOTE** 영양사의 직무〈법 제52조〉
> ㉠ 집단급식소에서의 식단 작성, 검식(檢食) 및 배식관리
> ㉡ 구매식품의 검수(檢受) 및 관리
> ㉢ 급식시설의 위생적 관리
> ㉣ 집단급식소의 운영일지 작성
> ㉤ 종업원에 대한 영양 지도 및 식품위생교육

5 다음 중 집단급식소에 종사하는 조리사와 영양사는 몇 년 마다 교육을 받아야 하는가?

① 2년

② 3년

③ 4년

④ 5년

> **NOTE** 교육〈법 제56조〉 … 식품의약품안전처장은 식품위생 수준 및 자질의 향상을 위하여 필요한 경우 조리사와 영양사에게 교육(조리사의 경우 보수교육을 포함한다.)을 받을 것을 명할 수 있다. 다만, 집단급식소에 종사하는 조리사와 영양사는 2년마다 교육을 받아야 한다.

ANSWER 3.④ 4.① 5.①

6 다음 중 조리사의 결격사유로 맞지 않는 것은?

① 정신질환자

② B형간염환자

③ 마약이나 그 밖의 약물 중독자

④ 조리사 면허의 취소처분을 받고 그 취소된 날부터 1년이 지나지 아니한 자

> **NOTE** 조리사의 결격사유〈법 제54조〉… 다음 각 호의 어느 하나에 해당하는 자는 조리사 면허를 받을 수 없다.
> ㉠ 「정신보건법」에 따른 정신질환자. 다만, 전문의가 조리사로서 적합하다고 인정하는 자는 그러하지 아니하다.
> ㉡ 「감염병의 예방 및 관리에 관한 법률」에 따른 감염병환자. 다만, B형간염환자는 제외한다.
> ㉢ 「마약류관리에 관한 법률」에 따른 마약이나 그 밖의 약물 중독자
> ㉣ 조리사 면허의 취소처분을 받고 그 취소된 날부터 1년이 지나지 아니한 자

7 다음 중 조리사 및 영양사의 교육기관 등에 대한 설명으로 맞지 않는 것은?

① 전문기관 또는 단체 중에서 지정한 기관이 실시한다.

② 교육시간은 8시간으로 한다.

③ 조리사 및 영양사의 자질향상에 관한 사항을 교육한다.

④ 식중독 예방 및 관리를 위한 대책을 교육한다.

> **NOTE** 조리사 및 영양사의 교육기관 등〈시행규칙 제84조〉
> ㉠ 집단급식소에 종사하는 조리사 및 영양사에 대한 교육은 식품의약품안전처장이 식품위생 관련 교육을 목적으로 하는 전문기관 또는 단체 중에서 지정한 기관이 실시한다.
> ㉡ 교육기관은 다음 각 호의 내용에 대한 교육을 실시한다.
> • 식품위생법령 및 시책
> • 집단급식 위생관리
> • 식중독 예방 및 관리를 위한 대책
> • 조리사 및 영양사의 자질향상에 관한 사항
> • 그 밖에 식품위생을 위하여 필요한 사항
> ㉢ 교육시간은 6시간으로 한다.
> ㉣ ㉠부터 ㉢까지에서 규정한 사항 외에 교육방법 및 내용 등에 관하여 필요한 사항은 식품의약품안전처장이 정하여 고시한다.

07 식품위생심의위원회

(1) 식품위생심의위원회의 설치 등〈법 제57조〉

식품의약품안전처장의 자문에 응하여 다음 각 호의 사항을 조사·심의하기 위하여 식품의약품안전처에 식품위생심의위원회를 둔다.

① 식중독 방지에 관한 사항

② 농약·중금속 등 유독·유해물질 잔류 허용 기준에 관한 사항

③ 식품 등의 기준과 규격에 관한 사항

④ 그 밖에 식품위생에 관한 중요 사항

(2) 심의위원회의 조직과 운영〈법 제58조〉

① 심의위원회는 위원장 1명과 부위원장 2명을 포함한 100명 이내의 위원으로 구성한다.

② 심의위원회의 위원은 다음 각 호의 어느 하나에 해당하는 사람 중에서 식품의약품안전처장이 임명하거나 위촉한다. 다만, ㉢의 사람을 전체 위원의 3분의 1 이상 위촉하고, ㉡과 ㉣의 사람을 합하여 전체 위원의 3분의 1 이상 위촉하여야 한다.
  ㉠ 식품위생 관계 공무원
  ㉡ 식품 등에 관한 영업에 종사하는 사람
  ㉢ 시민단체의 추천을 받은 사람
  ㉣ 동업자조합 또는 한국식품산업협회(이하 "식품위생단체"라 한다)의 추천을 받은 사람
  ㉤ 식품위생에 관한 학식과 경험이 풍부한 사람

③ 심의위원회 위원의 임기는 2년으로 하되, 공무원인 위원은 그 직위에 재직하는 기간 동안 재임한다. 다만, 위원이 궐위된 경우 그 보궐위원의 임기는 전임위원 임기의 남은 기간으로 한다.

④ 심의위원회에 식품 등의 국제 기준 및 규격을 조사·연구할 연구위원을 둘 수 있다.

⑤ 연구위원의 업무는 다음 각 호와 같다. 다만, 다른 법령에 따라 수행하는 관련 업무는 제외한다.

　　㉠ 국제식품규격위원회에서 제시한 기준·규격 조사·연구

　　㉡ 국제식품규격의 조사·연구에 필요한 외국정부, 관련 소비자단체 및 국제기구와 상호협력

　　㉢ 외국의 식품의 기준·규격에 관한 정보 및 자료 등의 조사·연구

　　㉣ 그 밖에 ㉠부터 ㉢까지에 준하는 사항으로서 대통령령으로 정하는 사항

⑥ 이 법에서 정한 것 외의 심의위원회의 조직 및 운영에 필요한 사항은 대통령령으로 정한다.

　　㉠ **식품위생심의위원회의 위원장 등〈시행령 제39조〉**: 심의위원회의 위원장은 위원 중에서 호선하고, 심의위원회의 부위원장은 심의위원회의 위원장이 지명하는 위원이 된다.

　　㉡ **위원의 제척·기피·회피〈시행령 제39조의2〉**

　　　㉮ 심의위원회의 위원이 다음 각 호의 어느 하나에 해당하는 경우에는 심의위원회의 조사·심의에서 제척(除斥)된다.

　　　　• 위원 또는 그 배우자나 배우자이었던 사람이 해당 안건의 당사자(당사자가 법인·단체 등인 경우에는 그 임원 또는 직원을 포함한다. 이하 이 호 및 제2호에서 같다)가 되거나 그 안건의 당사자와 공동권리자 또는 공동의무자인 경우

　　　　• 위원이 해당 안건의 당사자와 친족이거나 친족이었던 경우

　　　　• 위원 또는 위원이 속한 법인·단체 등이 해당 안건에 대하여 증언, 진술, 자문, 연구, 용역 또는 감정을 한 경우

　　　　• 위원이나 위원이 속한 법인·단체 등이 해당 안건의 당사자의 대리인이거나 대리인이었던 경우

　　　　• 위원이 해당 안건의 당사자인 법인·단체 등에 최근 3년 이내에 임원 또는 직원으로 재직하였던 경우

　　　㉯ 해당 안건의 당사자는 위원에게 공정한 조사·심의를 기대하기 어려운 사정이 있는 경우에는 심의위원회에 기피 신청을 할 수 있고, 심의위원회는 의결로 기피 여부를 결정한다. 이 경우 기피 신청의 대상인 위원은 그 의결에 참여하지 못한다.

　　　㉰ 위원이 제1항 각 호에 따른 제척 사유에 해당하는 경우에는 스스로 해당 안건의 조사·심의에서 회피(回避)하여야 한다.

　　㉢ **심의위원회 위원의 해촉〈시행령 제39조의3〉**: 식품의약품안전처장은 심의위원회의 위원이 다음 각 호의 어느 하나에 해당하는 경우에는 해당 위원을 해촉할 수 있다.

　　　㉮ 심신장애로 인하여 직무를 수행할 수 없게 된 경우

　　　㉯ 직무와 관련된 비위사실이 있는 경우

　　　㉰ 직무태만, 품위손상이나 그 밖의 사유로 인하여 위원으로 적합하지 아니하다고 인정되는 경우

　　　㉱ 위원 스스로 직무를 수행하는 것이 곤란하다고 의사를 밝히는 경우

　　㉣ **위원의 직무〈시행령 제40조〉**

　　　㉮ 위원장은 심의위원회를 대표하며, 심의위원회의 업무를 총괄한다.

　　　㉯ 부위원장은 위원장을 보좌하며, 위원장이 부득이한 사유로 직무를 수행할 수 없을 때에는 그 직무를 대행한다.

ⓜ 회의 및 의사〈시행령 제41조〉
  ㉮ 위원장은 심의위원회의 회의를 소집하고 그 의장이 된다.
  ㉯ 위원장은 식품의약품안전처장 또는 위원 3분의 1 이상의 요구가 있을 때에는 지체 없이 회의를 소집하여야 한다.
  ㉰ 회의는 재적위원 과반수의 출석으로 개의(開議)하고, 출석위원 과반수의 찬성으로 의결한다.
ⓗ 의견의 청취〈시행령 제42조〉: 위원장은 심의위원회의 심의사항과 관련하여 필요한 경우에는 관계인을 출석시켜 의견을 들을 수 있다.
ⓢ 분과위원회〈시행령 제43조〉
  ㉮ 심의위원회에 전문분야별로 분과위원회를 둘 수 있다.
  ㉯ 분과위원회의 위원장은 분과위원회에서 심의·의결한 사항을 지체 없이 심의위원회의 위원장에게 보고하여야 한다.
  ㉰ 분과위원회의 회의 및 의사에 관하여는 회의 및 의사규정을 준용한다. 이 경우 "심의위원회"는 "분과위원회"로 본다.
ⓞ 연구위원 등〈시행령 제44조〉
  ㉮ 심의위원회에 20명 이내의 연구위원을 둘 수 있다.
  ㉯ 연구위원의 업무는 다음 각 호와 같다.
    • 국제식품규격위원회에서 논의할 기준·규격의 제·개정안 발굴 및 제안
    • 식품등의 국제 기준·규격에 관한 국내외 전문가 네트워크 구축 및 운영
    • 국제식품규격위원회가 발행한 문서에 대한 번역본 발간 및 배포
    • 그 밖에 식품등의 국제 기준·규격에 관한 사항으로서 식품의약품안전처장이 심의위원회에 조사·연구를 의뢰한 사항
  ㉰ 연구위원은 심의위원회의 회의에 출석하여 발언할 수 있다.
  ㉱ 연구위원은 식품등에 관한 학식과 경험이 풍부한 자 중에서 식품의약품안전처장이 임명한다.
ⓩ 간사〈시행령 제45조〉: 심의위원회의 사무를 처리하기 위하여 심의위원회에 간사 1명을 두며, 식품의약품안전처장이 소속 공무원 중에서 임명한다.
ⓩ 수당과 여비〈시행령 제46조〉
  ㉮ 심의위원회에 출석한 위원에게는 예산의 범위에서 식품의약품안전처장이 정하는 바에 따라 수당과 여비를 지급할 수 있다. 다만, 공무원인 위원이 그 소관 업무와 직접 관련하여 출석하는 경우에는 그러하지 아니하다.
  ㉯ 식품의약품안전처장은 연구위원에게 예산의 범위에서 연구비와 여비 등을 지급할 수 있다.
ⓣ 운영세칙〈시행령 제47조〉: 이 영에서 정하는 사항 외에 심의위원회의 운영에 관한 사항과 연구위원의 복무 등에 관하여 필요한 사항은 심의위원회의 의결을 거쳐 위원장이 정한다.

07 출제예상문제

1 다음 중 식품위생심의위원회의 조사 · 심의사항으로 맞지 않는 것은?

① 식중독 방지에 관한 사항

② 농약 · 중금속 등 유독 · 유해물질 잔류 허용 기준에 관한 사항

③ 식품 등의 기준과 규격에 관한 사항

④ 영양사의 업무에 관한 사항

> **NOTE** 식품위생심의위원회의 설치 등〈법 제57조〉… 식품의약품안전처장의 자문에 응하여 다음 각 호의 사항을 조사 · 심의하기 위하여 식품의약품안전처에 식품위생심의위원회를 둔다.
> ㉠ 식중독 방지에 관한 사항
> ㉡ 농약 · 중금속 등 유독 · 유해물질 잔류 허용 기준에 관한 사항
> ㉢ 식품 등의 기준과 규격에 관한 사항
> ㉣ 그 밖에 식품위생에 관한 중요 사항

2 다음 중 식품위생심의위원회 위원의 해촉 사유로 맞지 않는 것은?

① 심신장애로 인하여 직무를 수행할 수 없게 된 경우

② 직무와 관련된 비위사실이 있는 경우

③ 품위손상이나 그 밖의 사유로 인하여 위원으로 적합하지 아니하다고 인정되는 경우

④ 영양사의 면허를 취득하지 못한 경우

> **NOTE** 심의위원회 위원의 해촉〈시행령 제39조의3〉… 식품의약품안전처장은 심의위원회의 위원이 다음 각 호의 어느 하나에 해당하는 경우에는 해당 위원을 해촉할 수 있다.
> ㉠ 심신장애로 인하여 직무를 수행할 수 없게 된 경우
> ㉡ 직무와 관련된 비위사실이 있는 경우
> ㉢ 직무태만, 품위손상이나 그 밖의 사유로 인하여 위원으로 적합하지 아니하다고 인정되는 경우
> ㉣ 위원 스스로 직무를 수행하는 것이 곤란하다고 의사를 밝히는 경우

ANSWER 1.④ 2.④

3 다음 중 식품위생심의위원회의 조직과 운영에 대한 사항으로 맞지 않는 것은?

① 50명 이내의 위원으로 구성한다.

② 식품의약품안전처장이 임명하거나 위촉한다.

③ 심의위원회 위원의 임기는 2년으로 한다.

④ 심의위원회에 식품 등의 국제 기준 및 규격을 조사·연구할 연구위원을 둘 수 있다.

> **NOTE** 심의위원회의 조직과 운영〈법 제58조〉
> ㉠ 심의위원회는 위원장 1명과 부위원장 2명을 포함한 100명 이내의 위원으로 구성한다.
> ㉡ 심의위원회의 위원은 다음 각 호의 어느 하나에 해당하는 사람 중에서 식품의약품안전처장이
>   임명하거나 위촉한다. 다만, ㉰의 사람을 전체 위원의 3분의 1 이상 위촉하고, ㉯와 ㉱의
>   사람을 합하여 전체 위원의 3분의 1 이상 위촉하여야 한다.
>   ㉮ 식품위생 관계 공무원
>   ㉯ 식품 등에 관한 영업에 종사하는 사람
>   ㉰ 시민단체의 추천을 받은 사람
>   ㉱ 동업자조합 또는 한국식품산업협회(이하 "식품위생단체"라 한다)의 추천을 받은 사람
>   ㉲ 식품위생에 관한 학식과 경험이 풍부한 사람
> ㉢ 심의위원회 위원의 임기는 2년으로 하되, 공무원인 위원은 그 직위에 재직하는 기간 동안
>   재임한다. 다만, 위원이 궐위된 경우 그 보궐위원의 임기는 전임위원 임기의 남은 기간으
>   로 한다.
> ㉣ 심의위원회에 식품 등의 국제 기준 및 규격을 조사·연구할 연구위원을 둘 수 있다.

식품위생단체 등

1 동업자조합

(1) 설립〈법 제59조〉

① 영업자는 영업의 발전과 국민보건 향상을 위하여 대통령령으로 정하는 영업 또는 식품의 종류별로 동업자조합(이하 "조합"이라 한다)을 설립할 수 있다. 동업자조합의 설립단위는 전국으로 한다. 다만, 지역 또는 영업의 특수성 등으로 인하여 전국적 조합 설립이 불가능하다고 식품의약품안전처장이 인정하는 경우에는 그러하지 아니하다.〈시행령 제48조〉

② 조합은 법인으로 한다.

③ 조합을 설립하려는 경우에는 대통령령으로 정하는 바에 따라 조합원 자격이 있는 자 10분의 1(20명을 초과하면 20명으로 한다) 이상의 발기인이 정관을 작성하여 식품의약품안전처장의 설립인가를 받아야 하며, 조합의 설립인가를 받으려는 자는 설립인가신청서에 다음 각 호의 서류를 첨부하여 식품의약품안전처장에게 제출하여야 한다.〈시행령 제49조〉

ㄱ 창립총회의 회의록

ㄴ 정관

ㄷ 사업계획서 및 수지예산서

ㄹ 재산목록

ㅁ 임원명부

ㅂ 임원의 취임승낙서

ㅅ 임원의 이력서

ㅇ 임원의 주민등록증 사본 등 신원을 확인할 수 있는 증명서 사본

④ 조합은 설립인가를 받는 날에 성립된다.

⑤ 조합은 정관으로 정하는 바에 따라 하부조직을 둘 수 있다.

(2) 조합의 사업〈법 제60조〉

① 영업의 건전한 발전과 조합원 공동의 이익을 위한 사업

② 조합원의 영업시설 개선에 관한 지도

③ 조합원을 위한 경영지도

④ 조합원과 그 종업원을 위한 교육훈련

⑤ 조합원과 그 종업원의 복지증진을 위한 사업

⑥ 식품의약품안전처장이 위탁하는 조사·연구 사업

⑦ 조합원의 생활안정과 복지증진을 위한 공제사업

⑧ ①부터 ⑤까지에 규정된 사업의 부대사업

(3) 조합의 공제회 설치·운영〈법 제60조의2〉

① 조합은 조합원의 생활안정과 복지증진을 도모하기 위하여 식품의약품안전처장의 인가를 받아 공제회를 설치하여 공제사업을 영위할 수 있다.

② 공제회의 구성원(이하 "공제회원"이라 한다)은 공제사업에 필요한 출자금을 납부하여야 한다.

③ 공제회 설립인가 등〈시행령 제49조의2〉

ㄱ 조합은 공제회의 설치인가를 받으려면 공제회 설치인가 신청서에 공제회의 구성원(이하 "공제회원"이라 한다)의 자격, 출자금의 부담기준, 공제방법, 공제사업에 충당하기 위한 책임준비금 및 비상위험준비금 등 공제회의 운영에 필요한 사항을 정한 공제정관을 첨부하여 식품의약품안전처장에게 신청하여야 한다.

ㄴ 공제회는 매 사업연도 말에 책임준비금, 비상위험준비금 및 지급준비금을 계상(計上)하고 적립하여야 한다.

ㄷ 삭제 〈2018.5.15.〉

ㄹ "대통령령으로 정하는 수익사업"이란 다음 각 호의 사업을 말한다.

㉮ 공제회원에 대한 융자 사업

㉯ 공제회원에 대한 경영컨설팅 사업

㉰ 그 밖에 공제회원의 생활안정과 복지증진을 위한 사업

ㅁ "조사기간, 조사범위, 조사담당자, 관계 법령 등 대통령령으로 정하는 사항"이란 다음 각 호의 사항을 말한다.

㉮ 조사목적

㉯ 조사기간 및 대상

     ⓓ 조사의 범위 및 내용

     ⓔ 조사담당자의 성명 및 소속

     ⓕ 제출자료의 목록

     ⓖ 그 밖에 해당 조사와 관련하여 필요한 사항

④ 조합이 공제사업을 하기 위하여 공제회를 설립하고자 하는 때에는 공제회원의 자격에 관한 사항, 출자금의 부담기준, 공제방법, 공제사업에 충당하기 위한 책임준비금 및 비상위험준비금 등 공제회의 운영에 관하여 필요한 사항을 포함하는 공제규정을 정하여 식품의약품안전처장의 인가를 받아야 한다. 공제규정을 변경하고자 하는 때에도 또한 같다.

⑤ 공제회는 법인으로 하며, 주된 사무소의 소재지에서 설립등기를 함으로써 성립한다.

(4) 공제사업의 내용〈법 제60조의3〉

① 공제회원에 대한 공제급여 지급

② 공제회원의 복리·후생 향상을 위한 사업

③ 기금 조성을 위한 사업

④ 식품위생 영업자의 경영개선을 위한 조사·연구 및 교육 사업

⑤ 식품위생단체 등의 법인에의 출연

⑥ 공제회의 목적달성에 필요한 대통령령으로 정하는 다음의 수익사업

     ㉠ 공제회원에 대한 융자 사업

     ㉡ 공제회원에 대한 경영컨설팅 사업

     ㉢ 그 밖에 공제회원의 생활안정과 복지증진을 위한 사업

(5) 공제회에 대한 감독〈법 제60조의4〉

① 식품의약품안전처장은 공제회에 대하여 감독상 필요한 경우에는 그 업무에 관한 사항을 보고하게 하거나 자료의 제출을 명할 수 있으며, 소속 공무원으로 하여금 장부·서류, 그 밖의 물건을 검사하게 할 수 있다.

② 조사 또는 검사를 하는 공무원 등은 그 권한을 표시하는 증표 및 조사기간, 조사범위, 조사담당자, 관계 법령 등 대통령령으로 정하는 사항이 기재된 서류를 가지고 이를 관계인에게 보여주어야 하며, "조사기간, 조사범위, 조사담당자, 관계 법령 등 대통령령으로 정하는 사항"이란 다음 각 호의 사항을 말한다.〈시행령 제49조의2〉

     ㉠ 조사목적

ⓛ 조사기간 및 대상

ⓒ 조사의 범위 및 내용

ⓔ 조사담당자의 성명 및 소속

ⓜ 제출자료의 목록

ⓗ 그 밖에 해당 조사와 관련하여 필요한 사항

③ 식품의약품안전처장은 공제회의 운영이 적정하지 아니하거나 자산상황이 불량하여 공제회원 등의 권익을 해칠 우려가 있다고 인정하면 업무집행방법 및 자산예탁기관의 변경, 가치가 없다고 인정되는 자산의 손실처리 등 필요한 조치를 명할 수 있다.

④ 공제회가 개선명령을 이행하지 아니한 경우 식품의약품안전처장은 공제회의 임직원의 징계 · 해임을 요구할 수 있다.

(6) 대의원회〈법 제61조〉

① 조합원이 500명을 초과하는 조합은 정관으로 정하는 바에 따라 총회를 갈음할 수 있는 대의원회를 둘 수 있다.

② 대의원은 조합원이어야 한다.

(7) 「민법」의 준용〈법 제62조〉

조합 및 공제회에 관하여 이 법에서 규정하지 아니한 것에 대하여는 「민법」 중 사단법인에 관한 규정을 준용한다.

(8) 자율지도원 등〈법 제63조〉

① 조합은 조합원의 영업시설 개선과 경영에 관한 지도 사업 등을 효율적으로 수행하기 위하여 자율지도원을 둘 수 있다.

② 자율지도원의 임명 및 직무 등〈시행령 제50조〉

ⓐ 조합은 정관으로 정하는 자격기준에 해당하는 자를 자율지도원으로 둘 수 있다.

ⓑ 자율지도원은 정관으로 정하는 바에 따라 해당 조합의 장이 임명한다.

ⓒ 자율지도원은 소속된 조합의 조합원에 대하여 다음 각 호의 사항에 관한 직무를 수행한다.

㉮ 시설기준에 관한 지도

㉯ 영업자 및 그 종업원의 위생교육, 건강진단, 그 밖에 위생관리의 지도

㉰ 영업자의 준수사항 이행 지도 및 조건부 허가에 따른 조건 이행 지도

㉱ 그 밖에 정관으로 정하는 식품위생 지도에 관한 사항

2 식품산업협회

(1) 설립〈법 제64조〉

① 식품산업의 발전과 식품위생의 향상을 위하여 한국식품산업협회(이하 "협회"라 한다)를 설립한다.

② 협회는 법인으로 한다.

③ 협회의 회원이 될 수 있는 자는 영업자 중 식품 또는 식품첨가물을 제조 · 가공 · 운반 · 판매 · 보존하는 자 및 그 밖에 식품 관련 산업을 운영하는 자로 한다.

④ 협회에 관하여 이 법에서 규정하지 아니한 것에 대하여는 「민법」 중 사단법인에 관한 규정을 준용한다.

(2) 협회의 사업〈법 제65조〉

① 식품산업에 관한 조사 · 연구

② 식품 및 식품첨가물과 그 원재료(原材料)에 대한 시험 · 검사 업무

③ 식품위생과 관련한 교육

④ 영업자 중 식품이나 식품첨가물을 제조 · 가공 · 운반 · 판매 및 보존하는 자의 영업시설 개선에 관한 지도

⑤ 회원을 위한 경영지도

⑥ 식품안전과 식품산업 진흥 및 지원 · 육성에 관한 사업

⑦ ①부터 ⑤까지에 규정된 사업의 부대사업

(3) 준용〈법 제66조〉

협회에 관하여는 조합과 자율지도원 규정을 준용한다. 이 경우 "조합"은 "협회"로, "조합원"은 "협회의 회원"으로 본다.

3 **식품안전정보원**

(1) 식품안전정보원의 설립〈법 제67조〉

① 식품의약품안전처장의 위탁을 받아 식품이력추적관리업무와 식품안전에 관한 업무를 효율적으로 수행하기 위하여 식품안전정보원(이하 "정보원"이라 한다)을 둔다. 또한 식품안전정보원은 매 사업연도 시작 전까지 다음 연도의 사업계획서와 다음 각 호의 서류를 첨부한 예산서에 대하여 이사회의 의결을 거친 후 식품의약품안전처장에게 승인을 받아야 한다. 이를 변경할 때에도 또한 같다.〈시행규칙 제85조〉

　㉠ 추정대차대조표

　㉡ 추정손익계산서

　㉢ 자금의 수입·지출 계획서

② 정보원은 법인으로 한다.

③ 정보원에 관하여 이 법에서 규정된 것 외에는 「민법」 중 재단법인에 관한 규정을 준용한다.

(2) 정보원의 사업〈법 제68조〉

① 정보원은 다음 각 호의 사업을 한다.

　㉠ 국내외 식품안전정보의 수집·분석·정보제공 등

　㉡ 식품안전정책 수립을 지원하기 위한 조사·연구 등

　㉢ 식품안전정보의 수집·분석 및 식품이력추적관리 등을 위한 정보시스템의 구축·운영 등

　㉣ 식품이력추적관리의 등록·관리 등

　㉤ 식품이력추적관리에 관한 교육 및 홍보

　㉥ 식품사고가 발생한 때 사고의 신속한 원인규명과 해당 식품의 회수·폐기 등을 위한 정보제공

　㉦ 식품위해정보의 공동활용 및 대응을 위한 기관·단체·소비자단체 등과의 협력 네트워크 구축·운영

　㉧ 소비자 식품안전 관련 신고의 안내·접수·상담 등을 위한 지원

　㉨ 그 밖에 식품안전정보 및 식품이력추적관리에 관한 사항으로서 식품의약품안전처장이 정하는 사업

② 식품의약품안전처장은 정보원의 설립·운영 등에 필요한 비용을 지원할 수 있다.

(3) 사업계획서 등의 제출〈법 제69조〉

① 정보원은 총리령으로 정하는 바에 따라 매 사업연도 개시 전에 사업계획서와 예산서를 식품의약품안전처장에게 제출하여 승인을 받아야 한다.

② 정보원은 식품의약품안전처장이 지정하는 공인회계사의 검사를 받은 매 사업연도의 세입·세출결산서를 식품의약품안전처장에게 제출하여 승인을 받아 결산을 확정한 후 그 결과를 다음 사업연도 5월 말까지 국회에 보고하여야 한다.

(4) 지도 · 감독 등〈법 제70조〉

① 식품의약품안전처장은 정보원에 대하여 감독상 필요한 때에는 그 업무에 관한 사항을 보고하게 하거나 자료의 제출, 그 밖에 필요한 명령을 할 수 있고, 소속 공무원으로 하여금 그 사무소에 출입하여 장부·서류 등을 검사하게 할 수 있다.

② 출입·검사를 하는 공무원은 그 권한을 표시하는 증표 및 조사기간, 조사범위, 조사담당자, 관계 법령 등 대통령령으로 정하는 사항이 기재된 서류를 지니고 이를 관계인에게 내보여야 하며, "조사기간, 조사범위, 조사담당자, 관계 법령 등 대통령령으로 정하는 사항"이란 다음 각 호의 사항을 말한다.〈시행령 제50조의2〉
  ㉠ 조사목적
  ㉡ 조사기간 및 대상
  ㉢ 조사의 범위 및 내용
  ㉣ 조사담당자의 성명 및 소속
  ㉤ 제출자료의 목록
  ㉥ 그 밖에 해당 조사와 관련하여 필요한 사항

③ 정보원에 대한 지도 · 감독〈시행규칙 제86조〉
  ㉠ 식품의약품안전처장은 정보원에 대하여 매년 1회 이상 다음 각 호의 사항을 지도·감독하여야 한다.
    ㉮ 정보원의 사업에 관한 사항
    ㉯ 운영예산 편성·집행의 적정 여부
    ㉰ 운영 장비 관리의 적정 여부
    ㉱ 그 밖에 식품의약품안전처장이 필요하다고 인정한 사항
  ㉡ 식품의약품안전처장은 정보원의 사업과 관련하여 필요한 경우에는 정보원의 장에게 관련 업무의 처리상황을 보고하게 할 수 있다.

4 건강 위해가능 영양성분 관리

(1) 건강 위해가능 영양성분 관리〈법 제70조의7〉

① 국가 및 지방자치단체는 식품의 나트륨, 당류, 트랜스지방 등 영양성분(이하 "건강 위해가능 영양성분"이라 한다)의 과잉섭취로 인한 국민보건상 위해를 예방하기 위하여 노력하여야 하며, 건강 위해가능 영양성분의 종류는 다음 각 호와 같다.〈시행령 제50조의4〉
  ㉠ 나트륨
  ㉡ 당류
  ㉢ 트랜스지방

② 식품의약품안전처장은 관계 중앙행정기관의 장과 협의하여 건강 위해가능 영양성분 관리 기술의 개발·보급, 적정섭취를 위한 실천방법의 교육·홍보 등을 실시하여야 한다.

③ 건강 위해가능 영양성분의 종류는 대통령령으로 정한다.

(2) 건강 위해가능 영양성분 관리 주관기관 설립·지정〈법 제70조의8〉

① 식품의약품안전처장은 건강 위해가능 영양성분 관리를 위하여 다음 각 호의 사업을 주관하여 수행할 기관(이하 "주관기관"이라 한다)을 설립하거나 건강 위해가능 영양성분 관리와 관련된 사업을 하는 기관·단체 또는 법인을 주관기관으로 지정할 수 있다.
  ㉠ 건강 위해가능 영양성분 적정섭취 실천방법 교육·홍보 및 국민 참여 유도
  ㉡ 건강 위해가능 영양성분 함량 모니터링 및 정보제공
  ㉢ 건강 위해가능 영양성분을 줄인 급식과 외식, 가공식품 생산 및 구매 활성화
  ㉣ 건강 위해가능 영양성분 관리 실천사업장 운영 지원
  ㉤ 그 밖에 식품의약품안전처장이 필요하다고 인정하는 건강 위해가능 영양성분 관리사업

② 식품의약품안전처장은 주관기관에 대하여 예산의 범위에서 설립·운영 및 사업을 수행하는 데 필요한 경비의 전부 또는 일부를 지원할 수 있다.

③ 설립되는 주관기관은 법인으로 한다.

④ 설립되는 주관기관에 관하여 이 법에서 규정된 것을 제외하고는 「민법」 중 재단법인에 관한 규정을 준용한다.

⑤ 식품의약품안전처장은 지정된 주관기관이 다음 각 호의 어느 하나에 해당하는 경우 지정을 취소할 수 있다. 다만, ㉠에 해당하는 경우에는 지정을 취소하여야 한다.
  ㉠ 거짓이나 그 밖의 부정한 방법으로 지정을 받은 경우

ⓛ 지정기준에 적합하지 아니하게 된 경우

⑥ 주관기관의 지정 및 지정 취소의 기준·절차 등〈시행령 제50조의5〉

　㉠ 주관기관으로 지정을 받으려는 자는 총리령으로 정하는 지정신청서(전자문서로 된 신청서를 포함한다)에 다음 각 호의 서류(전자문서를 포함한다)를 첨부하여 식품의약품안전처장에게 제출하여야 한다.

　　㉮ 정관 또는 이에 준하는 사업운영규정

　　㉯ 요건을 갖추었음을 증명하는 서류

　　㉰ 사업에 관한 사업계획서

　㉡ 주관기관의 지정기준은 다음 각 호와 같다.

　　㉮ 사업을 주된 업무로 하는 비영리 목적의 기관·단체 또는 법인일 것

　　㉯ 사업을 수행할 수 있는 전담인력과 조직 등 식품의약품안전처장이 정하여 고시하는 요건을 갖출 것

　㉢ 식품의약품안전처장은 주관기관을 지정한 경우에는 총리령으로 정하는 주관기관 지정서를 발급하여야 한다.

　㉣ 주관기관으로 지정을 받은 자는 그 명칭, 대표자 또는 소재지 중 어느 하나가 변경된 경우에는 총리령으로 정하는 변경지정신청서(전자문서로 된 신청서를 포함한다)에 다음 각 호의 서류(전자문서를 포함한다)를 첨부하여 식품의약품안전처장에게 제출하여야 한다.

　　㉮ 주관기관 지정서

　　㉯ 변경된 사항을 증명하는 서류

　㉤ 식품의약품안전처장은 지정신청 또는 변경지정신청을 받은 경우에는 「전자정부법」에 따른 행정정보의 공동이용을 통하여 법인 등기사항증명서(법인인 경우로 한정한다)를 확인하여야 한다.

　㉥ 식품의약품안전처장은 변경지정신청이 적합하다고 인정되는 경우에는 주관기관 지정서에 변경된 사항을 적어 내주어야 한다.

　㉦ 주관기관의 장은 지정이 취소된 경우에는 주관기관 지정서를 식품의약품안전처장에게 반납하여야 한다.

　㉧ 규정에서 정한 사항 외에 주관기관의 지정 절차 등에 관하여 필요한 세부사항은 식품의약품안전처장이 정한다.

(3) 사업계획서 등의 제출〈시행규칙 제86조의4〉

① 주관기관은 다음 각 호의 서류를 첨부한 전년도 사업 실적보고서와 해당 연도의 사업계획서를 작성하여 매년 1월 말까지 식품의약품안전처장에게 제출하여야 한다.

　㉠ 예산서

　㉡ 추정대차대조표

　㉢ 추정손익계산서

ⓔ 자금의 수입 · 지출계획서

② 주관기관은 제출한 사업계획서를 변경하려는 경우에는 변경 내용 및 사유를 적은 서류를 식품의약품안전처장에게 제출하여야 한다.

(4) 지도 · 감독 등〈법 제70조의10〉

① 식품의약품안전처장은 주관기관에 대하여 감독상 필요한 때에는 그 업무에 관한 사항을 보고하게 하거나 자료의 제출, 그 밖에 필요한 명령을 할 수 있다. 다만, 지정된 주관기관에 대한 지도 · 감독은 같은 항 각 호의 사업 수행과 관련된 사항으로 한정한다.

② 식품의약품안전처장은 주관기관에 대하여 매년 1회 이상 다음 각 호의 사항을 지도 · 감독하여야 한다.〈시행규칙 제86조의5〉

　ⓐ 주관기관의 사업에 관한 사항

　ⓑ 예산편성 · 집행의 적정 여부에 관한 사항

　ⓒ 그 밖에 식품의약품안전처장이 주관기관의 지도 · 감독을 위하여 필요하다고 인정하는 사항

08 출제예상문제

1 다음 중 동업자조합의 사업에 대한 설명으로 맞지 않는 것은?

① 영업의 건전한 발전과 조합원 공동의 이익을 위한 사업

② 조합원과 그 종업원을 위한 교육훈련

③ 영양사와 조리사를 위한 교육훈련

④ 조합원의 생활안정과 복지증진을 위한 공제사업

> **NOTE** 조합의 사업〈법 제60조〉
> ㉠ 영업의 건전한 발전과 조합원 공동의 이익을 위한 사업
> ㉡ 조합원의 영업시설 개선에 관한 지도
> ㉢ 조합원을 위한 경영지도
> ㉣ 조합원과 그 종업원을 위한 교육훈련
> ㉤ 조합원과 그 종업원의 복지증진을 위한 사업
> ㉥ 식품의약품안전처장이 위탁하는 조사·연구 사업
> ㉦ 조합원의 생활안정과 복지증진을 위한 공제사업
> ㉧ ㉠부터 ㉤까지에 규정된 사업의 부대사업

2 다음 중 건강 위해가능 영양성분의 종류에 해당하지 않는 것은?

① 나트륨   ② 당류

③ 트랜스지방   ④ 비타민류

> **NOTE** 건강 위해가능 영양성분 관리〈법 제70조의7〉… 국가 및 지방자치단체는 식품의 나트륨, 당류, 트랜스지방 등 영양성분(이하 "건강 위해가능 영양성분"이라 한다)의 과잉섭취로 인한 국민보건상 위해를 예방하기 위하여 노력하여야 하며, 건강 위해가능 영양성분의 종류는 다음 각 호와 같다.
> ㉠ 나트륨
> ㉡ 당류
> ㉢ 트랜스지방

3 다음 중 식품안전정보원의 사업 내용으로 맞지 않는 것은?

① 국내외 식품안전정보의 수집 · 분석 · 정보제공 등

② 식품이력추적관리의 등록 · 관리 등

③ 소비자 식품안전 관련 신고의 안내 · 접수 · 상담 등을 위한 지원

④ 식품 생산에 대한 정보의 제공 및 관리

> **NOTE** 정보원의 사업〈법 제68조〉
> ㉠ 국내외 식품안전정보의 수집 · 분석 · 정보제공 등
> ㉡ 식품안전정책 수립을 지원하기 위한 조사 · 연구 등
> ㉢ 식품안전정보의 수집 · 분석 및 식품이력추적관리 등을 위한 정보시스템의 구축 · 운영 등
> ㉣ 식품이력추적관리이 등록 · 관리 등
> ㉤ 식품이력추적관리에 관한 교육 및 홍보
> ㉥ 식품사고가 발생한 때 사고의 신속한 원인규명과 해당 식품의 회수 · 폐기 등을 위한 정보 제공
> ㉦ 식품위해정보의 공동활용 및 대응을 위한 기관 · 단체 · 소비자단체 등과의 협력 네트워크 구축 · 운영
> ㉧ 소비자 식품안전 관련 신고의 안내 · 접수 · 상담 등을 위한 지원
> ㉨ 그 밖에 식품안전정보 및 식품이력추적관리에 관한 사항으로서 식품의약품안전처장이 정하는 사업

4 다음 중 식품안전정보원에 대한 지도 · 감독으로 맞지 않는 것은?

① 식품의약품안전처장은 정보원에 대하여 매년 2회 이상 지도 · 감독하여야 한다.

② 정보원의 사업에 관한 사항을 지도 · 감독하여야 한다.

③ 운영예산 편성 · 집행의 적정 여부를 지도 · 감독하여야 한다.

④ 운영 장비 관리의 적정 여부를 지도 · 감독하여야 한다.

> **NOTE** 정보원에 대한 지도 · 감독〈시행규칙 제85조〉
> ㉠ 식품의약품안전처장은 정보원에 대하여 매년 1회 이상 다음 각 호의 사항을 지도 · 감독하여야 한다.
> • 정보원의 사업에 관한 사항
> • 운영예산 편성 · 집행의 적정 여부
> • 운영 장비 관리의 적정 여부
> • 그 밖에 식품의약품안전처장이 필요하다고 인정한 사항
> ㉡ 식품의약품안전처장은 정보원의 사업과 관련하여 필요한 경우에는 정보원의 장에게 관련 업무의 처리상황을 보고하게 할 수 있다.

ANSWER 3.④ 4.①

5 다음 중 건강 위해가능 영양성분 관리 주관기관이 식품의약품안전처장에게 제출할 서류로 맞지 않는 것은?

① 예산서

② 추정대차대조표

③ 실질손익계산서

④ 자금의 수입 · 지출계획서

> **NOTE** 사업계획서 등의 제출〈시행규칙 제86조의4〉
> ㉠ 주관기관은 다음 각 호의 서류를 첨부한 전년도 사업 실적보고서와 해당 연도의 사업계획서를 작성하여 매년 1월 말까지 식품의약품안전처장에게 제출하여야 한다.
> • 예산서
> • 추정대차대조표
> • 추정손익계산서
> • 자금의 수입 · 지출계획서
> ㉡ 주관기관은 제출한 사업계획서를 변경하려는 경우에는 변경 내용 및 사유를 적은 서류를 식품의약품안전처장에게 제출하여야 한다.

시정명령과 허가취소 등 행정 제재

(1) 시정명령〈법 제71조〉

① 식품의약품안전처장, 시·도지사 또는 시장·군수·구청장은 식품 등의 위생적 취급에 관한 기준에 맞지 아니하게 영업하는 자와 이 법을 지키지 아니하는 자에게는 필요한 시정을 명하여야 한다.

② 식품의약품안전처장, 시·도지사 또는 시장·군수·구청장은 시정명령을 한 경우에는 그 영업을 관할하는 관서의 장에게 그 내용을 통보하여 시정명령이 이행되도록 협조를 요청할 수 있다.

③ 요청을 받은 관계 기관의 장은 정당한 사유가 없으면 이에 응하여야 하며, 그 조치결과를 지체 없이 요청한 기관의 장에게 통보하여야 한다.

(2) 폐기처분 등〈법 제72조〉

① 식품의약품안전처장, 시·도지사 또는 시장·군수·구청장은 영업자(「수입식품안전관리 특별법」에 따라 등록한 수입식품 등 수입·판매업자를 포함한다.)가 위반한 경우에는 관계 공무원에게 그 식품 등을 압류 또는 폐기하게 하거나 용도·처리방법 등을 정하여 영업자에게 위해를 없애는 조치를 하도록 명하여야 한다.

② 식품의약품안전처장, 시·도지사 또는 시장·군수·구청장은 허가받지 아니하거나 신고 또는 등록하지 아니하고 제조·가공·조리한 식품 또는 식품첨가물이나 여기에 사용한 기구 또는 용기·포장 등을 관계 공무원에게 압류하거나 폐기하게 할 수 있다.

③ 식품의약품안전처장, 시·도지사 또는 시장·군수·구청장은 식품위생상의 위해가 발생하였거나 발생할 우려가 있는 경우에는 영업자에게 유통 중인 해당 식품 등을 회수·폐기하게 하거나 해당 식품 등의 원료, 제조 방법, 성분 또는 그 배합 비율을 변경할 것을 명할 수 있다.

④ 압류나 폐기를 하는 공무원은 그 권한을 표시하는 증표 및 조사기간, 조사범위, 조사담당자, 관계 법령 등 대통령령으로 정하는 사항이 기재된 서류를 지니고 이를 관계인에게 내보여야 하며, "조사기간, 조사범위, 조사담당자, 관계 법령 등 대통령령으로 정하는 사항"이란 다음 각 호의 사항을 말한다.〈시행령 제50조의6〉

ⓐ 조사목적

　　ⓑ 조사기간 및 대상

　　ⓒ 조사의 범위 및 내용

　　ⓓ 조사담당자의 성명 및 소속

　　ⓔ 압류·폐기 대상 제품

　　ⓕ 조사 관계 법령

　　ⓖ 그 밖에 해당 조사와 관련하여 필요한 사항

⑤ 압류 또는 폐기에 필요한 사항과 회수·폐기 대상 식품 등의 기준 등은 총리령으로 정한다.

⑥ 식품의약품안전처장, 시·도지사 및 시장·군수·구청장은 폐기처분명령을 받은 자가 그 명령을 이행하지 아니하는 경우에는「행정대집행법」에 따라 대집행을 하고 그 비용을 명령위반자로부터 징수할 수 있다.

(3) 위해식품 등의 공표〈법 제73조〉

① 식품의약품안전처장, 시·도지사 또는 시장·군수·구청장은 다음 각 호의 어느 하나에 해당되는 경우에는 해당 영업자에 대하여 그 사실의 공표를 명할 수 있다. 다만, 식품위생에 관한 위해가 발생한 경우에는 공표를 명하여야 한다.

　　ⓐ 식품위생에 관한 위해가 발생하였다고 인정되는 때

　　ⓑ 회수계획을 보고받은 때

② 위해식품등의 공표방법〈시행령 제51조〉

　　ⓐ 위해식품등의 공표명령을 받은 영업자는 지체 없이 위해 발생사실 또는 다음 각 호의 사항이 포함된 위해식품등의 긴급회수문을 「신문 등의 진흥에 관한 법률」에 따라 등록한 전국을 보급지역으로 하는 1개 이상의 일반일간신문[당일 인쇄·보급되는 해당 신문의 전체 판(版)을 말한다. 이하 같다]에 게재하고, 식품의약품안전처의 인터넷 홈페이지에 게재를 요청하여야 한다.

　　　　㉮ 식품등을 회수한다는 내용의 표제

　　　　㉯ 제품명

　　　　㉰ 회수대상 식품등의 제조일·수입일 또는 유통기한·품질유지기한

　　　　㉱ 회수 사유

　　　　㉲ 회수방법

　　　　㉳ 회수하는 영업자의 명칭

　　　　㉴ 회수하는 영업자의 전화번호, 주소, 그 밖에 회수에 필요한 사항

ⓛ 위해식품등의 긴급회수문〈시행규칙 제88조〉

㉮ 위해식품등의 긴급회수문의 내용 및 작성요령 등은 다음과 같다.

> **위해식품등의 긴급회수문〈시행규칙 별표 22〉**
>
> 1. 긴급회수문의 크기
>   가. 일반일간신문 게재용 : 5단 10센티미터 이상
>   나. 인터넷 홈페이지 게재용 : 긴급회수문의 내용이 잘 보이도록 크기 조정 가능
> 2. 긴급회수문의 내용
>
> > **위해식품등 긴급회수**
> >
> > 「식품위생법」 제45조에 따라 아래의 식품등을 긴급회수합니다.
> >
> > 가. 회수제품명 :
> > 나. 제조일 · 유통기한 또는 품질유지기한 :
> > ※ 제조번호 또는 롯트번호로 제품을 관리하는 업소는 그 관리번호를 함께 기재
> > 다. 회수사유 :
> > 라. 회수방법 :
> > 마. 회수영업자 :
> > 바. 영업자주소 :
> > 사. 연락처 :
> > 아. 그 밖의 사항 : 위해식품등 긴급회수관련 협조 요청
> >   ○ 해당 회수식품등을 보관하고 있는 판매자는 판매를 중지하고 회수 영업자에게 반품하여 주시기 바랍니다.
> >   ○ 해당 제품을 구입한 소비자께서는 그 구입한 업소에 되돌려 주시는 등 위해식품 회수에 적극 협조하여 주시기 바랍니다.

㉯ 위해 발생사실 또는 위해식품등의 긴급회수문을 공표한 영업자는 다음 각 호의 사항이 포함된 공표 결과를 지체 없이 허가관청, 신고관청 또는 등록관청에 통보하여야 한다.
- 공표일
- 공표매체
- 공표횟수
- 공표문 사본 또는 내용

(4) 시설 개수명령 등〈법 제74조〉

① 식품의약품안전처장, 시 · 도지사 또는 시장 · 군수 · 구청장은 영업시설이 시설기준에 맞지 아니한 경우에는 기간을 정하여 그 영업자에게 시설을 개수(改修)할 것을 명할 수 있다.

② 건축물의 소유자와 영업자 등이 다른 경우 건축물의 소유자는 시설 개수명령을 받은 영업자 등이 시설을 개수하는 데에 최대한 협조하여야 한다.

(5) 허가취소 등〈법 제75조〉

① 식품의약품안전처장 또는 특별자치시장·특별자치도지사·시장·군수·구청장은 영업자가 다음 각 호의 어느 하나에 해당하는 경우에는 대통령령으로 정하는 바에 따라 영업허가 또는 등록을 취소하거나 6개월 이내의 기간을 정하여 그 영업의 전부 또는 일부를 정지하거나 영업소 폐쇄(신고한 영업만 해당한다.)를 명할 수 있다.

　㉠ 위해식품등의 판매금지, 병든 동물 고기등의 판매금지, 규격이 없는 화학적 합성품 등의 판매금지, 식품 또는 식품첨가물에 관한 기준, 유독기구 판매·사용금지, 기구 및 용기·포장에 관한 기준 및 규격, 표시기준, 식품의 영양표시, 나트륨 함량 비교 표시, 유전자변형식품의 표시를 위반한 경우

　㉡ 삭제〈2018.3.13〉

　㉢ 위해식품 제조판매 규정을 위반한 경우

　㉣ 자가품질검사의무 규정을 위반한 경우

　㉤ 시설기준을 위반한 경우

　㉥ 영업허가 등의 규정 조건을 위반한 경우

　㉦ 변경 등록을 하지 아니하거나 위반한 경우

　㉧ 영업허가를 받으려는 자가 피성년후견인이거나 파산선고를 받고 복권되지 아니한 자인 경우에 해당하는 경우

　㉨ 건강진단 규정을 위반한 경우

　㉩ 식품위생교육 규정을 위반한 경우

　㉪ 영업 제한을 위반한 경우

　㉫ 영업자의 준수사항을 위반한 경우

　㉬ 회수 조치를 하지 아니한 경우

　㉭ 회수계획을 보고하지 아니하거나 거짓으로 보고한 경우

　㉮ 식품안전관리인증기준을 지키지 아니한 경우

　㉯ 식품이력추적관리를 등록하지 아니한 경우

　㉰ 조리사 규정을 위반한 경우

　㉱ 명령을 위반한 경우

　㉲ 「성매매알선 등 행위의 처벌에 관한 법률」에 따른 금지행위를 한 경우

② 식품의약품안전처장 또는 특별자치시장·특별자치도지사·시장·군수·구청장은 영업자가 영업정지 명령을 위반하여 영업을 계속하면 영업허가 또는 등록을 취소하거나 영업소 폐쇄를 명할 수 있다.

③ 식품의약품안전처장 또는 특별자치시장·특별자치도지사·시장·군수·구청장은 다음 각 호의 어느 하나에 해당하는 경우에는 영업허가 또는 등록을 취소하거나 영업소 폐쇄를 명할 수 있다.
　㉠ 영업자가 정당한 사유 없이 6개월 이상 계속 휴업하는 경우
　㉡ 영업자(영업허가를 받은 자만 해당한다)가 사실상 폐업하여 「부가가치세법」에 따라 관할세무서장에게 폐업신고를 하거나 관할세무서장이 사업자등록을 말소한 경우
④ 식품의약품안전처장 또는 특별자치시장·특별자치도지사·시장·군수·구청장은 영업허가를 취소하기 위하여 필요한 경우 관할 세무서장에게 영업자의 폐업여부에 대한 정보 제공을 요청할 수 있다. 이 경우 요청을 받은 관할 세무서장은 「전자정부법」에 따라 영업자의 폐업여부에 대한 정보를 제공한다.
⑤ 행정처분의 세부기준은 그 위반 행위의 유형과 위반 정도 등을 고려하여 총리령으로 정한다.
⑥ 허가취소 등〈시행령 제52조〉
　㉠ 다음 각 호의 처분은 처분 사유 및 처분 내용 등이 기재된 서면으로 하여야 한다.
　　㉮ 영업허가 취소, 등록취소, 영업정지 또는 영업소 폐쇄 처분
　　㉯ 품목·품목류 제조정지 처분
　　㉰ 조리사 또는 영양사의 면허취소 또는 업무정지 처분
　㉡ 처분을 하기 위하여 청문을 하거나 「행정절차법」에 따른 의견제출을 받았을 때에는 특별한 사유가 없으면 그 절차를 마친 날부터 14일 이내에 처분을 하여야 한다.
⑦ 허가관청, 신고관청 또는 등록관청은 영업허가취소, 영업등록취소, 영업정지 또는 영업소의 폐쇄처분을 한 경우 영업소명, 처분 내용, 처분기간 등을 적은 게시문을 해당 처분을 받은 영업소의 출입구나 그 밖의 잘 보이는 곳에 붙여두어야 한다.〈시행규칙 제90조〉

(6) 품목 제조정지 등〈법 제76조〉

① 식품의약품안전처장 또는 특별자치시장·특별자치도지사·시장·군수·구청장은 영업자가 다음 각 호의 어느 하나에 해당하면 대통령령으로 정하는 바에 따라 해당 품목 또는 품목류(정하여진 식품 등의 기준 및 규격 중 동일한 기준 및 규격을 적용받아 제조·가공되는 모든 품목을 말한다)에 대하여 기간을 정하여 6개월 이내의 제조정지를 명할 수 있다.
　㉠ 기준과 규격에 맞지 않는 식품, 식품첨가물을 판매 또는 판매할 목적으로 제조·수입·가공·사용·조리·저장·소분·운반·보존·진열하여서는 아니되는 규정을 위반한 경우
　㉡ 삭제〈2018.3.13〉
　㉢ 표시기준 규정을 위반한 경우
　㉣ 삭제〈2018.3.13〉

ⓜ 허위표시 금지 규정을 위반한 경우

ⓗ 자가품질검사 의무 규정을 위반한 경우

② 행정처분의 세부기준은 그 위반 행위의 유형과 위반 정도 등을 고려하여 총리령으로 정한다.

(7) 영업허가 등의 취소 요청〈법 제77조〉

① 식품의약품안전처장은 「축산물위생관리법」, 「수산업법」 또는 「주세법」에 따라 허가 또는 면허를 받은 자가 위반한 경우에는 해당 허가 또는 면허 업무를 관할하는 중앙행정기관의 장에게 다음 각 호의 조치를 하도록 요청할 수 있다. 다만, 주류(酒類)는 「보건범죄단속에 관한 특별조치법」에 따른 유해 등의 기준에 해당하는 경우로 한정한다.

ㄱ 허가 또는 면허의 전부 또는 일부 취소

ㄴ 일정 기간의 영업정지

ㄷ 그 밖에 위생상 필요한 조치

② 영업허가 등의 취소 요청을 받은 관계 중앙행정기관의 장은 정당한 사유가 없으면 이에 따라야 하며, 그 조치결과를 지체 없이 식품의약품안전처장에게 통보하여야 한다.

(8) 행정 제재처분 효과의 승계〈법 제78조〉

영업자가 영업을 양도하거나 법인이 합병되는 경우에는 위반한 사유로 종전의 영업자에게 행한 행정 제재처분의 효과는 그 처분기간이 끝난 날부터 1년간 양수인이나 합병 후 존속하는 법인에 승계되며, 행정 제재처분 절차가 진행 중인 경우에는 양수인이나 합병 후 존속하는 법인에 대하여 행정 제재처분 절차를 계속할 수 있다. 다만, 양수인이나 합병 후 존속하는 법인이 양수하거나 합병할 때에 그 처분 또는 위반사실을 알지 못하였음을 증명하는 때에는 그러하지 아니하다.

(9) 폐쇄조치 등〈법 제79조〉

① 식품의약품안전처장, 시ㆍ도지사 또는 시장ㆍ군수ㆍ구청장은 허가받지 아니하거나 신고 또는 등록하지 아니하고 영업을 하는 경우 또는 허가 또는 등록이 취소되거나 영업소 폐쇄명령을 받은 후에도 계속하여 영업을 하는 경우에는 해당 영업소를 폐쇄하기 위하여 관계 공무원에게 다음 각 호의 조치를 하게 할 수 있다.

ㄱ 해당 영업소의 간판 등 영업 표지물의 제거나 삭제

ㄴ 해당 영업소가 적법한 영업소가 아님을 알리는 게시문 등의 부착

ㄷ 해당 영업소의 시설물과 영업에 사용하는 기구 등을 사용할 수 없게 하는 봉인(封印)

② 식품의약품안전처장, 시·도지사 또는 시장·군수·구청장은 봉인한 후 봉인을 계속할 필요가 없거나 해당 영업을 하는 자 또는 그 대리인이 해당 영업소 폐쇄를 약속하거나 그 밖의 정당한 사유를 들어 봉인의 해제를 요청하는 경우에는 봉인을 해제할 수 있다. 게시문 등의 경우에도 또한 같다.

③ 식품의약품안전처장, 시·도지사 또는 시장·군수·구청장은 조치를 하려면 해당 영업을 하는 자 또는 그 대리인에게 문서로 미리 알려야 한다. 다만, 급박한 사유가 있으면 그러하지 아니하다.

④ 조치는 그 영업을 할 수 없게 하는 데에 필요한 최소한의 범위에 그쳐야 한다.

⑤ 관계 공무원은 그 권한을 표시하는 증표 및 조사기간, 조사범위, 조사담당자, 관계 법령 등 대통령령으로 정하는 사항이 기재된 서류를 지니고 이를 관계인에게 내보여야 하며, "조사기간, 조사범위, 조사담당자, 관계 법령 등 대통령령으로 정하는 사항"이란 다음 각 호의 사항을 말한다.〈법 제52조의2〉
　㉠ 조사목적
　㉡ 조사기간 및 대상
　㉢ 조사의 범위 및 내용
　㉣ 조사담당자의 성명 및 소속
　㉤ 조사 관계 법령
　㉥ 그 밖에 해당 조사와 관련하여 필요한 사항

⑽ 면허취소 등〈법 제80조〉

① 식품의약품안전처장 또는 특별자치시장·특별자치도지사·시장·군수·구청장은 조리사가 다음 각 호의 어느 하나에 해당하면 그 면허를 취소하거나 6개월 이내의 기간을 정하여 업무정지를 명할 수 있다. 다만, 조리사가 ㉠ 또는 ㉤에 해당할 경우 면허를 취소하여야 한다.
　㉠ 결격사유의 어느 하나에 해당하게 된 경우
　㉡ 교육을 받지 아니한 경우
　㉢ 식중독이나 그 밖에 위생과 관련한 중대한 사고 발생에 직무상의 책임이 있는 경우
　㉣ 면허를 타인에게 대여하여 사용하게 한 경우
　㉤ 업무정지기간 중에 조리사의 업무를 하는 경우

② 행정처분의 세부기준은 그 위반 행위의 유형과 위반 정도 등을 고려하여 총리령으로 정한다.

③ 조리사 면허증의 반납〈시행규칙 제82조〉 … 조리사가 그 면허의 취소처분을 받은 경우에는 지체 없이 면허증을 특별자치시장·특별자치도지사·시장·군수·구청장에게 반납하여야 한다.

(11) 행정처분의 기준⟨시행규칙 제89조⟩

행정처분의 기준은 다음과 같다.

행정처분 기준⟨시행규칙 별표 23⟩

Ⅰ. 일반기준

1. 둘 이상의 위반행위가 적발된 경우로서 위반행위가 다음 각 목의 어느 하나에 해당하는 경우에는 가장 중한 정지처분 기간에 나머지 각각의 정지처분 기간의 2분의 1을 더하여 처분한다.
   가. 영업정지에만 해당하는 경우
   나. 한 품목 또는 품목류(식품등의 기준 및 규격 중 같은 기준 및 규격을 적용받아 제조·가공되는 모든 품목을 말한다. 이하 같다)에 대하여 품목 또는 품목류 제조정지에만 해당하는 경우

2. 둘 이상의 위반행위가 적발된 경우로서 그 위반행위가 영업정지와 품목 또는 품목류 제조정지에 해당하는 경우에는 각각의 영업정지와 품목 또는 품목류 제조정지 처분기간을 산정한 후 다음 각 목의 구분에 따라 처분한다.
   가. 영업정지 기간이 품목 또는 품목류 제조정지 기간보다 길거나 같으면 영업정지 처분만 할 것
   나. 영업정지 기간이 품목 또는 품목류 제조정지 기간보다 짧으면 그 영업정지 처분과 그 초과기간에 대한 품목 또는 품목류 제조정지 처분을 병과할 것
   다. 품목류 제조정지 기간이 품목 제조정지 기간보다 길거나 같으면 품목류 제조정지 처분만 할 것
   라. 품목류 제조정지 기간이 품목 제조정지 기간보다 짧으면 그 품목류 제조정지 처분과 그 초과기간에 대한 품목 제조정지 처분을 병과할 것

3. 같은 날 제조한 같은 품목에 대하여 같은 위반사항이 적발된 경우에는 같은 위반행위로 본다.

4. 위반행위에 대하여 행정처분을 하기 위한 절차가 진행되는 기간 중에 반복하여 같은 사항을 위반하는 경우에는 그 위반횟수마다 행정처분 기준의 2분의 1씩 더하여 처분한다.

5. 위반행위의 횟수에 따른 행정처분의 기준은 최근 1년간(법 제4조부터 제6조까지, 법 제8조, 법 제19조 및 「성매매알선 등 행위의 처벌에 관한 법률」 제4조 위반은 3년간으로 한다) 같은 위반행위(법 제7조제4항 위반행위의 경우에는 식품등의 기준과 규격에 따른 같은 기준 및 규격의 항목을 위반한 것을 말한다)를 한 경우에 적용한다. 다만, 식품등에 이물이 혼입되어 위반한 경우에는 같은 품목에서 같은 종류의 재질의 이물이 발견된 경우에 적용한다.

6. 처분 기준의 적용은 같은 위반사항에 대한 행정처분일과 그 처분 후 재적발일(수거검사의 경우에는 검사결과를 허가 또는 신고관청이 접수한 날)을 기준으로 한다.

---

7. 어떤 위반행위든 해당 위반 사항에 대하여 행정처분이 이루어진 경우에는 해당 처분 이전에 이루어진 같은 위반행위에 대하여도 행정처분이 이루어진 것으로 보아 다시 처분하여서는 아니된다.

8. 행정처분이 있은 후 다시 행정처분을 하게 되는 경우 그 위반행위의 횟수에 따른 행정처분의 기준을 적용함에 있어서 종전의 행정처분의 사유가 된 각각의 위반행위에 대하여 각각 행정처분을 하였던 것으로 본다.

9. 4차 위반인 경우에는 다음 각 목의 기준에 따르고, 5차 위반의 경우로서 가목의 경우에는 영업정지 6개월로 하고, 나목의 경우에는 영업허가 취소 또는 영업소 폐쇄를 한다. 가목을 6차 위반한 경우에는 영업허가 취소 또는 영업소 폐쇄를 하여야 한다.

   가. 3차 위반의 처분 기준이 품목 또는 품목류 제조정지인 경우에는 품목 또는 품목류 제조정지 6개월의 치분을 한다.

   나. 3차 위반의 처분 기준이 영업정지인 경우에는 3차 위반 처분 기준의 2배로 하되, 영업정지 6개월 이상이 되는 경우에는 영업허가 취소 또는 영업소 폐쇄를 한다.

   다. 식품등에 이물이 혼입된 경우로서 4차 이상의 위반에 해당하는 경우에는 3차 위반의 처분 기준을 적용한다.

10. 조리사 또는 영양사에 대하여 행정처분을 하는 경우에는 4차 위반인 경우에는 3차 위반의 처분 기준이 업무정지이면 3차 위반 처분 기준의 2배로 하되, 업무정지 6개월 이상이 되는 경우에는 면허취소 처분을 하여야 하고, 5차 위반인 경우에는 면허취소 처분을 하여야 한다.

11. 식품등의 출입·검사·수거 등에 따른 위반행위에 대한 행정처분의 경우에는 그 위반행위가 해당 식품등의 제조·가공·운반·진열·보관 또는 판매·조리과정 중의 어느 과정에서 기인하는지 여부를 판단하여 그 원인제공자에 대하여 처분하여야 한다. 다만, 유통전문판매영업자가 판매하는 식품등이 위반한 경우로서 그 위반행위의 원인제공자가 해당 식품등을 제조·가공한 영업자인 경우에는 해당 식품등을 제조·가공한 영업자와 해당 유통전문판매영업자에 대하여 함께 처분하여야 한다.

12. 유통전문판매업자에 대하여 품목 또는 품목류 제조정지 처분을 하는 경우에는 이를 각각 그 위반행위의 원인제공자인 제조·가공업소에서 제조·가공한 해당 품목 또는 품목류의 판매정지에 해당하는 것으로 본다.

13. 즉석판매제조·가공업, 식품소분업 및 용기·포장류제조업에 대한 행정처분의 경우 그 처분의 양형이 품목 제조정지에 해당하는 경우에는 품목 제조정지 기간의 3분의 1에 해당하는 기간으로 영업정지 처분을 하고, 그 처분의 양형이 품목류 제조정지에 해당하는 경우에는 품목류 제조정지 기간의 2분의 1에 해당하는 기간으로 영업정지 처분을 하여야 한다.

14. 식중독 조사 결과 식품제조·가공업소, 식품판매업소 또는 식품접객업소에서 제조·가공, 조리·판매 또는 제공된 식품이 해당 식중독의 발생원인으로 확정된 경우의 처분기준은 다음 각 목의 구분에 따른다.

   가. 식품제조·가공업소 : Ⅱ. 개별기준 1. 식품제조·가공업 등 제1호다목

   나. 식품판매업소 : Ⅱ. 개별기준 2. 식품판매업 등 제1호다목

   다. 식품접객업소 : Ⅱ. 개별기준 3. 식품접객업 제1호다목2)

15. 다음 각 목의 어느 하나에 해당하는 경우에는 행정처분의 기준이, 영업정지 또는 품목·품목류 제조정지인 경우에는 정지처분 기간의 2분의 1 이하의 범위(차목에 해당하는 경우는 10분의 9이하의 범위로 한다)에서, 영업허가 취소 또는 영업장 폐쇄인 경우에는 영업정지 3개월 이상의 범위에서 각각 그 처분을 경감할 수 있다.

가. 식품등의 기준 및 규격 위반사항 중 산가, 과산화물가 또는 성분 배합비율을 위반한 사항으로서 국민보건상 인체의 건강을 해할 우려가 없다고 인정되는 경우

나. 표시기준의 위반사항 중 일부 제품에 대한 제조일자 등의 표시누락 등 그 위반사유가 영업자의 고의나 과실이 아닌 단순한 기계작동 상의 오류에 기인한다고 인정되는 경우

다. 식품 등을 제조·가공만 하고 시중에 유통시키지 아니한 경우

라. 식품을 제조·가공 또는 판매하는 자가 식품이력추적관리 등록을 한 경우

마. 위반사항 중 그 위반의 정도가 경미하거나 고의성이 없는 사소한 부주의로 인한 것인 경우

바. 해당 위반사항에 관하여 검사로부터 기소유예의 처분을 받거나 법원으로부터 선고유예의 판결을 받은 경우로서 그 위반사항이 고의성이 없거나 국민보건상 인체의 건강을 해할 우려가 없다고 인정되는 경우. 다만, 차목에 해당하는 경우는 제외한다.

사. 식중독을 발생하게 한 영업자가 식중독의 재발 및 확산을 방지하기 위한 대책으로 시설을 개수하거나 살균·소독 등을 실시하기 위하여 자발적으로 영업을 중단한 경우

아. 식품등의 기준 및 규격이 정하여지지 않은 유독·유해물질 등이 해당 식품에 혼입여부를 전혀 예상할 수 없었고 고의성이 없는 최초의 사례로 인정되는 경우

자. 공통찬통, 소형찬기 또는 복합찬기를 사용하거나, 손님이 남은 음식물을 싸서 가지고 갈 수 있도록 포장용기를 비치하고 이를 손님에게 알리는 등 음식문화개선을 위해 노력하는 식품접객업자인 경우. 다만, 1차 위반에 한정하여 경감할 수 있다.

차. 청소년에게 주류를 제공하는 행위를 한 식품접객업자가 청소년의 신분증 위조·변조 또는 도용으로 청소년인 사실을 알지 못하였거나 폭행 또는 협박으로 인하여 청소년임을 확인하지 못한 사정이 인정되어 불기소처분이나 선고유예 판결을 받은 경우

카. 그 밖에 식품 등의 수급정책상 필요하다고 인정되는 경우

16. 소비자로부터 접수한 이물혼입 불만사례 등을 식품의약품안전처장, 관할 시·도지사 및 관할 시장·군수·구청장에게 지체 없이 보고한 영업자가 다음 각 목에 모두 해당하는 경우에는 차수에 관계없이 시정명령으로 처분한다. 소비자가 식식품의약품안전처장 등 행정기관의 장에게만 접수한 경우도 위와 같다.

가. 영업자가 검출된 이물의 발생방지를 위하여 시설 및 작업공정 개선, 직원교육 등 시정조치를 성실히 수행하였다고 관할 행정기관이 평가한 경우

나. 이물을 검출할 수 있는 장비의 기술적 한계 등의 사유로 이물혼입이 불가피하였다고 식품의약품안전처장 등 관할 행정기관의 장이 인정하는 경우로 이물혼입의 불가피성은 식품위생심의위원회가 정한 기준에 따라 판단할 수 있다.

17. 뷔페 영업을 하는 일반음식점영업자가 별표 17 제7호저목에 따라 빵류를 제공하고 그 사실을 증명하면 Ⅱ. 개별기준의 3. 식품접객업의 제7호가목1)에도 불구하고 표시사항 전부를 표시하지 아니한 경우라도 그 행정처분을 하지 아니할 수 있다.

18. 영업정지 1개월은 30일을 기준으로 한다.

19. 행정처분의 기간이 소수점 이하로 산출되는 경우에는 소수점 이하를 버린다.

Ⅱ. 개별기준

1. 식품제조·가공업 등

식품제조·가공업, 즉석판매제조·가공업, 식품첨가물제조업, 식품소분업, 유통전문판매업, 식품조사처리업 및 용기·포장류제조업을 말한다.

위반사항	근거 법령	행정처분기준		
		1차 위반	2차 위반	3차 위반
1. 법 제4조를 위반한 경우 　가. 썩거나 상하여 인체의 건강을 해칠 우려가 있는 것	법 제72조 및 법 제75조	영업정지 1개월과 해당 제품 폐기	영업정지 3개월과 해당 제품 폐기	영업허가·등록취소 또는 영업소 폐쇄와 해당 제품 폐기
나. 설익어서 인체의 건강을 해칠 우려가 있는 것		영업정지 15일과 해당 제품 폐기	영업정지 1개월과 해당 제품 폐기	영업정지 3개월과 해당 제품 폐기
다. 유독·유해물질이 들어 있거나 묻어 있는 것이나 그러할 염려가 있는 것 또는 병을 일으키는 미생물에 오염되었거나 그러할 염려가 있어 인체의 건강을 해칠 우려가 있는 것		영업허가·등록취소 또는 영업소 폐쇄와 해당 제품 폐기		
라. 불결하거나 다른 물질이 섞이거나 첨가된 것 또는 그 밖의 사유로 인체의 건강을 해칠 우려가 있는 것		영업정지 1개월과 해당 제품 폐기	영업정지 2개월과 해당 제품 폐기	영업허가·등록취소 또는 영업소 폐쇄와 해당 제품 폐기

마. 안전성 평가 대상인 농·축·수산물 등 가운데 안전성 평가를 받지 아니하였거나 안전성 평가에서 식용으로 부적합하다고 인정된 것		영업정지 2개월과 해당 제품 폐기	영업정지 3개월과 해당 제품 폐기	영업허가·등록취소 또는 영업소 폐쇄와 해당 제품 폐기
바. 수입이 금지된 것 또는 「수입식품 안전관리 특별법」 제20조제1항에 따른 수입신고를 하지 아니하고 수입한 것(식용 외의 용도로 수입된 것을 식용으로 사용한 것을 포함한다)		영업정지 2개월과 해당 제품 폐기	영업정지 3개월과 해당 제품 폐기	영업허가·등록취소 또는 영업소 폐쇄와 해당 제품 폐기
사. 영업자가 아닌 자가 제조·가공·소분(소분 대상이 아닌 식품 또는 식품첨가물을 소분·판매하는 것을 포함한다)한 것		영업정지 2개월과 해당 제품 폐기	영업정지 3개월과 해당 제품 폐기	영업허가·등록취소 또는 영업소 폐쇄와 해당 제품 폐기
2. 법 제5조를 위반한 경우	법 제72조 및 법 제75조	영업허가·등록취소 또는 영업소 폐쇄와 해당 제품 폐기		
3. 법 제6조를 위반한 경우	법 제72조 및 법 제75조		영업허가·등록취소 또는 영업소 폐쇄와 해당 제품 폐기	

4. 법 제7조제4항을 위반한 경우 가. 한시적 기준 및 규격을 인정받지 않은 식품등으로서 식품(원료만 해당한다)을 제조·가공 등 영업에 사용한 것 또는 식품첨가물을 제조·판매등 영업에 사용한 것	법 제71조, 법 제72조, 법 제75조 및 법 제76조	영업정지 15일과 해당 제품 폐기	영업정지 1개월과 해당 제품 폐기	영업정지 3개월과 해당 제품 폐기
나. 비소, 카드뮴, 납, 수은, 중금속, 메탄올, 다이옥신 또는 시안화물의 기준을 위반한 것		품목류 제조정지 1개월과 해당 제품 폐기	영업정지 1개월과 해당 제품 폐기	영업정지 2개월과 해당 제품 폐기
다. 바륨, 포름알데히드, 올소톨루엔, 설폰아미드, 방향족탄화수소, 폴리옥시에틸렌, 엠씨피디 또는 세레늄의 기준을 위반한 것		품목류 제조정지 15일과 해당 제품 폐기	품목류 제조정지 1개월과 해당 제품 폐기	영업정지 1개월과 해당 제품 폐기
라. 방사능잠정허용기준을 위반한 것		품목류 제조정지 1개월과 해당 제품 및 원료 폐기	영업정지 1개월과 해당 제품 및 원료 폐기	영업정지3 개월과 해당 제품 및 원료 폐기
마. 농산물 또는 식육의 농약잔류허용기준을 위반한 것		품목류 제조정지 1개월과 해당 제품 및 원료 폐기	영업정지 1개월과 해당 제품 및 원료 폐기	영업정지3 개월과 해당 제품 및 원료 폐기
바. 곰팡이독소 또는 패류독소 기준을 위반한 것		품목류 제조정지 1개월과 해당 제품 및 원료 폐기	영업정지 1개월과 해당 제품 및 원료 폐기	영업정지3 개월과 해당 제품 및 원료 폐기

사. 동물용의약품의 잔류허용기준을 위반한 것		품목류 제조정지 1개월과 해당 제품 및 원료 폐기	영업정지 1개월과 해당 제품 및 원료 폐기	영업정지3개월과 해당 제품 및 원료 폐기
아. 식중독균 또는 엔테로박터 사카자키균 검출기준을 위반한 것		품목류 제조정지 1개월과 해당 제품 폐기	영업정지 1개월과 해당 제품 폐기	영업정지 3개월과 해당 제품 폐기
자. 대장균, 대장균군, 일반세균 또는 세균발육 기준을 위반한 것		품목 제조정지 15일과 해당 제품 폐기	품목 제조정지 1개월과 해당 제품 폐기	품목 제조정지 3개월과 해당 제품 폐기
차. 주석, 포스파타제, 암모니아성질소, 아질산이온 또는 형광증백제 시험에서 부적합하다고 판정된 경우		품목 제조정지 1개월과 해당 제품 폐기	품목 제조정지 2개월과 해당 제품 폐기	품목류 제조정지 2개월과 해당 제품 폐기
카. 식품첨가물의 사용 및 허용기준을 위반한 것으로서				
1) 허용한 식품첨가물 외의 식품첨가물		영업정지 1개월과 해당 제품 폐기	영업정지 2개월과 해당 제품 폐기	영업허가·등록취소 또는 영업소 폐쇄
2) 사용 또는 허용량 기준을 초과한 것으로서				
가) 30퍼센트 이상을 초과한 것		품목류 제조정지 1개월과 해당 제품 폐기	영업정지 1개월과 해당 제품 폐기	영업정지 2개월과 해당 제품 폐기
나) 10퍼센트 이상 30퍼센트 미만을 초과한 것		품목 제조정지 1개월과 해당 제품 폐기	품목 제조정지 2개월과 해당 제품 폐기	품목류 제조정지 2개월과 해당 제품 폐기

		시정명령	품목 제조정지 1개월	품목 제조정지 2개월
다) 10퍼센트 미만을 초과한 것		시정명령	품목 제조정지 1개월	품목 제조정지 2개월
타. 식품첨가물 중 질소의 사용기준을 위반한 경우		영업허가·등록취소 또는 영업소 폐쇄와 해당 제품표기		
파. 나목부터 카목까지의 규정 외에 그 밖의 성분에 관한 규격 또는 성분배합비율을 위반한 것으로서				
1) 30퍼센트 이상 부족하거나 초과한 것		품목 제조정지 2개월과 해당 제품 폐기	품목류 제조정지 2개월과 해당 제품 폐기	품목류 제조정지 3개월과 해당 제품 폐기
2) 20퍼센트 이상 30퍼센트 미만 부족하거나 초과한 것		품목 제조정지 1개월과 해당 제품 폐기	품목 제조정지 2개월과 해당 제품 폐기	품목류 제조정지 2개월과 해당 제품 폐기
3) 10퍼센트 이상 20퍼센트 미만 부족하거나 초과한 것		품목 제조정지 15일	품목 제조정지 1개월	품목 제조정지 2개월
4) 10퍼센트 미만 부족하거나 초과한 것		시정명령	품목 제조정지 7일	품목 제조정지 15일
하. 이물이 혼입된 것				
1) 기생충 및 그 알, 금속 또는 유리의 혼입		품목 제조정지 7일과 해당 제품 폐기	품목 제조정지 15일과 해당 제품 폐기	품목 제조정지 1개월과 해당 제품 폐기
2) 칼날 또는 동물(쥐 등 설치류 및 바퀴벌레) 사체의 혼입		품목 제조정지 15일과 해당 제품 폐기	품목 제조정지 1개월과 해당 제품 폐기	품목 제조정지 2개월과 해당 제품 폐기
3) 1) 및 2) 외의 이물의 혼입		시정명령	품목제조정지 5일	품목제조정지 10일
거. 식품조사처리기준을 위반한 경우로서				

1) 허용한 것 외의 선원 및 선종을 사용한 경우		영업정지 2개월과 해당 제품 폐기	영업허가취소와 해당 제품 폐기	
2) 허용대상 식품별 흡수선량을 초과하여 조사 처리한 경우와 조사한 식품을 다시 조사 처리한 경우		영업정지 1개월과 해당 제품 폐기	영업정지 2개월과 해당 제품 폐기	영업허가취소와 해당 제품 폐기
3) 허용대상 외의 식품을 조사 처리한 경우		영업정지 15일과 해당 제품 폐기	영업정지 1개월과 해당 제품 폐기	영업정지 2개월과 해당 제품 폐기
너. 식품조사처리기준을 위반한 것		해당 식품을 원료로 하여 제조·가공한 품목류 제조정지 1개월과 해당 제품 폐기	해당 식품을 원료로 하여 제조·가공한 품목류 제조정지 3개월과 해당 제품 폐기	해당 식품을 원료로 하여 제조·가공한 영업소의 영업등록취소 및 해당 제품 폐기
더. 식품 등의 기준 및 규격 중 원료의 구비요건이나 제조·가공기준을 위반한 경우로서(제1호부터 제3호까지에 해당하는 경우는 제외한다)				
1) 식품제조·가공 등의 원료로 사용하여서는 아니 되는 동식물을 원료로 사용한 것		품목 제조정지 15일과 해당 제품 폐기	품목 제조정지 1개월과 해당 제품 폐기	품목 제조정지 2개월과 해당 제품 폐기
2) 식용으로 부적합한 비가식 부분을 원료로 사용한 것		품목 제조정지 1개월과 해당 제품 폐기	품목 제조정지 2개월과 해당 제품 폐기	품목 제조정지 3개월과 해당 제품 폐기
3) 법 제22조에 따른 출입·검사·수거 등의 결과 또는 법 제31조제1항·제2항에 따른 검사나 그 밖에 영업자가 하는 자체적인 검사의 결과 부적합한 식품으로 통보되거나 확인된 후에도 그 식품을 원료로 사용한 것		품목 제조정지 1개월과 해당 제품 폐기	품목 제조정지 2개월과 해당 제품 폐기	품목 제조정지 3개월과 해당 제품 폐기

4) 사료용 또는 공업용 등으로 사용되는 등 식용을 목적으로 채취, 취급, 가공, 제조 또는 관리되지 않은 것을 식품 제조·가공 시 원료로 사용한 것		영업허가·등록 취소 또는 영업소 폐쇄와 해당 제품 폐기		
5) 그 밖의 사항을 위반한 것		시정명령	품목 제조정지 7일	품목 제조정지 15일
러. 보존 및 유통기준을 위반한 것		영업정지 7일	영업정지 15일	영업정지 1개월
머. 산가, 과산화물가 기준을 위반한 것		품목 제조정지 5일과 해당 제품 폐기	품목 제조정지 10일과 해당 제품 폐기	품목 제조정지 15일과 해당 제품 폐기
버. 그 밖에 가목부터 러목까지 외의 사항을 위반한 것		시정명령	품목 제조정지 5일	품목 제조정지 10일
5. 법 제8조를 위반한 경우	법 제72조 및 법 제75조			
가. 유독기구 등을 제조·수입 또는 판매한 경우		영업허가·등록취소 또는 영업소 폐쇄와 해당 제품 폐기		
나. 유독기구 등을 사용·저장·운반 또는 진열한 경우		영업정지 7일	영업정지 15일	영업정지 1개월
6. 법 제9조제4항을 위반한 경우 가. 식품등의 기준 및 규격을 위반한 것을 제조·수입·운반·진열·저장 또는 판매한 경우	법 제71조, 법 제72조, 법 제75조 및 법 제76조	품목 제조정지 15일	품목 제조정지 1개월	품목 제조정지 2개월
나. 식품등의 기준 및 규격에 위반된 것을 사용한 경우		시정명령	품목 제조정지 5일	품목 제조정지 10일
다. 한시적 기준 및 규격을 정하지 아니한 기구 또는 용기·포장을 사용한 경우		영업정지 15일과 해당 제품 폐기	영업정지 1개월과 해당 제품 폐기	영업정지 3개월과 해당 제품 폐기

7. 법 제10조제2항, 법 제11조제2항, 법 제12조의2, 법 제12조의3 또는 법 제13조를 위반한 경우 가. 식품·식품첨가물(수입품 포함)에 대한 표시사항의 위반으로서	법 제71조, 법 제72조, 법 제75조 및 법 제76조		
1) 표시대상 식품에 표시사항 전부를 표시하지 아니하거나 표시하지 아니한 식품을 영업에 사용한 경우	영업정지 1개월과 해당 제품 폐기	영업정지 2개월과 해당 제품 폐기	영업정지 3개월과 해당 제품 폐기
2) 한글표시를 하여야 하는 수입 식품·식품첨가물에 한글표시를 하지 아니하거나 한글표시를 하지 아니한 수입식품·식품첨가물을 영업에 사용한 경우	영업정지 1개월과 해당 제품 폐기	영업정지 2개월과 해당 제품 폐기	영업정지 3개월과 해당 제품 폐기
나. 주표시면에 표시하여야 할 사항 중 표시하지 아니하거나 기준에 부적합한 경우로서			
1) 주표시면에 표시하여야 하는 제품명 및 내용량을 전부 표시하지 아니한 경우	품목 제조정지 1개월	품목 제조정지 2개월	품목 제조정지 3개월
2) 내용량을 표시하지 아니한 경우	시정명령	품목 제조정지 15일	품목 제조정지 1개월
다. 제품명 표시기준으로 위반한 경우로서			
1) 특정 성분을 제품명에 사용시 주표시면에 그 함량을 표시하지 않은 경우	품목 제조정지 15일	품목 제조정지 1개월	품목 제조정지 2개월
2) 제품명을 표시하지 아니하거나 표시기준에 위반한 제품명을 사용한 경우	품목 제조정지 15일	품목 제조정지 1개월	품목 제조정지 2개월
라. 제조연월일, 유통기한 표시기준을 위반한 경우로서			
1) 제조연월일 또는 유통기한을 표시하지 아니하거나 표시하지 아니한 식품등을 영업에 사용한 경우(제조연월일 유통기한 표시대상 식품등만 해당한다)	품목 제조정지 15일과 해당 제품 폐기	품목 제조정지 1개월과 해당 제품 폐기	품목 제조정지 2개월과 해당 제품 폐기

		품목류 제조정지 10일과 해당 제품 폐기	품목류 제조정지 20일과 해당 제품 폐기	품목류 제조정지 1개월과 해당 제품 폐기
2) 유통기한을 품목제조보고한 내용보다 초과하여 표시한 경우		품목류 제조정지 10일과 해당 제품 폐기	품목류 제조정지 20일과 해당 제품 폐기	품목류 제조정지 1개월과 해당 제품 폐기
3) 제조연월일 표시기준을 위반하여 유통기한을 연장한 경우		영업정지 1개월과 해당 제품 폐기	영업정지 2개월과 해당 제품 폐기	영업정지 3개월과 해당 제품 폐기
4) 제품에 표시된 제조연월일 또는 유통기한을 변조한 경우(가공 없이 포장만을 다시 하여 제조연월일 또는 유통기한을 표시한 경우를 포함한다)		영업허가·등록 취소 또는 영업소 폐쇄와 해당 제품 폐기		
마. 원재료명 및 함량표시기준을 위반한 경우로서				
1) 사용한 원재료의 전부를 표시하지 않은 경우		품목 제조정지 15일	품목 제조정지 1개월	품목 제조정지 2개월
2) 사용한 원재료의 일부를 표시하지 않은 경우		시정명령	품목 제조정지 15일	품목 제조정지 1개월
3) 식품의약품안전처장이 정하여 고시하는 알레르기 유발 식품을 성분·원료로 사용한 제품에 그 사용한 원재료명을 표시하지 아니한 경우		품목 제조정지 15일	품목 제조정지 1개월과 해당 제품 폐기	품목 제조정지 2개월과 해당 제품 폐기
4) 식품등의 기준 및 규격 에 따라 명칭과 용도를 함께 표시하여야 하는 합성감미료, 합성착색료, 합성보존료, 산화방지제에 대해 이를 표시하지 아니한 경우		시정명령	품목 제조정지 7일	품목 제조정지 15일

바. 그 밖에 표시사항의 기준을 위반한 경우로서			
1) 식품 또는 식품첨가물을 소분함에 있어 원제품에 표시된 제조연월일 또는 유통기한을 초과하여 표시하는 등 원 표시사항을 변경한 경우	영업정지 1개월과 해당 제품 폐기	영업정지 2개월과 해당 제품 폐기	영업정지 3개월과 해당 제품 폐기
2) 이온수·생명수 또는 약수 등 사용하지 못하도록 한 용어를 사용한 경우	영업정지 15일	영업정지 1개월	영업정지 2개월
사. 내용량을 표시함에 있어 부족량이 허용오차를 위반한 경우(아목에 해당하는 경우는 제외한다)로서			
1) 20퍼센트 이상 부족한 것	품목 제조정지 2개월	품목 제조정지 3개월	품목류 제조정지 3개월
2) 10퍼센트 이상 20퍼센트 미만 부족한 것	품목 제조정지 1개월	품목 제조정지 2개월	품목 제조정지 3개월
3) 10퍼센트 미만 부족한 것	시정명령	품목 제조정지 15일	품목 제조정지 1개월
아. 다음의 어느 하나에 해당하는 경우로서 식품을 변조된 중량으로 판매하거나 판매할 목적으로 제조·가공·저장·운반 또는 진열 등 영업에 사용한 경우 1) 식품에 납·얼음·한천·물 등 이물을 혼입시킨 경우 2) 냉동수산물의 내용량이 부족량 허용오차를 위반하면서 냉동수산물에 얼음막을 내용량의 20%를 초과하도록 생성시킨 경우	영업허가· 등록 취소 또는 영업소 폐쇄와 해당 제품 폐기		
자. 조사처리식품의 표시기준을 위반한 사항으로			
1) 조사처리된 식품임을 표시하지 아니한 경우	품목 제조정지 15일	품목 제조정지 1개월	품목 제조정지 2개월
2) 조사처리식품을 표시함에 있어 기준을 위반하여 표시한 경우	시정명령	품목 제조정지 15일	품목 제조정지 1개월

차. 사용금지한 식품첨가물 등에 "무" 등의 강조표시를 한 경우	영업정지 15일	영업정지 1개월	영업정지 2개월
카. 허위표시 또는 과대광고와 관련한 사항으로			
1) 질병의 예방 또는 치료에 효능이 있다는 내용의 표시나 광고	영업정지 2개월과 해당 제품(표시된 제품만 해당함) 폐기	영업허가·등록 취소 또는 영업소 폐쇄와 해당 제품(표시된 제품만 해당함) 폐기	
2) 의약품으로 혼동할 우려가 있는 내용의 표시나 광고	영업정지 15일	영업정지 1개월	영업정지 2개월
3) 체험기 및 체험사례 등 이와 유사한 내용을 표현하는 광고	품목 제조정지 1개월	품목 제조정지 2개월	품목 제조정지 3개월
4) 사행심을 조장하는 내용의 광고를 한 경우	시정명령	품목 제조정지 15일	품목 제조정지 1개월
5) 중앙행정기관·특별지방행정기관 및 그 부속기관 또는 지방자치단체가 아닌 자로부터 "인증"·"보증" 또는 "추천"을 받았다는 내용을 사용하거나 이와 유사한 내용을 표현하는 광고	시정명령	품목 제조정지 15일	품목 제조정지 1개월
6) 소비자가 건강기능식품으로 오인·혼동할 수 있는 특정성분의 기능 및 작용에 관한 표시·광고	영업정지 7일	영업정지 15일	영업정지 1개월
7) 표시·광고 심의 대상 중 심의를 받지 않은 경우	품목 제조정지 15일	품목 제조정지 1개월	품목 제조정지 2개월
타. 식품에 직접 사용하는 화학적합성품의 경우 해당 원료의 명칭 등을 사용하여 화학적 합성품이 아닌 것으로 혼동될 우려가 있는 광고를 한 경우	시정명령	품목 제조정지 2개월	품목 제조정지 3개월

		시정명령	품목 제조정지 10일	품목 제조정지 1개월
파. 제품의 포장재질·포장방법에 관한 기준 등에 관한 규칙에 위반하여 포장한 경우(파목에 해당하는 경우는 제외한다)		시정명령	품목 제조정지 10일	품목 제조정지 1개월
하. 포장한 2개 이상의 제품을 다시 1개로 재포장한 것으로, 그 내용물이 재포장 용량의 2분의 1에 미달되는 경우		시정명령	품목 제조정지 2개월	품목 제조정지 3개월
거. 유전자재조합식품의 표시위반				
1) 유전자재조합식품에 유전자재조합식품임을 표시하지 아니한 경우		품목 제조정지 15일	품목 제조정지 1개월	품목 제조정지 2개월
2) 유전자재조합식품을 유전자재조합식품이 아닌 것으로 표시·광고한 경우		품목 제조 정지 1개월	품목 제조 정지 2개월	품목 제조 정지 3개월
너. 가목부터 거목까지를 제외한 표시기준 및 허위표시 등 위반사항이				
1) 3개 사항 이상인 경우		품목 제조정지 15일	품목 제조정지 1개월	품목 제조정지 2개월
2) 3개 사항 미만인 경우		시정명령	품목 제조정지 15일	품목 제조정지 1개월
8. 삭제 〈2016.2.4.〉				
9. 법 제31조제1항을 위반한 경우 가. 자가품질검사를 실시하지 아니한 경우로서	법 제71조, 법 제75조 및 법 제76조			
1) 검사항목의 전부에 대하여 실시하지 아니한 경우		품목 제조정지 1개월	품목 제조정지 3개월	품목류 제조정지 3개월
2) 검사항목의 50퍼센트 이상에 대하여 실시하지 아니한 경우		품목 제조정지 15일	품목 제조정지 1개월	품목 제조정지 3개월
3) 검사항목의 50퍼센트 미만에 대하여 실시하지 아니한 경우		시정명령	품목 제조정지 15일	품목 제조정지 3개월

나. 자가품질검사에 관한 기록서를 2년간 보관하지 아니한 경우		영업정지 5일	영업정지 15일	영업정지 1개월
다. 자가품질검사 결과 부적합한 사실을 확인하였거나, 「식품·의약품 분야 시험·검사 등에 관한 법률」 제6조제3항제2호에 따른 자가품질위탁 시험·검사기관으로부터 부적합한 사실을 통보받았음에도 불구하고 해당 식품을 유통·판매한 경우		영업허가·등록 취소 또는 영업소 폐쇄와 해당 제품 폐기		
라. 자가품질검사 결과 부적합한 사실을 확인하였음에도 그 사실을 보고하지 않은 경우		영업정지 1개월	영업정지 2개월	영업정지 3개월
10. 법 제36조 및 법 제37조를 위반한 경우 가. 허가, 신고 또는 등록 없이 영업소를 이전한 경우	법 제71조, 법 제74조, 법 제75조 및 법 제76조	영업허가·등록취소 또는 영업소 폐쇄		
나. 변경허가를 받지 아니하거나 변경신고 또는 변경등록를 하지 아니한 경우로서				
1) 영업시설의 전부를 철거한 경우(시설 없이 영업신고를 한 경우를 포함한다)		영업허가·등록취소 또는 영업소 폐쇄		
2) 영업시설의 일부를 철거한 경우		시설개수 명령	영업정지 1개월	영업정지 2개월
다. 영업장의 면적을 변경하고 변경신고를 하지 아니한 경우		시정명령	영업정지 7일	영업정지 15일
라. 변경신고 또는 변경등록를 하지 아니하고 추가로 시설을 설치하여 새로운 제품을 생산한 경우		시정명령	영업정지 1개월	영업정지 2개월
마. 법 제37조제2항에 따른 조건을 위반한 경우		영업정지 1개월	영업정지 3개월	영업허가·등록취소
바. 급수시설기준을 위반한 경우(수질검사결과 부적합판정을 받은 경우를 포함한다)		시설개수 명령	영업정지 1개월	영업정지 3개월

사. 허가를 받거나 신고 또는 등록를 한 업종의 영업행위가 아닌 다른 업종의 영업행위를 한 경우		영업정지 1개월	영업정지 2개월	영업정지 3개월
아. 의약품제조시설을 식품제조·가공시설로 지정받지 아니하고 의약품제조시설을 이용하여 식품등을 제조·가공한 경우		영업정지 1개월	영업정지 2개월	영업정지 3개월
자. 그 밖에 가목부터 아목까지를 제외한 허가, 신고 또는 등록사항 중				
1) 시설기준에 위반된 경우		시설개수 명령	영업정지 1개월	영업정지 2개월
2) 그 밖의 사항을 위반한 경우		시정명령	영업정지 5일	영업정지 15일
11. 법 제44조제1항을 위반한 경우 가. 식품 및 식품첨가물의 제조·가공영업자의 준수사항 중	법 제71조 및 법 제75조			
1) 별표 17 제1호가목을 위반한 경우				
가) 생산 및 작업기록에 관한 서류를 작성하지 아니하거나 거짓으로 작성한 경우 또는 이를 보관하지 아니한 경우		영업정지 15일	영업정지 1개월	영업정지 3개월
나) 원료수불 관계 서류를 작성하지 아니하거나 거짓으로 작성한 경우 또는 이를 보관하지 아니한 경우		영업정지 5일	영업정지 10일	영업정지 20일
2) 별표 17 제1호다목 또는 카목을 위반한 경우		영업정지 15일	영업정지 1개월	영업정지 3개월
3) 별표 17 제1호아목·차목 또는 타목을 위반한 경우		영업정지 7일	영업정지 15일	영업정지 1개월
4) 별표 17 제1호자목을 위반한 경우				
가) 수질검사를 검사기간 내에 하지 아니한 경우		영업정지 15일	영업정지 1개월	영업정지 3개월
나) 부적합 판정된 물을 계속 사용한 경우		영업허가·등록 취소 또는 영업소 폐쇄		

5) 위 1)부터 4)까지를 제외한 준수사항을 위반한 경우		시정명령	영업정지 5일	영업정지 10일
나. 즉석판매제조·가공업자의 준수사항 중				
1) 별표 17 제2호가목 또는 아목을 위반한 경우		영업정지 15일	영업정지 1개월	영업정지 3개월
2) 별표 17 제2호마목을 위반한 경우		영업정지 1개월	영업정지 2개월	영업정지 3개월
3) 별표 17 제2호사목을 위반한 경우				
가) 수질검사를 검사기간 내에 하지 아니한 경우		영업정지 15일	영업정지 1개월	영업정지 3개월
나) 부적합 판정된 물을 계속 사용한 경우		영업허가·등록 취소 또는 영업소 폐쇄		
4) 별표 17 제2호나목을 위반한 경우		시정명령	영업정지 7일	영업정지 15일
5) 별표 17 제2호라목 또는 바목을 위반한 경우		영업정지 7일	영업정지 15일	영업정지 1개월
6) 위 1)부터 5)까지 외의 준수사항을 위반한 경우		시정명령	영업정지 5일	영업정지 10일
다. 식품소분업 및 유통전문판매업자의 준수사항 위반은 2. 식품판매업 등의 제9호가목에 따른다.				
라. 식품조사처리업자의 준수사항 위반		영업정지 15일	영업정지 1개월	영업정지 3개월
12. 법 제45조제1항을 위반한 경우	법 제75조			
가. 회수조치를 하지 않은 경우		영업정지 2개월	영업정지 3개월	영업허가 취소, 영업등록취소 또는 영업소 폐쇄
나. 회수계획을 보고하지 않거나 허위로 보고한 경우		영업정지 1개월	영업정지 2개월	영업정지 3개월

위반사항	근거 법령	1차 위반	2차 위반	3차 위반
13. 법 제48조제2항에 따른 식품안전관리인증기준을 지키지 아니한 경우	법 제75조	영업정지 7일	영업정지 15일	영업정지 1개월
13의2. 법 제49조제1항 단서에 따른 식품이력추적관리를 등록하지 아니한 경우	법 제71조 및 법 제75조	시정명령	영업정지 7일	영업정지 15일
14. 법 제72조제3항에 따른 회수명령을 위반한 경우	법 제75조			
가. 회수명령을 받고 회수하지 아니한 경우		영업정지 1개월	영업정지 2개월	영업정지 3개월
나. 회수하지 않았으나 회수한 것으로 속인 경우		영업허가·등록 취소 또는 영업소 폐쇄와 해당 제품 폐기		
15. 법 제73조제1항에 따른 위해발생사실의 공표명령을 위반한 경우	법 제75조	영업정지 1개월	영업정지 2개월	영업정지 3개월
16. 영업정지 처분 기간 중에 영업을 한 경우	법 제75조	영업허가·등록취소 또는 영업소 폐쇄		
17. 품목 및 품목류 제조정지 기간 중에 품목제조를 한 경우	법 제75조	영업정지 2개월	영업허가·등록취소 또는 영업소 폐쇄	
18. 그 밖에 제1호부터 제17호까지를 제외한 법을 위반한 경우(법 제101조에 따른 과태료 부과 대상에 해당하는 위반 사항은 제외한다)	법 제71조 및 법 제75조	시정명령	영업정지 7일	영업정지 15일

2. 식품판매업 등

식품운반업, 식품판매업(유통전문판매업은 제외한다) 및 식품냉동·냉장업을 말한다.

위반사항	근거 법령	행정처분기준		
		1차 위반	2차 위반	3차 위반
1. 법 제4조를 위반한 경우	법 제72조 및 법 제75조			
가. 썩거나 상하여 인체의 건강을 해칠 우려가 있는 것		영업정지 15일과 해당 제품 폐기	영업정지 1개월과 해당 제품 폐기	영업정지 3개월과 해당 제품 폐기
나. 설익어서 인체의 건강을 해칠 우려가 있는 것		영업정지 7일과 해당 제품 폐기	영업정지 15일과 해당 제품 폐기	영업정지 1개월과 해당 제품 폐기
다. 유독·유해물질이 들어 있거나 묻어 있는 것이나 그러할 염려가 있는 것 또는 병을 일으키는 미생물에 오염되었거나 그러할 염려가 있어 인체의 건강을 해칠 우려가 있는 것		영업허가 취소 또는 영업소 폐쇄와 해당 제품 폐기		
라. 불결하거나 다른 물질이 섞이거나 첨가된 것 또는 그 밖의 사유로 인체의 건강을 해칠 우려가 있는 것		영업정지 15일과 해당 제품 폐기	영업정지 1개월과 해당 제품 폐기	영업정지 3개월과 해당 제품 폐기
마. 법 제18조에 따른 안전성 평가 대상인 농·축·수산물 등 가운데 안전성 평가를 받지 아니하였거나 안전성 평가에서 식용으로 부적합하다고 인정된 것		영업정지 1개월과 해당 제품 폐기	영업정지 3개월과 해당 제품 폐기	영업허가 취소 또는 영업소 폐쇄와 해당 제품 폐기
바. 수입이 금지된 것 또는 「수입식품안전관리 특별법」 제20조제1항에 따른 수입신고를 하지 아니하고 수입한 것(식용 외의 용도로 수입된 것을 식용으로 사용한 것을 포함한다)		영업정지 1개월과 해당 제품 폐기	영업정지 3개월과 해당 제품 폐기	영업허가 취소 또는 영업소 폐쇄와 해당 제품 폐기
사. 영업자가 아닌 자가 제조·가공·소분(소분대상이 아닌 식품 및 식품첨가물을 소분·판매하는 것을 포함한다)한 것		영업정지 1개월과 해당 제품 폐기	영업정지 3개월과 해당 제품 폐기	영업허가 취소 또는 영업소 폐쇄와 해당 제품 폐기

2. 법 제5조를 위반한 경우	법 제72조 및 법 제75조	영업허가 취소 또는 영업소 폐쇄와 해당 제품 폐기		
3. 법 제6조를 위반한 경우	법 제72조 및 법 제75조	영업허가 취소 또는 영업소 폐쇄와 해당 제품 폐기		
4. 법 제7조제4항을 위반한 경우 　가. 식중독균 검출기준을 위반한 것	법 제71조, 법 제72조 및 법 제75조	영업정지 1개월과 해당 제품 폐기	영업정지 2개월과 해당 제품 폐기	영업정지 3개월과 해당 제품 폐기
나. 산가, 과산화물가, 대장균, 대장균군 또는 일반세균 기준을 위반한 것		영업정지 7일과 해당 제품 폐기	영업정지 15일과 해당 제품 폐기	영업정지 1개월과 해당 제품 폐기
다. 이물이 혼입된 것		시정명령	영업정지 7일	영업정지 15일
라. 보존 및 유통기준을 위반한 것		영업정지 7일	영업정지 15일	영업정지 1개월
마. 그 밖에 가목부터 라목까지 외의 사항을 위반한 것		시정명령	영업정지 5일	영업정지 10일
5. 법 제8조를 위반한 경우	법 제72조 및 법 제75조	영업정지 15일과 해당 제품 폐기	영업정지 1개월과 해당 제품 폐기	영업정지 2개월과 해당 제품 폐기
6. 법 제9조제4항을 위반한 경우	법 제72조 및 법 제75조	영업정지 7일과 해당 제품 폐기	영업정지 15일과 해당 제품 폐기	영업정지 1개월과 해당 제품 폐기
7. 법 제10조제2항 또는 법 제13조를 위반한 경우 　가. 식품·식품첨가물(수입품을 포함한다)에 대한 표시사항의 위반으로서	법 제71조, 법 제72조 및 법 제75조			

1) 표시대상 식품에 표시사항 전부를 표시하지 아니한 것을 진열·판매한 경우		영업정지 1개월과 해당 제품 폐기	영업정지 2개월과 해당 제품 폐기	영업정지 3개월과 해당 제품 폐기
2) 한글표시를 하여야 하는 수입식품·식품첨가물에 한글표시를 하지 아니한 것을 진열·판매한 경우		영업정지 1개월과 해당 제품 폐기	영업정지 2개월과 해당 제품 폐기	영업정지 3개월과 해당 제품 폐기
나. 주표시면에 표시하여야 할 사항 중 제품명 및 내용량을 표시하지 아니한 것을 진열·판매한 경우		시정명령	영업정지 7일·	영업정지 15일
다. 제조연월일 또는 유통기한 표시기준을 위반한 경우로서				
1) 제조연월일 또는 유통기한을 표시하지 아니한 것을 진열·판매한 경우(제조연월일 또는 유통기한 표시대상 식품등만 해당한다)		영업정지 7일과 해당 제품 폐기	영업정지 15일과 해당 제품 폐기	영업정지 1개월과 해당 제품 폐기
2) 제조연월일 표시기준을 위반하여 유통기한을 연장한 경우		영업정지 1개월과 해당 제품 폐기	영업정지 2개월과 해당 제품 폐기	영업정지 3개월과 해당 제품 폐기
3) 제품에 표시된 제조연월일 또는 유통기한을 변조한 경우(가공 없이 포장만을 다시 하여 제조연월일 또는 유통기한을 표시한 경우를 포함한다)		영업허가·등록 취소 또는 영업소 폐쇄와 해당 제품 폐기		
라. 허위표시 또는 과대광고와 관련한 사항으로				
1) 질병의 예방 또는 치료에 효능이 있다는 내용의 표시나 광고		영업정지 2개월과 해당 제품(표시된 제품만 해당함) 폐기	영업허가·등록 취소 또는 영업소 폐쇄와 해당 제품(표시된 제품만 해당함) 폐기	
2) 의약품으로 혼동할 우려가 있는 내용의 표시나 광고		영업정지 15일	영업정지 1개월	영업정지 2개월
3) 체험기 및 체험사례 등 이와 유사한 내용을 표현하는 광고		영업정지 7일	영업정지 15일	영업정지 1개월

4) 사행심을 조장하는 내용의 광고를 한 경우		영업정지 5일	영업정지 10일	영업정지 20일
8. 법 제36조 및 법 제37조를 위반한 경우	법 제71조, 법 제72조 및 법 제75조			
가. 신고를 하지 아니하고 영업소를 이전한 경우		영업허가 취소 또는 영업소 폐쇄		
나. 변경신고를 하지 아니한 경우로서				
1) 영업시설의 전부를 철거한 경우 (시설 없이 영업신고를 한 경우를 포함한다)		영업허가 취소 또는 영업소 폐쇄		
2) 영업시설의 일부를 철거한 경우		시설개수 명령	영업정지 15일	영업정지 1개월
다. 시설기준에 따른 냉장·냉동시설이 없거나 냉장·냉동시설을 가동하지 아니한 경우				
1) 식품운반업		해당 차량 영업정지 1개월	해당 차량 영업정지 3개월	전체 차량 영업정지 2개월
2) 식품판매업 또는 식품냉동·냉장업		영업정지 1개월	영업정지 3개월	영업허가 취소 또는 영업소 폐쇄
라. 영업장의 면적을 변경하고 변경신고를 하지 아니한 경우		시정명령	영업정지 7일	영업정지 15일
마. 급수시설기준을 위반한 경우(수질검사결과 부적합 판정을 받은 경우를 포함한다)		시설개수 명령	영업정지 1개월	영업정지 2개월
바. 신고한 업종의 영업행위가 아닌 다른 업종의 영업행위를 한 경우		영업정지 1개월	영업정지 2개월	영업정지 3개월
사. 그 밖에 가목부터 바목까지를 제외한 신고사항 중				
1) 시설기준을 위반한 경우		시설개수 명령	영업정지 1개월	영업정지 2개월
2) 그 밖의 사항을 위반한 경우		시정명령	영업정지 5일	영업정지 15일

9. 법 제44조제1항을 위반한 경우	법 제71조 및 법 제75조			
가. 식품소분·판매·운반업자의 준수 사항 중				
1) 별표 17 제3호다목을 위반한 경우				
가) 수질검사를 검사기간 내에 하지 아니한 경우		영업정지 15일	영업정지 1개월	영업정지 3개월
나) 부적합 판정된 물을 계속 사용한 경우		영업허가· 등록 취소 또는 영업소 폐쇄		
2) 별표 17 제3호아목·차목 또는 카목을 위반한 경우		영업정지 15일	영업정지 1개월	영업정지 2개월
3) 별표 17 제3호사목·자목 또는 파목을 위반한 경우		영업정지 7일	영업정지 15일	영업정지 1개월
4) 별표 17 제3호하목을 위반한 경우		시정명령	영업정지 5일	영업정지 10일
5) 위 1)부터 4)까지 외의 준수사항 을 위반한 경우		시정명령	영업정지 3일	영업정지 7일
나. 식품자동판매기영업자의 준수사항 중				
1) 별표 17 제4호가목·다목 또는 바목을 위반한 경우		영업정지 7일	영업정지 15일	영업정지 1개월
2) 1) 외의 준수사항을 위반한 경우		시정명령	영업정지 7일	영업정지 15일
다. 집단급식소 식품판매영업자의 준수 사항 중				
1) 별표 17 제5호나목을 위반한 경우		영업정지 7일	영업정지 15일	영업정지 1개월
2) 별표 17 제5호마목 또는 사목 을 위반한 경우		영업정지 15일	영업정지 1개월	영업정지 2개월
3) 별표 17 제5호바목을 위반한 경우				
가) 수질검사를 정하여진 기간 내에 하지 아니한 경우		영업정지 15일	영업정지 1개월	영업정지 3개월
나) 부적합 판정된 물을 계속 사용한 경우		영업허가· 등록 취소 또는 영업소 폐쇄		
4) 1)부터 3)까지 외의 준수사항을 위반한 경우		시정명령	영업정지 7일	영업정지 15일

10. 법 제45조제1항을 위반한 경우	법 제75조			
가. 회수조치를 하지 않은 경우		영업정지 2개월	영업정지 3개월	영업허가 취소 또는 영업소 폐쇄
나. 회수계획을 보고하지 않거나 허위로 보고한 경우		영업정지 1개월	영업정지 2개월	영업정지 3개월
10의2. 법 제49조제1항 단서에 따른 식품이력추적관리를 등록하지 아니한 경우	법 제71조 및 법 제75조	시정명령	영업정지 7일	영업정지 15일
11. 법 제72조제3항에 따른 회수명령을 위반한 경우	법 제75조	영업정지 1개월	영업정지 2개월	영업정지 3개월
12. 법 제73조제1항에 따른 위해발생사실의 공표명령을 위반한 경우	법 제75조	영업정지 1개월	영업정지 2개월	영업정지 3개월
13. 영업정지 처분 기간 중에 영업을 한 경우	법 제75조	영업허가 취소 또는 영업소 폐쇄		
14. 그 밖에 제1호부터 제13호까지를 제외한 법을 위반한 경우(법 제101조에 따른 과태료 부과 대상에 해당하는 위반사항은 제외한다)	법 제71조 및 법 제75조	시정명령	영업정지 5일	영업정지 10일

3. 식품접객업

영 제21조제8호의 식품접객업을 말한다.

위반사항	근거 법령	행정처분기준		
		1차 위반	2차 위반	3차 위반
1. 법 제4조를 위반한 경우	법 제72조 및 법 제75조			
가. 썩거나 상하여 인체의 건강을 해칠 우려가 있는 것		영업정지 15일과 해당 음식물 폐기	영업정지 1개월과 해당 음식물 폐기	영업정지 3개월과 해당 음식물 폐기
나. 설익어서 인체의 건강을 해칠 우려가 있는 것		영업정지 7일과 해당 음식물 폐기	영업정지 15일과 해당 음식물 폐기	영업정지 1개월과 해당 음식물 폐기
다. 유독·유해물질이 들어 있거나 묻어 있는 것이나 그러할 염려가 있는 것 또는 병을 일으키는 미생물에 오염되었거나 그러할 염려가 있어 인체의 건강을 해칠 우려가 있는 것				
1) 유독·유해물질이 들어 있거나 묻어 있는 것이나 그러할 염려가 있는 것		영업허가 취소 또는 영업소 폐쇄와 해당 음식물 폐기		
2) 병을 일으키는 미생물에 오염되었거나 그러할 염려가 있어 인체의 건강을 해칠 우려가 있는 것		영업정지 1개월과 해당 음식물 폐기	영업정지 3개월과 해당 음식물 폐기	영업허가 취소 또는 영업소 폐쇄와 해당 음식물 폐기
라. 불결하거나 다른 물질이 섞이거나 첨가된 것 또는 그 밖의 사유로 인체의 건강을 해칠 우려가 있는 것		영업정지 15일과 해당 음식물 폐기	영업정지 1개월과 해당 음식물 폐기	영업정지 3개월과 해당 음식물 폐기
마. 안전성 평가 대상인 농·축·수산물 등 가운데 안전성 평가를 받지 아니하였거나 안전성 평가에서 식용으로 부적합하다고 인정된 것		영업정지 2개월과 해당 음식물 폐기	영업정지 3개월과 해당 음식물 폐기	영업허가 취소 또는 영업소 폐쇄와 해당 음식물 폐기

		영업정지 2개월과 해당 음식물 폐기	영업정지 3개월과 해당 음식물 폐기	영업허가 취소 또는 영업소 폐쇄와 해당 음식물 폐기
바. 수입이 금지된 것 또는 「수입식품안전관리 특별법」 제20조제1항에 따른 수입신고를 하지 아니하고 수입한 것		영업정지 2개월과 해당 음식물 폐기	영업정지 3개월과 해당 음식물 폐기	영업허가 취소 또는 영업소 폐쇄와 해당 음식물 폐기
사. 영업자가 아닌 자가 제조·가공·소분(소분 대상이 아닌 식품 및 식품첨가물을 소분·판매하는 것을 포함한다)한 것		영업정지 1개월과 해당 음식물 폐기	영업정지 2개월과 해당 음식물 폐기	영업정지 3개월과 해당 음식물 폐기
2. 법 제5조를 위반한 경우	법 제72조 및 법 제75조	영업허가취소 또는 영업소 폐쇄와 해당 음식물 폐기		
3. 법 제6조를 위반한 경우	법 제72조 및 법 제75조	영업허가 취소 또는 영업소 폐쇄와 해당 음식물 폐기		
4. 법 제7조제4항을 위반한 경우	법 제71조, 법 제72조 및 법 제75조			
가. 식품등의 한시적 기준 및 규격을 정하지 아니한 천연첨가물, 기구등의 살균·소독제를 사용한 경우		영업정지 15일과 해당 음식물 폐기	영업정지 1개월과 해당 음식물 폐기	영업정지 3개월과 해당 음식물 폐기
나. 비소, 카드뮴, 납, 수은, 중금속, 메탄올, 다이옥신 또는 시안화물의 기준을 위반한 것		영업정지 1개월과 해당 음식물 폐기	영업정지 2개월과 해당 음식물 폐기	영업정지 3개월과 해당 음식물 폐기
다. 바륨, 포름알데히드, 올소톨루엔, 설폰아미드, 방향족탄화수소, 폴리옥시에틸렌, 엠씨피디 또는 세레늄의 기준을 위반한 것		영업정지 15일과 해당 음식물 폐기	영업정지 1개월과 해당 음식물 폐기	영업정지 2개월과 해당 음식물 폐기
라. 방사능잠정허용기준을 위반한 것		영업정지 1개월과 해당 음식물 폐기	영업정지 2개월과 해당 음식물 폐기	영업정지 3개월과 해당 음식물 폐기

마. 농약잔류허용기준을 초과한 농산물 또는 식육을 원료로 사용한 것(「축산물가공처리법」 등 다른 법령에 따른 검사를 받아 합격한 것을 원료로 사용한 경우는 제외한다)		영업정지 1개월과 해당 음식물 폐기	영업정지 3개월과 해당 음식물 폐기	영업허가취소 또는 영업소폐쇄와 해당 음식물 폐기
바. 곰팡이독소 또는 패류독소 기준을 위반한 것		영업정지 1개월과 해당 음식물 폐기 및 원료 폐기	영업정지 3개월과 해당 음식물 폐기 및 원료 폐기	영업허가취소 또는 영업소폐쇄와 해당 음식물 폐기 및 원료 폐기
사. 항생물질 등의 잔류허용기준(항생물질·합성항균제 또는 합성호르몬제)을 초과한 것을 원료로 사용한 것(「축산물가공처리법」 등 다른 법령에 따른 검사를 받아 합격한 것을 원료로 사용한 경우는 제외한다)		영업정지 1개월과 해당 음식물 폐기 및 원료 폐기	영업정지 3개월과 해당 음식물 폐기 및 원료 폐기	영업허가취소 또는 영업소폐쇄와 해당 음식물 폐기 및 원료 폐기
아. 식중독균 검출기준을 위반한 것으로서				
1) 조리식품 등 또는 접객용 음용수		영업정지 1개월과 해당 음식물 폐기 및 원료 폐기	영업정지 3개월과 해당 음식물 폐기 및 원료 폐기	영업허가취소 또는 영업소폐쇄와 해당 음식물 폐기 및 원료 폐기
2) 조리기구 등		시정명령	영업정지 7일	영업정지 15일
자. 산가, 과산화물가, 대장균, 대장균군 또는 일반세균의 기준을 위반한 것				
1) 조리식품 등 또는 접객용 음용수		영업정지 15일과 해당 음식물 폐기	영업정지 1개월과 해당 음식물 폐기	영업정지 2개월과 해당 음식물 폐기
2) 조리기구 등		시정명령	영업정지 7일	영업정지 15일

차. 식품첨가물의 사용 및 허용기준을 위반한 것을 사용한 것				
1) 허용 외 식품첨가물을 사용한 것 또는 기준 및 규격이 정하여지지 아니한 첨가물을 사용한 것		영업정지 1개월과 해당 제품 폐기	영업정지 2개월과 해당 제품 폐기	영업허가취소 또는 영업소 폐쇄
2) 사용 또는 허용량 기준에 초과한 것으로서				
가) 30퍼센트 이상을 초과한 것		영업정지 15일과 해당 음식물 폐기	영업정지 1개월과 해당 음식물 폐기	영업정지 2개월과 해당 음식물 폐기
나) 10퍼센트 이상 30퍼센트 미만을 초과한 것		영업정지 7일과 해당 음식물 폐기	영업정지 15일과 해당 음식물 폐기	영업정지 1개월과 해당 음식물 폐기
다) 10퍼센트 미만을 초과한 것		시정명령	영업정지 7일	영업정지 15일
카. 식품첨가물 중 질소의 사용기준을 위반한 경우	영업허가 취소 또는 영업소 폐쇄와 해당 음식물 폐기			
타. 이물이 혼입된 것		시정명령	영업정지 7일	영업정지 15일
파. 식품조사처리기준을 위반한 것을 사용한 것		시정명령	영업정지 7일	영업정지 15일
하. 식품등의 기준 및 규격 중 식품원료 기준이나 조리 및 관리기준을 위반한 경우로서(제1호부터 제3호까지에 해당하는 경우는 제외한다)				
1) 사료용 또는 공업용 등으로 사용되는 등 식용을 목적으로 채취, 취급, 가공, 제조 또는 관리되지 않은 원료를 식품의 조리에 사용한 경우	영업허가·등록 취소 또는 영업소 폐쇄와 해당 음식물 폐기			
2) 그 밖의 사항을 위반한 경우		시정명령	영업정지 7일	영업정지 15일
거. 그 밖에 가목부터 파목까지 외의 사항을 위반된한 것		시정명령	영업정지 5일	영업정지 10일

위반사항	근거법령	1차위반	2차위반	3차위반
5. 법 제8조를 위반한 경우	법 제75조	시정명령	영업정지 15일	영업정지 1개월
6. 법 제9조제4항을 위반한 경우	법 제71조 및 법 제75조	시정명령	영업정지 5일	영업정지 10일
7. 법 제10조제2항, 법 제12조제1항·제2항 또는 법 제13조를 위반한 경우	법 제75조			
가. 식품·식품첨가물(수입품 포함)에 대한 표시사항의 위반으로서				
1) 표시사항 전부를 표시하지 아니한 것을 사용한 경우		영업정지 1개월과 해당 제품 폐기	영업정지 2개월과 해당 제품 폐기	영업정지 3개월과 해당 제품 폐기
2) 한글표시를 하여야 하는 수입식품·식품첨가물에 한글표시를 하지 아니한 것을 사용한 경우		영업정지 1개월과 해당 제품 폐기	영업정지 2개월과 해당 제품 폐기	영업정지 3개월과 해당 제품 폐기
나. 제조연월일, 유통기한 표시기준을 위반한 경우로서				
1) 제조연월일 또는 유통기한을 표시하지 아니한 것을 사용한 경우 (제조연월일 또는 유통기한 표시 대상 식품등만 해당한다)		영업정지 7일과 해당 음식물 폐기	영업정지 15일과 해당 음식물 폐기	영업정지 1개월과 해당 음식물 폐기
2) 제조연월일 표시기준을 위반하여 유통기한을 연장한 경우		영업정지 1개월과 해당 제품 폐기	영업정지 2개월과 해당 제품 폐기	영업정지 3개월과 해당 제품 폐기
3) 제품에 표시된 제조연월일 또는 유통기한을 변조한 경우(가공 없이 포장만을 다시 하여 제조연월일 또는 유통기한을 표시한 경우를 포함한다)		영업허가·등록 취소 또는 영업소 폐쇄와 해당 제품 폐기		
다. 허위표시 또는 과대광고와 관련한 사항으로				
1) 질병의 치료에 효능이 있다는 내용이나 의약품으로 혼동할 우려가 있는 내용의 표시나 광고를 한 경우		시정명령	영업정지 7일	영업정지 15일
2) 사행심을 조장하는 내용의 광고를 한 경우		시정명령	영업정지 5일	영업정지 10일

3) 삭제 〈2011.8.19〉				
라. 삭제 〈2011.8.19〉				
8. 법 제36조 또는 법 제37조를 위반한 경우	법 제71조, 법 제74조 및 법 제75조			
가. 변경허가를 받지 아니하거나 변경신고를 하지 아니하고 영업소를 이전한 경우		영업허가취소 또는 영업소 폐쇄		
나. 변경신고를 하지 아니한 경우로서 1) 영업시설의 전부를 철거한 경우(시설 없이 영업신고를 한 경우를 포함한다)		영업허가취소 또는 영업소 폐쇄		
2) 영업시설의 일부를 철거한 경우		시설개수 명령	영업정지 15일	영업정지 1개월
다. 영업장의 면적을 변경하고 변경신고를 하지 아니한 경우		시정명령	영업정지 7일	영업정지 15일
라. 시설기준 위반사항으로 1) 유흥주점 외의 영업장에 무도장을 설치한 경우		시설개수 명령	영업정지 1개월	영업정지 2개월
2) 일반음식점의 객실 안에 무대장치, 음향 및 반주시설, 특수조명시설을 설치한 경우		시설개수 명령	영업정지 1개월	영업정지 2개월
3) 음향 및 반주시설을 설치하는 영업자가 방음장치를 하지 아니한 경우		시설개수 명령	영업정지 15일	영업정지 1개월
마. 법 제37조제2항에 따른 조건을 위반한 경우		영업정지 1개월	영업정지 2개월	영업정지 3개월
바. 시설기준에 따른 냉장·냉동시설이 없는 경우 또는 냉장·냉동시설을 가동하지 아니한 경우		영업정지 15일	영업정지 1개월	영업정지 2개월
사. 급수시설기준을 위반한 경우(수질검사결과 부적합 판정을 받은 경우를 포함한다)		시설개수 명령	영업정지 1개월	영업정지 3개월
아. 그 밖의 가목부터 사목까지 외의 허가 또는 신고사항을 위반한 경우로서				
1) 시설기준을 위반한 경우		시설개수 명령	영업정지 15일	영업정지 1개월
2) 그 밖의 사항을 위반한 경우		시정명령	영업정지 7일	영업정지 15일

9. 법 제43조에 따른 영업 제한을 위반한 경우	법 제71조 및 법 제75조			
가. 영업시간 제한을 위반하여 영업한 경우		영업정지 15일	영업정지 1개월	영업정지 2개월
나. 영업행위 제한을 위반하여 영업한 경우		시정명령	영업정지 15일	영업정지 1개월
10. 법 제44조제1항을 위반한 경우	법 제71조 및 법 제75조			
가. 식품접객업자의 준수사항(별표 17 제7호자목·파목·머목 및 별도의 개별 처분기준이 있는 경우는 제외한다)의 위반으로서				
1) 별표 17 제7호타목1)을 위반한 경우		영업정지 1개월	영업정지 2개월	영업허가 취소 또는 영업소 폐쇄
2) 별표 17 제7호다목·타목5) 또는 버목을 위반한 경우		영업정지 2개월	영업정지 3개월	영업허가 취소 또는 영업소 폐쇄
3) 별표 17 제7호타목2)·7)·거목 또는 서목을 위반한 경우		영업정지 1개월	영업정지 2개월	영업허가 취소 또는 영업소 폐쇄
4) 별표 17 제7호나목, 카목, 타목 3)·4), 하목 또는 어목을 위반한 경우		영업정지 15일	영업정지 1개월	영업정지 3개월
5) 별표 17 제7호너목을 위반한 경우				
가) 수질검사를 검사기간 내에 하지 아니한 경우		영업정지 15일	영업정지 1개월	영업정지 2개월
나) 부적합 판정된 물을 계속 사용한 경우		영업허가·등록 취소 또는 영업소 폐쇄		
6) 별표 17 제7호러목을 위반한 경우		영업정지 15일	영업정지 2개월	영업정지 3개월
7) 별표 17 제7호처목을 위반하여 모범업소로 오인·혼동할 우려가 있는 표시를 한 경우		시정명령	영업정지 5일	영업정지 10일
8) 별표 17 제7호커목을 위반한 경우로서				
가) 주재료가 다른 경우		영업정지 7일	영업정지 15일	영업정지 1개월
나) 중량이 30퍼센트 이상 부족한 것		영업정지 7일	영업정지 15일	영업정지 1개월

다) 중량이 20퍼센트 이상 30퍼센트 미만 부족한 것		시정명령	영업정지 7일	영업정지 15일
9) 별표 17 제7호퍼목을 위반한 경우		시정명령	영업정지 7일	영업정지 15일
나. 위탁급식업영업자의 준수사항(별도의 개별 처분기준이 있는 경우는 제외한다)의 위반으로서				
1) 별표 17 제8호가목·다목·라목·차목 또는 카목을 위반한 경우		영업정지 15일	영업정지 1개월	영업정지 2개월
2) 별표 17 제8호사목을 위반한 경우		영업정지 7일	영업정지 15일	영업정지 1개월
3) 별표 17 제8호마목을 위반한 경우				
가) 수질검사를 검사기간 내에 하지 아니한 경우		영업정지 15일	영업정지 1개월	영업정지 3개월
나) 부적합 판정된 물을 계속 사용한 경우		영업정지 1개월	영업정지 3개월	영업허가 취소 또는 영업소 폐쇄
4) 별표 17 제8호타목을 위반한 경우		시정명령	영업정지 5일	영업정지 10일
5) 1)부터 4)까지를 제외한 준수사항을 위반한 경우		시정명령	영업정지 7일	영업정지 15일
11. 법 제44조제2항을 위반한 경우	법 제75조			
가. 청소년을 유흥접객원으로 고용하여 유흥행위를 하게 하는 행위를 한 경우		영업허가취소 또는 영업소 폐쇄		
나. 청소년유해업소에 청소년을 고용하는 행위를 한 경우		영업정지 3개월	영업허가취소 또는 영업소 폐쇄	
다. 청소년유해업소에 청소년을 출입하게 하는 행위를 한 경우		영업정지 1개월	영업정지 2개월	영업정지 3개월
라. 청소년에게 주류를 제공하는 행위(출입하여 주류를 제공한 경우 포함)를 한 경우		영업정지 2개월	영업정지 3개월	영업허가취소 또는 영업소 폐쇄
12. 법 제51조를 위반한 경우	법 제71조 및 법 제75조	시정명령	영업정지 7일	영업정지 15일

위반 사항	근거 법령			
13. 영업정지 처분 기간 중에 영업을 한 경우	법 제75조	영업허가취소 또는 영업소 폐쇄		
14. 「성매매알선 등 행위의 처벌에 관한 법률」 제4조에 따른 금지행위를 한 경우	법 제75조	영업정지 3개월	영업허가 취소 또는 영업소 폐쇄	
15. 그 밖에 제1호부터 제14호까지를 제외한 법을 위반한 경우(법 제101조에 따른 과태료 부과 대상에 해당하는 위반사항과 별표 17 제6호자목·머목은 제외한다)	법 제71조 및 법 제75조	시정명령	영업정지 7일	영업정지 15일

4. 조리사

위반 사항	근거 법령	행정처분기준		
		1차 위반	2차 위반	3차 위반
1. 법 제54조 각 호의 어느 하나에 해당하게 된 경우	법 제80조	면허취소		
2. 법 제56조에 따른 교육을 받지 아니한 경우		시정명령	업무정지 15일	업무정지 1개월
3. 식중독이나 그 밖에 위생과 관련한 중대한 사고 발생에 직무상의 책임이 있는 경우	법 제80조	업무정지 1개월	업무정지 2개월	면허취소
4. 면허를 타인에게 대여하여 사용하게 한 경우	법 제80조	업무정지 2개월	업무정지 3개월	면허취소
5. 업무정지기간 중에 조리사의 업무를 한 경우	법 제80조	면허취소		

Ⅲ. 과징금 제외 대상

1. 식품제조 · 가공업 등(유통전문판매업은 제외한다)

  가. 제1호 각 목의 어느 하나에 해당하는 경우

  나. 제4호나목부터 바목까지, 아목, 차목, 카목1) · 2)가) 또는 하목1) · 2)에 해당하는 경우

  다. 제7호차목1)에 해당하는 경우

  라. 1차 위반행위가 영업정지 1개월 이상에 해당하는 경우로서 2차 위반사항에 해당하는 경우

  마. 3차 위반사항에 해당하는 경우

  바. 과징금을 체납 중인 경우

2. 식품판매업 등

  가. 제1호가목 · 바목 또는 사목에 해당하는 경우

  나. 제4호가목에 해당하는 경우

  다. 제7호라목1)에 해당하는 경우

  라. 1차 위반행위가 영업정지 1개월 이상에 해당하는 경우로서 2차 위반사항에 해당하는 경우

  마. 3차 위반사항에 해당하는 경우

  바. 과징금을 체납 중인 경우

3. 식품접객업

  가. 제1호가목 · 나목 또는 사목에 해당하는 경우

  나. 제8호마목에 해당하는 경우

  다. 제10호가목1)에 해당하는 경우

  라. 제11호나목 · 다목 또는 라목에 해당하는 경우

  마. 3차 위반사항에 해당하는 경우

  바. 과징금을 체납 중인 경우

  사. 제14호에 해당하는 경우

4. 제1호부터 제3호(사목은 제외한다)까지의 규정에도 불구하고 Ⅰ. 일반기준의 제15호에 따른 경감대상에 해당하는 경우에는 과징금 처분을 할 수 있다.

⑿ **청문**〈법 제81조〉

식품의약품안전처장, 시 · 도지사 또는 시장 · 군수 · 구청장은 다음 각 호의 어느 하나에 해당하는 처분을 하려면 청문을 하여야 한다.

① 식품안전관리인증기준적용업소의 인증취소

② 영업허가 또는 등록의 취소나 영업소의 폐쇄명령

③ 면허의 취소

⒀ **행정처분대장 등**〈시행규칙 제91조〉

① 식품의약품안전처장, 지방식품의약품안전청장 또는 허가관청·신고관청·등록관청은 행정처분을 한 경우와 청문을 한 경우에는 행정처분 및 청문대장에 그 내용을 기록하고 이를 갖춰 두어야 한다.

② 지방식품의약품안전청장 또는 특별자치시장·특별자치도지사·시장·군수·구청장이 영업허가·영업등록을 취소한 경우 또는 영업소의 폐쇄명령을 한 경우에는 그 영업자의 성명·생년월일, 취소 또는 폐쇄 사유, 취소 또는 폐쇄일 등을 지방식품의약품안전청장은 다른 지방식품의약품안전청장에게, 시장·군수·구청장은 관할 시·도지사를 거쳐 다른 시·도지사에게 각각 알려야 한다.

③ 지방식품의약품안전청장 또는 특별자치시장·특별자치도지사·시장·군수·구청장이 다음 각 호의 어느 하나에 해당하는 영업에 대하여 행정처분을 한 경우에는 지체 없이 그 영업소의 명칭, 영업허가(신고·등록)번호, 위반내용, 행정처분 내용, 처분기간 및 처분대상 품목명 등을 식품의약품안전처장에게 보고하여야 한다. 이 경우 시장·군수·구청장은 시·도지사를 거쳐 보고하여야 한다.

ㄱ 식품제조·가공업
ㄴ 식품첨가물제조업
ㄷ 유통전문판매업
ㄹ 용기·포장류제조업

⒁ **영업정지 등의 처분에 갈음하여 부과하는 과징금 처분**〈법 제82조〉

① 식품의약품안전처장, 시·도지사 또는 시장·군수·구청장은 영업자가 허가취소사유 또는 품목 제조정지 사유 각 호의 어느 하나에 해당하는 경우에는 대통령령으로 정하는 바에 따라 영업정지, 품목 제조정지 또는 품목류 제조정지 처분을 갈음하여 10억 원 이하의 과징금을 부과할 수 있다. 다만, 중대한 사항으로서 총리령으로 정하는 경우는 제외하며, 과징금부과 제외대상 및 징수절차 등에 관한 사항은 다음과 같다.〈시행규칙 제92조〉

ㄱ 과징금 부과 제외대상은 행정처분 기준과 같다.
ㄴ 과징금의 징수절차에 관하여는 「국고금관리법 시행규칙」을 준용한다. 이 경우 납입고지서에는 이의방법 및 이의기간 등을 함께 기재하여야 한다.

② 과징금을 부과하는 위반 행위의 종류·정도 등에 따른 과징금의 금액과 그 밖에 필요한 사항은 대통령령으로 정한다.

③ 식품의약품안전처장, 시·도지사 또는 시장·군수·구청장은 과징금을 징수하기 위하여 필요한 경우에는 다음 각 호의 사항을 적은 문서로 관할 세무관서의 장에게 과세 정보 제공을 요청할 수 있다.

　㉠ 납세자의 인적 사항

　㉡ 사용 목적

　㉢ 과징금 부과기준이 되는 매출금액

④ 식품의약품안전처장, 시·도지사 또는 시장·군수·구청장은 과징금을 기한 내에 납부하지 아니하는 때에는 대통령령으로 정하는 바에 따라 과징금 부과처분을 취소하고 영업정지 또는 제조정지 처분을 하거나 국세 체납처분의 예 또는 「지방세외수입금의 징수 등에 관한 법률」에 따라 징수한다. 다만, 폐업 등으로 영업정지 또는 제조정지 처분을 할 수 없는 경우에는 국세 체납처분의 예 또는 「지방세외수입금의 징수 등에 관한 법률」에 따라 징수한다.

⑤ 징수한 과징금 중 식품의약품안전처장이 부과·징수한 과징금은 국가에 귀속되고, 시·도지사가 부과·징수한 과징금은 시·도의 식품진흥기금에 귀속되며, 시장·군수·구청장이 부과·징수한 과징금은 시·도와 시·군·구의 식품진흥기금에 귀속된다. 이 경우 시·도 및 시·군·구에 귀속시키는 방법 등은 대통령령으로 정한다.

⑥ 시·도지사는 과징금을 부과·징수할 권한을 시장·군수·구청장에게 위임한 경우에는 그에 필요한 경비를 대통령령으로 정하는 바에 따라 시장·군수·구청장에게 교부할 수 있다.

⑦ 영업정지 등의 처분에 갈음하여 부과하는 과징금의 산정기준〈시행령 제53조〉… 과징금의 금액은 위반행위의 종류와 위반 정도 등을 고려하여 총리령으로 정하는 영업정지, 품목·품목류 제조정지 처분기준에 따라 다음의 기준을 적용하여 산정한다.

영업정지 등의 처분에 갈음하여 부과하는 과징금 산정기준〈시행령 별표 1〉

1. 일반기준

  가. 영업정지 1개월은 30일을 기준으로 한다.

  나. 영업정지에 갈음한 과징금부과의 기준이 되는 매출금액은 처분일이 속한 연도의 전년도의 1년간 총매출금액을 기준으로 한다. 다만, 신규사업·휴업 등으로 인하여 1년간의 총매출금액을 산출할 수 없는 경우에는 분기별·월별 또는 일별 매출금액을 기준으로 연간 총매출금액으로 환산하여 산출한다.

  다. 품목류 제조정지에 갈음한 과징금부과의 기준이 되는 매출금액은 품목류에 해당하는 품목들의 처분일이 속한 연도의 전년도의 1년간 총매출금액을 기준으로 한다. 다만, 신규제조·휴업 등으로 인하여 품목류에 해당하는 품목들의 1년간의 총매출금액을 산출할 수 없는 경우에는 분기별·월별 또는 일별 매출금액을 기준으로 연간 총매출금액으로 환산하여 산출한다.

  라. 품목 제조정지에 갈음한 과징금부과의 기준이 되는 매출금액은 처분일이 속하는 달로부터 소급하여 직전 3개월간 해당 품목의 총 매출금액에 4를 곱하여 산출한다. 다만, 신규제조 또는 휴업 등으로 3개월의 총 매출액을 산출할 수 없는 경우에는 전월(전월의 실적을 알 수 없는 경우에는 당월을 말한다)의 1일 평균매출액에 365를 곱하여 산출한다.

  마. 나목부터 라목까지의 규정에도 불구하고 과징금 산정금액이 10억원을 초과하는 경우에는 10억원으로 한다.

2. 과징금 기준

  가. 식품 및 식품첨가물 제조업·가공업 외의 영업

등급 \ 업종	연간매출액(단위 : 백만 원)	영업정지 1일에 해당하는 과징금의 금액 (단위 : 만 원)
1	20 이하	5
2	20 초과 30 이하	8
3	30 초과 50 이하	10
4	50 초과 100 이하	13
5	100 초과 150 이하	16
6	150 초과 210 이하	23
7	210 초과 270 이하	31
8	270 초과 330 이하	39
9	330 초과 400 이하	47
10	400 초과 470 이하	56
11	470 초과 550 이하	66
12	550 초과 650 이하	78
13	650 초과 750 이하	88
14	750 초과 850 이하	94
15	850 초과 1,000 이하	100
16	1,000 초과 1,200 이하	106

17	1,200 초과 1,500 이하	112
18	1,500 초과 2,000 이하	118
19	2,000 초과 2,500 이하	124
20	2,500 초과 3,000 이하	130
21	3,000 초과 4,000 이하	136
22	4,000 초과 5,000 이하	165
23	5,000 초과 6,500 이하	211
24	6,500 초과 8,000 이하	266
25	8,000 초과 10,000 이하	330
26	10,000 초과	367

나. 식품 및 식품첨가물 제조업·가공업의 영업

업종 등급	연간매출액(단위 : 백만 원)	영업정지 1일에 해당하는 과징금의 금액(단위 : 만 원)
1	100 이하	12
2	100 초과 200 이하	14
3	200 초과 310 이하	17
4	310 초과 430 이하	20
5	430 초과 560 이하	27
6	560 초과 700 이하	34
7	700 초과 860 이하	42
8	860 초과 1,040 이하	51
9	1,040 초과 1,240 이하	62
10	1,240 초과 1,460 이하	73
11	1,460 초과 1,710 이하	86
12	1,710 초과 2,000 이하	94
13	2,000 초과 2,300 이하	100
14	2,300 초과 2,600 이하	106
15	2,600 초과 3,000 이하	112
16	3,000 초과 3,400 이하	118
17	3,400 초과 3,800 이하	124
18	3,800 초과 4,300 이하	140
19	4,300 초과 4,800 이하	157
20	4,800 초과 5,400 이하	176
21	5,400 초과 6,000 이하	197
22	6,000 초과 6,700 이하	219
23	6,700 초과 7,500 이하	245
24	7,500 초과 8,600 이하	278

25	8,600 초과 10,000 이하	321
26	10,000 초과 12,000 이하	380
27	12,000 초과 15,000 이하	466
28	15,000 초과 20,000 이하	604
29	20,000 초과 25,000 이하	777
30	25,000 초과 30,000 이하	949
31	30,000 초과 35,000 이하	1,122
32	35,000 초과 40,000 이하	1,295
33	40,000 초과	1,381

다. 품목 또는 품목류 제조

등급 / 업종	연간매출액(단위 : 백만 원)	제조정지 1일에 해당하는 과징금의 금액(단위 : 만 원)
1	100 이하	12
2	100 초과 200 이하	14
3	200 초과 300 이하	16
4	300 초과 400 이하	19
5	400 초과 500 이하	24
6	500 초과 650 이하	31
7	650 초과 800 이하	39
8	800 초과 950 이하	47
9	950 초과 1,100 이하	55
10	1,100 초과 1,300 이하	65
11	1,300 초과 1,500 이하	76
12	1,500 초과 1,700 이하	86
13	1,700 초과 2,000 이하	100
14	2,000 초과 2,300 이하	106
15	2,300 초과 2,700 이하	112
16	2,700 초과 3,100 이하	118
17	3,100 초과 3,600 이하	124
18	3,600 초과 4,100 이하	142
19	4,100 초과 4,700 이하	163
20	4,700 초과 5,300 이하	185
21	5,300 초과 6,000 이하	209
22	6,000 초과 6,700 이하	235
23	6,700 초과 7,400 이하	261
24	7,400 초과 8,200 이하	289

25	8,200 초과 9,000 이하	318
26	9,000 초과 10,000 이하	351
27	10,000 초과 11,000 이하	388
28	11,000 초과 12,000 이하	425
29	12,000 초과 13,000 이하	462
30	13,000 초과 15,000 이하	518
31	15,000 초과 17,000 이하	592
32	17,000 초과 20,000 이하	684
33	20,000 초과	740

⑧ 과징금의 부과 및 징수절차〈시행령 제54조〉

　㉠ 식품의약품안전처장, 시·도지사 또는 시장·군수·구청장은 과징금을 부과하려면 그 위반행위의 종류와 해당 과징금의 금액 등을 명시하여 납부할 것을 서면으로 알려야 한다.

　㉡ 과징금의 징수절차는 총리령으로 정한다.

⑨ 과징금 부과처분 취소 대상자〈시행령 제55조〉 … 과징금 부과처분을 취소하고 업무정지, 영업정지 또는 제조정지 처분을 하거나 국세 체납처분의 예 또는 「지방세외수입금의 징수 등에 관한 법률」에 따라 과징금을 징수하여야 하는 대상자는 과징금을 기한 내에 납부하지 아니한 자로서 1회의 독촉을 받고 그 독촉을 받은 날부터 15일 이내에 과징금을 납부하지 아니한 자를 말한다.

⑩ 기금의 시·도 및 시·군·구 귀속비율〈시행령 제56조〉

　㉠ 시·도 : 100분의 40

　㉡ 시·군·구 : 100분의 60

⒂ 위해식품 등의 판매 등에 따른 과징금 부과 등〈법 제83조〉

① 식품의약품안전처장, 시·도지사 또는 시장·군수·구청장은 위해식품 등의 판매 등 금지에 관한 규정을 위반한 경우 다음 각 호의 어느 하나에 해당하는 자에 대하여 그가 판매한 해당 식품 등의 소매가격에 상당하는 금액을 과징금으로 부과한다.

　㉠ 유독 유해물질, 오염미생물, 안전성검사 부적합, 수입금지, 영업자가 아닌 자의 판매의 규정을 위반하여 영업정지 2개월 이상의 처분, 영업허가 및 등록의 취소 또는 영업소의 폐쇄명령을 받은 자

　㉡ 병든 동물고기, 규격이 정해지지 않은 화학적 합성품의 판매금지 또는 유독기구 사용 규정을 위반하여 영업허가 및 등록의 취소 또는 영업소의 폐쇄명령을 받은 자

　㉢ 삭제〈2018.3.13〉

② 과징금의 산출금액은 대통령령으로 정하는 바에 따라 결정하여 부과한다.

③ 부과된 과징금을 기한 내에 납부하지 아니하는 경우 또는 폐업한 경우에는 국세 체납처분의 예 또는 「지방세외수입금의 징수 등에 관한 법률」에 따라 징수한다.

④ 부과한 과징금의 귀속, 귀속 비율 및 징수 절차 등에 대하여는 영업정지 등의 처분에 갈음하여 부과하는 과징금 처분 규정을 준용한다.

⑤ 위해식품등의 판매 등에 따른 과징금 부과 기준 및 절차〈시행령 제57조〉

　㉠ 부과하는 과징금의 금액은 위해식품등의 판매량에 판매가격을 곱한 금액으로 한다.

　㉡ 판매량은 위해식품등을 최초로 판매한 시점부터 적발시점까지의 출하량에서 회수량 및 자연적 소모량을 제외한 수량으로 하고, 판매가격은 판매기간 중 가격이 변동된 경우에는 판매시기별로 가격을 산정한다.

　㉢ 과징금의 부과 · 징수절차 및 귀속 비율에 관하여는 과징금 부과 및 징수절차 및 기금의 귀속 비율 규정을 준용한다.

⒃ 위반사실 공표〈법 제84조〉

식품의약품안전처장, 시 · 도지사 또는 시장 · 군수 · 구청장은 행정처분이 확정된 영업자에 대한 처분 내용, 해당 영업소와 식품 등의 명칭 등 처분과 관련한 영업 정보를 대통령령으로 정하는 바에 따라 다음 각 호의 사항을 지체 없이 해당 기관의 인터넷 홈페이지 또는 「신문 등의 진흥에 관한 법률」에 따라 등록한 전국을 보급지역으로 하는 일반일간신문 등에 게재하여 공표하여야 한다. 〈시행령 제58조〉

① 「식품위생법」 위반사실의 공표라는 내용의 표제

② 영업의 종류

③ 영업소 명칭, 소재지 및 대표자 성명

④ 식품등의 명칭(식품등의 제조 · 가공, 소분 · 판매업만 해당한다)

⑤ 위반 내용(위반행위의 구체적인 내용과 근거 법령을 포함한다)

⑥ 행정처분의 내용, 처분일 및 기간

⑦ 단속기관 및 단속일 또는 적발일

09 출제예상문제

1 다음 중 조리사의 면허취소 사유로 알맞은 것은?

① 교육을 받지 아니한 경우
② 면허를 타인에게 대여하여 사용하게 한 경우
③ 업무정지기간 중에 조리사의 업무를 하는 경우
④ 식품 생산에 대한 정보의 제공 및 관리

> **NOTE** 면허취소 등〈법 제80조〉… 식품의약품안전처장 또는 특별자치시장·특별자치도지사·시장·군수·구청장은 조리사가 다음 각 호의 어느 하나에 해당하면 그 면허를 취소하거나 6개월 이내의 기간을 정하여 업무정지를 명할 수 있다. 다만, 조리사가 ㉠ 또는 ㉤에 해당할 경우 면허를 취소하여야 한다.
> ㉠ 결격사유에 해당하게 된 경우
> ㉡ 교육을 받지 아니한 경우
> ㉢ 식중독이나 그 밖에 위생과 관련한 중대한 사고 발생에 직무상의 책임이 있는 경우
> ㉣ 면허를 타인에게 대여하여 사용하게 한 경우
> ㉤ 업무정지기간 중에 조리사의 업무를 하는 경우

2 다음 중 청문해야 할 사항으로 맞지 않는 것은?

① 면허의 정지
② 식품안전관리인증기준 적용업소의 인증취소
③ 영업허가 또는 등록의 취소나 영업소의 폐쇄명령
④ 면허의 취소

> **NOTE** 청문〈법 제81조〉… 식품의약품안전처장, 시·도지사 또는 시장·군수·구청장은 다음 각 호의 어느 하나에 해당하는 처분을 하려면 청문을 하여야 한다.
> ㉠ 식품안전관리인증기준적용업소의 인증취소
> ㉡ 영업허가 또는 등록의 취소나 영업소의 폐쇄명령
> ㉢ 면허의 취소

ANSWER 1.③ 2.①

3 다음 중 영업정지 등의 처분에 갈음하여 부과하는 과징금의 일반적 산정기준에 대한 내용으로 맞지 않는 것은?

① 영업정지 1개월은 30일을 기준으로 한다.

② 영업정지에 갈음한 과징금부과의 기준이 되는 매출금액은 처분일이 속한 연도의 전년도의 1년간 총매출금액을 기준으로 한다.

③ 신규사업·휴업 등으로 인하여 1년간의 총매출금액을 산출할 수 없는 경우에는 분기별·월별 또는 일별 매출금액을 기준으로 연간 총매출금액으로 환산하여 산출한다.

④ 과징금 산정금액이 10억원을 초과하는 경우에는 5억원으로 한다.

> **NOTE** 영업정지 등의 처분에 갈음하여 부과하는 과징금 산정기준 중 일반기준〈시행령 별표 1〉
> ㉠ 영업정지 1개월은 30일을 기준으로 한다.
> ㉡ 영업정지에 갈음한 과징금부과의 기준이 되는 매출금액은 처분일이 속한 연도의 전년도의 1년간 총매출금액을 기준으로 한다. 다만, 신규사업·휴업 등으로 인하여 1년간의 총매출금액을 산출할 수 없는 경우에는 분기별·월별 또는 일별 매출금액을 기준으로 연간 총매출금액으로 환산하여 산출한다.
> ㉢ 품목류 제조정지에 갈음한 과징금부과의 기준이 되는 매출금액은 품목류에 해당하는 품목들의 처분일이 속한 연도의 전년도의 1년간 총매출금액을 기준으로 한다. 다만, 신규제조·휴업 등으로 인하여 품목류에 해당하는 품목들의 1년간의 총매출금액을 산출할 수 없는 경우에는 분기별·월별 또는 일별 매출금액을 기준으로 연간 총매출금액으로 환산하여 산출한다.
> ㉣ 품목 제조정지에 갈음한 과징금부과의 기준이 되는 매출금액은 처분일이 속하는 달로부터 소급하여 직전 3개월간 해당 품목의 총 매출금액에 4를 곱하여 산출한다. 다만, 신규제조 또는 휴업 등으로 3개월의 총 매출금액을 산출할 수 없는 경우에는 전월(전월의 실적을 알 수 없는 경우에는 당월을 말한다)의 1일 평균매출액에 365를 곱하여 산출한다.
> ㉤ ㉡부터 ㉣까지의 규정에도 불구하고 과징금 산정금액이 10억원을 초과하는 경우에는 10억원으로 한다.

4 다음 중 위해식품 등의 판매 등에 따른 과징금 부과대상으로 맞지 않는 것은?

① 영업허가 및 등록의 취소명령을 받은 자

② 영업정지 3개월 이상의 처분을 받은 자

③ 영업소의 폐쇄명령을 받은 자

④ 영업정지 2개월 이상의 처분, 영업허가 및 등록의 취소 또는 영업소의 폐쇄명령을 받은 자

> **NOTE** 위해식품 등의 판매 등에 따른 과징금 부과 등〈법 제83조〉… 식품의약품안전처장, 시·도지사 또는 시장·군수·구청장은 위해식품 등의 판매 등 금지에 관한 규정을 위반한 경우 다음 각 호의 어느 하나에 해당하는 자에 대하여 그가 판매한 해당 식품 등의 소매가격에 상당하는 금액을 과징금으로 부과한다.
> ㉠ 위해식품 등의 판매 등 금지의 규정을 위반하여 영업정지 2개월 이상의 처분, 영업허가 및 등록의 취소 또는 영업소의 폐쇄명령을 받은 자
> ㉡ 영업허가 및 등록의 취소 또는 영업소의 폐쇄명령을 받은 자
> ㉢ 삭제〈2018.3.13〉

5 다음 중 위반사실 공표에 포함될 내용으로 맞지 않는 것은?

① 「식품위생법」 위반사실의 공표라는 내용의 표제

② 영업소 명칭, 소재지 및 대표자 성명

③ 행정처분의 내용, 처분일 및 기간

④ 식품 등의 제조·가공, 소분·판매업을 제외한 식품 등의 명칭

> **NOTE** 위반사실 공표〈시행령 제58조〉… 식품의약품안전처장, 시·도지사 또는 시장·군수·구청장은 행정처분이 확정된 영업자에 대한 다음 각 호의 사항을 지체 없이 해당 기관의 인터넷 홈페이지 또는 「신문 등의 진흥에 관한 법률」에 따라 등록한 전국을 보급지역으로 하는 일반일간신문 등에 게재하여 공표하여야 한다.
> ㉠ 「식품위생법」 위반사실의 공표라는 내용의 표제
> ㉡ 영업의 종류
> ㉢ 영업소 명칭, 소재지 및 대표자 성명
> ㉣ 식품등의 명칭(식품등의 제조·가공, 소분·판매업만 해당한다)
> ㉤ 위반 내용(위반행위의 구체적인 내용과 근거 법령을 포함한다)
> ㉥ 행정처분의 내용, 처분일 및 기간
> ㉦ 단속기관 및 단속일 또는 적발일

보칙

(1) 국고 보조〈법 제85조〉

식품의약품안전처장은 예산의 범위에서 다음 경비의 전부 또는 일부를 보조할 수 있다.

① 수거에 드는 경비

② 조합에서 실시하는 교육훈련에 드는 경비

③ 식품위생감시원과 소비자식품위생감시원 운영에 드는 경비

④ 정보원의 설립·운영에 드는 경비

⑤ 조사·연구 사업에 드는 경비

⑥ 조합 또는 협회의 자율지도원 운영에 드는 경비

⑦ 폐기에 드는 경비

(2) 식중독에 관한 조사 보고〈법 제86조〉

① 다음 각 호의 어느 하나에 해당하는 자는 지체 없이 관할 시장(「제주특별자치도 설치 및 국제
자유도시 조성을 위한 특별법」에 따른 행정시장을 포함한다.)·군수·구청장에게 보고하여야 한
다. 이 경우 의사나 한의사는 대통령령으로 정하는 바에 따라 식중독 환자나 식중독이 의심되
는 자의 혈액 또는 배설물을 보관하는 데에 필요한 조치를 하여야 한다.
  ㉠ 식중독 환자나 식중독이 의심되는 자를 진단하였거나 그 사체를 검안(檢案)한 의사 또는 한의사
  ㉡ 집단급식소에서 제공한 식품 등으로 인하여 식중독 환자나 식중독으로 의심되는 증세를 보이
  는 자를 발견한 집단급식소의 설치·운영자
  ㉢ 의사 또는 한의사가 하는 보고에는 다음 각 호의 사항이 포함되어야 한다.〈시행규칙 제93조〉
    ㉮ 보고자의 주소 및 성명
    ㉯ 식중독을 일으킨 환자, 식중독이 의심되는 사람 또는 식중독으로 사망한 사람의 주소·성명·
    생년월일 및 사체의 소재지
    ㉰ 식중독의 원인

   ㉮ 발병 연월일

   ㉯ 진단 또는 검사 연월일

② 시장 · 군수 · 구청장은 보고를 받은 때에는 지체 없이 그 사실을 식품의약품안전처장 및 시 · 도 지사에게 보고하고, 대통령령으로 정하는 바에 따라 원인을 조사하여 그 결과를 보고하여야 한다.

③ 식품의약품안전처장은 따른 보고의 내용이 국민보건상 중대하다고 인정하는 경우에는 해당 시 · 도지사 또는 시장 · 군수 · 구청장과 합동으로 원인을 조사할 수 있다.

④ 식품의약품안전처장은 식중독 발생의 원인을 규명하기 위하여 식중독 의심환자가 발생한 원인 시설 등에 대한 조사절차와 시험 · 검사 등에 필요한 사항을 정할 수 있다.

⑤ 식중독 원인의 조사〈시행령 제59조〉

  ㉠ 식중독 환자나 식중독이 의심되는 자를 진단한 의사나 한의사는 다음 각 호의 어느 하나에 해 당하는 경우 해당 식중독 환자나 식중독이 의심되는 자의 혈액 또는 배설물을 채취하여 시장(「 제주특별자치도 설치 및 국제자유도시 조성을 위한 특별법」에 따른 행정시장을 포함한다.) · 군 수 · 구청장이 조사하기 위하여 인수할 때까지 변질되거나 오염되지 아니하도록 보관하여야 한 다. 이 경우 보관용기에는 채취일, 식중독 환자나 식중독이 의심되는 자의 성명 및 채취자의 성명을 표시하여야 한다.

   ㉮ 구토 · 설사 등의 식중독 증세를 보여 의사 또는 한의사가 혈액 또는 배설물의 보관이 필요하 다고 인정한 경우

   ㉯ 식중독 환자나 식중독이 의심되는 자 또는 그 보호자가 혈액 또는 배설물의 보관을 요청한 경우

  ㉡ 시장 · 군수 · 구청장이 하여야 할 조사는 다음 각 호와 같다.

   ㉮ 식중독의 원인이 된 식품등과 환자 간의 연관성을 확인하기 위해 실시하는 설문조사, 섭취음 식 위험도 조사 및 역학적(疫學的) 조사

   ㉯ 식중독 환자나 식중독이 의심되는 자의 혈액 · 배설물 또는 식중독의 원인이라고 생각되는 식 품등에 대한 미생물학적 또는 이화학적(理化學的) 시험에 의한 조사

   ㉰ 식중독의 원인이 된 식품등의 오염경로를 찾기 위하여 실시하는 환경조사

  ㉢ 시장 · 군수 · 구청장은 조사를 할 때에는 「식품 · 의약품분야 시험 · 검사 등에 관한 법률」에 따라 총리령으로 정하는 시험 · 검사기관에 협조를 요청할 수 있다.

(3) 식중독대책협의기구 설치〈법 제87조〉

① 식품의약품안전처장은 식중독 발생의 효율적인 예방 및 확산방지를 위하여 교육부, 농림축산식 품부, 보건복지부, 환경부, 해양수산부, 식품의약품안전처, 시 · 도 등 유관기관으로 구성된 식 중독대책협의기구를 설치 · 운영하여야 한다.

② 식중독대책협의기구의 구성 · 운영 등〈시행령 제60조〉

  ㉠ 식중독대책협의기구(이하 "협의기구"라 한다)의 위원은 다음 각 호에 해당하는 자로 한다.

    ㉮ 교육부, 법무부, 국방부, 농림축산식품부, 보건복지부 및 환경부 등 중앙행정기관의 장이 해당 중앙행정기관의 고위공무원단에 속하는 일반직공무원 또는 이에 상당하는 공무원[법무부 및 국방부의 경우에는 각각 이에 해당하는 검사(檢事) 및 장관(將官)급 장교를 포함한다] 중에서 지명하는 자

    ㉯ 지방자치단체의 장이 해당 지방행정기관의 고위공무원단에 속하는 일반직공무원 또는 이에 상당하는 지방공무원 중에서 지명하는 자

    ㉰ 그 밖에 식품의약품안전처장이 지정하는 기관 및 단체의 장

  ㉡ 식품의약품안전처장은 협의기구의 회의를 소집하고 그 의장이 된다.

  ㉢ 협의기구의 회의는 재적위원 과반수의 출석으로 개의하고, 출석위원 과반수의 찬성으로 의결한다.

  ㉣ 협의기구는 그 직무를 수행하기 위하여 필요한 경우에는 관계 공무원이나 관계 전문가를 협의기구의 회의에 출석시켜 의견을 듣거나 관계 기관 · 단체 등으로 하여금 자료나 의견을 제출하도록 하는 등 필요한 협조를 요청할 수 있다.

  ㉤ 협의기구는 업무 수행을 위하여 필요한 경우에는 관계 전문가 또는 관계 기관 · 단체 등에 전문적인 조사나 연구를 의뢰할 수 있다.

  ㉥ 이 영에서 규정한 사항 외에 협의기구의 운영에 필요한 사항은 협의기구의 의결을 거쳐 식품의약품안전처장이 정한다.

(4) 집단급식소〈법 제88조〉

① 집단급식소를 설치 · 운영하려는 자는 다음과 같이 총리령으로 정하는 바에 따라 특별자치시장 · 특별자치도지사 · 시장 · 군수 · 구청장에게 신고하여야 한다.〈시행규칙 제94조〉

  ㉠ 집단급식소를 설치 · 운영하려는 자는 시설을 갖춘 후 집단급식소 설치 · 운영신고서(전자문서로 된 신고서를 포함한다)에 서류(전자문서를 포함한다)를 첨부하여 신고관청에 제출하여야 한다.

  ㉡ 집단급식소 설치 · 운영 종료 신고가 된 집단급식소를 운영하려는 자(종료 신고를 한 설치 · 운영자가 아닌 자를 포함한다)는 집단급식소 설치 · 운영신고서(전자문서로 된 신고서를 포함한다)에 다음 각 호의 서류(전자문서를 포함한다)를 첨부하여 신고관청에 제출하여야 한다.

    ㉮ 교육이수증의 서류

    ㉯ 먹는물 수질검사기관이 발행한 수질검사(시험)성적서. 다만, 종전 집단급식소의 수도시설을 그대로 사용하는 경우는 제외한다.

    ㉰ 양도 · 양수 계약서 사본이나 그 밖에 신고인이 해당 집단급식소의 설치 · 운영자임을 증명하는 서류

ⓒ ㉠ 또는 ㉡(종전 집단급식소의 시설·설비 및 운영 체계를 유지하는 경우는 제외한다)에 따른 신고를 받은 신고관청은 「전자정부법」 따른 행정정보의 공동이용을 통하여 액화석유가스 사용시설완성검사증명서(「액화석유가스의 안전관리 및 사업법」에 따라 액화석유가스 사용시설의 완성검사를 받아야 하는 경우만 해당한다) 및 건강진단결과서(건강진단 대상자의 경우만 해당한다)를 확인하여야 하며, 신청인이 확인에 동의하지 아니하는 경우에는 그 사본을 첨부하도록 하여야 한다.

ⓔ 신고를 받은 신고관청은 지체 없이 집단급식소 설치·운영신고증을 내어주고, 15일 이내에 신고받은 사항을 확인하여야 한다.

ⓜ 신고증을 내어준 신고관청은 집단급식소의 설치·운영신고대장에 기록·보관하거나 같은 서식에 따른 전산망에 입력하여 관리하여야 한다.

ⓗ 신고증을 받은 집단급식소의 설치·운영자가 해당 신고증을 잃어버렸거나 헐어 못 쓰게 되어 신고증을 다시 받으려는 경우에는 재발급신청서(전자문서로 된 신청서를 포함한다)에 헐어 못 쓰게 된 신고증(헐어 못 쓰게 된 경우만 해당한다)을 첨부하여 신고관청에 제출하여야 한다.

ⓢ 집단급식소의 설치·운영자가 신고사항 중 다음 각 호의 구분에 따른 사항을 변경하는 경우에는 신고사항 변경신고서(전자문서로 된 신청서를 포함한다)에 집단급식소 설치·운영신고증을 첨부하여 신고관청에 제출하여야 한다. 이 경우 집단급식소의 소재지를 변경하는 경우에는 서류(전자문서를 포함한다)를 추가로 첨부하여야 한다.

  ㉮ 집단급식소의 설치·운영자가 법인인 경우: 그 대표자, 그 대표자의 성명, 소재지 또는 위탁급식영업자

  ㉯ 집단급식소의 설치·운영자가 법인이 아닌 경우: 설치·운영자의 성명, 소재지 또는 위탁급식영업자

ⓞ 집단급식소의 소재지를 변경하는 변경신고서를 제출받은 신고관청은 「전자정부법」에 따른 행정정보의 공동이용을 통하여 액화석유가스 사용시설완성검사증명서(「액화석유가스의 안전관리 및 사업법」에 따라 액화석유가스 사용시설의 완성검사를 받아야 하는 경우만 해당한다)를 확인하여야 한다. 다만, 신청인이 확인에 동의하지 아니하는 경우에는 그 사본을 첨부하도록 하여야 한다.

ⓩ 집단급식소의 설치·운영자가 그 운영을 그만하려는 경우에는 집단급식소 설치·운영 종료신고서(전자문서로 된 신고서를 포함한다)에 집단급식소 설치·운영신고증을 첨부하여 신고관청에 제출하여야 한다.

② 집단급식소를 설치·운영하는 자는 집단급식소 시설의 유지·관리 등 급식을 위생적으로 관리하기 위하여 다음 각 호의 사항을 지켜야 한다.

㉠ 식중독 환자가 발생하지 아니하도록 위생관리를 철저히 할 것

㉡ 조리·제공한 식품의 매회 1인분 분량을 총리령으로 정하는 바에 따라 144시간 이상 보관할 때에는 매회 1인분 분량을 섭씨 영하 18도 이하로 보관하여야 한다.

ⓒ 영양사를 두고 있는 경우 그 업무를 방해하지 아니할 것

ⓔ 영양사를 두고 있는 경우 영양사가 집단급식소의 위생관리를 위하여 요청하는 사항에 대하여 는 정당한 사유가 없으면 따를 것

ⓜ 그 밖에 식품 등의 위생적 관리를 위하여 필요하다고 총리령으로 정하는 사항을 지켜야 하며, "총리령으로 정하는 사항"이란 다음과 같다.

집단급식소의 설치·운영자의 준수사항〈시행규칙 별표 24〉

1. 물수건, 숟가락, 젓가락, 식기, 찬기, 도마, 칼 및 행주, 그 밖에 주방용구는 기구 등의 살균·소독제 또는 열탕의 방법으로 소독한 것을 사용하여야 한다.

2. 「축산물가공처리법」에 따라 검사를 받지 아니한 축산물 또는 실험 등의 용도로 사용한 동물을 음식물의 조리에 사용하여서는 아니 되며, 「야생동·식물보호법」에 위반하여 포획한 야생동물을 조리하여서는 아니 된다.

3. 유통기한이 경과된 원료 또는 완제품을 조리할 목적으로 보관하거나 이를 음식물의 조리 에 사용하여서는 아니 된다.

4. 수돗물이 아닌 지하수 등을 먹는 물 또는 식품의 조리·세척 등에 사용하는 경우에는 「먹는물관리법」에 따른 먹는물 수질검사기관에서 다음의 구분에 따라 검사를 받아 마시기 에 적합하다고 인정된 물을 사용하여야 한다. 다만, 같은 건물에서 같은 수원을 사용하는 경우에는 같은 건물 안에 하나의 업소에 대한 시험결과를 같은 건물 안의 타 업소에 대 한 시험결과로 갈음할 수 있다.
   가. 일부항목 검사 : 1년마다(모든 항목 검사를 하는 연도의 경우를 제외한다) 「먹는물 수질기 준 및 검사 등에 관한 규칙」에 따른 마을상수도의 검사기준에 따른 검사(잔류염소에 관 한 검사를 제외한다). 다만, 시·도지사가 오염의 우려가 있다고 판단하여 지정한 지역에 서는 같은 규칙에 따른 먹는 물의 수질기준에 따른 검사를 하여야 한다.
   나. 모든 항목 검사 : 2년마다 「먹는물 수질기준 및 검사 등에 관한 규칙」에 따른 먹는 물의 수질기준에 따른 검사

5. 먹는 물 수질검사기관에서 수질검사를 실시한 결과 부적합 판정된 지하수는 먹는 물 또는 식 품의 조리·세척 등에 사용하여서는 아니 된다.

6. 동물의 내장을 조리한 경우에는 이에 사용한 기계·기구류 등을 세척하고 살균하여야 한다.

7. 삭제〈2011.8.19〉

8. 위해평가가 완료되기 전까지 일시적으로 채취·제조·수입·가공·사용·조리·저장·운반 또는 진열이 금지된 식품 등에 대하여는 사용·조리를 하여서는 아니 된다.

9. 식중독이 발생한 경우 보관 또는 사용 중인 보존식이나 식재료를 역학조사가 완료될 때까지 폐기하거나 소독 등으로 현장을 훼손하여서는 아니 되고 원상태로 보존하여야 하며, 원인규 명을 위한 행위를 방해하여서는 아니 된다.

10. 모범업소로 지정받은 자 외의 자는 모범업소임을 알리는 지정증, 표지판, 현판 등 어떠한 표시도 하여서는 아니 된다.

---

③ 집단급식소의 시설기준은 다음과 같다.

집단급식소의 시설기준〈시행규칙 별표 25〉

1. 조리장
   가. 조리장은 음식물을 먹는 객석에서 그 내부를 볼 수 있는 구조로 되어 있어야 한다. 다만, 병원·학교의 경우에는 그러하지 아니하다.
   나. 조리장 바닥은 배수구가 있는 경우에는 덮개를 설치하여야 한다.
   다. 조리장 안에는 취급하는 음식을 위생적으로 조리하기 위하여 필요한 조리시설·세척시설·폐기물용기 및 손 씻는 시설을 각각 설치하여야 하고, 폐기물용기는 오물·악취 등이 누출되지 아니하도록 뚜껑이 있고 내수성 재질[스테인레스·알루미늄·에프알피(FRP)·테프론 등 물을 흡수하지 아니하는 것을 말한다. 이하 같다]로 된 것이어야 한다.
   라. 조리장에는 주방용 식기류를 소독하기 위한 자외선 또는 전기살균소독기를 설치하거나 열탕세척소독시설(식중독을 일으키는 병원성 미생물 등이 살균될 수 있는 시설이어야 한다)을 갖추어야 한다.
   마. 충분한 환기를 시킬 수 있는 시설을 갖추어야 한다. 다만, 자연적으로 통풍이 가능한 구조의 경우에는 그러하지 아니하다.
   바. 식품등의 기준 및 규격 중 식품별 보존 및 유통기준에 적합한 온도가 유지될 수 있는 냉장시설 또는 냉동시설을 갖추어야 한다.
   사. 식품과 직접 접촉하는 부분은 위생적인 내수성 재질로서 씻기 쉬우며, 열탕·증기·살균제 등으로 소독·살균이 가능한 것이어야 한다.
   아. 냉동·냉장시설 및 가열처리시설에는 온도계 또는 온도를 측정할 수 있는 계기를 설치하여야 하며, 적정온도가 유지되도록 관리하여야 한다.
   자. 조리장에는 쥐·해충 등을 막을 수 있는 시설을 갖추어야 한다.
2. 급수시설
   가. 수돗물이나 「먹는물관리법」에 따른 먹는 물의 수질기준에 적합한 지하수 등을 공급할 수 있는 시설을 갖추어야 한다. 다만, 지하수를 사용하는 경우에는 용수저장탱크에 염소자동주입기 등 소독장치를 설치하여야 한다.
   나. 지하수를 사용하는 경우 취수원은 화장실·폐기물처리시설·동물사육장 그 밖에 지하수가 오염될 우려가 있는 장소로부터 영향을 받지 아니 하는 곳에 위치하여야 한다.
3. 창고 등 보관시설
   가. 식품등을 위생적으로 보관할 수 있는 창고를 갖추어야 한다.
   나. 창고에는 식품등을 식품등의 기준 및 규격에서 정하고 있는 보존 및 유통기준에 적합한 온도에서 보관할 수 있도록 냉장·냉동시설을 갖추어야 한다. 다만, 조리장에 갖춘 냉장시설 또는 냉동시설에 해당 급식소에서 조리·제공되는 식품을 충분히 보관할 수 있는 경우에는 창고에 냉장시설 및 냉동시설을 갖추지 아니하여도 된다.

4. 화장실

    가. 화장실은 조리장에 영향을 미치지 아니하는 장소에 설치하여야 한다. 다만, 집단급식소가 위치한 건축물 안에 나목부터 라목까지의 기준을 갖춘 공동화장실이 설치되어 있거나 인근에 사용하기 편리한 화장실이 있는 경우에는 따로 화장실을 설치하지 아니할 수 있다.

    나. 화장실은 정화조를 갖춘 수세식 화장실을 설치하여야 한다. 다만, 상·하수도가 설치되지 아니한 지역에서는 수세식이 아닌 화장실을 설치할 수 있다. 이 경우 변기의 뚜껑과 환기시설을 갖추어야 한다.

    다. 화장실은 콘크리트 등으로 내수처리를 하여야 하고, 바닥과 내벽(바닥으로부터 1.5미터까지)에는 타일을 붙이거나 방수페인트로 색칠하여야 한다.

    라. 화장실에는 손을 씻는 시설을 갖추어야 한다.

(5) 식품진흥기금〈법 제89조〉

① 식품위생과 국민의 영양수준 향상을 위한 사업을 하는 데에 필요한 재원에 충당하기 위하여 시·도 및 시·군·구에 식품진흥기금(이하 "기금"이라 한다)을 설치한다.

② 기금은 다음 각 호의 재원으로 조성한다.

    ㉠ 식품위생단체의 출연금

    ㉡ 징수한 과징금

    ㉢ 기금 운용으로 생기는 수익금

    ㉣ 그 밖에 대통령령으로 정하는 수입금

③ 기금은 다음 각 호의 사업에 사용한다.

    ㉠ 영업자(「건강기능식품에 관한 법률」에 따른 영업자를 포함한다)의 위생관리시설 및 위생설비시설 개선을 위한 융자 사업

    ㉡ 식품위생에 관한 교육·홍보 사업(소비자단체의 교육·홍보 지원을 포함한다)과 소비자식품위생감시원의 교육·활동 지원

    ㉢ 식품위생과 「국민영양관리법」에 따른 영양관리(이하 "영양관리"라 한다)에 관한 조사·연구 사업

    ㉣ 포상금 지급 지원

    ㉤ 「공익신고자 보호법」에 따라 지방자치단체가 부담하는 보상금(이 법 및 「건강기능식품에 관한 법률」 위반행위에 관한 신고를 원인으로 한 보상금에 한정한다) 상환액의 지원

    ㉥ 식품위생에 관한 교육·연구 기관의 육성 및 지원

    ㉦ 음식문화의 개선과 좋은 식단 실천을 위한 사업 지원

◎ 집단급식소(위탁에 의하여 운영되는 집단급식소만 해당한다)의 급식시설 개수·보수를 위한 융자 사업

　　　㉭ 그 밖에 대통령령으로 정하는 식품위생, 영양관리, 식품산업 진흥 및 건강기능식품에 관한 사업

④ 기금사업〈시행령 제61조〉

　　㉠ 기금을 사용할 수 있는 사업은 다음 각 호의 사업으로 한다.

　　　㉮ 식품의 안전성과 식품산업진흥에 대한 조사·연구사업

　　　㉯ 식품사고 예방과 사후관리를 위한 사업

　　　㉰ 식중독 예방과 원인 조사, 위생관리 및 식중독 관련 홍보사업

　　　㉱ 식품의 재활용을 위한 사업

　　　㉲ 식품위생과식품산업 진흥을위한 전산화사업

　　　㉳ 식품산업진흥사업

　　　㉴ 시·도지사가 식품위생과 주민 영양을 개선하기 위하여 민간단체에 연구를 위탁한 사업

　　　㉵ 남은 음식 재사용 안 하기 활동에 대한 지원

　　　㉶ 수당 등의 지급

　　　㉷ 「식품·의약품분야 시험·검사 등에 관한 법률」에 따른 자가품질위탁 시험·검사기관의 시험·검사실 설치 지원

　　　㉸ 우수업소와 모범업소에 대한 지원

　　　㉹ 식품안전관리인증기준을 지키는 영업자와 이를 지키기 위하여 관련 시설 등을 설치하려는 영업자에 대한 지원

　　　㉺ 자율지도원의 활동 지원

　　　㉻ 「건강기능식품에 관한 법률」에 따른 우수건강기능식품제조기준을 지키는 영업자와 이를 지키기 위하여 관련 시설 등을 설치하려는 영업자에 대한 지원

　　　㉠ 「어린이 식생활안전관리 특별법」에 따른 어린이 기호식품 전담 관리원의 지정 및 운영

　　　㉡ 「어린이 식생활안전관리 특별법」에 따른 어린이 기호식품 우수판매업소에 대한 보조 또는 융자

　　　㉢ 「어린이 식생활안전관리 특별법」에 따른 어린이급식관리지원센터 설치 및 운영 비용 보조

　　㉡ 식품의약품안전처장은 기금운용계획에 따라 시·도지사 또는 시장·군수·구청장이 행하는 사업의 이행 여부를 확인하거나 해당 사업의 추진현황을 시·도지사 또는 시장·군수·구청장으로 하여금 보고하도록 할 수 있다. 이 경우 시장·군수·구청장은 시·도지사를 거쳐 보고하여야 한다.

⑤ 기금의 운용〈시행령 제62조〉

　　㉠ 기금의 회계연도는 정부회계연도에 따른다.

　　㉡ 시·도지사 또는 시장·군수·구청장은 매년 기금운용계획을 수립하여야 한다. 이 경우 기금운용계획에는 기금의 운용 및 관리에 드는 비용을 포함시킬 수 있다.

ⓒ 시·도지사 또는 시장·군수·구청장은 기금의 융자업무를 취급하기 위하여 기금을 금융기관에 위탁하여 관리하게 할 수 있다.

ⓔ 시·도지사 또는 시장·군수·구청장은 기금의 수입과 지출에 관한 사무를 하게 하기 위하여 소속 공무원 중에서 기금수입징수관, 기금재무관, 기금지출관 및 기금출납공무원을 임명한다.

ⓜ 시·도지사 또는 시장·군수·구청장은 기금계정을 설치할 은행을 지정하고, 지정한 은행에 수입계정과 지출계정을 구분하여 기금계정을 설치하여야 한다.

ⓗ 시·도지사 또는 시장·군수·구청장은 기금재무관에게 지출원인행위를 하도록 하는 경우 기금운용계획에 따라 지출한도액을 배정하여야 한다.

ⓢ ㉠부터 ⓗ까지에서 규정한 사항 외에 기금의 운용에 필요한 사항은 시·도 및 시·군·구의 소례로 정한다.

(6) 포상금 지급〈법 제90조〉

① 식품의약품안전처장, 시·도지사 또는 시장·군수·구청장은 이 법에 위반되는 행위를 신고한 자에게 신고 내용별로 1천만 원까지 포상금을 줄 수 있다.

② 포상금의 지급기준〈시행령 제63조〉

㉠ 포상금을 지급하는 경우 그 기준은 다음 각 호와 같다.

㉮ 법칙규정를 위반한 자를 신고한 경우 : 1천만 원 이하

㉯ 위해식품 판매금지, 병든고기 판매금지, 기준규격에 적합하지 않은 화학적 합성품 판매금지 규정, 유독기구 판매사용금지 또는 영업허가 규정을 위반한 자를 신고한 경우 : 30만 원 이하

㉰ 영업정지명령을 위반하여 영업을 계속한 자를 신고한 경우 : 20만 원 이하

㉱ 허위표시금지, 영업허가 규정을 위반한 자 또는 품목제조정지명령을 위반한 자를 신고한 경우 : 10만 원 이하

㉲ 질병이 있는 자 또는 집단급식소의 신고 규정을 위반한 자를 신고한 경우 : 5만 원 이하

㉳ ㉮부터 ㉲까지의 규정 외에 법을 위반한 자 중 위생상 위해발생 우려가 있는 위반사항을 신고한 경우 : 3만 원 이하

㉡ 포상금의 세부적인 지급대상, 지급금액, 지급방법 및 지급절차 등은 식품의약품안전처장이 정하여 고시한다.

③ 신고자 비밀보장〈시행령 제64조〉

㉠ 식품의약품안전처장, 시·도지사 또는 시장·군수·구청장은 법을 위반한 행위를 신고한 자의 인적사항 등 그 신분이 누설되지 아니하도록 하여야 한다.

㉡ 식품의약품안전처장, 시·도지사 또는 시장·군수·구청장은 신고자의 신분이 공개된 경우 그 경위를 확인하여 신고자의 신분을 누설한 자에 대하여 징계를 요청하는 등 필요한 조치를 할 수 있다.

(7) 정보공개〈법 제90조의2〉

① 식품의약품안전처장은 보유·관리하고 있는 식품 등의 안전에 관한 정보 중 국민이 알아야 할 필요가 있다고 인정하는 정보에 대하여는 「공공기관의 정보공개에 관한 법률」에서 허용하는 범위에서 이를 국민에게 제공하도록 노력하여야 한다.

② 제공되는 정보의 범위, 제공 방법 및 절차 등에 필요한 사항은 대통령령으로 정하며, 제공되는 식품등의 안전에 관한 정보의 범위는 다음 각 호와 같다.〈시행령 제64조의2〉

　　㉠ 심의위원회의 조사·심의 내용

　　㉡ 안정성심사위원회의 심사 내용

　　㉢ 국내외에서 유해물질이 함유된 것으로 알려지는 등 위해의 우려가 제기되는 식품등에 관한 정보

　　㉣ 그 밖에 식품등의 안전에 관한 정보로서 식품의약품안전처장이 공개할 필요가 있다고 인정하는 정보

③ 식품의약품안전처장은 식품등의 안전에 관한 정보를 인터넷 홈페이지, 신문, 방송 등을 통하여 공개할 수 있다.

(8) 식품안전관리 업무 평가〈법 제90조의3〉

① 식품의약품안전처장은 식품안전관리 업무 수행 실적이 우수한 시·도 또는 시·군·구에 표창 수여, 포상금 지급 등의 조치를 하기 위하여 시·도 및 시·군·구에서 수행하는 식품안전관리 업무를 평가할 수 있다.

② 식품안전관리 업무 평가 기준 및 방법 등〈시행규칙 제96조의2〉

　　㉠ 식품안전관리 업무 평가의 기준은 다음 각 호와 같다.

　　　　㉮ 식품안전관리 사업 목표 달성도 또는 사업의 성과

　　　　㉯ 그 밖에 식품안전관리를 위하여 식품의약품안전처장이 정하는 사항

　　㉡ 식품의약품안전처장은 평가를 할 때에는 시·도와 시·군·구를 구분하여 실시할 수 있다.

(9) 권한의 위임〈법 제91조〉

이 법에 따른 식품의약품안전처장의 권한은 대통령령으로 정하는 바에 따라 그 일부를 시·도지사 또는 지방식품의약품안전청장에게, 시·도지사의 권한은 그 일부를 시장·군수·구청장 또는 보건소장에게 각각 위임할 수 있으며, 식품의약품안전처장은 다음 각 호의 권한을 지방식품의약품안전청장에게 위임한다.〈시행령 제65조〉

① 영업의 허가 및 변경허가

② 폐업신고 및 변경신고

③ 영업의 등록 및 변경등록

④ 보고 및 변경보고

⑤ 등록 사항의 직권말소

⑥ 영업 승계 신고의 수리

⑦ 위해식품등의 회수계획 보고에 관한 업무 및 행정처분 감면

⑧ 이물(異物) 발견보고

⑨ 식품안전관리인증기준적용업소에 대한 조사·평가 및 인증취소 또는 시정명령

⑩ 식품이력추적관리 등록 및 변경신고

⑪ 식품이력추적관리기준 준수 여부 등에 대한 조사·평가

⑫ 식품이력추적관리 등록을 한 자에 대한 등록취소 또는 시정명령

⑬ 시정명령

⑭ 식품등의 압류·폐기처분 또는 위해 방지 조치 명령

⑮ 위해식품등의 공표

⑯ 시설 개수명령

⑰ 허가·등록 취소 또는 영업정지명령

⑱ 품목 또는 품목류 제조정지명령

⑲ 영업소를 폐쇄하기 위한 조치 및 그 해제를 위한 조치

⑳ 청문

㉑ 과징금 부과·징수

㉒ 수수료의 징수

㉓ 과태료 부과·징수

⑽ **수수료**〈법 제92조〉

다음 각 호의 어느 하나에 해당하는 자는 총리령으로 정하는 수수료를 내야 한다.

① 기준과 규격의 인정을 신청하는 자

② 농약 및 동물용 의약품의 잔류허용기준 설정을 요청하는 자

③ 삭제〈2018.3.13〉

④ 안전성 심사를 받는 자

⑤ 재검사를 요청하는 자

⑥ 허가를 받거나 신고 또는 등록을 하는 자

⑦ 식품안전관리인증기준적용업소 인증 또는 변경 인증을 신청하는 자

⑧ 식품안전관리인증기준적용업소 인증 유효기간의 연장신청을 하는 자

⑨ 식품이력추적관리를 위한 등록을 신청하는 자

⑩ 조리사 면허를 받는 자

⑪ 집단급식소의 설치·운영을 신고하는 자

⑫ **수수료**〈시행규칙 제97조〉

　㉠ 수수료는 허가관청, 면허관청 또는 신고·등록·신청 등을 받는 관청이나 기관이 국가인 경우에는 수입인지, 지방자치단체인 경우에는 해당 지방자치단체의 수입증지, 국가나 지방자치단체가 아닌 경우에는 현금, 신용카드 또는 직불카드로 납부하여야 한다.

　㉡ 납부는 정보통신망을 이용하여 전자화폐·전자결재 등의 방법으로 할 수 있다.

※ 수수료〈시행규칙 별표 26〉

1. 영업허가, 신고 및 등록 등
   가. 신규 : 28,000원
   나. 변경 : 9,300원(소재지 변경은 26,500원으로 하되, 변경사항인 경우는 수수료를 면제한다)
   다. 조건부영업허가 : 28,000원
   라. 집단급식소 설치 · 운영신고 : 28,000원(종료 후 신고의 경우는 수수료를 면제한다)
   마. 허가증(신고증 또는 등록증) 재발급 : 5,300원
   바. 영업자지위승계신고 : 9,300원
2. 지정 등 신청
   가. 유전자변형식품등 안전성 심사 신청
      1) 유전자변형식품등 안전성 심사 : 5,000,000원
      2) 후대교배종의 안전성 심사 대상 여부 검토 : 2,900,000원
   나. 식품안전관리인증기준적용업소 인증
      1) 신청 : 200,000원(인증유효기간 연장신청을 포함한다)
      2) 변경(소재지, 중요관리점) : 100,000원
   다. 식품등의 한시적 기준 및 규격 인정 신청
      1) 식품원료 : 100,000원
      2) 식품첨가물(기구 등의 살균 · 소독제를 포함한다), 기구 및 용기 · 포장 : 30,000원
3. 조리사면허
   가. 신규 : 5,500원
   나. 면허증 재발급 : 3,000원
   다. 조리사면허증기재사항변경신청 : 890원(개명으로 조리사의 성명을 변경하는 경우에는 수수료를 면제한다.)
4. 삭제 〈2016.2.4.〉
5. 삭제 〈2016.2.4.〉
6. 표시 · 광고 심의 신청 : 100,000원
7. 농약 또는 동물용 의약품 잔류허용기준의 설정 등
   가. 농약 및 동물용 의약품의 독성에 관한 자료 검토 수수료(각 품목별로 수수료를 부과한다)
      1) 신규 설정 : 30,000,000원
      2) 변경 및 설정면제 : 10,000,000원
   나. 농약 및 동물용 의약품의 식품 잔류에 관한 자료 검토 수수료
      1) 농약(식품별로 부과한다) : 5,000,000원
      2) 동물용 의약품(동물별로 부과한다) : 10,000,000원
8. 재검사 요청 : 「식품의약품안전처 및 그 소속기관 시험 · 검사의뢰 규칙」에서 정하는 바에 따른다.

(11) 민감정보 및 고유식별정보의 처리〈시행령 제65조의2〉

식품의약품안전처장(식품의약품안전처장의 권한 또는 업무를 위임·위탁받은 자를 포함한다), 시·도지사 또는 시장·군수·구청장(해당 권한이 위임·위탁된 경우에는 그 권한을 위임·위탁받은 자를 포함한다)은 다음 각 호의 사무를 수행하기 위하여 불가피한 경우 「개인정보 보호법」에 따른 건강에 관한 정보, 범죄경력자료에 해당하는 정보, 주민등록번호 또는 외국인등록번호가 포함된 자료를 처리할 수 있다.

① 위생검사등의 요청에 관한 사무

② 자료제출 및 출입·검사·수거 등의 조치에 관한 사무

③ 영업허가, 영업신고, 영업등록 등에 관한 사무

④ 영업허가 및 영업등록 등에 관한 사무

⑤ 영업 승계에 관한 사무

⑥ 영업시간 및 영업행위의 제한에 관한 사무

⑦ 식품등의 회수에 관한 사무

⑧ 식품안전관리인증기준적용업소의 인증, 기술적·경제적 지원, 조사·평가 및 인증취소·시정명령 등에 관한 사무

⑨ 조리사의 면허에 관한 사무

⑩ 행정처분에 관한 사무

⑪ 청문에 관한 사무

⑫ 과징금의 부과·징수에 관한 사무

⑬ 포상금 지급에 관한 사무

(12) 규제의 재검토〈시행령 제66조〉

식품의약품안전처장은 과징금 산정기준에 대하여 2015년 1월 1일을 기준으로 2년마다(매 2년이 되는 해의 1월 1일 전까지를 말한다) 그 타당성을 검토하여 개선 등의 조치를 하여야 한다.

1 다음 중 식중독에 관한 조사 보고는 누구에게 하여야 하는가?

① 시장·군수·구청장에게 보고하여야 한다.

② 대통령에게 보고하여야 한다.

③ 식품의약품안전청장에게 보고하여야 한다.

④ 관할 보건소장에게 보고하여야 한다.

> **NOTE** 식중독에 관한 조사 보고〈법 제86조〉… 식중독에 관한 조사 보고에 해당하는 자는 지체 없이 관할 시장(「제주특별자치도 설치 및 국제자유도시 조성을 위한 특별법」에 따른 행정시장을 포함한다. 이하 이 조에서 같다)·군수·구청장에게 보고하여야 한다. 이 경우 의사나 한의사는 대통령령으로 정하는 바에 따라 식중독 환자나 식중독이 의심되는 자의 혈액 또는 배설물을 보관하는 데에 필요한 조치를 하여야 한다.

2 다음 중 식중독에 관한 조사 보고 의무자로 맞지 않는 것은?

① 식중독 환자나 식중독이 의심되는 자를 진단하였거나 그 사체를 검안(檢案)한 의사

② 식중독 환자를 진단하였거나 그 사체를 검안(檢案)한 한의사

③ 식중독 환자나 식중독으로 의심되는 증세를 보이는 자를 발견한 집단급식소의 설치·운영자

④ 급식소에 식자재를 공급한 영업자

> **NOTE** 식중독에 관한 조사 보고〈법 제86조〉… 다음 각 호의 어느 하나에 해당하는 자는 지체 없이 관할 시장(「제주특별자치도 설치 및 국제자유도시 조성을 위한 특별법」에 따른 행정시장을 포함한다. 이하 이 조에서 같다)·군수·구청장에게 보고하여야 한다. 이 경우 의사나 한의사는 대통령령으로 정하는 바에 따라 식중독 환자나 식중독이 의심되는 자의 혈액 또는 배설물을 보관하는 데에 필요한 조치를 하여야 한다.
> ㉠ 식중독 환자나 식중독이 의심되는 자를 진단하였거나 그 사체를 검안(檢案)한 의사 또는 한의사
> ㉡ 집단급식소에서 제공한 식품 등으로 인하여 식중독 환자나 식중독으로 의심되는 증세를 보이는 자를 발견한 집단급식소의 설치·운영자

ANSWER 1.① 2.④

3 다음 중 시장·군수·구청장이 식중독 원인을 조사할 내용으로 맞지 않는 것은?

① 식중독의 원인이 된 식품등과 환자 간의 연관성을 확인하기 위해 실시하는 설문조사

② 섭취음식 위험도 조사 및 역학적(疫學的) 조사

③ 식중독의 원인이라고 생각되는 식품 등에 대한 미생물학적 또는 이화학적(理化學的) 시험에 의한 조사

④ 식중독 환자의 가족이나 주변인들의 혈액·배설물

> ■NOTE 시장·군수·구청장이 하여야 할 조사는 다음 각 호와 같다.〈시행령 제59조〉
> ㉠ 식중독의 원인이 된 식품등과 환자 간의 연관성을 확인하기 위해 실시하는 설문조사, 섭취음식 위험도 조사 및 역학적(疫學的) 조사
> ㉡ 식중독 환자나 식중독이 의심되는 자의 혈액·배설물 또는 식중독의 원인이라고 생각되는 식품등에 대한 미생물학적 또는 이화학적(理化學的) 시험에 의한 조사
> ㉢ 식중독의 원인이 된 식품 등의 오염경로를 찾기 위하여 실시하는 환경조사

4 다음 중 식중독대책협의기구의 의장에 해당하는 자는?

① 식품의약품안전처장   ② 농림축산식품부차관

③ 시장·군수·구청장   ④ 보건복지부차관

> ■NOTE 식중독대책협의기구의 구성·운영 등〈시행령 제60조〉
> ㉠ 식중독대책협의기구(이하 "협의기구"라 한다)의 위원은 다음 각 호에 해당하는 자로 한다.
> • 교육부, 법무부, 국방부, 농림축산식품부, 보건복지부 및 환경부 등 중앙행정기관의 장이 해당 중앙행정기관의 고위공무원단에 속하는 일반직공무원 또는 이에 상당하는 공무원[법무부 및 국방부의 경우에는 각각 이에 해당하는 검사(檢事) 및 장관(將官)급 장교를 포함한다] 중에서 지명하는 자
> • 지방자치단체의 장이 해당 지방행정기관의 고위공무원단에 속하는 일반직공무원 또는 이에 상당하는 지방공무원 중에서 지명하는 자
> • 그 밖에 식품의약품안전처장이 지정하는 기관 및 단체의 장
> ㉡ 식품의약품안전처장은 협의기구의 회의를 소집하고 그 의장이 된다.
> ㉢ 협의기구의 회의는 재적위원 과반수의 출석으로 개의하고, 출석위원 과반수의 찬성으로 의결한다.
> ㉣ 협의기구는 그 직무를 수행하기 위하여 필요한 경우에는 관계 공무원이나 관계 전문가를 협의기구의 회의에 출석시켜 의견을 듣거나 관계 기관·단체 등으로 하여금 자료나 의견을 제출하도록 하는 등 필요한 협조를 요청할 수 있다.
> ㉤ 협의기구는 업무 수행을 위하여 필요한 경우에는 관계 전문가 또는 관계 기관·단체 등에 전문적인 조사나 연구를 의뢰할 수 있다.

■ANSWER   3.④   4.①

5 다음 중 집단급식소를 설치·운영하는 자의 준수사항으로 맞지 않는 것은?

① 식중독 환자가 발생하지 아니하도록 위생관리를 철저히 할 것

② 조리·제공한 식품의 매회 1인분 분량을 144시간 이상 보관할 때에는 매회 1인분 분량을 섭씨 영하 25도 이하로 보관하여야 한다.

③ 영양사를 두고 있는 경우 그 업무를 방해하지 아니할 것

④ 영양사를 두고 있는 경우 영양사가 집단급식소의 위생관리를 위하여 요청하는 사항에 대하여는 정당한 사유가 없으면 따를 것

> **NOTE** 집단급식소를 설치·운영하는 자는 집단급식소 시설의 유지·관리 등 급식을 위생적으로 관리하기 위하여 다음 각 호의 사항을 지켜야 한다.〈법 제88조〉
> ㉠ 식중독 환자가 발생하지 아니하도록 위생관리를 철저히 할 것
> ㉡ 조리·제공한 식품의 매회 1인분 분량을 총리령으로 정하는 바에 따라 144시간 이상 보관할 때에는 매회 1인분 분량을 섭씨 영하 18도 이하로 보관하여야 한다.
> ㉢ 영양사를 두고 있는 경우 그 업무를 방해하지 아니할 것
> ㉣ 영양사를 두고 있는 경우 영양사가 집단급식소의 위생관리를 위하여 요청하는 사항에 대하여는 정당한 사유가 없으면 따를 것

6 다음 중 집단급식소에서 조리장의 시설기준으로 맞지 않는 것은?

① 병원·학교의 경우에는 음식물을 먹는 객석에서 그 내부를 볼 수 있는 구조로 되어 있어야 한다.

② 조리장 바닥은 배수구가 있는 경우에는 덮개를 설치하여야 한다.

③ 충분한 환기를 시킬 수 있는 시설을 갖추어야 한다.

④ 조리장에는 쥐·해충 등을 막을 수 있는 시설을 갖추어야 한다.

> **NOTE** 집단급식소의 시설기준 중 조리장〈시행규칙 별표 25〉
> ㉠ 조리장은 음식물을 먹는 객석에서 그 내부를 볼 수 있는 구조로 되어 있어야 한다. 다만, 병원·학교의 경우에는 그러하지 아니하다.
> ㉡ 조리장 바닥은 배수구가 있는 경우에는 덮개를 설치하여야 한다.
> ㉢ 조리장 안에는 취급하는 음식을 위생적으로 조리하기 위하여 필요한 조리시설·세척시설·폐기물용기 및 손 씻는 시설을 각각 설치하여야 하고, 폐기물용기는 오물·악취 등이 누출되지 아니하도록 뚜껑이 있고 내수성 재질[스테인레스·알루미늄·에프알피(FRP)·테프론 등 물을 흡수하지 아니하는 것을 말한다. 이하 같다]로 된 것이어야 한다.

ⓔ 조리장에는 주방용 식기류를 소독하기 위한 자외선 또는 전기살균소독기를 설치하거나 열 탕세척소독시설(식중독을 일으키는 병원성 미생물 등이 살균될 수 있는 시설이어야 한다)을 갖추어야 한다.

ⓜ 충분한 환기를 시킬 수 있는 시설을 갖추어야 한다. 다만, 자연적으로 통풍이 가능한 구조의 경우에는 그러하지 아니하다.

ⓗ 식품 등의 기준 및 규격 중 식품별 보존 및 유통기준에 적합한 온도가 유지될 수 있는 냉장시설 또는 냉동시설을 갖추어야 한다.

ⓢ 식품과 직접 접촉하는 부분은 위생적인 내수성 재질로서 씻기 쉬우며, 열탕·증기·살균제 등으로 소독·살균이 가능한 것이어야 한다.

ⓞ 냉동·냉장시설 및 가열처리시설에는 온도계 또는 온도를 측정할 수 있는 계기를 설치하여야 하며, 적정온도가 유지되도록 관리하여야 한다.

ⓩ 조리장에는 쥐·해충 등을 막을 수 있는 시설을 갖추어야 한다.

7 다음 중 포상금의 지급기준으로 맞지 않는 것은?

① 영업정지명령을 위반하여 영업을 계속한 자를 신고한 경우 : 20만 원 이하

② 품목제조정지명령을 위반한 자를 신고한 경우 : 10만 원 이하

③ 위생상 위해발생 우려가 있는 위반사항을 신고한 경우 : 3만 원 이하

④ 벌칙규정을 위반한 자를 신고한 경우 : 500만 원 이하

> **NOTE** 포상금의 지급기준〈시행령 제63조〉
> ㉠ 벌칙규정를 위반한 자를 신고한 경우 : 1천만 원 이하
> ㉡ 위해식품의 판매 등 금지, 병든 동물 고기 등의 판매 등 금지, 기준·규격이 정하여지지 아니한 화학적 합성품 등의 판매 등 금지, 유독기구 등의 판매·사용금지 또는 영업허가 규정을 위반한 자를 신고한 경우 : 30만 원 이하
> ㉢ 식품 또는 식품첨가물에 관한 기준 및 규격, 기구 및 용기·포장에 관한 기준 및 규격, 영업허가, 영업자 등의 준수사항 규정을 위반한 자 또는 영업정지명령을 위반하여 영업을 계속한 자를 신고한 경우 : 20만 원 이하
> ㉣ 허위판매 금지, 영업허가 규정을 위반한 자 또는 품목제조정지명령을 위반한 자를 신고한 경우 : 10만 원 이하
> ㉤ 건강진단규정 또는 집단급식소 신고규정을 위반한 자를 신고한 경우 : 5만 원 이하
> ㉥ ㉠부터 ㉤까지의 규정 외에 법을 위반한 자 중 위생상 위해발생 우려가 있는 위반사항을 신고한 경우 : 3만 원 이하

8 다음 중 식품의약품안전처장은 다음 보기의 권한을 누구에게 위임하여야 하는가?

> ㉠ 영업의 허가 및 변경허가 ㉡ 폐업신고 및 변경신고
> ㉢ 영업의 등록 및 변경등록 ㉣ 보고 및 변경보고
> ㉤ 등록 사항의 직권말소 ㉥ 영업 승계 신고의 수리

① 지방식품의약품안전청장
② 시·도지사
③ 시장·군수·구청장
④ 보건소장

> **NOTE** 권한의 위임〈법 제91조〉… 이 법에 따른 식품의약품안전처장의 권한은 대통령령으로 정하는 바에 따라 그 일부를 시·도지사 또는 지방식품의약품안전청장에게, 시·도지사의 권한은 그 일부를 시장·군수·구청장 또는 보건소장에게 각각 위임할 수 있으며, 식품의약품안전처장은 다음 각 호의 권한을 지방식품의약품안전청장에게 위임한다.〈시행령 제65조〉
> ㉠ 영업의 허가 및 변경허가
> ㉡ 폐업신고 및 변경신고
> ㉢ 영업의 등록 및 변경등록
> ㉣ 보고 및 변경보고
> ㉤ 등록 사항의 직권말소
> ㉥ 영업 승계 신고의 수리
> ㉦ 위해식품등의 회수계획 보고에 관한 업무 및 행정처분 감면
> ㉧ 이물(異物) 발견보고
> ㉨ 식품안전관리인증기준적용업소에 대한 조사·평가 및 인증취소 또는 시정명령
> ㉩ 식품이력추적관리 등록 및 변경신고
> ㉪ 식품이력추적관리기준 준수 여부 등에 대한 조사·평가
> ㉫ 식품이력추적관리 등록을 한 자에 대한 등록취소 또는 시정명령
> ㉬ 시정명령
> ㉭ 식품등의 압류·폐기처분 또는 위해 방지 조치 명령
> ㉮ 위해식품등의 공표
> ㉯ 시설 개수명령
> ㉰ 허가·등록 취소 또는 영업정지명령
> ㉱ 품목 또는 품목류 제조정지명령
> ㉲ 영업소를 폐쇄하기 위한 조치 및 그 해제를 위한 조치
> ㉳ 청문
> ㉴ 과징금 부과·징수
> ㉵ 수수료의 징수
> ㉶ 과태료 부과·징수

9 다음 중 수수료를 내야하는 자로 맞지 않는 것은?

① 농약 및 동물용 의약품의 잔류허용기준 설정을 요청하는 자

② 안전성 심사를 받는 자

③ 허가를 받거나 신고 또는 등록을 하는 자

④ 영양사 면허를 받는 자

> **NOTE** 수수료〈법 제92조〉… 다음 각 호의 어느 하나에 해당하는 자는 총리령으로 정하는 수수료를 내야 한다.
> ㉠ 기준과 규격의 인정을 신청하는 자
> ㉡ 농약 및 동물용 의약품의 잔류허용기준 설정을 요청하는 자
> ㉢ 삭제〈2018.3.13〉
> ㉣ 안전성 심사를 받는 자
> ㉤ 재검사를 요청하는 자
> ㉥ 허가를 받거나 신고 또는 등록을 하는 자
> ㉦ 식품안전관리인증기준적용업소 인증 또는 변경 인증을 신청하는 자
> ㉧ 식품안전관리인증기준적용업소 인증 유효기간의 연장신청을 하는 자
> ㉨ 식품이력추적관리를 위한 등록을 신청하는 자
> ㉩ 조리사 면허를 받는 자
> ㉪ 집단급식소의 설치·운영을 신고하는 자

10 다음 중 유전자변형식품 등 안전성 심사 신청을 한 경우의 수수료로 알맞은 것은?

① 200만 원　　　　　　② 300만 원

③ 400만 원　　　　　　④ 500만 원

> **NOTE** 유전자변형식품 등 안전성 심사 신청〈시행규칙 별표 26〉… 5,000,000원

벌칙

(1) 벌칙〈법 제93조〉

① 다음 각 호의 어느 하나에 해당하는 질병에 걸린 동물을 사용하여 판매할 목적으로 식품 또는 식품첨가물을 제조·가공·수입 또는 조리한 자는 3년 이상의 징역에 처한다.

　㉠ 소해면상뇌증(狂牛病)

　㉡ 탄저병

　㉢ 가금 인플루엔자

② 다음 각 호의 어느 하나에 해당하는 원료 또는 성분 등을 사용하여 판매할 목적으로 식품 또는 식품첨가물을 제조·가공·수입 또는 조리한 자는 1년 이상의 징역에 처한다.

　㉠ 마황(麻黃)

　㉡ 부자(附子)

　㉢ 천오(川烏)

　㉣ 초오(草烏)

　㉤ 백부자(白附子)

　㉥ 섬수(蟾수)

　㉦ 백선피(白鮮皮)

　㉧ 사리풀

③ ① 및 ②의 경우 제조·가공·수입·조리한 식품 또는 식품첨가물을 판매하였을 때에는 그 소매가격의 2배 이상 5배 이하에 해당하는 벌금을 병과(倂科)한다.

④ ① 또는 ②의 죄로 형을 선고받고 그 형이 확정된 후 5년 이내에 다시 ① 또는 ②의 죄를 범한 자가 ③에 해당하는 경우 ③에서 정한 형의 2배까지 가중한다.

(2) 벌칙〈법 제94조〉

① 다음 각 호의 어느 하나에 해당하는 자는 10년 이하의 징역 또는 1억 원 이하의 벌금에 처하거나 이를 병과할 수 있다.

　㉠ 위해식품 등의 판매 등 금지, 병든 동물 고기 등의 판매등 금지, 기준·규격이 정하여 지지 아니한 화학적 합성품 등의 판매 등 금지 규정을 위반한 자

ⓛ 유독기구 등의 판매·사용 금지 규정을 위반한 자

ⓒ 삭제〈2018.3.13〉

ⓔ 영업허가규정을 위반한 자

② ①의 죄로 형을 선고받고 그 형이 확정된 후 5년 이내에 다시 ①의 죄를 범한 자는 1년 이상 10년 이하의 징역에 처한다.

③ ②의 경우 그 해당 식품 또는 식품첨가물을 판매한 때에는 그 소매가격의 4배 이상 10배 이하에 해당하는 벌금을 병과한다.

(3) **다음 각 호의 어느 하나에 해당하는 자는 5년 이하의 징역 또는 5천만 원 이하의 벌금에 처하거나 이를 병과할 수 있다.**〈법 제95조〉

① 기준과 규격에 맞지 아니하는 식품 또는 식품첨가물을 판매하거나 판매할 목적으로 제조·수입·가공·사용·조리·저장·소분·운반·보존·진열한 경우, 기준과 규격에 맞지 아니한 기구 및 용기·포장을 사용한 경우 또는 허위, 과대, 비방의 광고금지 규정을 위반한 자

② 영업허가의 등록규정을 위반한 자

③ 영업 제한을 위반한 자

④ 위해식품의 회수규정을 위반한 자

⑤ 명령을 위반한 자

⑥ 영업정지 명령을 위반하여 영업을 계속한 자(영업허가를 받은 자만 해당한다)

(4) **조리사 또는 영양사 규정을 위반한 자는 3년 이하의 징역 또는 3천만 원 이하의 벌금에 처하거나 이를 병과할 수 있다.**〈법 제96조〉

(5) **다음 각 호의 어느 하나에 해당하는 자는 3년 이하의 징역 또는 3천만 원 이하의 벌금에 처한다.**〈법 제97조〉

① 기준에 맞지 않는 표시를 한 것을 판매·영업에 사용, 표시가 없는 유전자변형식품등을 판매·영업에 사용, 위해여부가 확인 안 된 식품을 제조·판매에 사용한 영업자, 자가품질검사 의무규정, 영업허가 규정, 영업승계 규정, 식품안전관리인증기준, 식품이력추적관리 등록기준 또는 조리사 명칭 사용금지 규정을 위반한 자

② 검사·출입·수거·압류·폐기를 거부·방해 또는 기피한 자

③ 시설기준을 갖추지 못한 영업자

④ 조건을 갖추지 못한 영업자

⑤ 영업자가 지켜야 할 사항을 지키지 아니한 자. 다만, 총리령으로 정하는 경미한 사항을 위반한 자는 제외한다.

⑥ 영업정지 명령을 위반하여 계속 영업한 자(영업신고 또는 등록을 한 자만 해당한다) 또는 영업소 폐쇄명령을 위반하여 영업을 계속한 자

⑦ 제조정지 명령을 위반한 자

⑧ 관계 공무원이 부착한 봉인 또는 게시문 등을 함부로 제거하거나 손상시킨 자

(6) 다음 각 호의 어느 하나에 해당하는 자는 1년 이하의 징역 또는 1천만 원 이하의 벌금에 처한다.〈법 제98조〉

① 접객행위를 하거나 다른 사람에게 그 행위를 알선한 자

② 소비자로부터 이물 발견의 신고를 접수하고 이를 거짓으로 보고한 자

③ 이물의 발견을 거짓으로 신고한 자

④ 보고를 하지 아니하거나 거짓으로 보고한 자

(7) 양벌규정〈법 제100조〉

법인의 대표자나 법인 또는 개인의 대리인, 사용인, 그 밖의 종업원이 그 법인 또는 개인의 업무에 관하여 위반행위를 하면 그 행위자를 벌하는 외에 그 법인 또는 개인에게도 해당 조문의 벌금형을 과(科)하고, 질병에 걸린 동물을 사용하여 식품, 식품첨가물을 가공·수입·조리하는 위반행위를 하면 그 법인 또는 개인에 대하여도 1억5천만 원 이하의 벌금에 처하며, 사용금지 원료 또는 성분을 사용하여 식품, 식품첨가물을 제조·가공·수입 또는 조리하는 위반행위를 하면 그 법인 또는 개인에 대하여도 5천만 원 이하의 벌금에 처한다. 다만, 법인 또는 개인이 그 위반행위를 방지하기 위하여 해당 업무에 관하여 상당한 주의와 감독을 게을리하지 아니한 경우에는 그러하지 아니하다.

(8) 과태료〈법 제101조〉

① 삭제〈2018.3.13〉

② 다음 각 호의 어느 하나에 해당하는 자에게는 500만 원 이하의 과태료를 부과한다.

  ㉠ 식품 등의 취급규정·건강진단규정, 식품위생교육규정 또는 식중독에 관한 조사·보고규정을 위반한 자

ⓛ 검사기한 내에 검사를 받지 아니하거나 자료 등을 제출하지 아니한 영업자

ⓒ 영업허가규정을 위반하여 보고를 하지 아니하거나 허위의 보고를 한 자

ⓔ 실적보고규정을 위반하여 보고를 하지 아니하거나 허위의 보고를 한 자

ⓜ 식품안전관리인증기준적용업소 명칭 사용규정을 위반한 자

ⓗ 교육을 받지 아니한 자

ⓢ 명령에 위반한 자

ⓞ 신고를 하지 아니하거나 허위의 신고를 한 자

ⓩ 집단급식소 준수사항을 위반한 자

③ 다음 각 호의 어느 하나에 해당하는 자에게는 300만 원 이하의 과태료를 부과한다.

　　ㄱ 영업자가 지켜야 할 사항 중 총리령으로 정하는 경미한 사항을 지키지 아니한 자. "총리령으로 정하는 경미한 사항"이란 다음 각 호의 어느 하나에 해당하는 경우를 말한다. 〈시행규칙 제101조〉

　　　　㉮ 식품접객업자가 영업신고증, 영업허가증 또는 조리사면허증 보관의무를 준수하지 아니한 경우
　　　　㉯ 유흥주점영업자가 종업원명부 비치·기록 및 관리 의무를 준수하지 아니한 경우

　　ㄴ 소비자로부터 이물 발견신고를 받고 보고하지 아니한 자

　　ㄷ 식품이력추적관리 등록사항이 변경된 경우 변경사유가 발생한 날부터 1개월 이내에 신고하지 아니한 자

　　ㄹ 식품이력추적관리정보를 목적 외에 사용한 자

④ 과태료는 대통령령으로 정하는 바에 따라 식품의약품안전처장, 시·도지사 또는 시장·군수·구청장이 부과·징수한다.

⑤ 과태료의 부과기준은 다음과 같다.

> 1. 일반기준
>
> 　가. 위반행위의 횟수에 따른 과태료의 가중된 부과기준은 최근 2년간 같은 위반행위로 과태료 부과처분을 받은 경우에 적용한다. 이 경우 기간의 계산은 위반행위에 대하여 과태료 부과처분을 받은 날과 그 처분 후에 다시 같은 위반행위를 하여 적발한 날을 기준으로 한다.
>
> 　나. 가목에 따라 가중된 부과처분을 하는 경우 가중처분의 적용 차수는 그 위반행위 전 부과처분 차수(가목에 따른 기간 내에 과태료 부과처분이 둘 이상 있었던 경우에는 높은 차수를 말한다)의 다음 차수로 한다.
>
> 　다. 식품의약품안전처장, 시·도지사 또는 시장·군수·구청장은 다음의 어느 하나에 해당하는 경우에는 제2호의 개별기준에 따른 과태료 금액의 2분의 1 범위에서 그 금액을 줄일 수 있다. 다만, 과태료를 체납하고 있는 위반행위자의 경우에는 그 금액을 줄일 수 없다.

1) 위반행위자가 「질서위반행위규제법 시행령」 각 호의 어느 하나에 해당하는 경우

2) 위반행위자가 위반행위를 바로 정정하거나 시정하여 위반상태를 해소한 경우

라. 식품의약품안전처장, 시·도지사 또는 시장·군수·구청장은 다음의 어느 하나에 해당하는 경우에는 제2호의 개별기준에 따른 과태료 금액의 2분의 1 범위에서 그 금액을 늘릴 수 있다. 다만, 금액을 늘리는 경우에도 규정에 따른 과태료 금액의 상한을 넘을 수 없다.

1) 위반의 내용 및 정도가 중대하여 이로 인한 피해가 크다고 인정되는 경우

2) 법 위반상태의 기간이 6개월 이상인 경우

3) 그 밖에 위반행위의 정도, 동기 및 그 결과 등을 고려하여 과태료를 늘릴 필요가 있다고 인정되는 경우

2. 개별기준

위반행위	근거 법조문	과태료 금액(단위 : 만 원)		
		1차 위반	2차 위반	3차 이상 위반
가. 법 제3조(법 제88조에서 준용하는 경우를 포함한다)를 위반한 경우	법 제101조 제2항제1호	20만 원 이상 200만 원 이하의 범위에서 총리령으로 정하는 금액		
나. 영양표시 기준을 준수하지 않은 경우	법 제101조 제1항제1호			
1) 영양표시를 전부 하지 않은 경우		200	400	600
2) 영양성분 표시 시 지방(포화지방 및 트랜스지방), 콜레스테롤, 나트륨 중 1개 이상을 표시하지 않은 경우		100	200	300
3) 영양성분 표시 시 열량, 탄수화물, 당류, 단백질 중 1개 이상을 표시하지 않은 경우		20	40	60
4) 실제측정값이 영양표시량 대비 허용 오차범위를 넘은 경우				
가) 실제측정값이 영양표시량 대비 100분의 50 이상을 초과하거나 미달한 경우		50	100	150
나) 실제측정값이 영양표시량 대비 100분의 20 이상 100분의 50 미만의 범위에서 초과하거나 미달한 경우		20	40	60
다. 나트륨 함량 비교 표시(전자적 표시를 포함한다. 이하 이 목에서 같다)를 하지 않거나 비교 표시 기준 및 방법을 지키지 않은 경우	법 제101조 제1항 제1호의2			

1) 나트륨 함량 비교 표시의 전부 또는 일부를 하지 않은 경우		100	200	300
2) 나트륨 함량 비교 표시 기준 및 방법을 지키지 않은 경우				
가) 영양표시 상의 나트륨 함량과 다른 값을 나트륨 함량 비교 표시 사항에 표시한 경우		100	200	300
나) 그 밖의 사항을 지키지 않은 경우		10	20	30
라. 영업자가 법 제19조의4제2항을 위반하여 검사기한 내에 검사를 받지 않거나 자료 등을 제출하지 않은 경우	법 제101조 제2항제1호의3	300	400	500
마. 삭제 〈2016. 7. 26.〉				
바. 보고를 하지 않거나 허위의 보고를 한 경우	법 제101조 제2항제3호	200	300	400
사. 법 제40조제1항(법 제88조에서 준용하는 경우를 포함한다)을 위반한 경우	법 제101조 제2항제1호			
1) 건강진단을 받지 않은 영업자 또는 집단급식소의 설치·운영자(위탁급식영업자에게 위탁한 집단급식소의 경우는 제외한다)		20	40	60
2) 건강진단을 받지 않은 종업원		10	20	30
아. 법 제40조제3항(법 제88조에서 준용하는 경우를 포함한다)을 위반한 경우	법 제101조 제2항제1호			
1) 건강진단을 받지 않은 자를 영업에 종사시킨 영업자				
가) 종업원 수가 5명 이상인 경우				
(1) 건강진단 대상자의 100분의 50 이상 위반		50	100	150
(2) 건강진단 대상자의 100분의 50 미만 위반		30	60	90
나) 종업원 수가 4명 이하인 경우				
(1) 건강진단 대상자의 100분의 50 이상 위반		30	60	90
(2) 건강진단 대상자의 100분의 50 미만 위반		20	40	60

			100	200	300
2) 건강진단 결과 다른 사람에게 위해를 끼칠 우려가 있는 질병이 있다고 인정된 자를 영업에 종사시킨 영업자			100	200	300
자. 법 제41조제1항(법 제88조에서 준용하는 경우를 포함한다)을 위반한 경우	법 제101조 제2항제1호				
1) 위생교육을 받지 않은 영업자 또는 집단급식소의 설치·운영자(위탁급식영업자에게 위탁한 집단급식소의 경우는 제외한다)			20	40	60
2) 위생교육을 받지 않은 종업원			10	20	30
차. 위생교육을 받지 않은 종업원을 영업에 종사시킨 영업자 또는 집단급식소의 설치·운영자(위탁급식영업자에게 위탁한 집단급식소의 경우는 제외한다)	법 제101조 제2항제1호		20	40	60
카. 영업자가 지켜야 할 사항 중 총리령으로 정하는 경미한 사항을 지키지 않은 경우	법 제101조 제3항제2호		10	20	30
타. 보고를 하지 않거나 허위의 보고를 한 경우	법 제101조 제2항제4호		30	60	90
파. 소비자로부터 이물 발견신고를 받고 보고하지 않은 경우	법 제101조 제3항제3호				
1) 이물 발견신고를 보고하지 않은 경우			300	300	300
2) 이물 발견신고의 보고를 지체한 경우			100	200	300
하. 법 제48조제9항(법 제88조에서 준용하는 경우를 포함한다)을 위반한 경우	법 제101조 제2항제6호		300	400	500
거. 식품이력추적관리 등록사항이 변경된 경우 변경사유가 발생한 날부터 1개월 이내에 신고하지 않은 경우	법 제101조 제3항제4호		30	60	90
너. 식품이력추적관리정보를 목적 외에 사용한 경우	법 제101조 제3항제5호		100	200	300
더. 교육을 받지 않은 경우	법 제101조 제2항제7호		20	40	60
러. 명령을 위반한 경우	법 제101조 제2항제8호		200	300	400
머. 법 제86조제1항을 위반한 경우	법 제101조 제2항제1호				

1) 식중독 환자나 식중독이 의심되는 자를 진단하였거나 그 사체를 검안한 의사 또는 한의사		100	200	300
2) 집단급식소에서 제공한 식품등으로 인하여 식중독 환자나 식중독으로 의심되는 증세를 보이는 자를 발견한 집단급식소의 설치·운영자		200	300	400
버. 신고를 하지 않거나 허위의 신고를 한 경우	법 제101조제2항제9호	100	200	300
서. 법 제88조제2항을 위반한 경우(위탁급식 영업자에게 위탁한 집단급식소의 경우는 제외한다)	법 제101조제2항제10호			
1) 식중독을 발생하게 한 집단급식소(식중독 원인의 조사 결과 해당 집단급식소에서 조리·제공한 식품이 식중독의 발생 원인으로 확정된 집단급식소를 말한다)의 설치·운영자		300	400	500
2) 조리·제공한 식품의 매회 1인분 분량을 총리령으로 정하는 바에 따라 144시간 이상 보관하지 않은 경우		50	100	150
3) 영양사의 업무를 방해하는 집단급식소의 설치·운영자		50	100	150
4) 정당한 사유 없이 영양사가 위생관리를 위하여 요청하는 사항을 따르지 않은 집단급식소의 설치·운영자		50	100	150
5) 그 밖에 총리령으로 정한 준수사항을 위반한 집단급식소의 설치·운영자		30만 원 이상 300만 원 이하의 범위에서 총리령으로 정하는 금액		

식품 등의 취급 및 식품 등의 위생적관리를 위하여 총리령으로 정하는 사항을 위반한 자에 대한 과태료 금액〈시행규칙 별표 27〉

위반행위	근거 법조문	과태료 금액(단위: 만 원)		
		1차 위반	2차 위반	3차 이상 위반
1. 법 제3조(법 제88조에서 준용하는 경우를 포함한다) 를 위반한 경우				
가. 식품등을 취급하는 원료보관실·제조가공실·조리실·포장실 등의 내부에 위생해충을 방제(防除) 및 구제(驅除)하지 아니하여 그 배설물 등이 발견되거나 청결하게 관리하지 아니한 경우	법 제101조 제2항제1호 및 영 제67조	50	100	150
나. 식품등의 원료 및 제품 중 부패·변질이 되기 쉬운 것을 냉동·냉장시설에 보관·관리하지 아니한 경우		30	60	90
다. 식품등의 보관·운반·진열 시에 식품등의 기준 및 규격이 정하고 있는 보존 및 유통기준에 적합하도록 관리하지 아니하거나 냉동·냉장시설 및 운반시설을 정상적으로 작동시키지 아니한 경우(이 법에 따라 허가를 받거나 신고한 영업자는 제외한다)		100	200	300
라. 식품등의 제조·가공·조리 또는 포장에 직접 종사하는 사람에게 위생모를 착용시키지 아니한 경우		20	40	60
마. 제조·가공(수입품을 포함한다)하여 최소판매 단위로 포장된 식품 또는 식품첨가물을 영업허가 또는 신고하지 아니하고 판매의 목적으로 포장을 뜯어 분할하여 판매한 경우		20	40	60
바. 식품등의 제조·가공·조리에 직접 사용되는 기계·기구 및 음식기를 사용한 후에 세척 또는 살균을 하지 아니하는 등 청결하게 유지·관리하지 아니한 경우 또는 어류·육류·채소류를 취급하는 칼·도마를 각각 구분하여 사용하지 아니한 경우	법 제101조 제2항제1호 및 영 제67조	50	100	150
사. 유통기한이 경과된 식품등을 판매하거나 판매의 목적으로 진열·보관한 경우(이 법에 따라 허가를 받거나 신고한 영업자는 제외한다)		30	60	90

2. 법 제88조제2항제5호를 위반한 경우(위탁급식영업자에게 위탁한 집단급식소의 경우는 제외한다)	법 제101조 제2항제10호 및 영 제67조			
가. 유통기한이 지난 원료 또는 완제품을 조리할 목적으로 보관하거나 음식물의 조리에 사용한 경우		100	200	300
나. 수질검사를 실시하지 아니한 경우		50	100	150
다. 수질검사를 실시한 결과 부적합 판정된 지하수를 사용한 경우		100	200	300
라. 가목부터 다목까지 규정한 사항 외에 준수사항을 위반한 경우		30	60	90

⑩ **과태료에 관한 규정 적용의 특례**〈법 제102조〉

과태료에 관한 규정을 적용하는 경우 과징금을 부과한 행위에 대하여는 과태료를 부과할 수 없다. 다만, 과징금 부과처분을 취소하고 영업정지 또는 제조정지 처분을 한 경우에는 그러하지 아니하다.

1 다음 중 1년 이하의 징역 또는 1천만 원 이하의 벌금에 처하는 경우로 맞지 않는 것은?

① 접객행위를 하거나 다른 사람에게 그 행위를 알선한 자

② 소비자로부터 이물 발견의 신고를 접수하고 이를 거짓으로 보고한 자

③ 이물의 발견을 거짓으로 신고한 자

④ 관계 공무원이 부착한 봉인 또는 게시문 등을 함부로 제거하거나 손상시킨 자

> ▌NOTE 다음 각 호의 어느 하나에 해당하는 자는 1년 이하의 징역 또는 1천만 원 이하의 벌금에 처한다.
> 〈법 제98조〉
> ㉠ 접객행위를 하거나 다른 사람에게 그 행위를 알선한 자
> ㉡ 소비자로부터 이물 발견의 신고를 접수하고 이를 거짓으로 보고한 자
> ㉢ 이물의 발견을 거짓으로 신고한 자
> ㉣ 보고를 하지 아니하거나 거짓으로 보고한 자

2 다음 중 수질검사를 실시한 결과 부적합 판정된 지하수를 사용한 경우 1차 위반시의 과태료 금액으로 알맞은 것은?

① 500만 원 ② 400만 원

③ 200만 원 ④ 100만 원

> ▌NOTE 수질검사를 실시한 결과 부적합 판정된 지하수를 사용한 경우 1차 위반 시 100만 원의 과태료를 부과한다.

▌ANSWER 1.④ 2.④

3 다음 중 〈보기〉의 질병에 걸린 동물을 사용하여 판매할 목적으로 식품 또는 식품첨가물을 제조 · 가공 · 수입 또는 조리한 자에 대한 벌칙으로 알맞은 것은?

〈보기〉		
㉠ 소해면상뇌증(狂牛病)	㉡ 탄저병	㉢ 가금 인플루엔자

① 3년 이상의 징역에 처한다.   ② 1년 이상의 징역에 처한다.

③ 1,000만 원 이상의 벌금에 처한다.   ④ 3,000만 원 이상의 벌금에 처한다.

> **NOTE** 벌칙〈법 제93조〉 ··· 다음 각 호의 어느 하나에 해당하는 질병에 걸린 동물을 사용하여 판매할 목적으로 식품 또는 식품첨가물을 제조 · 가공 · 수입 또는 조리한 자는 3년 이상의 징역에 처한다.
> ㉠ 소해면상뇌증(狂牛病)
> ㉡ 탄저병
> ㉢ 가금 인플루엔자

4 다음 중 〈보기〉의 원료 또는 성분 등을 사용하여 판매할 목적으로 식품 또는 식품첨가물을 제조 · 가공 · 수입 또는 조리한 자에 대한 벌칙으로 알맞은 것은?

〈보기〉	
㉠ 마황(麻黃)	㉡ 부자(附子)
㉢ 천오(川烏)	㉣ 초오(草烏)
㉤ 백부자(白附子)	㉥ 섬수(蟾수)
㉦ 백선피(白鮮皮)	㉧ 사리풀

① 3년 이상의 징역에 처한다.   ② 1년 이상의 징역에 처한다.

③ 500만 원 이상의 벌금에 처한다.   ④ 300만 원 이상의 벌금에 처한다.

> **NOTE** 벌칙〈법 제93조〉 ··· 다음 각 호의 어느 하나에 해당하는 원료 또는 성분 등을 사용하여 판매할 목적으로 식품 또는 식품첨가물을 제조 · 가공 · 수입 또는 조리한 자는 1년 이상의 징역에 처한다.
> ㉠ 마황(麻黃)
> ㉡ 부자(附子)
> ㉢ 천오(川烏)
> ㉣ 초오(草烏)
> ㉤ 백부자(白附子)
> ㉥ 섬수(蟾수)
> ㉦ 백선피(白鮮皮)
> ㉧ 사리풀

ANSWER 3.① 4.②

조리직 공무원

위생관계법규

PART

02

국민건강증진법

총칙

(1) 목적〈법 제1조〉

이 법은 국민에게 건강에 대한 가치와 책임의식을 함양하도록 건강에 관한 바른 지식을 보급하고 스스로 건강생활을 실천할 수 있는 여건을 조성함으로써 국민의 건강을 증진함을 목적으로 한다.

(2) 정의〈법 제2조〉

이 법에서 사용하는 용어의 정의는 다음과 같다.

① "국민건강증진사업"이라 함은 보건교육, 질병예방, 영양개선, 건강관리 및 건강생활의 실천등을 통하여 국민의 건강을 증진시키는 사업을 말한다.

② "보건교육"이라 함은 개인 또는 집단으로 하여금 건강에 유익한 행위를 자발적으로 수행하도록 하는 교육을 말한다.

③ "영양개선"이라 함은 개인 또는 집단이 균형된 식생활을 통하여 건강을 개선시키는 것을 말한다.

④ "건강관리"란 개인 또는 집단이 건강에 유익한 행위를 지속적으로 수행함으로써 건강한 상태를 유지하는 것을 말한다.

(3) 책임〈법 제3조〉

① 국가 및 지방자치단체는 건강에 관한 국민의 관심을 높이고 국민건강을 증진할 책임을 진다.

② 모든 국민은 자신 및 가족의 건강을 증진하도록 노력하여야 하며, 타인의 건강에 해를 끼치는 행위를 하여서는 아니된다.

(4) 보건의 날〈법 제3조의2〉

① 보건에 대한 국민의 이해와 관심을 높이기 위하여 매년 4월 7일을 보건의 날로 정하며, 보건의 날부터 1주간을 건강주간으로 한다.

② 국가와 지방자치단체는 보건의 날의 취지에 맞는 행사 등 사업을 시행하도록 노력하여야 한다.

(5) 국민건강증진종합계획의 수립〈법 제4조〉

① 보건복지부장관은 국민건강증진정책심의위원회의 심의를 거쳐 국민건강증진종합계획(이하 "종합계획"이라 한다)을 5년마다 수립하여야 한다. 이 경우 미리 관계중앙행정기관의 장과 협의를 거쳐야 한다.

② 종합계획에 포함되어야 할 사항은 다음과 같다.
　　㉠ 국민건강증진의 기본목표 및 추진방향
　　㉡ 국민건강증진을 위한 주요 추진과제 및 추진방법
　　㉢ 국민건강증진에 관한 인력의 관리 및 소요재원의 조달방안
　　㉣ 국민건강증진기금의 운용방안
　　㉤ 아동 · 여성 · 노인 · 장애인 등 건강취약 집단이나 계층에 대한 건강증진 지원방안
　　㉥ 국민건강증진 관련 통계 및 정보의 관리 방안
　　㉦ 그 밖에 국민건강증진을 위하여 필요한 사항

③ 국민건강증진종합계획의 수립 등〈시행령 제2조〉
　　㉠ 보건복지부장관은 「국민건강증진법」(이하 "법"이라 한다)에 따른 국민건강증진종합계획(이하 "종합계획"이라 한다)의 효율적인 수립을 위하여 미리 종합계획안 작성지침을 작성하여 종합계획이 시행되는 해의 전전년도 12월말까지 관계 중앙행정기관의 장에게 통보하여야 한다.
　　㉡ 관계 중앙행정기관의 장은 종합계획안 작성지침에 따라 소관별 계획안을 작성하여 종합계획이 시행되는 해의 전년도 3월말까지 보건복지부장관에게 제출하고, 보건복지부장관은 이를 종합한 종합계획안을 작성하여 국민건강증진정책심의위원회의 심의를 거쳐 확정한다.
　　㉢ 보건복지부장관은 확정된 종합계획을 관계 중앙행정기관의 장과 특별시장 · 광역시장 · 도지사(이하 "시 · 도지사"라 한다)에게 통보하여야 한다.

(6) 실행계획의 수립 등〈법 제4조의2〉

① 보건복지부장관, 관계중앙행정기관의 장, 특별시장 · 광역시장 · 특별자치시장 · 도지사 · 특별자치도지사(이하 "시 · 도지사"라 한다) 및 시장 · 군수 · 구청장(자치구의 구청장에 한한다)은 종합계획을 기초로 하여 소관 주요시책의 실행계획을 매년 수립 · 시행하여야 한다.

② 국가는 실행계획의 시행에 필요한 비용의 전부 또는 일부를 지방자치단체에 보조할 수 있다.

③ 시 · 도지사는 통보된 종합계획에 따라 특별시 · 광역시 또는 도(이하 "시 · 도"라 한다)의 매년도 실행계획을 수립하여 이를 시장 · 군수 · 구청장(자치구의 구청장에 한한다)에게 통보하고, 시장 · 군수 · 구청장은 통보된 실행계획에 따라 시 · 군 · 구(자치구에 한한다)의 실행계획을 수립 · 시행하여야 한다.〈법 시행령 제3조〉

④ 실행계획의 보고〈시행규칙 제2조〉

   ㉠ 시장·군수·구청장(자치구의 구청장에 한한다)은 수립한 당해 시·군·구(자치구에 한한다)의 실행계획을 매년 1월 31일까지 특별시장·광역시장·특별자치시장·도지사 또는 특별자치도지사(이하 "시·도지사"라 한다)에게 보고하여야 하며, 이를 보고받은 시·도지사는 수립한 당해 광역시·특별자치시·도 또는 특별자치도(이하 "시·도"라 한다)의 실행계획과 관할시·군·구의 실행계획을 종합하여 매년 2월 10일까지 보건복지부장관에게 보고하여야 한다.

   ㉡ 시장·군수·구청장은 당해 연도의 실행계획추진실적을 다음해 1월 31일까지 시·도지사에게 보고하여야 하며, 이를 보고받은 시·도지사는 당해 시·도의 실행계획추진실적과 관할시·군·구의 실행계획추진실적을 종합하여 다음해 2월 10일까지 보건복지부장관에게 보고하여야 한다.

(7) 계획수립의 협조〈법 제4조의3〉

① 보건복지부장관, 관계중앙행정기관의 장, 시·도지사 및 시장·군수·구청장은 종합계획과 실행계획의 수립·시행을 위하여 필요한 때에는 관계 기관·단체 등에 대하여 자료 제공 등의 협조를 요청할 수 있다.

② 협조요청을 받은 관계 기관·단체 등은 특별한 사유가 없는 한 이에 응하여야 한다.

(8) 국민건강증진정책심의위원회〈법 제5조〉

① 국민건강증진에 관한 주요사항을 심의하기 위하여 보건복지부에 국민건강증진정책심의위원회(이하 "위원회"라 한다)를 둔다.

② 위원회는 다음 각 호의 사항을 심의한다.

   ㉠ 종합계획
   ㉡ 국민건강증진기금의 연도별 운용계획안·결산 및 평가
   ㉢ 2 이상의 중앙행정기관이 관련되는 주요 국민건강증진시책에 관한 사항으로서 관계중앙행정기관의 장이 심의를 요청하는 사항
   ㉣ 「국민영양관리법」에 따른 심의사항
   ㉤ 다른 법령에서 위원회의 심의를 받도록 한 사항
   ㉥ 그 밖에 위원장이 심의에 부치는 사항

③ 국민건강증진정책심의위원회 위원의 임기 및 운영 등〈시행령 제4조〉

   ㉠ 국민건강증진정책심의위원회(이하 "위원회"라 한다) 위원의 임기는 2년으로 하되, 연임할 수 있다. 다만, 공무원인 위원의 임기는 그 재직기간으로 한다.

ⓛ 위원회의 위원장은 위원회를 대표하고 위원회의 사무를 총괄한다.

ⓒ 위원회의 회의는 재적위원 과반수의 출석으로 개의하고 출석위원 과반수의 찬성으로 의결한다.

ⓡ 위원회는 심의사항을 전문적으로 연구 · 검토하기 위하여 분야별로 전문위원회를 둘 수 있다.

ⓜ 이 영에서 정한 것 외에 위원회의 운영에 관하여 필요한 사항은 위원회의 의결을 거쳐 위원장이 정한다.

(9) 위원회의 구성과 운영〈법 제5조의2〉

① 위원회는 위원장 1인 및 부위원장 1인을 포함한 15인 이내의 위원으로 구성한다.

② 위원장은 보건복지부차관이 되고, 부위원장은 위원장이 공무원이 아닌 위원 중에서 지명한 자가 된다.

③ 위원은 국민건강증진 · 질병관리에 관한 학식과 경험이 풍부한 자, 「소비자기본법」에 따른 소비자단체 및 「비영리민간단체 지원법」에 따른 비영리민간단체가 추천하는 자, 관계공무원 중에서 보건복지부장관이 위촉 또는 지명한다.

④ 위원회 위원의 해촉 등〈시행령 제4조의2〉 … 보건복지부장관은 위원이 다음 각 호의 어느 하나에 해당하는 경우에는 해당 위원을 해촉(解囑)하거나 지명을 철회할 수 있다.

ⓖ 심신장애로 인하여 직무를 수행할 수 없게 된 경우

ⓛ 직무와 관련된 비위사실이 있는 경우

ⓒ 직무태만, 품위손상이나 그 밖의 사유로 인하여 위원으로 적합하지 아니하다고 인정되는 경우

ⓡ 위원 스스로 직무를 수행하는 것이 곤란하다고 의사를 밝히는 경우

⑤ 수당의 지급 등〈시행령 제5조〉 … 위원회 회의에 출석한 위원에게 예산의 범위 안에서 수당 및 여비를 지급할 수 있다. 다만, 공무원인 위원이 그 소관업무와 직접 관련하여 출석하는 경우에는 그러하지 아니하다.

⑥ 간사〈시행령 제6조〉 … 위원회의 사무를 처리하기 위하여 위원회에 간사 1인을 두되, 간사는 보건복지부 소속공무원 중에서 보건복지부장관이 임명한다.

⑽ 한국건강증진개발원의 설립 및 운영〈법 제5조의3〉

① 보건복지부장관은 국민건강증진기금의 효율적인 운영과 국민건강증진사업의 원활한 추진을 위하여 필요한 정책 수립의 지원과 사업평가 등의 업무를 수행할 수 있도록 한국건강증진개발원(이하 이 조에서 "개발원"이라 한다)을 설립하며, 보건복지부장관 및 시 · 도지사는 국민건강증진사업 지원기구의 운영을 다음 각 호의 어느 하나에 해당하는 자에게 위탁할 수 있다.〈시행령 제7조〉

    ㉠ 「정부출연연구기관 등의 설립·운영 및 육성에 관한 법률」에 따른 정부출연연구기관

    ㉡ 「한국보건산업진흥원법」에 따른 한국보건산업진흥원

    ㉢ 정부가 설립하거나 운영비용의 전부 또는 일부를 지원하는 국민건강증진업무와 관련된 연구
기관

    ㉣ 그 밖에 국민건강증진사업을 할 목적으로 설립된 비영리법인 및 연구소와 「고등교육법」에 따
른 대학

② 개발원은 다음 각 호의 업무를 수행한다.

    ㉠ 국민건강증진 정책수립을 위한 자료개발 및 정책분석

    ㉡ 종합계획 수립의 지원

    ㉢ 위원회의 운영지원

    ㉣ 기금의 관리·운용의 지원 업무

    ㉤ 사업에 관한 업무

    ㉥ 국민건강증진사업의 관리, 기술 지원 및 평가

    ㉦ 「지역보건법」에 따른 지역보건의료계획에 대한 기술 지원

    ㉧ 「지역보건법」에 따른 보건소의 설치와 운영에 필요한 비용의 보조

    ㉨ 국민건강증진과 관련된 연구과제의 기획 및 평가

    ㉩ 「농어촌 등 보건의료를 위한 특별조치법」의 공중보건의사의 효율적 활용을 위한 지원

    ㉪ 지역보건사업의 원활한 추진을 위한 지원

    ㉫ 그 밖에 국민건강증진과 관련하여 보건복지부장관이 필요하다고 인정한 업무

③ 개발원은 법인으로 하고, 주된 사무소의 소재지에 설립등기를 함으로써 성립한다.

④ 개발원은 다음 각 호를 재원으로 한다.

    ㉠ 기금

    ㉡ 정부출연금

    ㉢ 기부금

    ㉣ 그 밖의 수입금

⑤ 정부는 개발원의 운영에 필요한 예산을 지급할 수 있다.

⑥ 개발원에 관하여 이 법과 「공공기관의 운영에 관한 법률」에서 정한 사항 외에는 「민법」 중 재
단법인에 관한 규정을 준용한다.

01 출제예상문제

1 다음 중 국민건강증진법의 용어에 대한 설명으로 잘못된 것은?

① "국민건강증진사업"이라 함은 보건교육, 질병예방, 영양개선, 건강관리 및 건강생활의 실천 등을 통하여 국민의 건강을 증진시키는 사업을 말한다.

② "보건교육"이라 함은 개인 또는 집단으로 하여금 건강에 유익한 행위를 자발적으로 수행하도록 하는 교육을 말한다.

③ "영양개선"이라 함은 자신이 좋아하는 식생활을 통하여 건강을 개선시키는 것을 말한다.

④ "건강관리"란 개인 또는 집단이 건강에 유익한 행위를 지속적으로 수행함으로써 건강한 상태를 유지하는 것을 말한다.

> **NOTE** 정의〈법 제2조〉… 이 법에서 사용하는 용어의 정의는 다음과 같다.
> ㉠ "국민건강증진사업"이라 함은 보건교육, 질병예방, 영양개선, 건강관리 및 건강생활의 실천 등을 통하여 국민의 건강을 증진시키는 사업을 말한다.
> ㉡ "보건교육"이라 함은 개인 또는 집단으로 하여금 건강에 유익한 행위를 자발적으로 수행하도록 하는 교육을 말한다.
> ㉢ "영양개선"이라 함은 개인 또는 집단이 균형된 식생활을 통하여 건강을 개선시키는 것을 말한다.
> ㉣ "건강관리"란 개인 또는 집단이 건강에 유익한 행위를 지속적으로 수행함으로써 건강한 상태를 유지하는 것을 말한다.

ANSWER 1.③

2 다음 중 국민건강증진법의 목적으로 맞지 않는 것은?

① 국민에게 건강에 대한 가치와 책임의식을 함양

② 건강에 관한 바른 지식을 보급

③ 스스로 건강생활을 실천할 수 있는 여건을 조성

④ 국민의 건강과 사회복지 증진을 목적으로 한다.

> **NOTE** 목적〈법 제1조〉… 이 법은 국민에게 건강에 대한 가치와 책임의식을 함양하도록 건강에 관한 바른 지식을 보급하고 스스로 건강생활을 실천할 수 있는 여건을 조성함으로써 국민의 건강을 증진함을 목적으로 한다.

3 다음 중 보건의 날로 알맞은 것은?

① 4월 7일 ② 5월 7일

③ 3월 57일 ④ 7월 7일

> **NOTE** 보건의 날〈법 제3조의2〉
> ㉠ 보건에 대한 국민의 이해와 관심을 높이기 위하여 매년 4월 7일을 보건의 날로 정하며, 보건의 날부터 1주간을 건강주간으로 한다.
> ㉡ 국가와 지방자치단체는 보건의 날의 취지에 맞는 행사 등 사업을 시행하도록 노력하여야 한다.

4 다음 중 국민건강증진종합계획을 몇 년마다 수립하여야 하는가?

① 2년마다 ② 3년마다

③ 4년마다 ④ 5년마다

> **NOTE** 국민건강증진종합계획의 수립〈법 제4조〉… 보건복지부장관은 국민건강증진정책심의위원회의 심의를 거쳐 국민건강증진종합계획(이하 "종합계획"이라 한다)을 5년마다 수립하여야 한다. 이경우 미리 관계중앙행정기관의 장과 협의를 거쳐야 한다.

ANSWER 2.④ 3.① 4.④

5 다음 중 국민건강증진정책심의위원회의 심의사항으로 맞지 않는 것은?

① 종합계획

② 국민건강증진기금의 연도별 운용계획안·결산 및 평가

③ 3 이상의 중앙행정기관이 관련되는 주요 국민건강증진시책에 관한 사항으로서 관계중앙행정기관의 장이 심의를 요청하는 사항

④ 「국민영양관리법」 제9조에 따른 심의사항

> **NOTE** 국민건강증진정책심의위원회〈법 제5조〉
> ㉠ 국민건강증진에 관한 주요사항을 심의하기 위하여 보건복지부에 국민건강증진정책심의위원회(이하 "위원회"라 한다)를 둔다.
> ㉡ 위원회는 다음 각 호의 사항을 심의한다.
> • 종합계획
> • 국민건강증진기금의 연도별 운용계획안·결산 및 평가
> • 2 이상의 중앙행정기관이 관련되는 주요 국민건강증진시책에 관한 사항으로서 관계중앙행정기관의 장이 심의를 요청하는 사항
> • 「국민영양관리법」에 따른 심의사항
> • 다른 법령에서 위원회의 심의를 받도록 한 사항
> • 그 밖에 위원장이 심의에 부치는 사항

6 다음은 국민건강증진정책심의위원회 위원의 임기 및 운영 등에 대한 사항으로 잘못된 것은?

① 위원회의 위원장은 위원회를 대표하고 위원회의 사무를 총괄한다.

② 국민건강증진정책심의위원회 위원의 임기는 5년으로 하되, 연임할 수 있다.

③ 위원회의 회의는 재적위원 과반수의 출석으로 개의하고 출석위원 과반수의 찬성으로 의결한다.

④ 위원회는 심의사항을 전문적으로 연구·검토하기 위하여 분야별로 전문위원회를 둘 수 있다.

> **NOTE** 국민건강증진정책심의위원회 위원의 임기 및 운영 등〈시행령 제4조〉
> ㉠ 국민건강증진정책심의위원회(이하 "위원회"라 한다) 위원의 임기는 2년으로 하되, 연임할 수 있다. 다만, 공무원인 위원의 임기는 그 재직기간으로 한다.
> ㉡ 위원회의 위원장은 위원회를 대표하고 위원회의 사무를 총괄한다.
> ㉢ 위원회의 회의는 재적위원 과반수의 출석으로 개의하고 출석위원 과반수의 찬성으로 의결한다.
> ㉣ 위원회는 심의사항을 전문적으로 연구·검토하기 위하여 분야별로 전문위원회를 둘 수 있다.
> ㉤ 이 영에서 정한 것 외에 위원회의 운영에 관하여 필요한 사항은 위원회의 의결을 거쳐 위원장이 정한다.

ANSWER 5.③ 6.②

7 다음은 국민건강증진정책심의위원의 구성과 운영에 대한 사항으로 잘못된 것은?

① 위원회는 위원장 1인 및 부위원장 1인을 포함한 15인 이내의 위원으로 구성한다.

② 위원장은 보건복지부장관이 된다.

③ 부위원장은 위원장이 공무원이 아닌 위원 중에서 지명한 자가 된다.

④ 위원은 국민건강증진·질병관리에 관한 학식과 경험이 풍부한 자, 관계공무원 중에서 보건
복지부장관이 위촉 또는 지명한다.

> **NOTE** 위원회의 구성과 운영〈법 제5조의2〉
> ㉠ 위원회는 위원장 1인 및 부위원장 1인을 포함한 15인 이내의 위원으로 구성한다.
> ㉡ 위원장은 보건복지부차관이 되고, 부위원장은 위원장이 공무원이 아닌 위원 중에서 지명한
>   자가 된다.
> ㉢ 위원은 국민건강증진·질병관리에 관한 학식과 경험이 풍부한 자, 「소비자기본법」에 따른
>   소비자단체 및 「비영리민간단체 지원법」에 따른 비영리민간단체가 추천하는 자, 관계공무
>   원 중에서 보건복지부장관이 위촉 또는 지명한다.

8 다음 중 한국건강증진개발원의 설립자로 알맞은 것은?

① 시·도지사   ② 보건복지부장관
③ 한국보건산업진흥원장   ④ 보건복지부차관

> **NOTE** 한국건강증진개발원의 설립 및 운영〈법 제5조의3 제1항〉 … 보건복지부장관은 국민건강증진기금의
> 효율적인 운영과 국민건강증진사업의 원활한 추진을 위하여 필요한 정책 수립의 지원과 사업
> 평가 등의 업무를 수행할 수 있도록 한국건강증진개발원(이하 이 조에서 "개발원"이라 한다)을
> 설립한다.

제2편 국민건강증진법

국민건강의 관리

(1) 건강생활의 지원등〈법 제6조〉

① 국가 및 지방자치단체는 국민이 건강생활을 실천할 수 있도록 지원하여야 한다.

② 국가는 혼인과 가정생활을 보호하기 위하여 혼인 전에 혼인 당사자의 건강을 확인하도록 권장하여야 한다.

③ 건강확인의 내용 및 절차〈시행규칙 제3조〉

   ㉠ 건강확인의 내용은 다음 각호의 질환으로서 보건복지부장관이 정하는 질환으로 한다.

      ㉮ 자녀에게 건강상 현저한 장애를 줄 수 있는 유전성질환

      ㉯ 혼인당사자 또는 그 가족에게 건강상 현저한 장애를 줄 수 있는 전염성질환

   ㉡ 특별자치시장·특별자치도지사·시장·군수·구청장은 혼인하고자 하는 자가 ㉠의 규정에 의한 내용을 확인하고자 할 때에는 보건소 또는 특별자치시장·특별자치도지사·시장·군수·구청장이 지정한 의료기관에서 그 내용을 확인받을 수 있도록 하여야 한다.

   ㉢ 보건소장 또는 의료기관의 장이 혼인하고자 하는 자의 건강을 확인한 경우에는 「의료법」에 의한 진단서에 그 확인내용을 기재하여 교부하여야 한다.

(2) 광고의 금지 등〈법 제7조〉

① 보건복지부장관은 국민건강의식을 잘못 이끄는 광고를 한 자에 대하여 그 내용의 변경 또는 금지를 명할 수 있다.

② 보건복지부장관이 광고내용의 변경 또는 광고의 금지를 명할 수 있는 광고는 다음 각 호와 같다.

   ㉠ 「주세법」에 따른 주류의 광고

   ㉡ 의학 또는 과학적으로 검증되지 아니한 건강비법 또는 심령술의 광고

   ㉢ 그 밖에 건강에 관한 잘못된 정보를 전하는 광고로서 대통령령이 정하는 광고

③ 광고내용의 기준, 변경 또는 금지절차 기타 필요한 사항은 대통령령으로 정한다.

> **광고의 기준〈시행령 별표1〉**
>
> 주세법에 의한 주류의 광고를 하는 경우에는 다음 각호의 1에 해당하는 광고를 하여서는 아니된다.
> 1. 음주행위를 지나치게 미화하는 표현
> 2. 음주가 체력 또는 운동능력을 향상시킨다거나 질병의 치료에 도움이 된다는 표현
> 3. 음주가 정신건강에 도움이 된다는 표현
> 4. 운전이나 작업중에 음주하는 행위를 묘사하는 표현
> 5. 임산부나 미성년자의 인물 또는 목소리를 묘사하는 표현
> 6. 다음 각목의 1에 해당하는 광고방송을 하는 행위
>   가. 텔레비전(종합유선방송을 포함한다) : 7시부터 22시까지의 광고방송
>   나. 라디오 : 17시부터 다음날 8시까지의 광고방송과 8시부터 17시까지 미성년자를 대상으로 하는 프로그램 전후의 광고방송
> 7. 주류의 판매촉진을 위하여 광고노래를 방송하거나 경품 및 금품을 제공한다는 내용의 표현
> 8. 알콜분 17도 이상의 주류를 광고방송하는 행위
> 9. 경고문구를 주류의 용기에 표기하지 아니하고 광고를 하는 행위. 다만, 경고 문구가 표기되어 있지 아니한 부분을 이용하여 광고를 하고자 할 때에는 경고문구를 주류의 용기하단에 별도로 표기하여야 한다.
> 10. 「영화 및 비디오물의 진흥에 관한 법률」에 따른 영화상영관에서 전체관람가, 12세 이상 관람가, 15세 이상 관람가 상영등급으로 분류된 영화의 상영 전후에 상영되는 광고
> 11. 「도시철도법」에 따른 도시철도의 역사(驛舍)나 차량에서 이루어지는 동영상 광고 또는 스크린도어에 설치된 광고

(3) 금연 및 절주운동 등〈법 제8조〉

① 국가 및 지방자치단체는 국민에게 담배의 직접흡연 또는 간접흡연과 과다한 음주가 국민건강에 해롭다는 것을 교육·홍보하여야 한다.

② 국가 및 지방자치단체는 금연 및 절주에 관한 조사·연구를 하는 법인 또는 단체를 지원할 수 있다.

③ 「주세법」에 의하여 주류제조의 면허를 받은 자 또는 주류를 수입하여 판매하는 자는 대통령령이 정하는 주류의 판매용 용기에 과다한 음주는 건강에 해롭다는 내용과 임신 중 음주는 태아의 건강을 해칠 수 있다는 내용의 경고문구를 표기하여야 한다.

④ 경고문구의 표시내용, 방법 등에 관하여 필요한 사항은 보건복지부령으로 정하며, 그 판매용 용기에 과다한 음주는 건강에 해롭다는 내용의 경고문구를 표기하여야 하는 주류는 국내에 판매되는 「주세법」에 의한 주류 중 알콜분 1도 이상의 음료를 말한다.〈시행령 제13조〉

⑤ 과음에 관한 경고문구의 표시내용 등〈시행규칙 제4조〉

  ㉠ 경고문구 표기는 과다한 음주가 건강에 해롭다는 사실을 명확하게 알릴 수 있도록 하되, 그 구체적인 표시내용은 보건복지부장관이 정하여 고시한다.

  ㉡ 과음에 대한 경고문구의 표시방법은 별표 1과 같다.

  ㉢ 보건복지부장관은 경고문구와 경고문구의 표시방법을 정하거나 이를 변경하려면 6개월 전에 그 내용을 일간지에 공고하거나 관보에 고시하여야 한다.

  ㉣ 다음 각 호의 어느 하나에 해당하는 주류는 공고 또는 고시를 한 날부터 1년까지는 종전의 경고문구를 표기하여 판매할 수 있다.

    ㉮ 공고 또는 고시 이전에 발주 · 제조 또는 수입된 주류

    ㉯ 공고 또는 고시 이후 6월 이내에 제조되거나 수입된 주류

(4) 금연을 위한 조치〈법 제9조〉

① 담배사업법에 의한 지정소매인 기타 담배를 판매하는 자는 대통령령이 정하는 장소외에서 담배자동판매기를 설치하여 담배를 판매하여서는 아니된다.

② 규정에 따라 대통령령이 정하는 장소에 담배자동판매기를 설치하여 담배를 판매하는 자는 보건복지부령이 정하는 바에 따라 성인인증장치를 부착하여야 하며, 담배자동판매기의 설치장소에 관한 사항은 다음과 같다.〈시행령 제15조〉

  ㉠ 담배자동판매기의 설치가 허용되는 장소는 다음 각 호와 같다.

    ㉮ 미성년자등을 보호하는 법령에서 19세 미만의 자의 출입이 금지되어 있는 장소

    ㉯ 지정소매인 기타 담배를 판매하는 자가 운영하는 점포 및 영업장의 내부

    ㉰ 공중이 이용하는 시설 중 흡연자를 위해 설치한 흡연실. 다만, 담배자동판매기를 설치하는 자가 19세 미만의 자에게 담배자동판매기를 이용하지 못하게 할 수 있는 흡연실로 한정한다.

  ㉡ 미성년자등을 보호하는 법령에서 담배자동판매기의 설치를 금지하고 있는 장소에 대하여는 담배자동판매기의 설치를 허용하지 아니한다.

  ㉢ 성인인증장치〈시행규칙 제5조의2〉: 담배자동판매기에 부착하여야 하는 성인인증장치는 다음 각호의 1에 해당하는 장치로 한다.

    ㉮ 담배자동판매기 이용자의 신분증(주민등록증 또는 운전면허증에 한한다)을 인식하는 방법에 의하여 이용자가 성인임을 인증할 수 있는 장치

    ㉯ 담배자동판매기 이용자의 신용카드 · 직불카드 등 금융신용거래를 위한 장치를 이용하여 이용자가 성인임을 인증할 수 있는 장치

    ㉰ 그 밖에 이용자가 성인임을 인증할 수 있는 장치로서 보건복지부장관이 정하여 고시하는 장치

③ 다음 각 호의 공중이 이용하는 시설의 소유자·점유자 또는 관리자는 해당 시설의 전체를 금연구역으로 지정하여야 한다. 이 경우 금연구역을 알리는 표지와 흡연자를 위한 흡연실을 설치할 수 있으며, 금연구역을 알리는 표지와 흡연실을 설치하는 기준·방법 등은 보건복지부령으로 정하며 다음과 같다.

㉠ 국회의 청사

㉡ 정부 및 지방자치단체의 청사

㉢ 「법원조직법」에 따른 법원과 그 소속 기관의 청사

㉣ 「공공기관의 운영에 관한 법률」에 따른 공공기관의 청사

㉤ 「지방공기업법」에 따른 지방공기업의 청사

㉥ 「유아교육법」·「초·중등교육법」에 나른 학교[교사(校舍)와 운동장 등 모든 구역을 포함한다]

㉦ 「고등교육법」에 따른 학교의 교사

㉧ 「의료법」에 따른 의료기관, 「지역보건법」에 따른 보건소·보건의료원·보건지소

㉨ 「영유아보육법」에 따른 어린이집

㉩ 「청소년활동 진흥법」에 따른 청소년수련관, 청소년수련원, 청소년문화의집, 청소년특화시설, 청소년야영장, 유스호스텔, 청소년이용시설 등 청소년활동시설

㉪ 「도서관법」에 따른 도서관

㉫ 「어린이놀이시설 안전관리법」에 따른 어린이놀이시설

㉬ 「학원의 설립·운영 및 과외교습에 관한 법률」에 따른 학원 중 학교교과교습학원과 연면적 1천제곱미터 이상의 학원

㉭ 공항·여객부두·철도역·여객자동차터미널 등 교통 관련 시설의 대합실·승강장, 지하보도 및 16인승 이상의 교통수단으로서 여객 또는 화물을 유상으로 운송하는 것

㉮ 「자동차관리법」에 따른 어린이운송용 승합자동차

㉯ 연면적 1천제곱미터 이상의 사무용건축물, 공장 및 복합용도의 건축물

㉰ 「공연법」에 따른 공연장으로서 객석 수 300석 이상의 공연장

㉱ 「유통산업발전법」에 따라 개설등록된 대규모점포와 같은 법에 따른 상점가 중 지하도에 있는 상점가

㉲ 「관광진흥법」에 따른 관광숙박업소

㉳ 「체육시설의 설치·이용에 관한 법률」에 따른 체육시설로서 1천명 이상의 관객을 수용할 수 있는 체육시설

㉴ 「사회복지사업법」에 따른 사회복지시설

㉵ 「공중위생관리법」에 따른 목욕장

㉶ 「게임산업진흥에 관한 법률」에 따른 청소년게임제공업소, 일반게임제공업소, 인터넷컴퓨터게임시설제공업소 및 복합유통게임제공업소

㉠ 「식품위생법」에 따른 식품접객업 중 영업장의 넓이가 보건복지부령으로 정하는 넓이 이상인 휴게음식점영업소, 일반음식점영업소 및 제과점영업소와 같은 법에 따른 식품소분·판매업 중 보건복지부령으로 정하는 넓이 이상인 실내 휴게공간을 마련하여 운영하는 식품자동판매기 영업소

㉡ 「청소년보호법」에 따른 만화대여업소

㉢ 그 밖에 보건복지부령으로 정하는 시설 또는 기관

• "보건복지부령으로 정하는 시설 또는 기관"이란 「도로법 시행령」에 따른 휴게시설 중 고속국도에 설치한 휴게시설(주유소, 충전소 및 교통·관광안내소를 포함한다) 및 그 부속시설(지붕이 없는 건물 복도나 통로, 계단을 포함한다)을 말한다.

• 금연구역을 알리는 표지와 흡연실을 설치하는 기준·방법은 별표 2와 같다.

금연구역을 알리는 표지와 흡연실을 설치하는 기준·방법〈시행규칙 별표 2〉

1. 금연구역을 알리는 표지 설치 방법

가. 표지 부착

1) 시설의 소유자·점유자 또는 관리자는 해당 시설 전체가 금연구역임을 나타내는 표지판 또는 스티커를 달거나 부착하여야 한다.

2) 표지판 또는 스티커는 해당 시설을 이용하는 자가 잘 볼 수 있도록 건물 출입구에 부착하여야 하며, 그 외 계단, 화장실 등 주요 위치에 부착한다.

3) 표지판 또는 스티커는 해당 시설의 소유자·점유자 또는 관리자가 제작하여 부착하여야 한다. 다만, 보건복지부장관, 시·도지사 또는 시장·군수·구청장이 표지판 또는 스티커를 제공하는 경우에는 이를 부착할 수 있다.

나. 표지 내용

1) 각 목에 따른 표지판 또는 스티커에는 다음 사항이 포함되어야 한다.

가) 금연을 상징하는 그림 또는 문자

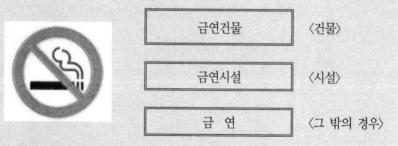

금연건물	〈건물〉
금연시설	〈시설〉
금 연	〈그 밖의 경우〉

나) 위반시 조치사항

(예시)

이 건물 또는 시설은 전체가 금연구역으로, 지정된 장소 외에서는 담배를 피울 수 없습니다. 이를 위반할 경우, 「국민건강증진법」에 따라 10만 원 이하의 과태료가 부과됩니다.

2) 건물 또는 시설의 규모나 구조에 따라 표지판 또는 스티커의 크기를 다르게 할 수 있으며, 바탕색 및 글씨 색상 등은 그 내용이 눈에 잘 띄도록 배색하여야 한다.

3) 표지판 또는 스티커의 글자는 한글로 표기하되, 필요한 경우에는 영어, 일본어, 중국어 등 외국어를 함께 표기할 수 있다.

4) 필요한 경우 표지판 또는 스티커 하단에 아래 사항을 추가로 표시할 수 있다.
   : 위반사항을 발견하신 분은 전화번호 ○○○ - ○○○○로 신고해주시기 바랍니다.

2. 흡연실을 설치하는 기준 및 방법

가. 흡연실의 설치 위치

1) 시설의 소유자·점유자 또는 관리자가 흡연실을 설치하는 경우에는 의료기관 등의 이용자 및 어린이·청소년의 간접흡연 피해를 예방하기 위해 실외에 흡연실을 설치하여야 한다. 이 경우 흡연실은 옥상에 설치하거나 각 시설의 출입구로부터 10미터 이상의 거리에 설치하여야 한다.

2) 시설 중 1)에 따른 시설 외 시설의 소유자·점유자 또는 관리자는 가급적 실외에 흡연실을 설치하되, 부득이한 경우 건물 내에 흡연실을 설치할 수 있다.

나. 흡연실의 표지 부착

1) 건물 내에 흡연실을 설치한 경우 해당 시설의 소유자·점유자 또는 관리자는 시설 전체가 금연구역이라는 표시와 함께 해당 시설을 이용하는 자가 잘 볼 수 있는 위치에 아래 예시와 같이 흡연실임을 나타내는 표지판을 달거나 부착하여야 한다.

흡연실

(예시)

2) 건물 또는 시설의 규모나 구조에 따라 표지판 또는 스티커의 크기를 다르게 할 수 있으며, 바탕색 및 글씨 색상 등은 그 내용이 눈에 잘 띄도록 배색하여야 한다.

3) 표지판 또는 스티커의 글자는 한글로 표기하되, 필요한 경우에는 영어, 일본어, 중국어 등 외국어를 함께 표기할 수 있다.

4) 실외에 흡연실을 설치하는 경우 흡연이 가능한 영역을 명확히 알 수 있도록 그 경계를 표시하거나, 표지판을 달거나 부착하여야 한다.

다. 흡연실의 설치 방법

1) 실외에 흡연실을 설치하는 경우 자연 환기가 가능하도록 하고, 부득이한 경우에는 별도로 환기시설을 설치하여야 한다. 이 경우 해당 흡연실을 덮을 수 있는 지붕 및 바람막이 등을 설치할 수 있다.

2) 건물 내에 흡연실을 설치하는 경우 해당 시설의 규모나 특성 및 이용자 중 흡연자 수 등을 고려하여 담배 연기가 실내로 유입되지 않도록 실내와 완전히 차단된 밀폐 공간으로 하여야 한다. 이 경우 공동으로 이용하는 시설인 사무실, 화장실, 복도, 계단 등의 공간을 흡연실로 사용하여서는 아니 된다.

3) 건물 내 흡연실에는 흡연실의 연기를 실외로 배출할 수 있도록 환풍기 등 환기시설을 설치하여야 한다.

4) 흡연실에 재떨이 등 흡연을 위한 시설 외에 개인용 컴퓨터 또는 탁자 등 영업에 사용되는 시설 또는 설비를 설치하여서는 아니 된다.

④ 특별자치시장·특별자치도지사·시장·군수·구청장은 「주택법」에 따른 공동주택의 거주 세대 중 2분의 1 이상이 그 공동주택의 복도, 계단, 엘리베이터 및 지하주차장의 전부 또는 일부를 금연구역으로 지정하여 줄 것을 신청하면 그 구역을 금연구역으로 지정하고, 금연구역임을 알리는 안내표지를 설치하여야 한다. 이 경우 금연구역 지정 절차 및 금연구역 안내표지 설치 방법 등은 보건복지부령으로 정한다.

  ㉠ 공동주택 금연구역의 지정〈시행규칙 제6조의2〉
    ㉮ 「주택법」에 따른 공동주택의 복도 등에 대하여 금연구역의 지정을 받으려는 경우에는 공동주택 금연구역 지정 신청서(전자문서로 된 신청서를 포함한다)에 다음 각 호의 서류(전자문서를 포함한다)를 첨부하여 특별자치시장·특별자치도지사·시장·군수·구청장에게 제출하여야 한다. 이 경우 금연구역 지정동의서는 금연구역의 지정 신청일 전 3개월 이내에 동의한 것만 해당한다.
      • 해당 공동주택의 세대주 명부에 관한 서류
      • 금연구역 지정 동의서 또는 공동주택 세대주 2분의 1 이상이 금연구역 지정에 동의함을 입증하는 서류(공동주택의 복도·계단·엘리베이터 또는 지하주차장의 구분에 따라 동의한 서류를 말한다)
      • 해당 공동주택의 도면에 관한 서류
      • 해당 공동주택의 복도·계단·엘리베이터 또는 지하주차장의 내역에 관한 서류
      • 그 밖에 보건복지부장관이 공동주택 금연구역 지정을 위하여 필요하다고 인정하여 고시하는 서류
    ㉯ 특별자치시장·특별자치도지사·시장·군수·구청장은 금역구역의 지정 신청을 받은 경우에는 세대주 동의에 대한 진위 여부를 확인하여야 한다.
    ㉰ 특별자치시장·특별자치도지사·시장·군수·구청장은 금연구역의 지정 검토를 위하여 필요한 경우에는 그 신청인에 대하여 제출 서류의 보완 또는 추가 서류의 제출 등을 명할 수 있다.
    ㉱ 특별자치시장·특별자치도지사·시장·군수·구청장은 금연구역을 지정한 경우에는 특별자치시·특별자치도·시·군·구의 인터넷 홈페이지와 해당 공동주택의 인터넷 홈페이지(인터넷 홈페이지가 있는 경우만 해당한다) 및 게시판에 다음 각 호의 사항을 공고하여야 한다.
      • 해당 공동주택의 명칭 및 소재지
      • 금연구역 지정 번호
      • 금연구역 지정 범위
      • 금연구역 지정 시행일
    ㉲ 금연구역 지정 신청, 지정 검토 또는 지정 공고 등에 필요한 세부사항은 보건복지부장관이 정하여 고시한다.
    ㉳ 공동주택의 금연구역 지정 해제에 관하여는 ㉮부터 ㉱까지의 규정을 준용한다.

  ㉡ 공동주택 금연구역 안내표지〈시행규칙 제6조의3〉
    ㉮ 특별자치시장·특별자치도지사·시장·군수·구청장은 금연구역을 지정한 경우에는 해당 공동주택의 출입구 및 금연구역 지정 시설의 출입구 등 보건복지부장관이 정하여 고시하는 장소에 금연구역 안내표지를 설치하여야 한다.

④ 금연구역 안내표지에는 다음 각 호의 사항이 포함되어야 한다.
- 금연을 상징하는 그림 또는 문자
- 금연구역에서 흡연한 경우 과태료 부과대상이 된다는 사실
- 위반사항에 대한 신고전화번호
- 그 밖에 금연구역의 안내를 위하여 보건복지부장관이 필요하다고 인정하는 사항

④ 금연구역 안내표지의 설치장소 및 안내내용에 필요한 세부사항은 보건복지부장관이 정하여 고시한다.

⑤ 특별자치시장·특별자치도지사·시장·군수·구청장은 흡연으로 인한 피해 방지와 주민의 건강 증진을 위하여 다음 각 호에 해당하는 장소를 금연구역으로 지정하고, 금연구역임을 알리는 안내표지를 설치히여야 한다. 이 경우 금연구역 안내표지 설치 방법 등에 필요한 사항은 보건복지부령으로 정한다.

㉠ 「유아교육법」에 따른 유치원 시설의 경계선으로부터 10미터 이내의 구역(일반 공중의 통행·이용 등에 제공된 구역을 말한다)

㉡ 「영유아보육법」에 따른 어린이집 시설의 경계선으로부터 10미터 이내의 구역(일반 공중의 통행·이용 등에 제공된 구역을 말한다)

⑥ 지방자치단체는 흡연으로 인한 피해 방지와 주민의 건강 증진을 위하여 필요하다고 인정하는 경우 조례로 다수인이 모이거나 오고가는 관할 구역 안의 일정한 장소를 금연구역으로 지정할 수 있다.

⑦ 누구든지 규정에 따라 지정된 금연구역에서 흡연하여서는 아니 된다.

⑧ 특별자치시장·특별자치도지사·시장·군수·구청장은 제4항 각 호에 따른 시설의 소유자·점유자 또는 관리자가 다음 각 호의 어느 하나에 해당하면 일정한 기간을 정하여 그 시정을 명할 수 있다.

㉠ 법을 위반하여 금연구역을 지정하지 아니하거나 금연구역을 알리는 표지를 설치하지 아니한 경우

㉡ 법에 따른 금연구역을 알리는 표지 또는 흡연실의 설치 기준·방법 등을 위반한 경우

(5) 담배에 관한 경고문구 등 표시〈법 제9조의2〉

① 「담배사업법」에 따른 담배의 제조자 또는 수입판매업자(이하 "제조자등"이라 한다)는 담배갑포장지 앞면·뒷면·옆면 및 대통령령으로 정하는 광고(판매촉진 활동을 포함한다. 이하 같다)에 다음 각 호의 내용을 인쇄하여 표기하여야 한다. 다만, ㉠의 표기는 담배갑포장지에 한정하되 앞면과 뒷면에 하여야 한다.

      ⊙ 흡연의 폐해를 나타내는 내용의 경고그림(사진을 포함한다.)

      ⊙ 흡연이 폐암 등 질병의 원인이 될 수 있다는 내용 및 다른 사람의 건강을 위협할 수 있다는 내용의 경고문구

      ⊙ 타르 흡입량은 흡연자의 흡연습관에 따라 다르다는 내용의 경고문구

      ⊙ 담배에 포함된 다음 각 목의 발암성물질

          ㉮ 나프틸아민

          ㉯ 니켈

          ㉰ 벤젠

          ㉱ 비닐 크롤라이드

          ㉲ 비소

          ㉳ 카드뮴

      ⊙ 보건복지부령으로 정하는 금연상담전화의 전화번호(1544-9030)

② 경고그림과 경고문구는 담배갑포장지의 경우 그 넓이의 100분의 50 이상에 해당하는 크기로 표기하여야 한다. 이 경우 경고그림은 담배갑포장지 앞면, 뒷면 각각의 넓이의 100분의 30 이상에 해당하는 크기로 하여야 한다.

③ ① 및 ②에서 정한 사항 외의 경고그림 및 경고문구 등의 내용과 표기 방법·형태 등의 구체적인 사항은 대통령령으로 정한다. 다만, 경고그림은 사실적 근거를 바탕으로 하고, 지나치게 혐오감을 주지 아니하여야 한다.

④ 담배갑포장지에 대한 경고그림 등의 표기내용 및 표기방법〈시행령 제16조〉

      ⊙ 다음 각 호의 담배의 담배갑포장지에 표기하는 경고그림 및 경고문구의 표기내용은 내용을 명확하게 알릴 수 있어야 한다.

          ㉮ 궐련

          ㉯ 파이프담배

          ㉰ 엽궐련

          ㉱ 각련

          ㉲ 냄새 맡는 담배

      ⊙ 경고그림 및 경고문구의 구체적 표기내용은 보건복지부장관이 정하여 고시한다. 이 경우 보건복지부장관은 그 표기내용의 사용기준 및 사용방법 등 그 사용에 필요한 세부사항을 함께 고시할 수 있다.

ⓒ 보건복지부장관은 경고그림 및 경고문구의 구체적 표기내용을 고시하는 경우에는 다음 각 호의 구분에 따른다. 이 경우 해당 고시의 시행에 6개월 이상의 유예기간을 두어야 한다.

㉮ 정기 고시 : 10개 이하의 경고그림 및 경고문구를 24개월 마다 고시한다.

㉯ 수시 고시 : 경고그림 및 경고문구의 표기내용을 새로 정하거나 변경하는 경우에는 수시로 고시한다.

ⓔ 담배의 담배갑포장지에 표기하는 경고그림·경고문구·발암성물질 및 금연상담전화의 전화번호(이하 "경고그림등"이라 한다)의 표기방법은 별표 1의2와 같다.

담배갑포장지에 대한 경고그림등의 표기방법〈시행령 별표 1의2〉

1. 위치

가. 담배갑포장지의 앞면·뒷면에 경고그림등을 표기하되, 상단에 표기한다.

나. 담배갑포장지의 옆면에 경고문구를 표기하되, 옆면 넓이의 100분의 30 이상의 크기로 표기한다.

2. 형태

경고그림등은 사각형의 테두리 안에 표기한다. 다만, 담배 제품의 모양이 원통형으로 되어있는 등 불가피한 사유가 있는 경우에는 적절한 형태의 테두리 안에 표기한다.

3. 글자체

경고그림등에 사용되는 글자는 고딕체로 표기한다.

4. 색상

경고그림등에 사용되는 색상은 그 포장지와 보색 대비로 선명하게 표기한다. 다만, 경고그림의 색상은 보건복지부장관이 정하여 고시하는 경고그림의 색상을 그대로 표기한다.

5. 비고

가. 위 표의 제2호에 따른 사각형의 테두리는 두께 2 밀리미터의 검정색 선으로 만들어야 한다.

나. 위 표의 제2호에 따른 사각형의 테두리 안에는 경고그림 등 외의 다른 그림, 문구 등을 표기해서는 안 된다.

ⓜ 경고그림 등의 표기방법을 변경하는 경우에는 그 시행에 6개월 이상의 유예기간을 두어야 한다.

ⓑ 「담배사업법」에 따른 담배의 제조자 또는 수입판매업자(이하 "제조자등"이라 한다)는 다음 각 호의 어느 하나에 해당하는 담배에 대해서는 고시 또는 변경이 있는 날부터 1년까지는 종전의 내용과 방법에 따른 경고그림 등을 표기하여 판매할 수 있다.

㉮ 고시 또는 변경 이전에 발주·제조 또는 수입된 담배

㉯ 고시 또는 변경 이후 6개월 이내에 제조되거나 수입된 담배

ⓢ 규정한 사항 외에 경고그림 등의 표기내용 및 표기방법 등에 필요한 세부사항은 보건복지부령으로 정한다.

⑤ 전자담배 등에 대한 경고그림등의 표기내용 및 표기방법〈시행령 제16조의2〉

  ㉠ "전자담배 등 대통령령으로 정하는 담배"란 다음 각 호의 담배를 말한다.

    ㉮ 전자담배

    ㉯ 씹는 담배

    ㉰ 물담배

    ㉱ 머금는 담배

  ㉡ 담배의 담배갑포장지에 표기하는 경고그림 및 경고문구의 표기내용은 흡연의 폐해, 흡연이 니코틴 의존 및 중독을 유발시킬 수 있다는 사실과 담배 특성에 따른 다음 각 호의 구분에 따른 사실 등을 명확하게 알릴 수 있어야 한다.

    ㉮ 전자담배 : 담배 특이 니트로사민(tobacco specific nitrosamines), 포름알데히드(formaldehyde) 등이 포함되어 있다는 내용

    ㉯ 씹는 담배 및 머금는 담배 : 구강암 등 질병의 원인이 될 수 있다는 내용

    ㉰ 물담배 : 타르 검출 등 궐련과 동일한 위험성이 있다는 내용과 사용 방법에 따라 결핵 등 호흡기 질환에 감염될 위험성이 있다는 내용

⑥ 담배광고에 대한 경고문구등의 표기내용 및 표기방법〈시행령 제16조의3〉

  ㉠ "대통령령으로 정하는 광고"란 다음 각 호의 광고(판매촉진 활동을 포함한다)를 말하며, 담배 광고내용의 사실 여부에 대한 검증을 신청하려는 자는 담배광고 검증 신청서에 담배광고안과 광고내용을 증명할 수 있는 자료를 첨부하여 보건복지부장관에게 제출하여야 한다.〈시행규칙 제6조의6〉

    ㉮ 지정소매인의 영업소 내부에 전시(展示) 또는 부착하는 표시판, 포스터, 스티커 및 보건복지부령으로 정하는 광고물에 의한 광고

    ㉯ 잡지에 게재하는 광고

  ㉡ 담배광고에 표기하는 경고문구의 표기내용은 다음 각 호의 구분에 따른다. 이 경우 경고문구의 구체적 표기내용은 보건복지부장관이 정하여 고시한다.

    ㉮ 담배의 경우 : 흡연이 건강에 해롭다는 사실, 흡연이 다른 사람의 건강을 위협할 수 있다는 사실 및 타르 흡입량은 흡연자의 흡연습관에 따라 다르다는 사실 등을 명확하게 알릴 수 있을 것

    ㉯ 전자 담배의 경우 : 흡연이 니코틴 의존 및 중독을 유발시킬 수 있다는 사실 등을 명확하게 알릴 수 있을 것

  ㉢ 보건복지부장관은 경고문구의 구체적 표기내용을 고시하는 경우에는 그 시행에 6개월 이상의 유예기간을 두어야 한다.

② 담배광고에 표기하는 경고문구·발암성물질 및 금연상담전화의 전화번호(이하 "경고문구등"이라 한다)의 표기방법은 별표 1의3과 같다.

> **담배광고에 대한 경고문구등의 표기방법〈시행령 별표 1의3〉**
>
> 1. 위치
>   담배광고의 하단 중앙에 경고문구등을 표기한다.
> 2. 형태
>   경고문구등은 사각형의 테두리 안에 표기하되, 테두리 크기는 다음의 기준에 따른다. 다만, 담배광고의 면적이 다음 표에 해당하지 않는 경우에는 표준광고면적에 대한 테두리의 크기에 비례하여 소비자가 명확히 잘 볼 수 있는 크기로 하여야 한다.
>
> (단위 : 밀리미터)
>
> | 표준광고면적 | 테두리의 크기 |
> |---|---|
> | B4 초과(257×364 초과) | 112×25 초과 |
> | B4(257×364) | 112×25 |
> | A4(210×297) | 94×20 |
> | B5(182×257) | 80×17.5 |
> | A5(148×210) | 62×15 |
> | A5 미만(148×210 미만) | 62×15 미만 |
>
> 3. 글자체
>   경고문구등에 사용되는 글자체는 고딕체로 표기한다.
> 4. 색상
>   경고문구등에 사용되는 색상은 담배광고의 도안 색상과 보색 대비로 선명하게 표기한다.
>
> 비고
> 1. 위 표의 제2호에 따른 사각형의 테두리는 두께 2 밀리미터의 검정색 선으로 만들어야 한다.
> 2. 위 표의 제2호에 따른 사각형의 테두리 안에는 경고문구등 외의 다른 그림이나 문구 등을 표기해서는 안 된다.

⑩ 경고문구등의 표기방법을 변경하는 경우에는 그 시행에 6개월 이상의 유예기간을 두어야 한다.

⑦ **광고내용의 검증 방법 및 절차 등〈시행령 제16조의4〉**

   ㉠ 보건복지부장관은 담배 광고에 국민의 건강과 관련하여 검증되지 아니한 내용이 포함되어 있다고 인정되면 해당 광고내용의 사실 여부에 대한 검증을 실시할 수 있다.

   ㉡ 제조자등은 담배 광고를 실시하기 전에 보건복지부령으로 정하는 바에 따라 보건복지부장관에게 해당 광고내용의 사실 여부에 대한 검증을 신청할 수 있다.

   ㉢ 보건복지부장관은 광고내용의 사실 여부에 대한 검증을 실시하기 위하여 필요한 경우에는 제조자등에게 관련 자료의 제출을 요청할 수 있고, 제출된 자료에 대하여 조사·확인을 할 수 있다.

② 보건복지부장관은 광고내용의 사실 여부에 대한 검증을 실시한 경우에는 그 결과를 제조자등에게 서면으로 통보하여야 한다.

(6) 가향물질 함유 표시 제한〈법 제9조의3〉

제조자등은 담배에 연초 외의 식품이나 향기가 나는 물질(이하 "가향물질"이라 한다)을 포함하는 경우 이를 표시하는 문구나 그림·사진을 제품의 포장이나 광고에 사용하여서는 아니 된다.

(7) 담배에 관한 광고의 금지 또는 제한〈법 제9조의4〉

① 담배에 관한 광고는 다음 각 호의 방법에 한하여 할 수 있다.
   ㉠ 지정소매인의 영업소 내부에서 보건복지부령으로 정하는 광고물(표시판, 스티커 및 포스터)을 전시(展示) 또는 부착하는 행위. 다만, 영업소 외부에 그 광고내용이 보이게 전시 또는 부착하는 경우에는 그러하지 아니하다.
   ㉡ 품종군별로 연간 10회 이내(1회당 2쪽 이내)에서 잡지[「잡지 등 정기간행물의 진흥에 관한 법률」에 따라 등록 또는 신고되어 주 1회 이하 정기적으로 발행되는 제책(製冊)된 정기간행물 및 「신문 등의 진흥에 관한 법률」에 따라 등록된 주 1회 이하 정기적으로 발행되는 신문과 「출판문화산업 진흥법」에 따른 외국간행물로서 동일한 제호로 연 1회 이상 정기적으로 발행되는 것(이하 "외국정기간행물"이라 한다)을 말하며, 여성 또는 청소년을 대상으로 하는 것(잡지의 명칭, 내용, 독자, 그 밖의 그 성격을 고려할 때 여성 또는 청소년이 주로 구독하는 것)은 제외한다]에 광고를 게재하는 행위. 다만, 보건복지부령으로 정하는 판매부수(판매부수 1만부) 이하로 국내에서 판매되는 외국정기간행물로서 외국문자로만 쓰여져 있는 잡지인 경우에는 광고게재의 제한을 받지 아니한다.
   ㉢ 사회·문화·음악·체육 등의 행사(여성 또는 청소년을 대상으로 하는 행사는 제외한다)를 후원하는 행위. 이 경우 후원하는 자의 명칭을 사용하는 외에 제품광고를 하여서는 아니 된다.
   ㉣ 국제선의 항공기 및 여객선, 그 밖에 보건복지부령으로 정하는 장소 안에서 하는 광고
② 제조자등은 따른 광고를 「담배사업법」에 따른 도매업자 또는 지정소매인으로 하여금 하게 할 수 있다. 이 경우 도매업자 또는 지정소매인이 한 광고는 제조자등이 한 광고로 본다.
③ 광고 또는 그에 사용되는 광고물은 다음 각 호의 사항을 준수하여야 한다.
   ㉠ 흡연자에게 담배의 품명·종류 및 특징을 알리는 정도를 넘지 아니할 것
   ㉡ 비흡연자에게 직접적 또는 간접적으로 흡연을 권장 또는 유도하거나 여성 또는 청소년의 인물을 묘사하지 아니할 것
   ㉢ 표기하는 흡연 경고문구의 내용 및 취지에 반하는 내용 또는 형태가 아닐 것

② 국민의 건강과 관련하여 검증되지 아니한 내용을 표시하지 아니할 것. 이 경우 광고내용의 사실 여부에 대한 검증 방법·절차 등 필요한 사항은 대통령령으로 정한다.

④ 제조자등은 담배에 관한 광고가 ① 및 ③에 위배되지 아니하도록 자율적으로 규제하여야 한다.

⑤ 보건복지부장관은 문화체육관광부장관에게 ① 또는 ③을 위반한 광고가 게재된 외국정기간행물의 수입업자에 대하여 시정조치 등을 할 것을 요청할 수 있다.

(8) 금연지도원〈법 제9조의5〉

① 시·도지사 또는 시장·군수·구청장은 금연을 위한 조치를 위하여 대통령령으로 정하는 자격이 있는 사람 중에서 금연지도원을 위촉할 수 있다.

② 금연지도원의 직무는 다음 각 호와 같다.
　㉠ 금연구역의 시설기준 이행 상태 점검
　㉡ 금연구역에서의 흡연행위 감시 및 계도
　㉢ 금연을 위한 조치를 위반한 경우 관할 행정관청에 신고하거나 그에 관한 자료 제공
　㉣ 그 밖에 금연 환경 조성에 관한 사항으로서 대통령령으로 정하는 사항

③ 금연지도원은 직무를 단독으로 수행하려면 미리 시·도지사 또는 시장·군수·구청장의 승인을 받아야 하며, 시·도지사 또는 시장·군수·구청장은 승인서를 교부하여야 한다.

④ 금연지도원이 따른 직무를 단독으로 수행하는 때에는 승인서와 신분을 표시하는 증표를 지니고 이를 관계인에게 내보여야 한다.

⑤ 금연지도원을 위촉한 시·도지사 또는 시장·군수·구청장은 금연지도원이 그 직무를 수행하기 전에 직무 수행에 필요한 교육을 실시하여야 한다.

⑥ 금연지도원은 직무를 수행하는 경우 그 권한을 남용하여서는 아니 된다.

⑦ 시·도지사 또는 시장·군수·구청장은 금연지도원이 다음 각 호의 어느 하나에 해당하면 그 금연지도원을 해촉하여야 한다.
　㉠ 따라 대통령령으로 정한 자격을 상실한 경우
　㉡ 직무와 관련하여 부정한 행위를 하거나 그 권한을 남용한 경우
　㉢ 그 밖에 개인사정, 질병이나 부상 등의 사유로 직무 수행이 어렵게 된 경우

⑧ 금연지도원의 직무범위 및 교육, 그 밖에 필요한 사항은 대통령령으로 정한다.

⑨ 금연지도원의 자격 등〈시행령 제16조의5〉
　㉠ "대통령령으로 정하는 자격이 있는 사람"이란 다음 각 호의 어느 하나에 해당하는 사람을 말한다.

㉮ 「민법」에 따른 비영리법인 또는 「비영리민간단체 지원법」에 따라 등록된 비영리민간단체에 소속된 사람으로서 해당 법인 또는 단체의 장이 추천하는 사람

㉯ 건강·금연 등 보건정책 관련 업무를 수행한 경력이 3개월 이상인 사람 또는 이에 준하는 경력이 있다고 시·도지사 또는 시장·군수·구청장이 인정하는 사람

ⓒ "대통령령으로 정하는 사항"이란 지역사회 금연홍보 및 금연교육 지원 업무를 말한다.

ⓒ 금연지도원의 직무범위는 별표 1의4와 같다.

금연지도원의 직무범위〈시행령 별표 1의4〉

직무	직무범위
1. 금연구역의 시설기준 이행 상태 점검	금연구역의 지정 여부를 점검하기 위한 다음 각 목의 상태 확인 업무 지원 가. 금연구역을 알리는 표지의 설치 위치 및 관리 상태 나. 금연구역의 재떨이 제거 등 금연 환경 조성 상태 다. 흡연실 설치 위치 및 설치 상태 라. 흡연실의 표지 부착 상태 마. 청소년 출입금지 표시 부착 상태
2. 금연구역에서의 흡연행위 감시 및 계도	금연구역에서의 흡연행위를 예방하기 위한 감시 활동 및 금연에 대한 지도·계몽·홍보
3. 금연을 위한 조치를 위반한 경우 관할 행정관청에 신고하거나 그에 관한 자료 제공	위반한 자를 발견한 경우 다음 각 목의 조치 가. 금연구역에서의 흡연행위 촬영 등 증거수집 나. 관할 행정관청에 신고를 하기 위한 위반자의 인적사항 확인 등
4. 금연홍보 및 금연교육 지원	가. 금연을 위한 캠페인 등 홍보 활동 나. 청소년 등을 대상으로 한 금연교육 다. 금연시설 점유자·소유자 및 관리자에 대한 금연구역 지정·관리에 관한 교육 지원

ⓓ 시·도지사 또는 시장·군수·구청장은 금연지도원에 대하여 금연 관련 법령, 금연의 필요성, 금연지도원의 자세 등에 대한 교육을 실시하여야 한다. 이 경우 시·도지사 또는 시장·군수·구청장은 효율적인 교육을 위하여 금연지도원에 대한 합동교육을 실시할 수 있다.

ⓔ 시·도지사 또는 시장·군수·구청장은 금연지도원의 활동을 지원하기 위하여 예산의 범위에서 수당을 지급할 수 있다.

ⓕ 규정한 사항 외에 금연지도원 제도 운영에 필요한 사항은 해당 지방자치단체의 조례로 정한다.

(9) 건강생활실천협의회〈법 제10조〉

① 시·도지사 및 시장·군수·구청장은 건강생활의 실천운동을 추진하기 위하여 지역사회의 주민·단체 또는 공공기관이 참여하는 건강생활실천협의회를 구성하여야 한다.

② 건강생활실천협의회의 조직 및 운영에 관하여 필요한 사항은 지방자치단체의 조례로 정한다.

(10) 보건교육의 관장〈법 제11조〉

보건복지부장관은 국민의 보건교육에 관하여 관계중앙행정기관의 장과 협의하여 이를 총괄한다.

(11) 보건교육의 실시 등〈법 제12조〉

① 국가 및 지방자치단체는 모든 국민이 올바른 보건의료의 이용과 건강한 생활습관을 실천할 수 있도록 그 대상이 되는 개인 또는 집단의 특성·건강상태·건강의식 수준등에 따라 적절한 보건교육을 실시한다.

② 국가 또는 지방자치단체는 국민건강증진사업관련 법인 또는 단체등이 보건교육을 실시할 경우 이에 필요한 지원을 할 수 있다.

③ 보건복지부장관, 시·도지사 및 시장·군수·구청장은 보건교육을 실시하는 국민건강증진사업 관련 법인 또는 단체 등에 대하여 보건교육의 계획 및 그 결과에 관한 자료를 요청할 수 있다.

④ 보건교육에는 다음 각호의 사항이 포함되어야 한다.〈시행령 제17조〉
　　㉠ 금연·절주 등 건강생활의 실천에 관한 사항
　　㉡ 만성퇴행성질환 등 질병의 예방에 관한 사항
　　㉢ 영양 및 식생활에 관한 사항
　　㉣ 구강건강에 관한 사항
　　㉤ 공중위생에 관한 사항
　　㉥ 건강증진을 위한 체육활동에 관한 사항
　　㉦ 기타 건강증진사업에 관한 사항

(12) 보건교육사자격증의 교부 등〈법 제12조의2〉

① 보건복지부장관은 국민건강증진 및 보건교육에 관한 전문지식을 가진 자에게 보건교육사의 자격증을 교부할 수 있다.

② 다음 각호의 1에 해당하는 자는 보건교육사가 될 수 없다.
　　㉠ 피성년후견인
　　㉡ 금고 이상의 실형의 선고를 받고 그 집행이 종료되지 아니하거나 그 집행을 받지 아니하기로 확정되지 아니한 자
　　㉢ 법률 또는 법원의 판결에 의하여 자격이 상실 또는 정지된 자

③ 보건교육사의 등급은 1급 내지 3급으로 하고, 등급별 자격기준 및 자격증의 교부절차 등에 관하여 필요한 사항은 대통령령으로 정하며, 다음과 같다.〈시행령 제18조〉

㉠ 보건교육사의 등급별 자격기준은 별표 2와 같다.

보건교육사의 등급별 자격기준〈시행령 별표 2〉

등급	자격기준
보건교육사 1급	보건교육사 1급 시험에 합격한 자
보건교육사 2급	1. 보건교육사 2급 시험에 합격한 자 2. 보건교육사 3급 자격을 취득한 자로서 보건복지부장관이 정하여 고시하는 보건복지부장관이 정하여 고시하는 보건교육 업무에 3년 이상 종사한 자
보건교육사 3급	보건교육사 3급 시험에 합격한 자

㉡ 보건교육사 자격증을 발급받으려는 자는 보건복지부령으로 정하는 바에 따라 보건교육사 자격증 발급신청서에 그 자격을 증명하는 서류를 첨부하여 보건복지부장관에게 제출하여야 한다.

㉢ 보건교육사 자격증 발급절차〈시행규칙 제7조의2〉

㉮ 보건교육사의 자격증(이하 "자격증"이라 한다)을 발급받으려는 자는 보건교육사 자격증 발급신청서(전자문서로 된 신청서를 포함한다)에 다음 각 호의 서류(전자문서를 포함한다)를 첨부하여 보건복지부장관(업무를 위탁한 경우에는 위탁받은 보건교육 관련 법인 또는 단체의 장을 말한다.)에게 제출하여야 한다.

ⓐ 6개월 이내에 촬영한 탈모 정면 상반신 반명함판(3×4센티미터) 사진 2매

ⓑ 보건복지부장관이 정하여 고시하는 보건교육 업무 경력을 증명하는 서류 1부(보건교육사 3급 자격을 취득한 자로서 보건교육 업무에 3년 이상 종사하고 보건교육사 2급 자격증 발급을 신청하는 자만 제출한다)

ⓒ 졸업증명서 및 보건교육 관련 교과목 이수를 증명하는 서류 각 1부(시험응시원서 제출 당시 졸업예정자였던 경우에만 제출한다)

㉯ 자격증을 발급받은 자가 그 자격증을 잃어버리거나 헐어서 못쓰게 되어 재발급 받으려는 때에는 보건교육사 자격증 재발급 신청서(전자문서로 된 신청서를 포함한다)에 다음 각 호의 서류(전자문서를 포함한다)를 첨부하여 보건복지부장관에게 제출하여야 한다.

ⓐ 보건교육사 자격증(헐어서 못쓰게 된 경우에만 제출한다) 1부

ⓑ 6개월 이내에 촬영한 탈모 정면 상반신 반명함판(3×4센티미터) 사진 1매

㉰ 보건복지부장관은 자격증의 발급 또는 재발급신청을 받은 때에는 보건교육사 자격증 발급대장에 이를 기재한 후 별지 제4호서식의 보건교육사 자격증을 발급하여야 한다.

㉱ 보건교육사 3급 자격을 취득하고 보건교육 업무에 3년 이상 종사하여 보건교육사 2급 자격증 발급을 신청하는 자 또는 자격증을 재발급 받으려는 자는 수수료로 1만 원을 납부하여야 한다.

④ 보건교육사 1급의 자격증을 교부받고자 하는 자는 국가시험에 합격하여야 한다.

⑤ 보건복지부장관은 보건교육사의 자격증을 교부하는 때에는 보건복지부령이 정하는 바에 의하여 수수료를 징수할 수 있다.

⒀ 국가시험〈법 제12조의3〉

① 국가시험은 보건복지부장관이 시행한다. 다만, 보건복지부장관은 국가시험의 관리를 대통령령이 정하는 바에 의하여 「한국보건의료인국가시험원법」에 따른 한국보건의료인국가시험원에 위탁할 수 있다.

② 보건복지부장관은 국가시험의 관리를 위탁한 때에는 그에 소요되는 비용을 예산의 범위 안에서 보조할 수 있다.

③ 보건복지부장관(국가시험의 관리를 위탁받은 기관을 포함한다)은 보건복지부령이 정하는 금액을 응시수수료로 징수할 수 있으며, 응시수수료에 관한 사항은 다음과 같다.〈시행규칙 제7조의4〉

　㉠ 보건교육사 국가시험의 응시수수료는 7만8천원으로 한다.

　㉡ 보건교육사 국가시험에 응시하려는 사람은 응시수수료를 수입인지로 내야 한다. 다만, 시험 시행기관의 장은 이를 현금으로 납부하게 하거나 정보통신망을 이용하여 전자화폐·전자결제 등의 방법으로 납부하게 할 수 있다.

　㉢ 응시수수료는 다음 각 호의 구분에 따라 반환한다.

　　㉮ 응시수수료를 과오납한 경우 : 그 과오납한 금액의 전부

　　㉯ 시험 시행기관의 귀책사유로 시험에 응시하지 못한 경우 : 납입한 응시수수료의 전부

　　㉰ 응시원서 접수기간 내에 접수를 취소하는 경우 : 납입한 응시수수료의 전부

　　㉱ 시험 시행일 전까지 응시자격심사 과정에서 응시자격 결격사유로 접수가 취소된 경우 : 납입한 응시수수료의 전부

　　㉲ 응시원서 접수 마감일의 다음 날부터 시험 시행 20일 전까지 접수를 취소하는 경우 : 납입한 응시수수료의 100분의 60

　　㉳ 시험 시행 19일 전부터 시험 시행 10일 전까지 접수를 취소하는 경우: 납입한 응시수수료의 100분의 50

④ 국가시험의 시행 등〈시행령 제18조의2〉

　㉠ 보건복지부장관은 보건교육사 국가시험(이하 "시험"이라 한다)을 매년 1회 이상 실시한다.

　㉡ 보건복지부장관은 시험의 관리를 「한국보건의료인국가시험원법」에 따른 한국보건의료인국가시험원에 위탁한다.

ⓒ 시험의 관리를 위탁받은 기관(이하 "시험관리기관"이라 한다)의 장은 시험을 실시하려면 미리 보건복지부장관의 승인을 받아 시험일시·시험장소 및 응시원서의 제출기간, 합격자 발표의 예정일 및 방법, 그 밖에 시험에 필요한 사항을 시험 90일 전까지 공고하여야 한다. 다만, 시험장소는 지역별 응시인원이 확정된 후 시험 30일 전까지 공고할 수 있다.

ⓔ 시험과목은 별표 3과 같다.

보건교육사 시험과목〈시행령 별표 3〉

구분	시험 과목
보건교육사 1급	보건프로그램 개발 및 평가, 보건교육방법론, 보건사업관리
보건교육사 2급	보건교육학, 보건학, 보건프로그램 개발 및 평가, 보건교육방법론, 조사방법론, 보건사업관리, 보건의사소통, 보건의료법규
보건교육사 3급	보건교육학, 보건학, 보건프로그램 개발 및 평가, 보건의료법규

ⓜ 시험방법은 필기시험으로 하며, 시험의 합격자는 각 과목 4할 이상, 전과목 총점의 6할 이상을 득점한 자로 한다.

⑤ 시험의 응시자격 및 시험관리〈시행령 제18조의3〉

ⓖ 시험의 응시자격은 별표 4와 같다.

보건교육사 국가시험 응시자격〈시행령 별표 4〉

등급	응시자격
보건교육사 1급	1. 보건교육사 2급 자격을 취득한 자로서 시험일 현재 보건복지부장관이 정하여 고시하는 보건교육 업무에 3년 이상 종사한 자 2. 「고등교육법」에 따른 대학원 또는 이와 동등 이상의 교육과정에서 보건복지부령으로 정하는 보건교육 관련 교과목을 이수하고 석사 또는 박사 학위를 취득한 자로서 시험일 현재 보건복지부장관이 정하여 고시하는 보건교육 업무에 2년 이상 종사한 자
보건교육사 2급	「고등교육법」에 따른 학교 또는 이와 동등 이상의 교육과정에서 보건복지부령으로 정하는 보건교육 관련 교과목을 이수하고 전문학사 학위 이상을 취득한 자
보건교육사 3급	1. 시험일 현재 보건복지부장관이 정하여 고시하는 보건교육 업무에 3년 이상 종사한 자 2. 2009년 1월 1일 이전에 보건복지부장관이 정하여 고시하는 민간단체의 보건교육사 양성과정을 이수한 자 3. 「고등교육법」에 따른 학교 또는 이와 동등 이상의 교육과정에서 보건복지부령으로 정하는 보건교육 관련 교과목 중 필수과목 5과목 이상, 선택과목 2과목 이상을 이수하고 전문학사 학위 이상을 취득한 자

※ 보건복지부령으로 정하는 보건교육 관련 교과목〈시행규칙 별표 4〉

구분	과목명	최소 이수과목 및 학점
필수과목	보건교육학, 보건학, 보건프로그램 개발 및 평가, 보건교육방법론, 보건교육실습, 조사방법론, 보건사업관리, 보건의사소통, 보건의료법규	총 9과목 및 총 22학점 이수
선택과목	해부생리, 보건통계, 보건정보, 인간발달론, 사회심리학, 보건윤리, 환경보건, 역학, 질병관리, 안전교육, 생식보건, 재활보건, 식품위생, 정신보건, 보건영양, 건강과 운동, 구강보건, 아동보건, 노인보건, 학교보건, 산업보건, 지역사회보건	총 4과목 및 총 10학점 이수

- ⓛ 시험에 응시하려는 자는 시험관리기관의 장이 정하는 응시원서를 시험관리기관의 장에게 제출(전자문서에 따른 제출을 포함한다)하여야 한다.
- ⓒ 시험관리기관의 장은 시험을 실시한 경우 합격자를 결정·발표하고, 그 합격자에 대한 다음 각 호의 사항을 보건복지부장관에게 통보하여야 한다.
  - ㉮ 성명 및 주소
  - ㉯ 시험 합격번호 및 합격연월일

⑥ 시험위원〈시행령 제18조의4〉
- ㉠ 시험관리기관의 장은 시험을 실시하려는 경우 시험과목별로 전문지식을 갖춘 자 중에서 시험위원을 위촉한다.
- ㉡ 시험위원에게는 예산의 범위에서 수당과 여비를 지급할 수 있다.

⑦ 관계 기관 등에의 협조요청〈시행령 제18조의5〉 … 시험관리기관의 장은 시험 관리업무를 원활하게 수행하기 위하여 필요하면 국가·지방자치단체 또는 관계 기관·단체에 대하여 시험장소 제공 및 시험감독 지원 등 협조를 요청할 수 있다.

(14) 보건교육사의 채용〈법 제12조의4〉

국가 및 지방자치단체는 대통령령이 정하는 국민건강증진사업관련 법인 또는 단체 등에 대하여 보건교육사를 그 종사자로 채용하도록 권장하여야 한다.

(15) 보건교육의 평가〈법 제13조〉

① 보건복지부장관은 정기적으로 국민의 보건교육의 성과에 관하여 평가를 하여야 한다.

② 보건교육의 평가방법 및 내용〈시행규칙 제8조〉

　　㉠ 보건복지부장관이 국민의 보건교육의 성과에 관한 평가를 할 때에는 세부계획 및 그 추진실
　　　적에 기초하여 평가하여야 한다.

　　㉡ 보건복지부장관은 필요하다고 인정하는 경우에는 ㉠항의 규정에 의한 평가 외에 다음 각호의
　　　사항을 조사하여 평가할 수 있다.

　　　㉮ 건강에 관한 지식·태도 및 실천
　　　㉯ 주민의 상병유무 등 건강상태

⒃ **보건교육의 개발등**〈법 제14조〉

　보건복지부장관은 정부출연연구기관 등의 설립·운영 및 육성에 관한 법률에 의한 한국보건사회
연구원으로 하여금 보건교육에 관한 정보·자료의 수집·개발 및 조사, 그 교육의 평가 기타 필요
한 업무를 행하게 할 수 있다.

⒄ **영양개선**〈법 제15조〉

① 국가 및 지방자치단체는 국민의 영양상태를 조사하여 국민의 영양개선방안을 강구하고 영양에
　관한 지도를 실시하여야 한다.

② 국가 및 지방자치단체는 국민의 영양개선을 위하여 다음 각호의 사업을 행한다.

　　㉠ 영양교육사업

　　㉡ 영양개선에 관한 조사·연구사업

　　㉢ 기타 영양개선에 관하여 보건복지부령이 정하는 사업으로 "보건복지부령이 정하는 사업"이라
　　　함은 다음 각호의 사업을 말한다.〈시행규칙 제9조〉

　　　㉮ 국민의 영양상태에 관한 평가사업
　　　㉯ 지역사회의 영양개선사업

⒅ **국민영양조사 등**〈법 제16조〉

① 보건복지부장관은 국민의 건강상태·식품섭취·식생활조사 등 국민의 영양에 관한 조사(이하 "
　국민영양조사"라 한다)를 정기적으로 실시한다.

② 특별시·광역시 및 도에는 국민영양조사와 영양에 관한 지도업무를 행하게 하기 위한 공무원을
　두어야 한다.

③ 국민영양조사를 행하는 공무원은 그 권한을 나타내는 증표를 관계인에게 내보여야 한다.

④ 국민영양조사의 내용 및 방법 기타 국민영양조사와 영양에 관한 지도에 관하여 필요한 사항은
　대통령령으로 정한다.

⑤ 국민영양조사는 매년 실시한다.

⑥ **조사대상**〈시행령 제20조〉
　㉠ 영양조사는 보건복지부장관이 매년 구역과 기준을 정하여 선정한 가구 및 그 가구원에 대하여 이를 행한다.
　㉡ 보건복지부장관은 노인·임산부등 특히 영양개선이 필요하다고 판단되는 자에 대하여는 따로 조사기간을 정하여 영양조사를 실시할 수 있다.
　㉢ 조사대상으로 선정된 가구와 조사대상이 된 자에 대하여 관할 시·도지사는 그 뜻을 통지하여야 한다.
　㉣ **조사대상가구의 재선정 등**〈시행규칙 제11조〉
　　㉮ 조사대상가구가 선정된 때에는 시·도지사는 소사가구선정통지서를 해당가구주에게 송부하고, 그 결과를 보건복지부장관에게 보고하여야 한다.
　　㉯ 선정된 조사가구 중 전출·전입 등의 사유로 선정된 조사가구에 변동이 있는 경우에는 같은 구역안에서 조사가구를 다시 선정하여 조사할 수 있다.
　　㉰ 보건복지부장관은 조사지역의 특성이 변경된 때에는 조사지역을 달리하여 조사할 수 있다.

⑦ **조사항목**〈시행령 제21조〉
　㉠ 영양조사는 건강상태조사·식품섭취조사 및 식생활조사로 구분하여 행한다.
　㉡ 건강상태조사는 다음 각호의 사항에 대하여 행한다.
　　㉮ 신체상태
　　㉯ 영양관계 증후
　　㉰ 기타 건강상태에 관한 사항
　㉢ 식품섭취조사는 다음 각호의 사항에 대하여 행한다.
　　㉮ 조사가구의 일반사항
　　㉯ 일정한 기간의 식사상황
　　㉰ 일정한 기간의 식품섭취상황
　㉣ 식생활조사는 다음 각호의 사항에 대하여 행한다.
　　㉮ 가구원의 식사 일반사항
　　㉯ 조사가구의 조리시설과 환경
　　㉰ 일정한 기간에 사용한 식품의 가격 및 조달방법
　㉤ 조사사항의 세부내용은 다음 각호와 같다.〈시행규칙 제12조〉
　　㉮ 건강상태조사 : 급성 또는 만성질환을 앓거나 앓았는지 여부에 관한 사항, 질병·사고 등으로 인한 활동제한의 정도에 관한 사항, 혈압 등 신체계측에 관한 사항, 흡연·음주 등 건강과 관련된 생활태도에 관한 사항 기타 보건복지부장관이 정하여 고시하는 사항
　　㉯ 식품섭취조사 : 식품의 섭취횟수 및 섭취량에 관한 사항, 식품의 재료에 관한 사항 기타 보건복지부장관이 정하여 고시하는 사항

㉺ **식생활조사** : 규칙적인 식사여부에 관한 사항, 식품섭취의 과다여부에 관한 사항, 외식의 횟수에 관한 사항, 2세 이하 영유아의 수유기간 및 이유보충식의 종류에 관한 사항 기타 보건복지부장관이 정하여 고시하는 사항

⑧ **영양조사원 및 영양지도원〈시행령 제22조〉**

㉠ 영양조사를 담당하는 자(이하 "영양조사원"이라 한다)는 보전복지부장관 또는 시·도지사가 다음 각호의 1에 해당하는 자 중에서 임명 또는 위촉한다.

㉮ 의사·치과의사·영양사 또는 간호사의 자격을 가진 자

㉯ 전문대학이상의 학교에서 식품학 또는 영양학의 과정을 이수한 사람

㉡ 시장·군수·구청장은 영양개선사업을 수행하기 위한 국민영양지도를 담당하는 자(이하 "영양지도원"이라 한다)를 두어야 하며 그 영양지도원은 영양사의 자격을 가진 자로 임명한다. 다만, 영양사의 자격을 가진 자가 없는 경우에는 의사 또는 간호사의 자격을 가진 자 중에서 임명할 수 있다.

㉢ 영양조사원 및 영양지도원의 직무에 관하여 필요한 사항은 보건복지부령으로 정한다.

㉣ 보건복지부장관, 시·도지사 또는 시장·군수·구청장은 영양조사원 또는 영양지도원의 원활한 업무 수행을 위하여 필요하다고 인정하는 경우에는 그 업무 지원을 위한 구체적 조치를 마련·시행할 수 있다.

㉤ **영양조사원〈시행규칙 제13조〉**

㉮ 국민영양조사원(이하 "영양조사원"이라 한다)은 건강상태조사원·식품섭취조사원 및 식생활조사원으로 구분하되, 각 조사원의 직무는 다음 각호와 같다. 다만, 시·도지사는 필요하다고 인정할 때에는 식품섭취조사원으로 하여금 식생활조사원의 직무를 행하게 할 수 있다.

ⓐ 건강상태조사원 : 건강상태에 관한 조사사항의 조사·기록

ⓑ 식품섭취조사원 : 식품섭취에 관한 조사사항의 조사·기록

ⓒ 식생활조사원 : 식생활에 관한 조사사항의 조사·기록

㉯ 영양조사원의 임명 또는 위촉은 별지 제8호서식에 의한다.

㉥ **영양지도원〈시행규칙 제17조〉**

㉮ 시·도의 영양지도원은 다음 각호의 업무를 담당한다.

ⓐ 영양지도의 기획·분석·평가 및 영양상담

ⓑ 보건소의 영양업무지도

ⓒ 집단급식시설에 대한 급식업무지도

ⓓ 영양조사 및 효과측정

ⓔ 홍보 및 영양교육

ⓕ 기타 영양과 식생활개선에 관한 사항

㉯ 시·군·구의 영양지도원은 다음 각호의 업무를 담당한다.

ⓐ 영양지도의 계획·분석

ⓑ 지역주민의 영양지도(영·유아, 임산부, 수유부, 노인, 환자, 성인의 영양관리) 및 상담

ⓒ 집단급식시설에 대한 현황파악 및 급식업무지도

ⓓ 영양조사 및 지역주민의 영양평가실시

ⓔ 영양교육자료의 개발·홍보 및 영양교육

ⓕ 지역주민의 영양조사결과 자료활용

ⓖ 기타 영양과 식생활개선에 관한 사항

⑨ **조사표 작성등〈시행규칙 제15조〉** … 보건복지부장관은 영양조사가 끝난 때에는 지체없이 조사표를 작성하여 분류·집계등 통계처리를 하고 이를 공표하여야 한다.

⑩ **조사자료의 분석과 이용〈시행규칙 제16조〉** … 보건복지부장관은 영양조사의 시기·대상·세부내용·결과등을 분석하여 이를 국민영양개선을 위한 자료로 활용하여야 한다.

⒆ 구강건강사업의 계획수립·시행〈법 제17조〉

국가 및 지방자치단체는 구강건강에 관한 사업의 계획을 수립·시행하여야 한다.

⒇ 구강건강사업〈법 제18조〉

① 국가 및 지방자치단체는 국민의 구강질환의 예방과 구강건강의 증진을 위하여 다음 각호의 사업을 행한다.

㉠ 구강건강에 관한 교육사업

㉡ 수돗물불소농도조정사업

㉢ 구강건강에 관한 조사·연구사업

㉣ 기타 구강건강의 증진을 위하여 대통령령이 정하는 다음 각 호의 사업〈시행령 제23조〉

㉮ 충치예방을 위한 치아홈메우기사업

㉯ 불소용액양치사업

㉰ 구강건강의 증진을 위하여 보건복지부령이 정하는 사업

② 구강건강사업의 내용 등〈시행규칙 제18조〉

㉠ 시·도지사 또는 시장·군수·구청장은 구강건강실태를 조사하여 지역주민의 구강건강증진을 위한 사업을 시행하여야 한다.

㉡ 시·도지사 또는 시장·군수·구청장이 수돗물에 대한 불소농도조정사업을 시행하고자 할 때에는 미리 보건복지부장관과 협의하여야 한다.

㉢ 수돗물에 대한 불소농도조정사업·불소용액양치사업 등 구강건강사업의 관리기준 및 운영방법은 보건복지부장관이 정한다.

(21) 건강증진사업 등〈법 제19조〉

① 국가 및 지방자치단체는 국민건강증진사업에 필요한 요원 및 시설을 확보하고, 그 시설의 이용에 필요한 시책을 강구하여야 한다.

② 특별자치시장·특별자치도지사·시장·군수·구청장은 지역주민의 건강증진을 위하여 보건복지부령이 정하는 바에 의하여 보건소장으로 하여금 다음 각호의 사업을 하게 할 수 있다.

    ㉠ 보건교육 및 건강상담

    ㉡ 영양관리

    ㉢ 구강건강의 관리

    ㉣ 질병의 조기발견을 위한 검진 및 처방

    ㉤ 지역사회의 보건문제에 관한 조사·연구

    ㉥ 기타 건강교실의 운영등 건강증진사업에 관한 사항

③ 보건소장이 ②의 규정에 의하여 ② ㉠ 내지 ㉣의 업무를 행한 때에는 이용자의 개인별 건강상태를 기록하여 유지·관리하여야 한다.

④ 건강증진사업의 실시 등〈시행규칙 제19조〉

    ㉠ 건강증진사업을 행하는 특별자치시장·특별자치도지사·시장·군수·구청장은 보건교육·영양관리·구강건강관리·건강검진·운동지도(체력측정을 행하는 경우에 한한다)등에 필요한 인력을 확보하여야 한다.

    ㉡ 기본시책과 건강증진사업 실시지역의 생활여건 등을 감안하여 보건소장이 행하는 건강증진사업을 단계적으로 실시하게 할 수 있다.

    ㉢ 보건소장이 개인별 건강상태를 기록한 때에는 보건복지부장관이 정하는 바에 따라 이를 유지·관리하여야 한다.

    ㉣ 건강증진사업을 행하는 보건소장은 다음 각호의 시설 및 장비를 확보하여 지역주민에 대한 건강증진사업을 수행하여야 한다.

        ㉮ 시청각교육실 및 시청각교육장비

        ㉯ 건강검진실 및 건강검진에 필요한 장비

        ㉰ 운동지도실 및 운동부하검사장비(체력측정을 행하는 경우에 한한다)

        ㉱ 영양관리·구강건강사업 등 건강증진사업에 필요한 시설 및 장비

(22) 검진〈법 제20조〉

국가는 건강증진을 위하여 필요한 경우에 보건복지부령이 정하는 바에 의하여 국민에 대하여 건강검진을 실시할 수 있다.

① 국가가 건강검진을 실시하는 경우에는 시장·군수·구청장으로 하여금 보건소장이 이를 실시하도록 하여야 한다. 다만, 필요한 경우에는 기관에 위탁하여 실시하게 할 수 있다.

② 건강검진은 연령별·대상별로 검진항목을 정하여 실시하여야 한다.

(23) 검진결과의 공개금지〈법 제21조〉

건강검진을 한 자 또는 검진기관에 근무하는 자는 국민의 건강증진사업의 수행을 위하여 불가피한 경우를 제외하고는 정당한 사유없이 검진결과를 공개하여서는 아니된다.

02 출제예상문제

1 다음 중 건강확인의 내용 및 절차에 대한 내용으로 맞지 않는 것은?

① 자녀에게 건강상 현저한 장애를 줄 수 있는 유전성질환을 말한다.

② 혼인당사자 또는 그 가족에게 건강상 현저한 장애를 줄 수 있는 유전성질환을 말한다.

③ 특별자치시장·특별자치도지사·시장·군수·구청장은 혼인하고자 하는 자가 내용을 확인 하고자 할 때에는 보건소 또는 특별자치시장·특별자치도지사·시장·군수·구청장이 지 정한 의료기관에서 그 내용을 확인받을 수 있도록 하여야 한다.

④ 보건소장 또는 의료기관의 장이 혼인하고자 하는 자의 건강을 확인한 경우에는 「의료법」에 의한 진단서에 그 확인내용을 기재하여 교부하여야 한다.

> **NOTE** 건강확인의 내용 및 절차〈시행규칙 제3조〉
> ㉠ 건강 확인의 내용은 다음 각호의 질환으로서 보건복지부장관이 정하는 질환으로 한다.
> • 자녀에게 건강상 현저한 장애를 줄 수 있는 유전성질환
> • 혼인당사자 또는 그 가족에게 건강상 현저한 장애를 줄 수 있는 전염성질환
> ㉡ 특별자치시장·특별자치도지사·시장·군수·구청장은 혼인하고자 하는 자가 ㉠항의 규정 에 의한 내용을 확인하고자 할 때에는 보건소 또는 특별자치시장·특별자치도지사·시장· 군수·구청장이 지정한 의료기관에서 그 내용을 확인받을 수 있도록 하여야 한다.
> ㉢ 보건소장 또는 의료기관의 장이 혼인하고자 하는 자의 건강을 확인한 경우에는 「의료법」에 의한 진단서에 그 확인내용을 기재하여 교부하여야 한다.

2 다음 중 국민건강의식을 잘못 이끄는 광고를 한 자에 대하여 그 내용의 변경 또는 금지를 명할 수 있는 사람은?

① 보건복지부장관　　　　　　② 건강보험공단 이사장

③ 국무총리　　　　　　　　　④ 시장·군수·구청장

> **NOTE** 광고의 금지 등〈법 제7조〉… 보건복지부장관은 국민건강의식을 잘못 이끄는 광고를 한 자에 대 하여 그 내용의 변경 또는 금지를 명할 수 있다.

ANSWER 1.② 2.①

3 다음 중 주세법에 의한 주류의 광고를 하여서는 아니되는 것으로 맞지 않는 것은?

① 음주행위를 지나치게 미화하는 표현

② 알콜분 20도 이상의 주류를 광고방송하는 행위

③ 임산부나 미성년자의 인물 또는 목소리를 묘사하는 표현

④ 운전이나 작업 중에 음주하는 행위를 묘사하는 표현

> **NOTE** 광고의 기준〈시행령 별표 1〉… 주세법에 의한 주류의 광고를 하는 경우에는 다음 각호의 1에 해당하는 광고를 하여서는 아니된다.
> ㉠ 음주행위를 지나치게 미화하는 표현
> ㉡ 음주가 체력 또는 운동능력을 향상시킨다거나 질병의 치료에 도움이 된다는 표현
> ㉢ 음주가 정신건강에 도움이 된다는 표현
> ㉣ 운전이나 작업중에 음주하는 행위를 묘사하는 표현
> ㉤ 임산부나 미성년자의 인물 또는 목소리를 묘사하는 표현
> ㉥ 다음 각목의 1에 해당하는 광고방송을 하는 행위
> • 텔레비전(종합유선방송을 포함한다) : 7시부터 22시까지의 광고방송
> • 라디오 : 17시부터 다음날 8시까지의 광고방송과 8시부터 17시까지 미성년자를 대상으로 하는 프로그램 전후의 광고방송
> ㉦ 주류의 판매촉진을 위하여 광고노래를 방송하거나 경품 및 금품을 제공한다는 내용의 표현
> ㉧ 알콜분 17도 이상의 주류를 광고방송하는 행위
> ㉨ 경고문구를 주류의 용기에 표기하지 아니하고 광고를 하는 행위. 다만, 경고 문구가 표기되어 있지 아니한 부분을 이용하여 광고를 하고자 할 때에는 경고문구를 주류의 용기하단에 별도로 표기하여야 한다.
> ㉩ 「영화 및 비디오물의 진흥에 관한 법률」에 따른 영화상영관에서 전체관람가, 12세 이상 관람가, 15세 이상 관람가의 상영등급으로 분류된 영화의 상영 전후에 상영되는 광고
> ㉪ 「도시철도법」에 따른 도시철도의 역사(驛舍)나 차량에서 이루어지는 동영상 광고 또는 스크린도어에 설치된 광고

4 다음 중 담배자동판매기의 설치가 허용되는 장소로 맞지 않는 것은?

① 미성년자등을 보호하는 법령에서 19세 미만의 자의 출입이 금지되어 있는 장소

② 지정소매인 기타 담배를 판매하는 자가 운영하는 점포 및 영업장의 내부

③ 공중이 이용하는 시설 중 흡연자를 위해 설치한 흡연실

④ 공중이 이용하는 시설 중 19세 미만의 자에게 담배자동판매기를 이용하지 못하게 할 수 있는 흡연실

> **NOTE** 담배자동판매기의 설치가 허용되는 장소는 다음 각 호와 같다.〈시행령 제15조〉
> ㉠ 미성년자등을 보호하는 법령에서 19세 미만의 자의 출입이 금지되어 있는 장소
> ㉡ 지정소매인 기타 담배를 판매하는 자가 운영하는 점포 및 영업장의 내부
> ㉢ 공중이 이용하는 시설 중 흡연자를 위해 설치한 흡연실. 다만, 담배자동판매기를 설치하는 자가 19세 미만의 자에게 담배자동판매기를 이용하지 못하게 할 수 있는 흡연실로 한정한다.

5 다음 중 공중이 이용하는 시설 중 공장 및 복합용도의 건축물은 연면적이 얼마 이상의 규모이어야 금연구역으로 지정되는가?

① 500제곱미터

② 1,000제곱미터

③ 1,500제곱미터

④ 2,000제곱미터

> **NOTE** 연면적 1천제곱미터 이상의 사무용건축물, 공장 및 복합용도의 건축물은 금연구역으로 지정하여야 한다.

6 다음 중 공중이 이용하는 시설 중 금연구역으로 지정되어 있는 곳으로 맞지 않는 것은?

① 공연장으로서 객석 수 150석 이상의 공연장
② 정부 및 지방자치단체의 청사
③ 법원과 그 소속 기관의 청사
④ 국회의 청사

> **NOTE** 다음 각 호의 공중이 이용하는 시설의 소유자·점유자 또는 관리자는 해당 시설의 전체를 금연구역으로 지정하여야 한다. 이 경우 금연구역을 알리는 표지와 흡연자를 위한 흡연실을 설치할 수 있으며, 금연구역을 알리는 표지와 흡연실을 설치하는 기준·방법 등은 보건복지부령으로 정한다.〈법 제9조 제1항〉
> ㉠ 국회의 청사
> ㉡ 정부 및 지방자치단체의 청사
> ㉢ 「법원조직법」에 따른 법원과 그 소속 기관의 청사
> ㉣ 「공공기관의 운영에 관한 법률」에 따른 공공기관의 청사
> ㉤ 「지방공기업법」에 따른 지방공기업의 청사
> ㉥ 「유아교육법」·「초·중등교육법」에 따른 학교[교사(校舍)와 운동장 등 모든 구역을 포함한다]
> ㉦ 「고등교육법」에 따른 학교의 교사
> ㉧ 「의료법」에 따른 의료기관, 「지역보건법」에 따른 보건소·보건의료원·보건지소
> ㉨ 「영유아보육법」에 따른 어린이집
> ㉩ 「청소년활동 진흥법」에 따른 청소년수련관, 청소년수련원, 청소년문화의집, 청소년특화시설, 청소년야영장, 유스호스텔, 청소년이용시설 등 청소년활동시설
> ㉿ 「도서관법」에 따른 도서관
> ㉾ 「어린이놀이시설 안전관리법」에 따른 어린이놀이시설
> ㊎ 「학원의 설립·운영 및 과외교습에 관한 법률」에 따른 학원 중 학교교과교습학원과 연면적 1천제곱미터 이상의 학원
> ㊌ 공항·여객부두·철도역·여객자동차터미널 등 교통 관련 시설의 대합실·승강장, 지하보도 및 16인승 이상의 교통수단으로서 여객 또는 화물을 유상으로 운송하는 것
> ㉯ 「자동차관리법」에 따른 어린이운송용 승합자동차
> ㉰ 연면적 1천제곱미터 이상의 사무용건축물, 공장 및 복합용도의 건축물
> ㉱ 「공연법」에 따른 공연장으로서 객석 수 300석 이상의 공연장
> ㉲ 「유통산업발전법」에 따라 개설등록된 대규모점포와 같은 법에 따른 상점가 중 지하도에 있는 상점가
> ㉳ 「관광진흥법」에 따른 관광숙박업소
> ㉴ 「체육시설의 설치·이용에 관한 법률」에 따른 체육시설로서 1천명 이상의 관객을 수용할 수 있는 체육시설
> ㉵ 「사회복지사업법」에 따른 사회복지시설
> ㉶ 「공중위생관리법」에 따른 목욕장
> ㉷ 「게임산업진흥에 관한 법률」에 따른 청소년게임제공업소, 일반게임제공업소, 인터넷컴퓨터게임시설제공업소 및 복합유통게임제공업소
> ㉸ 「식품위생법」에 따른 식품접객업 중 영업장의 넓이가 보건복지부령으로 정하는 넓이 이상인 휴게음식점영업소, 일반음식점영업소 및 제과점영업소와 같은 법에 따른 식품소분·판매업 중 보건복지부령으로 전하는 넓이 이상인 실내 휴게공간을 마련하여 운영하는 식품자동판매기 영업소
> ㉹ 「청소년보호법」에 따른 만화대여업소

7 다음 중 금연구역 안내표지에 포함되어야 할 사항으로 맞지 않는 것은?

① 금연을 상징하는 그림 또는 문자

② 금연구역에서 흡연한 경우 벌금 부과대상이 된다는 사실

③ 위반사항에 대한 신고전화번호

④ 금연구역의 안내를 위하여 보건복지부장관이 필요하다고 인정하는 사항

> **NOTE** 금연구역 안내표지에는 다음 각 호의 사항이 포함되어야 한다.〈시행규칙 제6조의3〉
> ㉠ 금연을 상징하는 그림 또는 문자
> ㉡ 금연구역에서 흡연한 경우 과태료 부과대상이 된다는 사실
> ㉢ 위반사항에 대한 신고전화번호
> ㉣ 그 밖에 금연구역의 안내를 위하여 보건복지부장관이 필요하다고 인정하는 사항

8 다음 중 담배에 관한 경고문구 등 표시에 관한 내용으로 맞지 않는 것은?

① 흡연의 폐해를 나타내는 내용의 경고그림

② 흡연이 폐암 등 질병의 원인이 될 수 있다는 내용

③ 다른 사람의 건강을 위협할 수 있다는 내용의 경고문구

④ 타르 흡입량은 흡연자 누구나 같다는 내용의 경고문구

> **NOTE** 담배에 관한 경고문구 등 표시〈법 제9조의2〉 … 「담배사업법」에 따른 담배의 제조자 또는 수입판매업자는 담배갑포장지 앞면·뒷면·옆면 및 대통령령으로 정하는 광고에 다음 각 호의 내용을 인쇄하여 표기하여야 한다. 다만, 제1호의 표기는 담배갑포장지에 한정하되 앞면과 뒷면에 하여야 한다.
> ㉠ 흡연의 폐해를 나타내는 내용의 경고그림(사진을 포함한다. 이하 같다)
> ㉡ 흡연이 폐암 등 질병의 원인이 될 수 있다는 내용 및 다른 사람의 건강을 위협할 수 있다는 내용의 경고문구
> ㉢ 타르 흡입량은 흡연자의 흡연습관에 따라 다르다는 내용의 경고문구
> ㉣ 담배에 포함된 다음 각 목의 발암성물질
> • 나프틸아민
> • 니켈
> • 벤젠
> • 비닐 크롤라이드
> • 비소
> • 카드뮴
> ㉤ 금연상담전화의 전화번호

9 다음 중 담배에 관한 광고 또는 그에 사용되는 광고물의 준수사항으로 맞지 않는 것은?

① 국흡연자에게 담배의 품명·종류 및 특징을 알리는 정도를 넘지 아니할 것

② 흡연자에게 직접적 또는 간접적으로 흡연을 권장 또는 유도하도록 할 것

③ 표기하는 흡연 경고문구의 내용 및 취지에 반하는 내용 또는 형태가 아닐 것

④ 국민의 건강과 관련하여 검증되지 아니한 내용을 표시하지 아니할 것

> **NOTE** 광고 또는 그에 사용되는 광고물은 다음 각 호의 사항을 준수하여야 한다.〈법 제9조의4〉
> ㉠ 흡연자에게 담배의 품명·종류 및 특징을 알리는 정도를 넘지 아니할 것
> ㉡ 비흡연자에게 직접적 또는 간접적으로 흡연을 권장 또는 유도하거나 여성 또는 청소년의 인물을 묘사하지 아니할 것
> ㉢ 표기하는 흡연 경고문구의 내용 및 취지에 반하는 내용 또는 형태가 아닐 것
> ㉣ 국민의 건강과 관련하여 검증되지 아니한 내용을 표시하지 아니할 것. 이 경우 광고내용의 사실 여부에 대한 검증 방법·절차 등 필요한 사항은 대통령령으로 정한다.

10 다음 중 보건교육에 포함될 사항으로 맞지 않는 것은?

① 금연·절주 등 건강생활의 실천에 관한 사항

② 만성퇴행성질환 등 질병의 예방에 관한 사항

③ 건강보험의 활성화 방안에 관한 사항

④ 건강증진을 위한 체육활동에 관한 사항

> **NOTE** 보건교육에는 다음 각호의 사항이 포함되어야 한다.〈시행령 제17조〉
> ㉠ 금연·절주 등 건강생활의 실천에 관한 사항
> ㉡ 만성퇴행성질환 등 질병의 예방에 관한 사항
> ㉢ 영양 및 식생활에 관한 사항
> ㉣ 구강건강에 관한 사항
> ㉤ 공중위생에 관한 사항
> ㉥ 건강증진을 위한 체육활동에 관한 사항
> ㉦ 기타 건강증진사업에 관한 사항

ANSWER 9.② 10.③

11 다음 중 금연지도원을 위촉할 수 있는 사람으로 맞지 않는 것은?

① 고양시장   ② 경기도지사

③ 보건복지부장관   ④ 구청장

> **NOTE** 금연지도원〈법 제9조의5〉… 시 · 도지사 또는 시장 · 군수 · 구청장은 금연을 위한 조치를 위하여 대통령령으로 정하는 자격이 있는 사람 중에서 금연지도원을 위촉할 수 있다.

12 다음 중 금연지도원의 직무범위 중 금연구역의 시설기준 이행 상태 점검에 해당하지 않는 것은?

① 금연구역을 알리는 표지의 설치 위치 및 관리 상태

② 흡연실 설치 위치 및 설치 상태

③ 청소년 출입금지 표시 부착 상태

④ 금연을 위한 캠페인 등 홍보 활동

> **NOTE** 금연지도원의 직무범위〈시행령 별표 1의4〉

직무	직무 범위
1. 금연구역의 시설기준 이행 상태 점검	금연구역의 지정 여부를 점검하기 위한 다음 각 목의 상태 확인 업무 지원 가. 금연구역을 알리는 표지의 설치 위치 및 관리 상태 나. 금연구역의 재떨이 제거 등 금연 환경 조성 상태 다. 흡연실 설치 위치 및 설치 상태 라. 흡연실의 표지 부착 상태 마. 청소년 출입금지 표시 부착 상태
2. 금연구역에서의 흡연행위 감시 및 계도	금연구역에서의 흡연행위를 예방하기 위한 감시 활동 및 금연에 대한 지도 · 계몽 · 홍보
3. 금연을 위한 조치를 위반한 경우 관할 행정관청에 신고하거나 그에 관한 자료 제공	위반한 자를 발견한 경우 다음 각 목의 조치 가. 금연구역에서의 흡연행위 촬영 등 증거수집 나. 관할 행정관청에 신고를 하기 위한 위반자의 인적사항 확인 등
4. 금연홍보 및 금연교육 지원	가. 금연을 위한 캠페인 등 홍보 활동 나. 청소년 등을 대상으로 한 금연교육 다. 금연시설 점유자 · 소유자 및 관리자에 대한 금연구역 지정 · 관리에 관한 교육 지원

13 다음 중 보건교육사의 자격 제한사항으로 맞지 않는 것은?

① 피성년후견인

② 금고 이상의 실형의 선고를 받고 그 집행이 종료되지 아니한 자

③ 법률 또는 법원의 판결에 의하여 자격이 상실 또는 정지된 자

④ 실형의 선고를 받고 그 집행이 종료된 지 3년이 지난 자

> ■NOTE 다음 각호의 1에 해당하는 자는 보건교육사가 될 수 없다.〈법 제12조의2〉
> ㉠ 피성년후견인
> ㉡ 금고 이상의 실형의 선고를 받고 그 집행이 종료되지 아니하거나 그 집행을 받지 아니하기로 확정되지 아니한 자
> ㉢ 법률 또는 법원의 판결에 의하여 자격이 상실 또는 정지된 자

14 다음 중 보건교육사의 시험에 관한 사항으로 맞지 않는 것은?

① 보건복지부장관은 보건교육사 국가시험을 매년 1회 이상 실시한다.

② 보건복지부장관은 시험의 관리를 한국보건의료인국가시험원에 위탁한다.

③ 시험에 필요한 사항을 시험 60일 전까지 공고하여야 한다.

④ 시험장소는 지역별 응시인원이 확정된 후 시험 30일 전까지 공고할 수 있다.

> ■NOTE 국가시험의 시행 등〈시행령 제18조의2〉
> ㉠ 보건복지부장관은 보건교육사 국가시험을 매년 1회 이상 실시한다.
> ㉡ 보건복지부장관은 시험의 관리를 「한국보건의료인국가시험원법」에 따른 한국보건의료인국가시험원에 위탁한다.
> ㉢ 시험의 관리를 위탁받은 기관의 장은 시험을 실시하려면 미리 보건복지부장관의 승인을 받아 시험일시·시험장소 및 응시원서의 제출기간, 합격자 발표의 예정일 및 방법, 그 밖에 시험에 필요한 사항을 시험 90일 전까지 공고하여야 한다. 다만, 시험장소는 지역별 응시인원이 확정된 후 시험 30일 전까지 공고할 수 있다.

15 다음 중 응시수수료의 반환에 대한 사항으로 맞지 않는 것은?

① 응시수수료를 과오납한 경우 : 그 과오납한 금액의 전부를 반환한다.

② 응시원서 접수기간 내에 접수를 취소하는 경우 : 납입한 응시수수료의 전부를 반환한다.

③ 응시원서 접수 마감일의 다음 날부터 시험 시행 20일 전까지 접수를 취소하는 경우 : 납입한 응시수수료의 100분의 60을 반환한다.

④ 시험 시행 19일 전부터 시험 시행 10일 전까지 접수를 취소하는 경우 : 납입한 응시수수료의 100분의 30을 반환한다.

　　㉠ 응시수수료를 과오납한 경우 : 그 과오납한 금액의 전부
　　㉡ 시험 시행기관의 귀책사유로 시험에 응시하지 못한 경우 : 납입한 응시수수료의 전부
　　㉢ 응시원서 접수기간 내에 접수를 취소하는 경우 : 납입한 응시수수료의 전부
　　㉣ 시험 시행일 전까지 응시자격심사 과정에서 응시자격 결격사유로 접수가 취소된 경우 : 납입한 응시수수료의 전부
　　㉤ 응시원서 접수 마감일의 다음 날부터 시험 시행 20일 전까지 접수를 취소하는 경우 : 납입한 응시수수료의 100분의 60
　　㉥ 시험 시행 19일 전부터 시험 시행 10일 전까지 접수를 취소하는 경우 : 납입한 응시수수료의 100분의 50

16 다음 중 국민영양조사 등에 대한 설명으로 맞지 않는 것은?

① 보건복지부장관은 국민의 건강상태 · 식품섭취 · 식생활조사 등 국민의 영양에 관한 조사를 정기적으로 실시한다.

② 특별시 · 광역시 및 도에는 국민영양조사와 영양에 관한 지도업무를 행하게 하기 위한 공무원을 두어야 한다.

③ 국민영양조사를 행하는 공무원은 그 권한을 나타내는 증표를 관계인에게 내보여야 한다.

④ 국민영양조사는 2년마다 실시한다.

■ NOTE 국민영양조사 등〈법 제16조〉
　　㉠ 보건복지부장관은 국민의 건강상태 · 식품섭취 · 식생활조사 등 국민의 영양에 관한 조사(이하 "국민영양조사"라 한다)를 정기적으로 실시한다.
　　㉡ 특별시 · 광역시 및 도에는 국민영양조사와 영양에 관한 지도업무를 행하게 하기 위한 공무원을 두어야 한다.
　　㉢ 국민영양조사를 행하는 공무원은 그 권한을 나타내는 증표를 관계인에게 내보여야 한다.
　　㉣ 국민영양조사의 내용 및 방법 기타 국민영양조사와 영양에 관한 지도에 관하여 필요한 사항은 대통령령으로 정한다.
　　㉤ 국민영양조사는 매년 실시한다. 〈시행령 제19조〉

■ ANSWER　16.④

17 다음 중 국민영양조사는 누가 몇 년마다 시행하는가?

① 영양조사는 보건복지부장관이 매년마다 행한다.

② 영양조사는 시장·군수·구청장이 2년마다 행한다.

③ 영양조사는 보건복지부장관이 5년마다 행한다.

④ 영양조사는 시장·군수·구청장이 5년마다 행한다.

> **NOTE** 조사대상〈시행령 제20조〉
> ㉠ 영양조사는 보건복지부장관이 매년 구역과 기준을 정하여 선정한 가구 및 그 가구원에 대하여 이를 행한다.
> ㉡ 보건복지부장관은 노인·임산부등 특히 영양개선이 필요하다고 판단되는 자에 대하여는 따로 조사기간을 정하여 영양조사를 실시할 수 있다.
> ㉢ 조사대상으로 선정된 가구와 조사대상이 된 자에 대하여 관할 시·도지사는 그 뜻을 통지하여야 한다.

18 다음 중 시·도의 영양지도원의 담당업무로 맞지 않는 것은?

① 영양지도의 기획·분석 및 평가

② 지역주민에 대한 영양분석 및 영양지도

③ 집단급식시설에 대한 현황 파악 및 급식업무 지도

④ 영양교육자료의 개발·보급 및 홍보

> **NOTE** 영양지도원의 업무〈시행규칙 제17조〉
> ㉠ 영양지도의 기획·분석 및 평가
> ㉡ 지역주민에 대한 영양상담·영양교육 및 영양평가
> ㉢ 지역주민의 건강상태 및 식생활 개선을 위한 세부 방안 마련
> ㉣ 집단급식시설에 대한 현황 파악 및 급식업무 지도
> ㉤ 영양교육자료의 개발·보급 및 홍보
> ㉥ 그 밖에 ㉠부터 ㉤까지의 규정에 준하는 업무로서 지역주민의 영양관리 및 영양개선을 위하여 특히 필요한 업무

03 국민건강증진기금

(1) 기금의 설치 등〈법 제22조〉

① 보건복지부장관은 국민건강증진사업의 원활한 추진에 필요한 재원을 확보하기 위하여 국민건강증진기금(이하 "기금"이라 한다)을 설치한다.

② 기금은 다음 각호의 재원으로 조성한다.
  ㉠ 규정에 의한 부담금
  ㉡ 기금의 운용 수익금

③ 기금계정 … 보건복지부장관은 국민건강증진기금(이하 "기금"이라 한다)의 수입과 지출을 명확히 하기 위하여 한국은행에 기금계정을 설치하여야 한다.〈시행령 제26조〉

④ 기금의 회계기관 … 보건복지부장관은 기금의 수입과 지출에 관한 사무를 수행하게 하기 위하여 소속공무원중에서 기금수입징수관·기금재무관·기금지출관 및 기금출납공무원을 임명하여야 한다.〈시행령 제27조〉

(2) 국민건강증진부담금의 부과·징수 등〈법 제23조〉

① 보건복지부장관은 제조자등이 판매하는 「담배사업법」에 따른 담배(「지방세법」에 따라 담배소비세가 면제되는 것, 담배소비세액이 공제 또는 환급되는 것은 제외한다)에 다음 각 호의 구분에 따른 부담금(이하 "부담금"이라 한다)을 부과·징수한다.
  ㉠ 궐련 : 20개비당 841원
  ㉡ 전자담배
    ㉮ 니코틴 용액을 사용하는 경우: 1밀리리터당 525원
    ㉯ 연초 및 연초 고형물을 사용하는 경우
      • 궐련형 : 20개비당 750원
      • 기타 유형 : 1그램당 73원
  ㉢ 파이프담배 : 1그램당 30.2원
  ㉣ 엽궐련(葉卷煙) : 1그램당 85.8원
  ㉤ 각련(刻煙) : 1그램당 30.2원

ⓗ 씹는 담배 : 1그램당 34.4원

ⓢ 냄새 맡는 담배 : 1그램당 21.4원

ⓞ 물담배 : 1그램당 1050.1원

ⓩ 머금는 담배 : 1그램당 534.5원

② 제조자등은 매월 1일부터 말일까지 제조장 또는 보세구역에서 반출된 담배의 수량과 산출된 부담금의 내역에 관한 자료를 다음 달 15일까지 보건복지부장관에게 제출하여야 하며, 부담금 내역에 관한 자료제출의 서식 등에 관한 사항은 다음과 같다.〈시행규칙 제20조의2〉

   ㉠ 부담금의 내역에 관한 자료 제출은 국민건강증진부담금내역서(전자문서를 포함한다)에 따른다. 이 경우 다음 각 호의 서류(전자문서를 포함한다)를 첨부하여야 한다.

      ㉮ 제조담배 출고실적(보세구역 반출실적)을 증명할 수 있는 서류 1부

      ㉯ 과오납금을 증명할 수 있는 서류 1부(필요한 경우에 한정한다)

   ㉡ 부담금의 납부고지는 고지서 원부에 의한다.

③ 보건복지부장관은 자료를 제출 받은 때에는 그 날부터 5일 이내에 부담금의 금액과 납부기한 등을 명시하여 제조자등에게 납부고지를 하여야 한다.

④ 제조자등은 납부고지를 받은 때에는 납부고지를 받은 달의 말일까지 이를 납부하여야 한다.

⑤ 보건복지부장관은 부담금을 납부하여야 할 자가 납부기한 이내에 부담금을 내지 아니하는 경우 납부기한이 지난 후 10일 이내에 30일 이상의 기간을 정하여 독촉장을 발부하여야 하며, 체납된 부담금에 대해서는 「국세징수법」을 준용하여 가산금을 징수한다.

⑥ 보건복지부장관은 독촉을 받은 자가 그 기간 이내에 부담금과 가산금을 납부하지 아니한 때에는 국세체납처분의 예에 의하여 이를 징수한다.

⑦ 담배의 구분에 관하여는 담배의 성질과 모양, 제조과정 등을 기준으로 하여 대통령령으로 정하며, 담배의 구분은 다음 각 호와 같다.〈시행령 제27조의2〉

   ㉠ 궐련(卷煙) : 잎담배에 향료 등을 첨가하여 일정한 폭으로 썬 후 궐련제조기를 이용하여 궐련지로 말아서 피우기 쉽게 만들어진 담배 및 이와 유사한 형태의 것으로서 흡연용으로 사용될 수 있는 것

   ㉡ 전자담배 : 니코틴이 포함된 용액을 전자장치를 이용하여 호흡기를 통하여 체내에 흡입함으로써 흡연과 같은 효과를 낼 수 있도록 만든 담배

   ㉢ 파이프담배 : 고급 특수 잎담배를 중가향(重加香) 처리하고 압착·열처리 등 특수가공을 하여 각 폭을 비교적 넓게 썰어서 파이프를 이용하여 피울 수 있도록 만든 담배

   ㉣ 엽궐련(葉卷煙) : 흡연 맛의 주체가 되는 전충엽을 체제와 형태를 잡아 주는 중권엽으로 싸고 겉모습을 아름답게 하기 위하여 외권엽으로 만 잎말음 담배

ⓜ 각련(刻煙) : 하급 잎담배를 경가향(輕加香)하거나 다소 고급인 잎담배를 가향하여 가늘게 썰어, 담뱃대를 이용하거나 흡연자가 직접 궐련지로 말아 피울 수 있도록 만든 담배

ⓗ 씹는 담배 : 입에 넣고 씹음으로써 흡연과 같은 효과를 낼 수 있도록 가공처리된 담배

ⓢ 냄새 맡는 담배 : 특수 가공된 담배 가루를 코 주위 등에 발라 냄새를 맡음으로써 흡연과 같은 효과를 낼 수 있도록 만든 가루 형태의 담배

ⓞ 물담배 : 장치를 이용하여 담배연기를 물로 거른 후 흡입할 수 있도록 만든 담배

ⓩ 머금는 담배 : 입에 넣고 빨거나 머금으면서 흡연과 같은 효과를 낼 수 있도록 특수가공하여 포장된 담배가루, 니코틴이 포함된 사탕 및 이와 유사한 형태로 만든 담배

(3) 부담금의 납부담보〈법 제23조의2〉

① 보건복지부장관은 부담금의 납부 보전을 위하여 대통령령이 정하는 바에 따라 제조자등에게 담보의 제공을 요구할 수 있다.

② 보건복지부장관은 담보제공의 요구를 받은 제조자등이 담보를 제공하지 아니하거나 요구분의 일부만을 제공한 경우 특별시장·광역시장·시장·군수 및 세관장에게 담배의 반출금지를 요구할 수 있다.

③ 담배의 반출금지 요구를 받은 특별시장·광역시장·시장·군수 및 세관장은 이에 응하여야 한다.

④ 국민건강증진부담금의 납부담보〈시행령 제27조의3〉

   ㄱ 담배의 제조자 또는 수입판매업자로부터 제공받을 수 있는 국민건강증진부담금(이하 "부담금"이라 한다)의 담보액은 다음 각 호에서 정한 금액의 100분의 120(현금 또는 납부보증보험증권의 경우에는 100분의 110) 이상으로 한다.

      ㉮ 담배제조자의 경우에는 다음 각 목의 금액을 합한 금액

         ⓐ 당해 제조자에게 납부고지할 예정인 부담금의 금액

         ⓑ 납부고지한 부담금 중 납부하지 아니한 금액

      ㉯ 담배수입판매업자의 경우에는 다음 각 목의 금액을 합한 금액

         ⓐ 당해 수입판매업자에게 납부고지할 예정인 부담금의 금액

         ⓑ 납부고지한 부담금 중 납부하지 아니한 금액

   ㄴ 담보의 종류는 다음 각 호의 어느 하나에 해당하는 것에 한한다.

      ㉮ 금전

      ㉯ 국채 또는 지방채

      ㉰ 보건복지부장관이 정하여 고시하는 유가증권

      ㉱ 납부보증보험증권

      ㉲ 토지

      ㉳ 보험에 든 등기 또는 등록된 건물·공장재단·광업재단·선박·항공기나 건설기계

ⓒ 담배수입판매업자가 수입한 담배를 통관하려는 때에는 보건복지부장관이 보건복지부령이 정하는 바에 따라 발행한 국민건강증진부담금 납부담보확인서를 통관지 세관장에게 제출하여야 하며, 세관장은 납부담보확인서에 기재된 담보의 범위 내에서 통관을 허용하여야 하며, 납부담보확인서 등에 관한 사항은 다음과 같다.〈시행규칙 제20조의3〉

㉮ 수입담배를 통관하려는 담배수입판매업자는 국민건강증진부담금 납부담보확인신청서에 담보제공사실을 증명할 수 있는 서류를 첨부하여 보건복지부장관에게 제출하여야 한다.

㉯ 보건복지부장관은 국민건강증진부담금 납부담보확인신청서를 접수한 때에는 그 내용을 확인하고 국민건강증진부담금 납부담보확인서를 발급하여야 한다.

⑤ 담보의 제공방법 및 평가 등〈시행령 제27조의4〉

㉠ 부담금의 담보제공방법은 다음 각 호와 같다.

㉮ 부담금담보를 금전 또는 유가증권으로 제공하려는 자는 이를 공탁하고 그 공탁수령증을 보건복지부장관에게 제출하여야 한다. 다만, 등록된 국채·지방채 또는 사채의 경우에는 담보 제공의 뜻을 등록하고 그 등록필증을 제출하여야 한다.

㉯ 납부보증보험증권을 부담금담보로 제공하려는 자는 그 보험증권을 보건복지부장관에게 제출하여야 한다.

㉰ 토지·건물·공장재단·광업재단·선박·항공기 또는 건설기계를 부담금담보로 제공하려는 자는 그 등기필증 또는 등록필증을 보건복지부장관에게 제시하여야 하며, 보건복지부장관은 이에 따라 저당권의 설정을 위한 등기 또는 등록절차를 밟아야 한다.

㉡ 납부담보 가액의 평가에 대하여는 「지방세기본법」을 준용한다. 이 경우 "납세보증보험증권"은 "납부보증보험증권"으로 본다.

⑥ 담보제공요구의 제외〈시행령 제27조의5〉 … 보건복지부장관은 담배제조업 또는 수입판매업을 3년 이상 계속해서 영위하고 최근 3년간 부담금을 체납하거나 고의로 회피한 사실이 없는 자와 신용평가기관으로부터 보건복지부장관이 정하는 기준 이상의 평가를 받은 자에게는 부담금담보의 제공을 요구하지 아니할 수 있다.

⑦ 담보에 의한 부담금충당〈시행령 제27조의6〉 … 담보를 제공한 자가 기한 내에 부담금을 납부하지 아니하거나 부족하게 납부한 때에는 그 담보물로 부담금·가산금 및 체납처분비에 충당할 수 있다. 이 경우 부족액이 있는 때에는 이를 징수하며, 잔액이 있는 때에는 이를 환부한다.

(4) 부담금 부과·징수의 협조〈법 제23조의3〉

① 보건복지부장관은 부담금의 부과·징수와 관련하여 필요한 경우에는 중앙행정기관·지방자치단체 그 밖의 관계 기관·단체 등에 대하여 자료제출 등의 협조를 요청할 수 있다.

② 협조요청을 받은 중앙행정기관·지방자치단체 그 밖의 관계 기관·단체 등은 특별한 사유가 없는 한 이에 응하여야 한다.

③ 보건복지부장관에게 제출되는 자료에 대하여는 사용료·수수료 등을 면제한다.

(5) 기금의 관리 · 운용〈법 제24조〉

① 기금은 보건복지부장관이 관리 · 운용한다.

② 보건복지부장관은 기금의 운용성과 및 재정상태를 명확히 하기 위하여 대통령령이 정하는 바에 의하여 회계처리하여야 한다.

③ 기금의 관리 · 운용 기타 필요한 사항은 대통령령으로 정한다.

(6) 기금의 사용 등〈법 제25조〉

① 기금은 다음 각호의 사업에 사용한다.

ㄱ 금연교육 및 광고, 흡연피해 예방 및 흡연피해자 지원 등 국민건강관리사업

ㄴ 건강생활의 지원사업

ㄷ 보건교육 및 그 자료의 개발

ㄹ 보건통계의 작성 · 보급과 보건의료관련 조사 · 연구 및 개발에 관한 사업

ㅁ 질병의 예방 · 검진 · 관리 및 암의 치료를 위한 사업

ㅂ 국민영양관리사업

ㅅ 구강건강관리사업

ㅇ 시 · 도지사 및 시장 · 군수 · 구청장이 행하는 건강증진사업

ㅈ 공공보건의료 및 건강증진을 위한 시설 · 장비의 확충

ㅊ 기금의 관리 · 운용에 필요한 경비

ㅋ 그 밖에 국민건강증진사업에 소요되는 경비로서 대통령령이 정하는 다음 각 호의 사업〈시행령 제30조〉

ㄱ 만성퇴행성질환의 관리사업

ㄴ 지도 · 훈련사업

ㄷ 건강증진을 위한 체육활동 지원사업

ㄹ 금연지도원 제도 운영 등 지역사회 금연 환경 조성 사업

② 보건복지부장관은 기금을 사업에 사용함에 있어서 아동 · 청소년 · 여성 · 노인 · 장애인 등에 대하여 특별히 배려 · 지원할 수 있다.

③ 보건복지부장관은 기금을 사업에 사용함에 있어서 필요한 경우에는 보조금으로 교부할 수 있다.

03 출제예상문제

1 다음 중 국민건강증진사업의 원활한 추진에 필요한 재원을 확보하기 위하여 만드는 기금으로 알맞은 것은?

① 국민건강증진기금
② 국민연금기금
③ 사회복지기금
④ 국민연금관리기금

> **NOTE** 기금의 설치 등〈법 제22조〉
> ㉠ 보건복지부장관은 국민건강증진사업의 원활한 추진에 필요한 재원을 확보하기 위하여 국민건강증진기금(이하 "기금"이라 한다)을 설치한다.
> ㉡ 기금은 다음 각호의 재원으로 조성한다.
> • 담배에 부과하는 부담금에 의한 부담금
> • 기금의 운용 수익금

2 다음 중 국민건강증진부담금의 납부담보로 맞지 않는 것은?

① 국채 또는 지방채
② 보건복지부장관이 정하여 고시하는 유가증권
③ 납부보증보험증권
④ 공증서류

> **NOTE** 국민건강증진부담금의 납부담보〈시행령 제27조의3〉… 담보의 종류는 다음 각 호의 어느 하나에 해당하는 것에 한한다.
> ㉠ 금전
> ㉡ 국채 또는 지방채
> ㉢ 보건복지부장관이 정하여 고시하는 유가증권
> ㉣ 납부보증보험증권
> ㉤ 토지
> ㉥ 보험에 든 등기 또는 등록된 건물·공장재단·광업재단·선박·항공기나 건설기계

ANSWER 1.① 2.④

3 다음 중 국민건강증진부담금의 부과 · 징수 등에 대한 사항으로 맞지 않는 것은?

① 제조자등은 매월 1일부터 말일까지 제조장 또는 보세구역에서 반출된 담배의 수량과 산출된 부담금의 내역에 관한 자료를 다음 달 말일까지 보건복지부장관에게 제출하여야 한다.

② 보건복지부장관은 자료를 제출 받은 때에는 그 날부터 5일 이내에 부담금의 금액과 납부기한 등을 명시하여 제조자등에게 납부고지를 하여야 한다.

③ 제조자등은 납부고지를 받은 때에는 납부고지를 받은 달의 말일까지 이를 납부하여야 한다.

④ 보건복지부장관은 독촉을 받은 자가 그 기간 이내에 부담금과 가산금을 납부하지 아니한 때에는 국세체납처분의 예에 의하여 이를 징수한다.

> **NOTE** 국민건강증진부담금의 부과 · 징수 등〈법 제23조〉
> ㉠ 제조자등은 매월 1일부터 말일까지 제조장 또는 보세구역에서 반출된 담배의 수량과 산출된 부담금의 내역에 관한 자료를 다음 달 15일까지 보건복지부장관에게 제출하여야 한다.
> ㉡ 보건복지부장관은 자료를 제출 받은 때에는 그 날부터 5일 이내에 부담금의 금액과 납부기한 등을 명시하여 제조자등에게 납부고지를 하여야 한다.
> ㉢ 제조자등은 납부고지를 받은 때에는 납부고지를 받은 달의 말일까지 이를 납부하여야 한다.
> ㉣ 보건복지부장관은 부담금을 납부하여야 할 자가 납부기한 이내에 부담금을 내지 아니하는 경우 납부기한이 지난 후 10일 이내에 30일 이상의 기간을 정하여 독촉장을 발부하여야 하며, 체납된 부담금에 대해서는 「국세징수법」을 준용하여 가산금을 징수한다.
> ㉤ 보건복지부장관은 독촉을 받은 자가 그 기간 이내에 부담금과 가산금을 납부하지 아니한 때에는 국세체납처분의 예에 의하여 이를 징수한다.

4 다음 중 국민건강증진부담금의 기금 관리 · 운용권자로 알맞은 것은?

① 보건복지부장관 　　② 시장 · 군수 · 구청장
③ 대통령　　　　　　 ④ 국무총리

> **NOTE** 기금의 관리 · 운용〈법 제24조〉
> ㉠ 기금은 보건복지부장관이 관리 · 운용한다.
> ㉡ 보건복지부장관은 기금의 운용성과 및 재정상태를 명확히 하기 위하여 대통령령이 정하는 바에 의하여 회계처리하여야 한다.

5 다음 중 국민건강증진부담금의 기금사용처에 대한 사항으로 맞지 않는 것은?

① 금연교육 및 광고, 흡연피해 예방 및 흡연피해자 지원 등 국민건강관리사업

② 보건통계의 작성·보급과 보건의료관련 조사·연구 및 개발에 관한 사업

③ 보건복지부장이 행하는 건강증진사업

④ 공공보건의료 및 건강증진을 위한 시설·장비의 확충

> **NOTE** 기금의 사용 등〈법 제25조〉… 기금은 다음 각호의 사업에 사용한다.
> ⊙ 금연교육 및 광고, 흡연피해 예방 및 흡연피해자 지원 등 국민건강관리사업
> ⓒ 건강생활의 지원사업
> ⓒ 보건교육 및 그 자료의 개발
> ⓔ 보건통계의 자성·보급과 부건의료관련 조사·연구 및 개발에 관한 사업
> ⑩ 질병의 예방·검진·관리 및 암의 치료를 위한 사업
> ⑪ 국민영양관리사업
> ⑦ 구강건강관리사업
> ⊙ 시·도지사 및 시장·군수·구청장이 행하는 건강증진사업
> ⑧ 공공보건의료 및 건강증진을 위한 시설·장비의 확충
> ⑨ 기금의 관리·운용에 필요한 경비
> ⊙ 그 밖에 국민건강증진사업에 소요되는 경비로서 대통령령이 정하는 다음 각 호의 사업〈시행령 제30조〉
>   • 만성퇴행성질환의 관리사업
>   • 지도·훈련사업
>   • 건강증진을 위한 체육활동 지원사업
>   • 금연지도원 제도 운영 등 지역사회 금연 환경 조성 사업

제2편 국민건강증진법

보칙

(1) 비용의 보조〈법 제26조〉

국가 또는 지방자치단체는 매 회계연도마다 예산의 범위안에서 건강증진사업의 수행에 필요한 비용의 일부를 부담하거나 이를 수행하는 법인 또는 단체에 보조할 수 있다.

(2) 지도 · 훈련〈법 제27조〉

① 보건복지부장관은 보건교육을 담당하거나 국민영양조사 및 영양에 관한 지도를 담당하는 공무원 또는 보건복지부령이 정하는 단체 및 공공기관에 종사하는 담당자의 자질향상을 위하여 필요한 지도와 훈련을 할 수 있다.

② 지도 · 훈련대상〈시행규칙 제21조〉 … "보건복지부령이 정하는 단체 및 공공기관"이라 함은 보건복지부장관의 업무를 위탁받아 건강증진사업을 행하는 단체 및 공공기관을 말한다.

③ 훈련방법 등〈시행규칙 제22조〉
　㉠ 훈련은 질병관리본부, 한국보건사회연구원 및 보건복지부장관이 지정한 훈련기관이 행한다.
　㉡ 훈련기관의 장이 훈련대상자를 선발할 때에는 보건복지부장관이 정하는 바에 의하여 훈련을 받을 자가 공무원인 경우에는 보건복지부장관 또는 시 · 도지사, 단체 및 공공기관의 종사자인 경우에는 당해소속단체 및 공공기관의 장의 추천을 받아야 한다.
　㉢ 기타 이 규칙에서 정한 것 외에 훈련방법 · 시기 등 훈련에 필요한 사항은 훈련기관의 장이 보건복지부장관의 승인을 얻어 정한다.

(3) 보고 · 검사〈법 제28조〉

① 보건복지부장관, 시 · 도지사 및 시장 · 군수 · 구청장은 필요하다고 인정하는 때에는 해당하는 자에 대하여 당해업무에 관한 보고를 명하거나 관계공무원으로 하여금 그의 사업소 또는 사업장에 출입하여 장부 · 서류 기타의 물건을 검사하게 할 수 있다.

② 검사를 하는 공무원은 그 권한을 나타내는 증표를 관계인에게 내보여야 한다.

(4) 권한의 위임·위탁〈법 제29조〉

① 이 법에 의한 보건복지부장관의 권한은 대통령령이 정하는 바에 의하여 다음 각 호의 사항을 시·도지사에게 위임할 수 있다.〈시행령 제31조〉

　㉠ 광고내용의 변경·금지명령 또는 관계법률에 의한 시정의 요청(신문·잡지의 경우에는 관할지역에 발행소의 소재지가 있는 것에 한하되「신문 등의 진흥에 관한 법률」에 따라 주된 보급지역이 전국으로 등록된 것을 제외하며, 광고방송의 경우에는 관할지역의 주민을 주된 대상으로 하여 제작되어 방송되는 것에 한하며, 기타 광고의 경우에는 관할지역에 설치되거나 주로 배포되는 것에 한한다)

　㉡ 담배에 관한 광고의 금지 또는 제한(관할지역에서 행하여지는 광고에 한하며, 잡지에 의한 광고를 제외한다)

② 보건복지부장관은 이 법에 의한 업무의 일부를 대통령령이 정하는 바에 의하여 다음 각 호의 사항을 법인 또는 단체에 위탁할 수 있다.〈시행령 제32조〉

　㉠ 건강생활의 지원사업

　㉡ 보건교육의 실시

　㉢ 보건교육사 자격증 교부를 위한 업무

　㉣ 건강증진 및 만성퇴행성질환의 예방을 위한 조사·연구

　㉤ 건강검진

　㉥ 건강증진을 위한 체육활동에 관한 사항

　㉦ 담배 광고내용의 사실 여부에 대한 검증에 필요한 자료의 조사·확인 업무

③ 보건복지부장관이 그 업무의 일부를 위탁할 수 있는 법인 또는 단체는 다음 각 호의 기관으로 한다.

　㉠「국민건강보험법」에 의한 국민건강보험공단

　㉡「의료법」에 의한 종합병원 및 병원(치과병원 및 한방병원을 포함한다)

　㉢ 보건복지부장관이 정하여 고시하는 보건교육 관련 법인 또는 단체

　㉣ 한국건강증진개발원

　㉤ 기타 건강증진사업을 행하는 법인 또는 단체

④ 보건복지부장관은 업무를 위탁한 때에는 수탁기관 및 위탁업무의 내용을 고시하여야 한다.

(5) 민감정보 및 고유식별정보의 처리〈시행령 제32조의2〉

① 보건복지부장관(보건복지부장관의 권한을 위탁받은 자를 포함한다)은 다음 각 호의 사무를 수행하기 위하여 불가피한 경우 「개인정보 보호법」에 따른 건강에 관한 정보, 범죄경력자료에 해당하는 정보, 주민등록번호 또는 외국인등록번호가 포함된 자료를 처리할 수 있다.

   ㉠ 보건교육사 자격증 교부 및 결격사유의 확인에 관한 사무

   ㉡ 국가시험의 관리 및 합격자 발표에 관한 사무

② 보건복지부장관은 영양조사에 관한 사무를 수행하기 위하여 불가피한 경우 「개인정보 보호법」에 따른 건강에 관한 정보나 주민등록번호가 포함된 자료를 처리할 수 있다.

(6) 규제의 재검토

① 보건복지부장관은 과태료의 부과기준에 대하여 2015년 1월 1일을 기준으로 2년마다(매 2년이 되는 해의 1월 1일 전까지를 말한다) 그 타당성을 검토하여 개선 등의 조치를 하여야 한다.〈시행령 제32조의3〉

② 보건복지부장관은 과음에 대한 경고문구의 표시방법에 대하여 2014년 1월 1일을 기준으로 3년마다(매 3년이 되는 해의 1월 1일 전까지를 말한다) 그 타당성을 검토하여 개선 등의 조치를 하여야 한다.〈시행규칙 제23조〉

(7) 수수료〈법 제30조〉

① 지방자치단체의 장은 건강증진사업에 소요되는 경비중 일부에 대하여 그 이용자로부터 조례가 정하는 바에 의하여 수수료를 징수할 수 있다.

② 수수료를 징수하는 경우 지방자치단체의 장은 노인, 장애인, 생활보호법에 의한 생활보호대상자등에 대하여 수수료를 감면하여야 한다.

04 출제예상문제

1 다음 중 보건복지부장관이 법인 또는 단체에 위탁할 수 있는 업무로 맞지 않는 것은?

① 건강생활의 지원사업

② 보건교육사 자격증 교부를 위한 업무

③ 건강증진을 위한 체육활동에 관한 사항

④ 술에 대한 광고내용의 사실 여부에 대한 검증에 필요한 자료의 조사·확인 업무

> **NOTE** 보건복지부장관은 이 법에 의한 업무의 일부를 대통령령이 정하는 바에 의하여 다음 각 호의 사항을 법인 또는 단체에 위탁할 수 있다. 〈시행령 제32조〉
> ㉠ 건강생활의 지원사업
> ㉡ 보건교육의 실시
> ㉢ 보건교육사 자격증 교부를 위한 업무
> ㉣ 건강증진 및 만성퇴행성질환의 예방을 위한 조사·연구
> ㉤ 건강검진
> ㉥ 건강증진을 위한 체육활동에 관한 사항
> ㉦ 담배 광고내용의 사실 여부에 대한 검증에 필요한 자료의 조사·확인 업무

ANSWER 1.④

2 다음 중 보건복지부장관이 업무의 일부를 위탁할 수 있는 법인 또는 단체로 맞지 않는 것은?

① 국민건강보험공단

② 종합병원 및 병원

③ 한국건강증진개발원

④ 건강보험심사평가원

> **NOTE** 보건복지부장관이 그 업무의 일부를 위탁할 수 있는 법인 또는 단체는 다음 각 호의 기관으로 한다.〈시행령 제32조〉
> ㉠ 「국민건강보험법」에 의한 국민건강보험공단
> ㉡ 「의료법」에 의한 종합병원 및 병원(치과병원 및 한방병원을 포함한다)
> ㉢ 보건복지부장관이 정하여 고시하는 보건교육 관련 법인 또는 단체
> ㉣ 한국건강증진개발원
> ㉤ 기타 건강증진사업을 행하는 법인 또는 단체

3 다음 중 지방자치단체장이 수수료를 감면해야 하는 대상으로 맞지 않는 것은?

① 노인

② 장애인

③ 생활보호대상자

④ 귀순자

> **NOTE** 수수료〈법 제30조〉
> ㉠ 지방자치단체의 장은 건강증진사업에 소요되는 경비중 일부에 대하여 그 이용자로부터 조례가 정하는 바에 의하여 수수료를 징수할 수 있다.
> ㉡ 수수료를 징수하는 경우 지방자치단체의 장은 노인, 장애인, 생활보호법에 의한 생활보호대상자등에 대하여 수수료를 감면하여야 한다.

벌칙

(1) 3년 이하의 징역 또는 3천만 원 이하의 벌금〈법 제31조〉

정당한 사유 없이 건강검진의 결과를 공개한 자는 3년 이하의 징역 또는 3천만 원 이하의 벌금에 처한다.

(2) 1년 이하의 징역 또는 1천만 원 이하의 벌금〈법 제31조의2〉

① 경고문구를 표기하지 아니하거나 이와 다른 경고문구를 표기한 자

② 경고그림·경고문구·발암성물질·금연상담전화번호를 표기하지 아니하거나 이와 다른 경고그림·경고문구·발암성물질·금연상담전화번호를 표기한 자

③ 담배에 관한 광고를 한 자

(3) 100만 원 이하의 벌금〈법 제32조〉

당한 사유없이 광고의 내용변경 또는 금지의 명령을 이행하지 아니한 자는 100만 원 이하의 벌금에 처한다.

(4) 양벌규정〈법 제33조〉

법인의 대표자나 법인 또는 개인의 대리인, 사용인 그 밖의 종업원이 그 법인 또는 개인의 업무에 관하여 위반행위를 하면 그 행위자를 벌하는 외에 그 법인 또는 개인에게도 해당 조문의 벌금형을 과(科)한다. 다만, 법인 또는 개인이 그 위반행위를 방지하기 위하여 해당 업무에 관하여 상당한 주의와 감독을 게을리하지 아니한 경우에는 그러하지 아니하다.

(5) 과태료〈법 제34조〉

① 다음 각호의 1에 해당하는 자는 500만 원 이하의 과태료에 처한다.

   ㉠ 담배자동판매기를 설치하여 담배를 판매한 자

   ㉡ 시정명령을 따르지 아니한 자

   ㉢ 가향물질을 표시하는 문구나 그림·사진을 제품의 포장이나 광고에 사용한 자

   ㉣ 자료를 제출하지 아니하거나 허위의 자료를 제출한 자

② 다음 각호의 1에 해당하는 자는 300만 원 이하의 과태료에 처한다.

　　㉠ 성인인증장치가 부착되지 아니한 담배자동판매기를 설치하여 담배를 판매한 자

　　㉡ 보고를 하지 아니하거나 허위로 보고한 자와 관계공무원의 검사를 거부·방해 또는 기피한 자

③ 금연구역에서 흡연을 한 자에게는 10만 원 이하의 과태료를 부과한다.

④ ①항부터 ③항까지의 규정에 따른 과태료는 대통령령으로 정하는 바에 따라 보건복지부장관, 시·도지사 또는 시장·군수·구청장이 부과·징수한다.

(6) **과태료의 부과기준 등**〈시행령 제33조〉

① 과태료의 부과기준은 별표 5와 같다.

과태료의 부과기준〈시행령 별표 5〉

1. 일반기준

　가. 위반행위의 횟수에 따른 과태료의 부과기준은 최근 2년간 같은 위반행위로 과태료 부과처분을 받은 경우에 적용한다. 이 경우 위반행위에 대하여 과태료 부과처분을 한 날과 다시 같은 위반행위를 한 날을 기준으로 하여 위반횟수를 계산한다.

　나. 가에 따라 가중된 부과처분을 하는 경우 가중처분의 적용 차수는 그 위반행위 전 부과처분 차수(가목에 따른 기간 내에 과태료 부과처분이 둘 이상 있었던 경우에는 높은 차수를 말한다)의 다음 차수로 한다.

　다. 부과권자는 다음의 어느 하나에 해당하는 경우에는 과태료 금액의 2분의 1의 범위에서 그 금액을 줄일 수 있다. 다만, 과태료를 체납하고 있는 위반행위자에 대해서는 그렇지 않다.

　　1) 위반행위자가 「질서위반행위규제법 시행령」의 어느 하나에 해당하는 경우

　　2) 그 밖에 위반행위의 정도, 위반행위의 동기와 그 결과 등을 고려하여 그 금액을 줄일 필요가 있다고 인정되는 경우

　라. 부과권자는 위반행위의 정도, 위반행위의 동기와 그 결과 등을 고려하여 제2호에 따른 과태료 금액의 2분의 1의 범위에서 그 금액을 늘릴 수 있다. 다만, 늘리는 경우에도 법 제34조에 따른 과태료 금액의 상한을 넘을 수 없다.

2. 개별기준

(단위 : 만 원)

위반행위	근거 법조문	과태료 금액		
		1차 위반	2차 위반	3차 이상 위반
가. 담배자동판매기를 설치하여 담배를 판매한 경우	법 제34조 제1항제1호	170	330	500
나. 성인인증장치가 부착되지 않은 담배자동판매기를 설치하여 담배를 판매한 경우	법 제34조 제2항제1호	75	150	300
다. 금연구역에서 흡연을 한 경우	법 제34조 제3항			
1) 공중이 이용하는 시설의 소유자·점유자 또는 관리자가 지정한 금연구역에서 흡연을 한 경우		10	10	10
2) 시장·군수·구청장이 지정한 공동주택의 금연구역에서 흡연을 한 경우		5	5	5
3) 지방자치단체가 지정한 금연구역에서 흡연을 한 경우		10만 원의 범위에서 해당 지방자치단체의 조례로 정하는 금액		
라. 법에 따른 시정명령을 따르지 않은 경우	법 제34조제1항 제2호	170	330	500
마. 가향물질을 표시하는 문구나 그림·사진을 제품의 포장이나 광고에 사용한 경우	법 제34조 제1항제3호	170	330	500
바. 자료를 제출하지 않거나 허위의 자료를 제출한 경우	법 제34조 제1항제4호	170	330	500
사. 보고를 하지 않거나 허위로 보고한 경우와 관계공무원의 검사를 거부·방해 또는 기피한 경우	법 제34조 제2항제3호	75	150	300

② 과태료의 부과권자는 다음 각 호의 구분에 따른다.

  ㉠ 담배자동판매기를 설치하여 담배를 판매한 자·시설의 전체를 금연구역으로 지정하지 아니한 자, 성인인증장치가 부착되지 아니한 담배자동판매기를 설치하여 담배를 판매한 자 및 금연구역에서 흡연을 한 자의 경우 : 시장·군수·구청장

  ㉡ 가향물질을 표시하는 문구나 그림·사진을 제품의 포장이나 광고에 사용한 자 및 자료를 제출하지 아니하거나 허위의 자료를 제출한 자의 경우 : 보건복지부장관

  ㉢ 규정에 의한 보고를 하지 아니하거나 허위로 보고한 자와 관계공무원의 검사를 거부·방해 또는 기피한 자의 경우 : 보건복지부장관, 시·도지사 또는 시장·군수·구청장

  ㉣ 금연구역에서 흡연한 경우 : 해당 금연구역을 지정한 시·도지사 또는 시장·군수·구청장

1 다음 중 정당한 사유 없이 건강검진의 결과를 공개한 자에 대한 처벌기준으로 알맞은 것은?

① 3년 이하의 징역 또는 3천만 원 이하의 벌금

② 2년 이하의 징역 또는 3천만 원 이하의 벌금

③ 3년 이하의 징역 또는 5천만 원 이하의 벌금

④ 5년 이하의 징역 또는 3천만 원 이하의 벌금

> **NOTE** 정당한 사유 없이 건강검진의 결과를 공개한 자는 3년 이하의 징역 또는 3천만 원 이하의 벌금에 처한다.〈법 제31조〉

2 다음 중 경고문구를 표기하지 아니하거나 이와 다른 경고문구를 표기한 자에 대한 처벌기준으로 알맞은 것은?

① 1년 이하의 징역 또는 1천만 원 이하의 벌금

② 2년 이하의 징역 또는 1천만 원 이하의 벌금

③ 2년 이하의 징역 또는 3천만 원 이하의 벌금

④ 5년 이하의 징역 또는 3천만 원 이하의 벌금

> **NOTE** 1년 이하의 징역 또는 1천만 원 이하의 벌금〈법 제31조의2〉
> ㉠ 경고문구를 표기하지 아니하거나 이와 다른 경고문구를 표기한 자
> ㉡ 경고그림·경고문구·발암성물질·금연상담전화번호를 표기하지 아니하거나 이와 다른 경고그림·경고문구·발암성물질·금연상담전화번호를 표기한 자
> ㉢ 담배에 관한 광고를 한 자

ANSWER 1.① 2.①

3 다음 중 정당한 사유없이 광고의 내용변경 또는 금지의 명령을 이행하지 아니한 자에 대한 처벌기준으로 알맞은 것은?

① 1년 이하의 징역 또는 1천만 원 이하의 벌금

② 100만 원 이하의 벌금

③ 2년 이하의 징역 또는 500만 원 이하의 벌금

④ 200만 원 이하의 벌금

> ■NOTE 정당한 사유없이 광고의 내용변경 또는 금지의 명령을 이행하지 아니한 자는 100만 원 이하의 벌금에 처한다. 〈법 제32조〉

4 다음 중 규정을 위반하여 담배자동판매기를 설치하여 담배를 판매한 자에 대한 처벌기준으로 알맞은 것은?

① 1천만 원 이하의 과태료   ② 1천500만 원 이하의 과태료

③ 500만 원 이하의 과태료   ④ 300만 원 이하의 과태료

> ■NOTE 다음 각호의 1에 해당하는 자는 500만 원 이하의 과태료에 처한다. 〈법 제34조〉
> ㉠ 규정된 장소 외의 담배자동판매기를 설치하여 담배를 판매한 자
> ㉡ 그 시설의 전체를 금연구역으로 지정하지 아니한 자
> ㉢ 가향물질을 표시하는 문구나 그림·사진을 제품의 포장이나 광고에 사용한 자
> ㉣ 자료를 제출하지 아니하거나 허위의 자료를 제출한 자

5 다음 중 성인인증장치가 부착되지 아니한 담배자동판매기를 설치하여 담배를 판매한 자에 대한 처벌기준으로 알맞은 것은?

① 1천만 원 이하의 과태료   ② 2천만 원 이하의 과태료

③ 300만 원 이하의 과태료   ④ 500만 원 이하의 과태료

> ■NOTE 다음 각호의 1에 해당하는 자는 300만 원 이하의 과태료에 처한다. 〈법 제34조〉
> ㉠ 성인인증장치가 부착되지 아니한 담배자동판매기를 설치하여 담배를 판매한 자
> ㉡ 규정에 의한 보고를 하지 아니하거나 허위로 보고한 자와 관계공무원의 검사를 거부·방해 또는 기피한 자

조리직 공무원

위생관계법규

PART

03

국민영양관리법

총칙

(1) 목적〈법 제1조〉

이 법은 국민의 식생활에 대한 과학적인 조사·연구를 바탕으로 체계적인 국가영양정책을 수립·시행함으로써 국민의 영양 및 건강 증진을 도모하고 삶의 질 향상에 이바지하는 것을 목적으로 한다.

(2) 정의〈법 제2조〉

이 법에서 사용하는 용어의 정의는 다음과 같다.

① "식생활"이란 식문화, 식습관, 식품의 선택 및 소비 등 식품의 섭취와 관련된 모든 양식화된 행위를 말한다.

② "영양관리"란 적절한 영양의 공급과 올바른 식생활 개선을 통하여 국민이 질병을 예방하고 건강한 상태를 유지하도록 하는 것을 말한다.

③ "영양관리사업"이란 국민의 영양관리를 위하여 생애주기 등 영양관리 특성을 고려하여 실시하는 교육·상담 등의 사업을 말한다.

(3) 국가 및 지방자치단체의 의무〈법 제3조〉

① 국가 및 지방자치단체는 올바른 식생활 및 영양관리에 관한 정보를 국민에게 제공하여야 한다.

② 국가 및 지방자치단체는 국민의 영양관리를 위하여 필요한 대책을 수립하고 시행하여야 한다.

③ 지방자치단체는 영양관리사업을 시행하기 위한 공무원을 둘 수 있다.

(4) 영양사 등의 책임〈법 제4조〉

① 영양사는 지속적으로 영양지식과 기술의 습득으로 전문능력을 향상시켜 국민영양개선 및 건강 증진을 위하여 노력하여야 한다.

② 식품·영양 및 식생활 관련 단체와 그 종사자, 영양관리사업 참여자는 자발적 참여와 연대를 통하여 국민의 건강증진을 위하여 노력하여야 한다.

(5) 국민의 권리 등〈법 제5조〉

① 누구든지 영양관리사업을 통하여 건강을 증진할 권리를 가지며 성별, 연령, 종교, 사회적 신분 또는 경제적 사정 등을 이유로 이에 대한 권리를 침해받지 아니한다.

② 모든 국민은 올바른 영양관리를 통하여 자신과 가족의 건강을 보호·증진하기 위하여 노력하여야 한다.

(6) 다른 법률과의 관계〈법 제6조〉

국민의 영양관리에 대하여 다른 법률에 특별한 규정이 있는 경우를 제외하고는 이 법에서 정하는 바에 따른다.

01 출제예상문제

1 다음 중 국민영양관리법의 제정 목적으로 맞지 않는 것은?

① 체계적인 국가영양정책을 수립·시행함

② 국민의 영양 및 건강 증진을 도모

③ 삶의 질 향상에 이바지하는 것

④ 사회보장제도를 통한 국민의 영양체계의 개선

> ■ NOTE 목적〈법 제1조〉 ··· 이 법은 국민의 식생활에 대한 과학적인 조사·연구를 바탕으로 체계적인 국가영양정책을 수립·시행함으로써 국민의 영양 및 건강 증진을 도모하고 삶의 질 향상에 이바지하는 것을 목적으로 한다.

2 다음 중 국민영양관리법에서 사용하는 용어에서 "국민의 영양관리를 위하여 생애주기 등 영양관리 특성을 고려하여 실시하는 교육·상담 등의 사업"을 의미하는 용어는?

① 식생활   ② 영양관리

③ 식단관리   ④ 영양관리사업

> ■ NOTE 정의〈법 제2조〉 ··· 이 법에서 사용하는 용어의 정의는 다음과 같다.
> ㉠ "식생활"이란 식문화, 식습관, 식품의 선택 및 소비 등 식품의 섭취와 관련된 모든 양식화된 행위를 말한다.
> ㉡ "영양관리"란 적절한 영양의 공급과 올바른 식생활 개선을 통하여 국민이 질병을 예방하고 건강한 상태를 유지하도록 하는 것을 말한다.
> ㉢ "영양관리사업"이란 국민의 영양관리를 위하여 생애주기 등 영양관리 특성을 고려하여 실시하는 교육·상담 등의 사업을 말한다.

■ ANSWER   1.④   2.④

3 다음 중 국민영양관리법상 국가 및 지방자치단체의 의무로 맞지 않는 것은?

① 국가 및 지방자치단체는 올바른 식생활 및 영양관리에 관한 정보를 국민에게 제공하여야 한다.

② 국가 및 지방자치단체는 국민의 영양관리를 위하여 필요한 대책을 수립하고 시행하여야 한다.

③ 지속적으로 영양지식과 기술의 습득으로 전문능력을 향상시켜 국민영양개선 및 건강증진을 위하여 노력하여야 한다.

④ 지방자치단체는 영양관리사업을 시행하기 위한 공무원을 둘 수 있다.

> **NOTE** 국가 및 지방자치단체의 의무〈법 제3조〉
> ㉠ 국가 및 지방자치단체는 올바른 식생활 및 영양관리에 관한 정보를 국민에게 제공하여야 한다.
> ㉡ 국가 및 지방자치단체는 국민의 영양관리를 위하여 필요한 대책을 수립하고 시행하여야 한다.
> ㉢ 지방자치단체는 영양관리사업을 시행하기 위한 공무원을 둘 수 있다.
> ※ 영양사 등의 책임〈법 제4조〉
> ㉠ 영양사는 지속적으로 영양지식과 기술의 습득으로 전문능력을 향상시켜 국민영양개선 및 건강증진을 위하여 노력하여야 한다.
> ㉡ 식품·영양 및 식생활 관련 단체와 그 종사자, 영양관리사업 참여자는 자발적 참여와 연대를 통하여 국민의 건강증진을 위하여 노력하여야 한다.

ANSWER 3.③

국민영양관리기본계획 등

(1) 국민영양관리기본계획〈법 제7조〉

① 보건복지부장관은 관계 중앙행정기관의 장과 협의하고 「국민건강증진법」에 따른 국민건강증진 정책심의위원회(이하 "위원회"라 한다)의 심의를 거쳐 국민영양관리기본계획(이하 "기본계획"이라 한다)을 5년마다 수립하여야 한다.

② 기본계획에는 다음 각 호의 사항이 포함되어야 한다.

　㉠ 기본계획의 중장기적 목표와 추진방향

　㉡ 다음 각 목의 영양관리사업 추진계획

　　㉮ 영양·식생활 교육사업

　　㉯ 영양취약계층 등의 영양관리사업

　　㉰ 영양관리를 위한 영양 및 식생활 조사

　　㉱ 그 밖에 대통령령으로 정하는 영양관리사업은 다음 각 호와 같다.〈시행령 제2조〉

　　　ⓐ 영양소 섭취기준 및 식생활 지침의 제정·개정·보급 사업

　　　ⓑ 영양취약계층을 조기에 발견하여 관리할 수 있는 국가영양관리감시체계 구축 사업

　　　ⓒ 국민의 영양 및 식생활 관리를 위한 홍보 사업

　　　ⓓ 고위험군·만성질환자 등에게 영양관리식 등을 제공하는 영양관리서비스산업의 육성을 위한 사업

　　　ⓔ 그 밖에 국민의 영양관리를 위하여 보건복지부장관이 필요하다고 인정하는 사업

　㉢ 연도별 주요 추진과제와 그 추진방법

　㉣ 필요한 재원의 규모와 조달 및 관리 방안

　㉤ 그 밖에 영양관리정책수립에 필요한 사항

③ 보건복지부장관은 기본계획을 수립한 경우에는 관계 중앙행정기관의 장, 특별시장·광역시장·도지사·특별자치도지사(이하 "시·도지사"라 한다) 및 시장·군수·구청장(자치구의 구청장을 말한다. 이하 같다)에게 통보하여야 한다.

④ 국민영양관리기본계획 협의절차 등〈시행규칙 제2조〉

　㉠ 보건복지부장관은 「국민영양관리법」(이하 "법"이라 한다)에 따른 국민영양관리기본계획(이하 "기본계획"이라 한다) 수립 시 기본계획안을 작성하여 관계 중앙행정기관의 장에게 통보하여야 한다.

　㉡ 보건복지부장관은 기본계획안에 관계 중앙행정기관의 장으로부터 수렴한 의견을 반영하여 「국민건강증진법」에 따른 국민건강증진정책심의위원회의 심의를 거쳐 기본계획을 확정한다.

⑤ 시행계획의 수립시기 및 추진절차 등〈시행규칙 제3조〉

　㉠ 기본계획을 통보받은 시장·군수·구청장(자치구의 구청장을 말한다.)은 국민영양관리시행계획(이하 "시행계획"이라 한다)을 수립하여 매년 1월 말까지 특별시장·광역시장·도지사·특별자치도지사(이하 "시·도지사"라 한다)에게 보고하여야 하며, 이를 보고받은 시·도지사는 관할 시·군·구(자치구를 말한다.)의 시행계획을 종합하여 매년 2월 말까지 보건복지부장관에게 제출하여야 한다.

　㉡ 시장·군수·구청장은 시행계획을 「지역보건법」에 따른 지역보건의료계획의 연차별 시행계획에 포함하여 수립할 수 있다.

　㉢ 시장·군수·구청장은 해당 연도의 시행계획에 대한 추진실적을 다음 해 2월 말까지 시·도지사에게 보고하여야 하며, 이를 보고받은 시·도지사는 관할 시·군·구의 추진실적을 종합하여 다음 해 3월 말까지 보건복지부장관에게 제출하여야 한다.

　㉣ 시장·군수·구청장은 지역 내 인구의 급격한 변화 등 예측하지 못한 지역 환경의 변화에 따라 필요한 경우에는 관련 단체 및 전문가 등의 의견을 들어 시행계획을 변경할 수 있다.

　㉤ 시장·군수·구청장은 시행계획을 변경한 때에는 지체 없이 이를 시·도지사에게 보고하여야 하며, 이를 보고받은 시·도지사는 지체없이 이를 보건복지부장관에게 제출하여야 한다.

⑥ 국민영양관리 시행계획 및 추진실적의 평가〈시행규칙 제4조〉

　㉠ 보건복지부장관은 시행계획의 내용이 국가의 영양관리시책에 부합되지 아니하는 경우에는 조정을 권고할 수 있다.

　㉡ 보건복지부장관은 제출받은 추진실적을 현황분석·목표·활동전략의 적절성 등 보건복지부장관이 정하는 평가기준에 따라 평가하여야 한다.

　㉢ 보건복지부장관은 추진실적을 평가하였을 때에는 그 결과를 공표할 수 있다.

⑦ 영양·식생활 교육의 대상·내용·방법 등〈시행규칙 제5조〉

　㉠ 보건복지부장관, 시·도지사 및 시장·군수·구청장은 국민 또는 지역 주민에게 영양·식생활 교육을 실시하여야 하며, 이 경우 생애주기 등 영양관리 특성을 고려하여야 한다.

ⓛ 영양·식생활 교육의 내용은 다음 각 호와 같다.

    ㉮ 생애주기별 올바른 식습관 형성·실천에 관한 사항

    ㉯ 식생활 지침 및 영양소 섭취기준

    ㉰ 질병 예방 및 관리

    ㉱ 비만 및 저체중 예방·관리

    ㉲ 바람직한 식생활문화 정립

    ㉳ 식품의 영양과 안전

    ㉴ 영양 및 건강을 고려한 음식 만들기

    ㉵ 그 밖에 보건복지부장관, 시·도지사 및 시장·군수·구청장이 국민 또는 지역 주민의 영양관리 및 영양개선을 위하여 필요하다고 인정하는 사항

(2) 국민영양관리시행계획〈법 제8조〉

① 시장·군수·구청장은 기본계획에 따라 매년 국민영양관리시행계획(이하 "시행계획"이라 한다)을 수립·시행하여야 하며 그 시행계획 및 추진실적을 시·도지사를 거쳐 보건복지부장관에게 제출하여야 한다.

② 보건복지부장관은 시·도지사로부터 제출된 시행계획 및 추진실적에 관하여 보건복지부령으로 정하는 방법에 따라 평가하여야 한다.

③ 시행계획의 수립 및 추진 등에 필요한 사항은 보건복지부령으로 정하는 기준에 따라 해당 지방자치단체의 조례로 정한다.

(3) 국민영양정책 등의 심의〈법 제9조〉

위원회는 국민의 영양관리를 위하여 다음 각 호의 사항을 심의한다.

① 국민영양정책의 목표와 추진방향에 관한 사항

② 기본계획의 수립에 관한 사항

③ 그 밖에 영양관리를 위하여 위원장이 필요하다고 인정한 사항

02 출제예상문제

1 다음 중 국민영양관리 기본계획에 포함되어야 할 사항으로 맞지 않는 것은?

① 기본계획의 중장기적 목표와 추진방향

② 영양관리를 위한 영양 및 식생활 조사

③ 매 월별 주요 추진과제와 그 추진방법

④ 필요한 재원의 규모와 조달 및 관리 방안

> **NOTE** 기본계획에는 다음 각 호의 사항이 포함되어야 한다.〈법 제7조〉
> ㉠ 기본계획의 중장기적 목표와 추진방향
> ㉡ 다음 각 목의 영양관리사업 추진계획
> • 영양 · 식생활 교육사업
> • 영양취약계층 등의 영양관리사업
> • 영양관리를 위한 영양 및 식생활 조사
> • 그 밖에 대통령령으로 정하는 영양관리사업은 다음 각 호와 같다.〈시행령 제2조〉
>   – 영양소 섭취기준 및 식생활 지침의 제정 · 개정 · 보급 사업
>   – 영양취약계층을 조기에 발견하여 관리할 수 있는 국가영양관리감시체계 구축 사업
>   – 국민의 영양 및 식생활 관리를 위한 홍보 사업
>   – 고위험군 · 만성질환자 등에게 영양관리식 등을 제공하는 영양관리서비스산업의 육성을 위한 사업
>   – 그 밖에 국민의 영양관리를 위하여 보건복지부장관이 필요하다고 인정하는 사업
> ㉢ 연도별 주요 추진과제와 그 추진방법
> ㉣ 필요한 재원의 규모와 조달 및 관리 방안

2 다음 중 국민영양관리 시행계획의 수립시기 및 추진절차 등에 대한 설명으로 맞지 않는 것은?

① 기본계획을 통보받은 시장·군수·구청장은 국민영양관리시행계획을 수립하여 매년 3월 말까지 특별시장·광역시장·도지사·특별자치도지사에게 보고하여야 한다.

② 기본계획을 보고받은 시·도지사는 관할 시·군·구의 시행계획을 종합하여 매년 2월 말까지 보건복지부장관에게 제출하여야 한다.

③ 시장·군수·구청장은 시행계획을 지역보건의료계획의 연차별 시행계획에 포함하여 수립할 수 있다.

④ 시장·군수·구청장은 시행계획을 변경한 때에는 지체 없이 이를 시·도지사에게 보고하여야 하며, 이를 보고받은 시·도지사는 지체 없이 이를 보건복지부장관에게 제출하여야 한다.

> **NOTE** 시행계획의 수립시기 및 추진절차 등〈시행규칙 제3조〉
> ㉠ 기본계획을 통보받은 시장·군수·구청장은 국민영양관리시행계획을 수립하여 매년 1월 말까지 특별시장·광역시장·도지사·특별자치도지사에게 보고하여야 하며, 이를 보고받은 시·도지사는 관할 시·군·구의 시행계획을 종합하여 매년 2월 말까지 보건복지부장관에게 제출하여야 한다.
> ㉡ 시장·군수·구청장은 시행계획을 지역보건의료계획의 연차별 시행계획에 포함하여 수립할 수 있다.
> ㉢ 시장·군수·구청장은 해당 연도의 시행계획에 대한 추진실적을 다음 해 2월 말까지 시·도지사에게 보고하여야 하며, 이를 보고받은 시·도지사는 관할 시·군·구의 추진실적을 종합하여 다음 해 3월 말까지 보건복지부장관에게 제출하여야 한다.
> ㉣ 시장·군수·구청장은 지역 내 인구의 급격한 변화 등 예측하지 못한 지역 환경의 변화에 따라 필요한 경우에는 관련 단체 및 전문가 등의 의견을 들어 시행계획을 변경할 수 있다.
> ㉤ 시장·군수·구청장은 시행계획을 변경한 때에는 지체 없이 이를 시·도지사에게 보고하여야 하며, 이를 보고받은 시·도지사는 지체 없이 이를 보건복지부장관에게 제출하여야 한다.

ANSWER 2.①

3 다음 중 영양·식생활 교육의 내용으로 맞지 않는 것은?

① 생애주기별 올바른 식습관 형성·실천에 관한 사항

② 식생활 지침 및 영양소 섭취기준

③ 바람직한 식생활문화 정립

④ 만성질환자를 위한 고려한 음식 만들기

> **NOTE** 영양·식생활 교육의 내용은 다음 각 호와 같다.〈시행규칙 제5조〉
> ㉠ 생애주기별 올바른 식습관 형성·실천에 관한 사항
> ㉡ 식생활 지침 및 영양소 섭취기준
> ㉢ 질병 예방 및 관리
> ㉣ 비만 및 저체중 예방·관리
> ㉤ 바람직한 식생활문화 정립
> ㉥ 식품의 영양과 안전
> ㉦ 영양 및 건강을 고려한 음식 만들기
> ㉧ 그 밖에 보건복지부장관, 시·도지사 및 시장·군수·구청장이 국민 또는 지역 주민의 영양관리 및 영양개선을 위하여 필요하다고 인정하는 사항

영양관리사업

(1) 영양 · 식생활 교육사업〈법 제10조〉

① 국가 및 지방자치단체는 국민의 건강을 위하여 영양 · 식생활 교육을 실시하여야 하며 영양 · 식생활 교육에 필요한 프로그램 및 자료를 개발하여 보급하여야 한다.

② 영양 · 식생활 교육의 대상 · 내용 · 방법 등에 필요한 사항은 보건복지부령으로 정한다.

(2) 영양취약계층 등의 영양관리사업〈법 제11조〉

국가 및 지방자치단체는 다음 각 호의 영양관리사업을 실시할 수 있다.

① 영유아, 임산부, 아동, 노인, 노숙인 및 사회복지시설 수용자 등 영양취약계층을 위한 영양관리사업

② 어린이집, 유치원, 학교, 집단급식소, 의료기관 및 사회복지시설 등 시설 및 단체에 대한 영양관리사업

③ 생활습관질병 등 질병예방을 위한 영양관리사업

(3) 통계 · 정보〈법 제12조〉

① 보건복지부장관은 영양정책 및 영양관리사업 등에 활용할 수 있도록 식품 및 영양에 관한 통계 및 정보를 수집 · 관리하여야 한다.

② 보건복지부장관은 통계 및 정보를 수집 · 관리하기 위하여 필요한 경우 관련 기관 또는 단체에 자료를 요청할 수 있다.

③ 자료를 요청받은 기관 또는 단체는 이에 성실히 응하여야 한다.

(4) 영양관리를 위한 영양 및 식생활 조사〈법 제13조〉

① 국가 및 지방자치단체는 지역사회의 영양문제에 관한 연구를 위하여 다음 각 호의 조사를 실시할 수 있다.

　　㉠ 식품 및 영양소 섭취조사

　　㉡ 식생활 행태 조사

　　㉢ 영양상태 조사

　　㉣ 그 밖에 영양문제에 필요한 조사로서 대통령령으로 정하는 영양문제에 필요한 조사는 다음 각 호와 같다.〈시행령 제3조〉

　　　　㉮ 식품의 영양성분 실태조사

　　　　㉯ 당·나트륨·트랜스지방 등 건강 위해가능 영양성분의 실태조사

　　　　㉰ 음식별 식품재료량 조사

　　　　㉱ 그 밖에 국민의 영양관리와 관련하여 보건복지부장관 또는 지방자치단체의 장이 필요하다고 인정하는 조사

② 보건복지부장관은 국민의 식품섭취·식생활 등에 관한 국민 영양 및 식생활 조사를 정기적으로 실시하여야 한다.

③ 영양 및 식생활 조사의 시기와 방법 등〈시행령 제4조〉

　　㉠ 보건복지부장관은 조사를 「국민건강증진법」에 따른 국민영양조사에 포함하여 실시한다.

　　㉡ 보건복지부장관은 실태조사를 가공식품과 식품접객업소·집단급식소 등에서 조리·판매·제공하는 식품 등에 대하여 보건복지부장관이 정한 기준에 따라 매년 실시한다.

　　㉢ 보건복지부장관은 조사(음식별 식품재료량 조사)를 식품접객업소 및 집단급식소 등의 음식별 식품재료에 대하여 보건복지부장관이 정한 기준에 따라 매년 실시한다.

(5) 영양소 섭취기준 및 식생활 지침의 제정 및 보급〈법 제14조〉

① 보건복지부장관은 국민건강증진에 필요한 영양소 섭취기준을 제정하고 정기적으로 개정하여 학계·산업계 및 관련 기관 등에 체계적으로 보급하여야 하며, 영양소 섭취기준에는 다음 각 호의 내용이 포함되어야 한다.〈시행규칙 제6조〉

　　㉠ 국민의 생애주기별 영양소 요구량(평균 필요량, 권장 섭취량, 충분 섭취량 등) 및 상한 섭취량

　　㉡ 영양소 섭취기준 활용을 위한 식사 모형

　　㉢ 국민의 생애주기별 1일 식사 구성안

　　㉣ 그 밖에 보건복지부장관이 영양소 섭취기준에 포함되어야 한다고 인정하는 내용

② 보건복지부장관은 국민건강증진과 삶의 질 향상을 위하여 질병별·생애주기별 특성 등을 고려한 식생활 지침을 제정하고 정기적으로 개정·보급하여야 하며, **식생활 지침**에는 다음 각 호의 내용이 포함되어야 한다.〈시행규칙 제6조〉

ㄱ 건강증진을 위한 올바른 식생활 및 영양관리의 실천

ㄴ 생애주기별 특성에 따른 식생활 및 영양관리

ㄷ 질병의 예방·관리를 위한 식생활 및 영양관리

ㄹ 비만과 저체중의 예방·관리

ㅁ 영양취약계층, 시설 및 단체에 대한 식생활 및 영양관리

ㅂ 바람직한 식생활문화 정립

ㅅ 식품의 영양과 안전

ㅇ 영양 및 건강을 고려한 음식 만들기

ㅈ 그 밖에 올바른 식생활 및 영양관리에 필요한 사항

③ 영양소 섭취기준 및 식생활 지침의 발간 주기는 5년으로 하되, 필요한 경우 그 주기를 조정할 수 있다.

03 출제예상문제

1 다음 중 영양소 섭취기준에 포함될 내용으로 맞지 않는 것은?

① 국민의 생애주기별 영양소 요구량

② 영양소 섭취기준 활용을 위한 식사 모형

③ 국민의 생애주기별 매월 식사 구성안

④ 보건복지부장관이 영양소 섭취기준에 포함되어야 한다고 인정하는 내용

> **NOTE** 보건복지부장관은 국민건강증진에 필요한 영양소 섭취기준을 제정하고 정기적으로 개정하여 학계·산업계 및 관련 기관 등에 체계적으로 보급하여야 하며, 영양소 섭취기준에는 다음 각 호의 내용이 포함되어야 한다.〈시행규칙 제6조〉
> ㉠ 국민의 생애주기별 영양소 요구량(평균 필요량, 권장 섭취량, 충분 섭취량 등) 및 상한 섭취량
> ㉡ 영양소 섭취기준 활용을 위한 식사 모형
> ㉢ 국민의 생애주기별 1일 식사 구성안
> ㉣ 그 밖에 보건복지부장관이 영양소 섭취기준에 포함되어야 한다고 인정하는 내용

2 다음 중 영양소 섭취기준 및 식생활 지침의 발간 주기로 알맞은 것은?

① 발간 주기는 매년 하되, 필요한 경우 그 주기를 조정할 수 있다.

② 발간 주기는 2년으로 하되, 필요한 경우 그 주기를 조정할 수 있다.

③ 발간 주기는 3년으로 하되, 필요한 경우 그 주기를 조정할 수 있다.

④ 발간 주기는 5년으로 하되, 필요한 경우 그 주기를 조정할 수 있다.

> **NOTE** 영양소 섭취기준 및 식생활 지침의 발간 주기는 5년으로 하되, 필요한 경우 그 주기를 조정할 수 있다.〈시행규칙 제6조〉

ANSWER 1.③ 2.④

3 다음 중 식생활 지침에 포함되어야 할 내용으로 맞지 않는 것은?

① 건강증진을 위한 올바른 식생활 및 영양관리의 실천

② 비만과 과체중의 예방·관리

③ 영양취약계층, 시설 및 단체에 대한 식생활 및 영양관리

④ 질병의 예방·관리를 위한 식생활 및 영양관리

> **NOTE** 식생활 지침에는 다음 각 호의 내용이 포함되어야 한다.〈시행규칙 제6조〉
> ㉠ 건강증진을 위한 올바른 식생활 및 영양관리의 실천
> ㉡ 생애주기별 특성에 따른 식생활 및 영양관리
> ㉢ 질병의 예방·관리를 위한 식생활 및 영양관리
> ㉣ 비만과 저체중의 예방·관리
> ㉤ 영양취약계층, 시설 및 단체에 대한 식생활 및 영양관리
> ㉥ 바람직한 식생활문화 정립
> ㉦ 식품의 영양과 안전
> ㉧ 영양 및 건강을 고려한 음식 만들기
> ㉨ 그 밖에 올바른 식생활 및 영양관리에 필요한 사항

영양사의 면허 및 교육 등

(1) 영양사의 면허〈법 제15조〉

① 영양사가 되고자 하는 사람은 다음 각 호의 어느 하나에 해당하는 사람으로서 영양사 국가시험에 합격한 후 보건복지부장관의 면허를 받아야 한다.

   ㉠ 「고등교육법」에 따른 대학, 산업대학, 전문대학 또는 방송통신대학에서 식품학 또는 영양학을 전공한 자로서 교과목 및 학점이수 등에 관하여 보건복지부령으로 정하는 요건을 갖춘 사람. 여기서, "보건복지부령으로 정하는 요건을 갖춘 사람"이란 교과목 및 학점을 이수하고 학과 또는 학부(전공)를 졸업한 사람 및 영양사 국가시험의 응시일로부터 3개월 이내에 졸업이 예정된 사람을 말한다. 이 경우 졸업이 예정된 사람은 그 졸업예정시기에 교과목 및 학점을 이수하고 학과 또는 학부(전공)를 졸업하여야 한다.

영양사 면허 취득에 필요한 학과, 학부(전공) 기준〈시행규칙 별표 1의2〉	
구분	내　용
학과	영양학과, 식품영양학과, 영양식품학과
학부(전공)	식품학, 영양학, 식품영양학, 영양식품학

   ㉡ 외국에서 영양사면허를 받은 사람

   ㉢ 외국의 영양사 양성학교 중 보건복지부장관이 인정하는 학교를 졸업한 사람

   ※ "외국"이란 다음 각 호의 어느 하나에 해당하는 국가를 말한다.〈시행규칙 제7조〉

     1. 대한민국과 국교(國交)를 맺은 국가

     2. 대한민국과 국교를 맺지 아니한 국가 중 보건복지부장관이 외교부장관과 협의하여 정하는 국가

② 보건복지부장관은 국가시험의 관리를 보건복지부령으로 정하는 바에 따라 시험 관리능력이 있다고 인정되는 관계 전문기관에 위탁할 수 있다.

③ 영양사 국가시험의 시행과 공고〈시행규칙 제8조〉

    ㉠ 보건복지부장관은 매년 1회 이상 영양사 국가시험을 시행하여야 한다.

    ㉡ 보건복지부장관은 영양사 국가시험의 관리를 시험관리능력이 있다고 인정하여 지정·고시하는 다음 각 호의 요건을 갖춘 관계전문기관(이하 "영양사 국가시험관리기관"이라 한다)으로 하여금 하도록 한다.

        ㉮ 정부가 설립·운영비용의 일부를 출연(出捐)한 비영리법인

        ㉯ 국가시험에 관한 조사·연구 등을 통하여 국가시험에 관한 전문적인 능력을 갖춘 비영리법인

    ㉢ 영양사 국가시험관리기관의 장이 영양사 국가시험을 실시하려면 미리 보건복지부장관의 승인을 받아 시험일시, 시험장소, 응시원서 제출기간, 응시 수수료의 금액 및 납부방법, 그 밖에 영양사 국가시험의 실시에 관하여 필요한 사항을 시험 실시 30일 전까지 공고하여야 한다.

④ 영양사 국가시험 과목 등〈시행규칙 제9조〉

    ㉠ 영양사 국가시험의 과목은 다음 각 호와 같다.

        ㉮ 영양학 및 생화학(기초영양학·고급영양학·생애주기영양학 등을 포함한다)

        ㉯ 영양교육, 식사요법 및 생리학(임상영양학·영양상담·영양판정 및 지역사회영양학을 포함한다)

        ㉰ 식품학 및 조리원리(식품화학·식품미생물학·실험조리·식품가공 및 저장학을 포함한다)

        ㉱ 급식, 위생 및 관계 법규(단체급식관리·급식경영학·식생활관리·식품위생학·공중보건학과 영양·보건의료·식품위생 관계 법규를 포함한다)

    ㉡ 영양사 국가시험은 필기시험으로 한다.

    ㉢ 영양사 국가시험의 합격자는 전 과목 총점의 60퍼센트 이상, 매 과목 만점의 40퍼센트 이상을 득점하여야 한다.

    ㉣ 영양사 국가시험의 출제방법, 배점비율, 그 밖에 시험 시행에 필요한 사항은 영양사 국가시험관리기관의 장이 정한다.

⑤ 부정행위에 대한 제재〈시행규칙 제10조〉 … 부정한 방법으로 영양사 국가시험에 응시한 사람이나, 영양사 국가시험에서 부정행위를 한 사람에 대해서는 그 수험(受驗)을 정지시키거나 합격을 무효로 한다.

⑥ 시험위원〈시행규칙 제11조〉 … 영양사 국가시험관리기관의 장은 영양사 국가시험을 실시할 때마다 시험과목별로 전문지식을 갖춘 사람 중에서 시험위원을 위촉한다.

⑦ 영양사 국가시험의 응시 및 합격자 발표 등〈시행규칙 제12조〉

    ㉠ 영양사 국가시험에 응시하려는 사람은 영양사 국가시험관리기관의 장이 정하는 응시원서를 영양사 국가시험관리기관의 장에게 제출하여야 한다.

    ㉡ 영양사 국가시험관리기관의 장은 영양사 국가시험을 실시한 후 합격자를 결정하여 발표한다.

ⓒ 영양사 국가시험관리기관의 장은 합격자 발표 후 합격자에 대한 다음 각 호의 사항을 보건복지부장관에게 보고하여야 한다.
㉮ 성명, 성별 및 주민등록번호(외국인은 국적, 성명, 성별 및 생년월일)
㉯ 출신학교 및 졸업 연월일
㉰ 합격번호 및 합격 연월일

⑧ 관계 기관 등에의 협조 요청〈시행규칙 제13조〉 … 영양사 국가시험관리기관의 장은 영양사 국가시험의 관리업무를 원활하게 수행하기 위하여 필요한 경우에는 국가·지방자치단체 또는 관계 기관·단체에 시험장소 및 시험감독의 지원 등 필요한 협조를 요청할 수 있다.

(2) 결격사유〈법 제16조〉

다음 각 호의 어느 하나에 해당하는 사람은 영양사의 면허를 받을 수 없다.

① 「정신보건법」에 따른 정신질환자. 다만, 전문의가 영양사로서 적합하다고 인정하는 사람은 그러하지 아니하다.

② 「감염병의 예방 및 관리에 관한 법률」에 따른 감염병환자 중 보건복지부령으로 정하는 사람. 여기서, "감염병환자"란 「감염병의 예방 및 관리에 관한 법률」에 따른 B형간염 환자를 제외한 감염병환자를 말한다.〈시행규칙 제14조〉

③ 마약·대마 또는 향정신성의약품 중독자

④ 영양사 면허의 취소처분을 받고 그 취소된 날부터 1년이 지나지 아니한 사람

(3) 영양사의 업무〈법 제17조〉

영양사는 다음 각 호의 업무를 수행한다.

① 건강증진 및 환자를 위한 영양·식생활 교육 및 상담

② 식품영양정보의 제공

③ 식단작성, 검식(檢食) 및 배식관리

④ 구매식품의 검수 및 관리

⑤ 급식시설의 위생적 관리

⑥ 집단급식소의 운영일지 작성

⑦ 종업원에 대한 영양지도 및 위생교육

(4) 면허의 등록〈법 제18조〉

① 보건복지부장관은 영양사의 면허를 부여할 때에는 영양사 면허대장에 그 면허에 관한 사항을 등록하고 면허증을 교부하여야 한다.

② 영양사는 면허증을 다른 사람에게 대여하지 못한다.

③ 영양사 면허증의 교부〈시행규칙 제15조〉

    ㉠ 영양사 국가시험에 합격한 사람은 합격자 발표 후 영양사 면허증 교부신청서에 다음 각 호의 서류를 첨부하여 보건복지부장관에게 영양사 면허증의 교부를 신청하여야 한다.

        ㉮ 다음 각 목의 구분에 따른 자격을 증명할 수 있는 서류

            ⓐ 식품학 또는 영양학을 전공한 자로서 교과목 및 학점이수 등에 관하여 보건복지부령으로 정하는 요건을 갖춘 사람 : 졸업증명서 및 별표 1에 따른 교과목 및 학점이수 확인에 필요한 증명서

            ⓑ 외국에서 영양사면허를 받은 사람 : 면허증 사본

            ⓒ 외국의 영양사 양성학교 중 보건복지부장관이 인정하는 학교를 졸업한 사람 : 졸업증명서

        ㉯ 정신질환자에 해당되지 아니함을 증명하는 의사의 진단서 또는 이를 증명할 수 있는 전문의의 진단서

        ㉰ 감염병환자 및 마약·대마 또는 향정신성의약품중독자에 해당되지 아니함을 증명하는 의사의 진단서

        ㉱ 응시원서의 사진과 같은 사진(가로 3.5센티미터, 세로 4.5센티미터) 2장

    ㉡ 보건복지부장관은 영양사 국가시험에 합격한 사람이 영양사 면허증의 교부를 신청한 날부터 14일 이내에 영양사 면허대장에 그 면허에 관한 사항을 등록하고 영양사 면허증을 교부하여야 한다. 다만, 외국에서 면허를 받거나 외국 영양사 양성학교를 졸업한 사람의 경우에는 외국에서 영양사 면허를 받은 사실 등에 대한 조회가 끝난 날부터 14일 이내에 영양사 면허증을 교부한다.

④ 면허증의 재교부〈시행규칙 제16조〉

    ㉠ 영양사가 면허증을 잃어버리거나 면허증이 헐어 못 쓰게 된 경우, 성명 또는 주민등록번호의 변경 등 영양사 면허증의 기재사항이 변경된 경우에는 면허증(자격증) 재교부신청서에 다음 각 호의 서류를 첨부하여 보건복지부장관에게 제출하여야 한다. 이 경우 보건복지부장관은 「전자정부법」에 따른 행정정보의 공동이용을 통하여 주민등록표 등(초)본을 확인(주민등록번호가 변경된 경우만 해당한다)하여야 하며, 신청인이 확인에 동의하지 않는 경우에는 해당 서류를 첨부하도록 하여야 한다.

        ㉮ 영양사 면허증이 헐어 못 쓰게 된 경우 : 영양사 면허증

ⓐ 성명 또는 주민등록번호 등이 변경된 경우 : 영양사 면허증 및 변경 사실을 증명할 수 있는 다음 각 목의 구분에 따른 서류
  ⓐ 성명 변경 시 : 가족관계등록부 등의 증명서 중 기본증명서
  ⓑ 주민등록번호 변경 시 : 주민등록표 등(초)본(「전자정부법」에 따른 행정정보의 공동이용을 통한 확인에 동의하지 않는 경우에만 제출한다)
ⓒ 사진(신청 전 6개월 이내에 모자 등을 쓰지 않고 촬영한 천연색 상반신 정면사진으로 가로 3.5센티미터, 세로 4.5센티미터의 사진을 말한다. 이하 같다) 2장
ⓛ 보건복지부장관은 영양사 면허증의 재교부 신청을 받은 경우에는 해당 영양사 면허대장에 그 사유를 적고 영양사 면허증을 재교부하여야 한다.

⑤ 면허증의 반환〈시행규칙 제17조〉 … 영양사가 영양사 면허증을 재교부 받은 후 분실하였던 영양사 면허증을 발견하였거나, 영양사 면허의 취소처분을 받았을 때에는 그 영양사 면허증을 지체 없이 보건복지부장관에게 반환하여야 한다.

(5) 명칭사용의 금지〈법 제19조〉

영양사 면허를 받지 아니한 사람은 영양사 명칭을 사용할 수 없다.

(6) 보수교육〈법 제20조〉

① 보건기관·의료기관·집단급식소 등에서 각각 그 업무에 종사하는 영양사는 영양관리수준 및 자질 향상을 위하여 보수교육을 받아야 한다.

② 보수교육의 시기·대상·비용·방법 등〈시행규칙 제18조〉
  ㉠ 보수교육은 영양사협회(이하 "협회"라 한다)에 위탁한다.
  ㉡ 협회의 장은 보수교육을 2년마다 실시하여야 하며, 교육시간은 6시간 이상으로 한다. 다만, 해당 연도에 「식품위생법」에 따른 교육을 받은 경우에는 보수교육을 받은 것으로 보며, 이 경우 이를 증명할 수 있는 서류를 협회의 장에게 제출하여야 한다.
  ㉢ 보수교육의 대상자는 다음 각 호와 같다.
    ㉮ 「지역보건법」에 따른 보건소·보건지소, 「의료법」에 따른 의료기관 및 「식품위생법」에 따른 집단급식소에 종사하는 영양사
    ㉯ 「영유아보육법」에 따른 보육정보센터에 종사하는 영양사
    ㉰ 「어린이 식생활안전관리 특별법」에 따른 어린이급식관리지원센터에 종사하는 영양사
    ㉱ 「건강기능식품에 관한 법률」에 따른 건강기능식품판매업소에 종사하는 영양사

ⓔ 보수교육 대상자 중 다음 각 호의 어느 하나에 해당하는 사람은 해당 연도의 보수교육을 면제한다. 이 경우 보수교육이 면제되는 사람은 해당 보수교육이 실시되기 전에 보수교육 면제신청서에 면제 대상자임을 인정할 수 있는 서류를 첨부하여 협회의 장에게 제출하여야 한다.
　　㉮ 군복무 중인 사람
　　㉯ 본인의 질병 또는 그 밖의 불가피한 사유로 보수교육을 받기 어렵다고 보건복지부장관이 인정하는 사람
ⓜ 보수교육은 집합교육, 온라인 교육 등 다양한 방법으로 실시하여야 한다.
ⓗ 보수교육의 교과과정, 비용과 그 밖에 보수교육을 실시하는데 필요한 사항은 보건복지부장관의 승인을 받아 협회의 장이 정한다.

③ **보수교육계획 및 실적 보고 등**〈시행규칙 제19조〉
　㉠ 협회의 장은 해당 연도 보수교육계획서를 해당 연도 1월 말까지, 해당 연도 보수교육 실적보고서를 다음 연도 2월 말까지 각각 보건복지부장관에게 제출하여야 한다.
　㉡ 협회의 장은 보수교육을 받은 사람에게 보수교육 이수증을 발급하여야 한다.

④ **보수교육 관계 서류의 보존**〈시행규칙 제20조〉 ⋯ 협회의 장은 다음 각 호의 서류를 3년간 보존하여야 한다.
　㉠ 보수교육 대상자 명단(대상자의 교육 이수 여부가 명시되어야 한다)
　㉡ 보수교육 면제자 명단
　㉢ 그 밖에 이수자의 교육 이수를 확인할 수 있는 서류

(7) 실태 등의 신고〈법 제20조의2〉

① 영양사는 대통령령으로 정하는 바에 따라 최초로 면허를 받은 후부터 3년마다 그 실태와 취업상황 등을 보건복지부장관에게 신고하여야 하며, **영양사의 실태 등의 신고에 관한 사항은 다음과 같다.**〈시행령 제4조의2〉
　㉠ 영양사는 그 실태와 취업상황 등을 면허증의 교부일(국민영양관리법에 따라 신고를 한 경우에는 그 신고를 한 날을 말한다)부터 매 3년이 되는 해의 12월 31일까지 보건복지부장관에게 신고하여야 한다.
　㉡ 영양사의 실태 등의 신고 및 보고〈시행규칙 제20조의2〉
　　㉮ 영양사의 실태와 취업상황 등을 신고하려는 사람은 영양사의 실태 등 신고서에 다음 각 호의 서류를 첨부하여 협회의 장에게 제출하여야 한다.
　　　ⓐ 보수교육 이수증(이수한 사람만 해당한다)
　　　ⓑ 보수교육 면제 확인서(면제된 사람만 해당한다)
　　㉯ 신고를 받은 협회의 장은 신고를 한 자가 보수교육을 이수하였는지 여부를 확인하여야 한다.

ⓑ 협회의 장은 신고 내용과 그 처리 결과를 반기별로 보건복지부장관에게 보고하여야 한다. 다만, 면허의 효력이 정지된 영양사가 신고를 한 경우에는 신고 내용과 그 처리 결과를 지체 없이 보건복지부장관에게 보고하여야 한다.

② 보건복지부장관은 보수교육을 이수하지 아니한 영양사에 대하여 ①에 따른 신고를 반려할 수 있다.

③ 보건복지부장관은 신고 수리 업무를 대통령령으로 정하는 바에 따라 관련 단체(영양사협회) 등에 위탁할 수 있다.

(8) 면허취소 등〈법 제21조〉

① 보건복지부장관은 영양사가 다음 각 호의 어느 하나에 해당하는 경우 그 면허를 취소할 수 있다. 다만, ㉠에 해당하는 경우 면허를 취소하여야 한다.
　㉠ 정신질환자, 감염병환자, 마약·대마 또는 향정신성의약품 중독자의 어느 하나에 해당하는 경우
　㉡ 면허정지처분 기간 중에 영양사의 업무를 하는 경우
　㉢ 3회 이상 면허정지처분을 받은 경우

② 보건복지부장관은 영양사가 다음 각 호의 어느 하나에 해당하는 경우 6개월 이내의 기간을 정하여 그 면허의 정지를 명할 수 있다.
　㉠ 영양사가 그 업무를 행함에 있어서 식중독이나 그 밖에 위생과 관련한 중대한 사고 발생에 직무상의 책임이 있는 경우
　㉡ 면허를 타인에게 대여하여 이를 사용하게 한 경우

③ 행정처분의 세부적인 기준은 그 위반행위의 유형과 위반의 정도 등을 참작하여 대통령령으로 정하며, 행정처분의 세부적인 기준은 별표와 같다.

행정처분 기준〈시행령 별표〉
Ⅰ. 일반기준
　1. 둘 이상의 위반행위가 적발된 경우에는 가장 중한 면허정지처분 기간에 나머지 각각의 면허정지처분 기간의 2분의 1을 더하여 처분한다.
　2. 위반행위에 대하여 행정처분을 하기 위한 절차가 진행되는 기간 중에 반복하여 같은 위반행위를 하는 경우에는 그 위반횟수마다 행정처분 기준의 2분의 1씩 더하여 처분한다.
　3. 위반행위의 횟수에 따른 행정처분의 기준은 최근 1년간 같은 위반행위를 한 경우에 적용한다.
　4. 행정처분 기준의 적용은 같은 위반행위에 대하여 행정처분을 한 날과 그 처분 후 다시 적발된 날을 기준으로 한다.
　5. 어떤 위반행위든 그 위반행위에 대하여 행정처분이 이루어진 경우에는 그 처분 이전에 이루어진 같은 위반행위에 대해서도 행정처분이 이루어진 것으로 보아 다시 처분해서는 아니 된다.

6. 행정처분을 한 후 다시 행정처분을 하게 되는 경우 그 위반행위의 횟수에 따른 행정처분의 기준을 적용할 때 종전의 행정처분의 사유가 된 각각의 위반행위에 대하여 각각 행정처분을 하였던 것으로 본다.

Ⅱ. 개별기준

위반행위	근거 법령	행정처분 기준		
		1차 위반	2차 위반	3차 이상 위반
1. 법 제16조제1호부터 제3호까지의 어느 하나에 해당하는 경우	법 제21조 제1항제1호	면허취소		
2. 면허정지처분 기간 중에 영양사의 업무를 하는 경우	법 제21조 제1항제2호	면허취소		
3. 영양사가 그 업무를 행함에 있어서 식중독이나 그 밖에 위생과 관련한 중대한 사고 발생에 직무상의 책임이 있는 경우	법 제21조 제2항제1호	면허정지 1개월	면허정지 2개월	면허취소
4. 면허를 타인에게 대여하여 사용하게 한 경우	법 제21조 제2항제2호	면허정지 2개월	면허정지 3개월	면허취소

④ 보건복지부장관은 면허취소처분 또는 면허정지처분을 하고자 하는 경우에는 청문을 실시하여야 하며, 행정처분 및 청문을 한 경우에는 행정처분 및 청문 대장에 그 내용을 기록하고 이를 갖춰 두어야 한다.〈시행규칙 제21조〉

⑤ 보건복지부장관은 영양사가 신고를 하지 아니한 경우에는 신고할 때까지 면허의 효력을 정지할 수 있다.

(9) 영양사협회〈법 제22조〉

① 영양사는 영양에 관한 연구, 영양사의 윤리 확립 및 영양사의 권익증진 및 자질향상을 위하여 대통령령으로 정하는 바에 따라 영양사협회(이하 "협회"라 한다)를 설립할 수 있다.

② 협회는 법인으로 한다.

③ 협회에 관하여 이 법에 규정되지 아니한 사항은 「민법」 중 사단법인에 관한 규정을 준용한다.

④ 협회의 설립허가〈시행령 제6조〉

협회를 설립하려는 자는 다음 각 호의 서류를 보건복지부장관에게 제출하여 설립허가를 받아야 한다.

㉠ 정관

㉡ 사업계획서

㉢ 자산명세서

㉣ 설립결의서

㉤ 설립대표자의 선출 경위에 관한 서류

㉥ 임원의 취임승낙서와 이력서

⑤ 정관의 기재사항〈시행령 제7조〉

협회의 정관에는 다음 각 호의 사항이 포함되어야 한다.

㉠ 목적

㉡ 명칭

㉢ 소재지

㉣ 재산 또는 회계와 그 밖에 관리·운영에 관한 사항

㉤ 임원의 선임에 관한 사항

㉥ 회원의 자격 및 징계에 관한 사항

㉦ 정관 변경에 관한 사항

㉧ 공고 방법에 관한 사항

⑥ 정관의 변경 허가〈시행령 제8조〉

협회가 정관을 변경하려면 다음 각 호의 서류를 보건복지부장관에게 제출하고 허가를 받아야 한다.

㉠ 정관 변경의 내용과 그 이유를 적은 서류

㉡ 정관 변경에 관한 회의록

㉢ 신구 정관 대조표와 그 밖의 참고서류

⑦ 협회의 지부 및 분회〈시행령 제9조〉 … 협회는 특별시·광역시·도와 특별자치도에 지부를 설치할 수 있으며, 시·군·구(자치구를 말한다)에 분회를 설치할 수 있다.

04 출제예상문제

1 다음 중 영양사 국가시험에 대한 내용으로 맞지 않는 것은?

① 보건복지부장관은 매년 1회 이상 영양사 국가시험을 시행하여야 한다.

② 보건복지부장관은 영양사 국가시험의 관리를 시험관리능력이 있다고 인정하여 지정·고시하는 관계전문기관으로 하여금 하도록 한다.

③ 영양사 국가시험관리기관의 장이 영양사 국가시험을 실시하려면 미리 보건복지부장관의 승인을 받아 시행한다.

④ 영양사 국가시험의 실시에 관하여 필요한 사항을 시험 실시 90일 전까지 공고하여야 한다.

> **NOTE** 영양사 국가시험의 시행과 공고〈시행규칙 제8조〉
> ㉠ 보건복지부장관은 매년 1회 이상 영양사 국가시험을 시행하여야 한다.
> ㉡ 보건복지부장관은 영양사 국가시험의 관리를 시험관리능력이 있다고 인정하여 지정·고시하는 다음 각 호의 요건을 갖춘 관계전문기관(이하 "영양사 국가시험관리기관"이라 한다)으로 하여금 하도록 한다.
>   • 정부가 설립·운영비용의 일부를 출연(出捐)한 비영리법인
>   • 국가시험에 관한 조사·연구 등을 통하여 국가시험에 관한 전문적인 능력을 갖춘 비영리법인
> ㉢ 영양사 국가시험관리기관의 장이 영양사 국가시험을 실시하려면 미리 보건복지부장관의 승인을 받아 시험일시, 시험장소, 응시원서 제출기간, 응시 수수료의 금액 및 납부방법, 그 밖에 영양사 국가시험의 실시에 관하여 필요한 사항을 시험 실시 30일 전까지 공고하여야 한다.

ANSWER 1.④

2 다음 중 영양사 면허 취득의 결격사유로 맞지 않는 것은?

① 정신질환자

② B형간염 환자

③ 마약 · 대마 또는 향정신성의약품 중독자

④ 영양사 면허의 취소처분을 받고 그 취소된 날부터 1년이 지나지 아니한 사람

> ■NOTE 결격사유〈법 제16조〉… 다음 각 호의 어느 하나에 해당하는 사람은 영양사의 면허를 받을 수 없다.
> ㉠ 「정신보건법」에 따른 정신질환자. 다만, 전문의가 영양사로서 적합하다고 인정하는 사람은 그러하지 아니하다.
> ㉡ 「감염병의 예방 및 관리에 관한 법률」에 따른 감염병환자 중 보건복지부령으로 정하는 사람으로 "감염병환자"란 「감염병의 예방 및 관리에 관한 법률」에 따른 B형간염 환자를 제외한 감염병환자를 말한다.
> ㉢ 마약 · 대마 또는 향정신성의약품 중독자
> ㉣ 영양사 면허의 취소처분을 받고 그 취소된 날부터 1년이 지나지 아니한 사람

3 다음 중 영양사의 업무로 맞지 않는 것은?

① 건강증진 및 환자를 위한 영양 · 식생활 교육 및 상담

② 식단작성, 검식(檢食) 및 배식관리

③ 급식설비 및 기구의 위생과 안전 실무

④ 종업원에 대한 영양지도 및 위생교육

> ■NOTE 영양사의 업무〈법 제17조〉
> ㉠ 건강증진 및 환자를 위한 영양 · 식생활 교육 및 상담
> ㉡ 식품영양정보의 제공
> ㉢ 식단작성, 검식(檢食) 및 배식관리
> ㉣ 구매식품의 검수 및 관리
> ㉤ 급식시설의 위생적 관리
> ㉥ 집단급식소의 운영일지 작성
> ㉦ 종업원에 대한 영양지도 및 위생교육

4 다음 중 영양사의 보수교육에 대한 내용으로 알맞은 것은?

① 협회의 장은 보수교육을 2년마다 실시하여야 하며, 교육시간은 6시간 이상으로 한다.

② 협회의 장은 보수교육을 매년 실시하여야 하며, 교육시간은 8시간 이상으로 한다.

③ 협회의 장은 보수교육을 3년마다 실시하여야 하며, 교육시간은 6시간 이상으로 한다.

④ 협회의 장은 보수교육을 4년마다 실시하여야 하며, 교육시간은 10시간 이상으로 한다.

> **NOTE** 보수교육의 시기·대상·비용·방법 등〈시행규칙 제18조〉
> ㉠ 보수교육은 영양사협회(이하 "협회"라 한다)에 위탁한다.
> ㉡ 협회의 장은 보수교육을 2년마다 실시하여야 하며, 교육시간은 6시간 이상으로 한다. 다만, 해당 연도에 「식품위생법」에 따른 교육을 받은 경우에는 보수교육을 받은 것으로 보며, 이 경우 이를 증명할 수 있는 서류를 협회의 장에게 제출하여야 한다.

5 다음 중 보수교육의 대상자로 맞지 않는 것은?

① 집단급식소에 종사하는 영양사

② 보육정보센터에 종사하는 영양사

③ 어린이급식관리지원센터에 종사하는 영양사

④ 건강기능식품판매업소에 종사하는 영양사로서 군 복무중인 자

> **NOTE** 보수교육의 대상자〈시행규칙 제18조〉
> ㉠ 「지역보건법」에 따른 보건소·보건지소, 「의료법」에 따른 의료기관 및 「식품위생법」에 따른 집단급식소에 종사하는 영양사
> ㉡ 「영유아보육법」에 따른 보육정보센터에 종사하는 영양사
> ㉢ 「어린이 식생활안전관리 특별법」에 따른 어린이급식관리지원센터에 종사하는 영양사
> ㉣ 「건강기능식품에 관한 법률」에 따른 건강기능식품판매업소에 종사하는 영양사
> ※ 보수교육 대상자 중 다음 각 호의 어느 하나에 해당하는 사람은 해당 연도의 보수교육을 면제한다. 이 경우 보수교육이 면제되는 사람은 해당 보수교육이 실시되기 전에 별지 제5호서식의 보수교육 면제신청서에 면제 대상자임을 인정할 수 있는 서류를 첨부하여 협회의 장에게 제출하여야 한다.
> ㉠ 군복무 중인 사람
> ㉡ 본인의 질병 또는 그 밖의 불가피한 사유로 보수교육을 받기 어렵다고 보건복지부장관이 인정하는 사람

6 다음 중 영양사가 실태와 취업상황을 신고해야 하는 기간으로 알맞은 것은?

① 최초로 면허를 받은 후부터 3년마다 그 실태와 취업상황 등을 보건복지부장관에게 신고하여야 한다.

② 취업 후부터 2년마다 그 실태와 취업상황 등을 보건복지부장관에게 신고하여야 한다.

③ 이직할 때마다 그 실태와 취업상황 등을 보건복지부장관에게 신고하여야 한다.

④ 취업 후부터 3년마다 그 실태와 취업상황 등을 보건복지부장관에게 신고하여야 한다.

> **NOTE** 실태 등의 신고〈법 제20조의2〉… 영양사는 대통령령으로 정하는 바에 따라 최초로 면허를 받은 후부터 3년마다 그 실태와 취업상황 등을 보건복지부장관에게 신고하여야 한다.

7 다음 중 영양사의 면허취소 사유로 맞지 않는 것은?

① 결격사유 중 어느 하나에 해당하는 경우
② 면허정지처분 기간 중에 영양사의 업무를 하는 경우
③ 3회 이상 면허정지처분을 받은 경우
④ 면허를 타인에게 대여하여 이를 사용하게 한 경우

> **NOTE** 면허취소 등〈법 제21조〉
> ㉠ 보건복지부장관은 영양사가 다음 각 호의 어느 하나에 해당하는 경우 그 면허를 취소할 수 있다. 다만, ㉮에 해당하는 경우 면허를 취소하여야 한다.
> ㉮ 결격사유의 어느 하나에 해당하는 경우
> ㉯ 면허정지처분 기간 중에 영양사의 업무를 하는 경우
> ㉰ 3회 이상 면허정지처분을 받은 경우
> ㉡ 보건복지부장관은 영양사가 다음 각 호의 어느 하나에 해당하는 경우 6개월 이내의 기간을 정하여 그 면허의 정지를 명할 수 있다.
> ㉮ 영양사가 그 업무를 행함에 있어서 식중독이나 그 밖에 위생과 관련한 중대한 사고 발생에 직무상의 책임이 있는 경우
> ㉯ 면허를 타인에게 대여하여 이를 사용하게 한 경우

05 보칙 및 벌칙

1 보칙

(1) 임상영양사〈법 제23조〉

① 보건복지부장관은 건강관리를 위하여 영양판정, 영양상담, 영양소 모니터링 및 평가 등의 업무를 수행하는 영양사에게 영양사 면허 외에 임상영양사 자격을 인정할 수 있다.

② 임상영양사의 업무〈시행규칙 제22조〉

임상영양사는 질병의 예방과 관리를 위하여 질병별로 전문화된 다음 각 호의 업무를 수행한다.

㉠ 영양문제 수집·분석 및 영양요구량 산정 등의 영양판정

㉡ 영양상담 및 교육

㉢ 영양관리상태 점검을 위한 영양모니터링 및 평가

㉣ 영양불량상태 개선을 위한 영양관리

㉤ 임상영양 자문 및 연구

㉥ 그 밖에 임상영양과 관련된 업무

③ 임상영양사의 자격기준〈시행규칙 제23조〉

임상영양사가 되려는 사람은 다음 각 호의 어느 하나에 해당하는 사람으로서 보건복지부장관이 실시하는 임상영양사 자격시험에 합격하여야 한다.

㉠ 임상영양사 교육과정 수료와 보건소·보건지소, 의료기관, 집단급식소 등 보건복지부장관이 정하는 기관에서 1년 이상 영양사로서의 실무경력을 충족한 사람

㉡ 외국의 임상영양사 자격이 있는 사람 중 보건복지부장관이 인정하는 사람

④ 임상영양사의 교육과정〈시행규칙 제24조〉

㉠ 임상영양사의 교육은 보건복지부장관이 지정하는 임상영양사 교육기관이 실시하고 그 교육기간은 2년 이상으로 하며, 임상영양사 교육기관의 지정 기준 및 절차에 관한 사항은 다음과 같다.〈시행규칙 제25조〉

㉮ 임상영양사 교육기관으로 지정받을 수 있는 기관은 다음 각 호의 어느 하나의 기관으로서 임상영양사 교육기관 지정기준에 맞아야 한다.

ⓐ 영양학, 식품영양학 또는 임상영양학 전공이 있는 「고등교육법」에 따른 일반대학원, 특수대학원 또는 전문대학원

ⓑ 임상영양사 교육과 관련하여 전문 인력과 능력을 갖춘 비영리법인

㉯ 임상영양사 교육기관으로 지정받으려는 자는 임상영양사 교육기관 지정신청서에 다음 각 호의 **서류를 첨부하여 보건복지부장관에게 제출하여야 한다.**

ⓐ 교수요원의 성명과 이력이 적혀 있는 서류

ⓑ 실습협약기관 현황 및 협약 약정서

ⓒ 교육계획서 및 교과과정표

ⓓ 해당 임상영양사 교육과정에 사용되는 시설 및 장비 현황

㉰ 보건복지부장관은 신청이 지정기준에 맞다고 인정하면 임상영양사 교육기관으로 지정하고, 임상영양사 교육기관 지정서를 발급하여야 한다.

㉱ **임상영양사 교육생 정원〈시행규칙 제26조〉**

ⓐ 보건복지부장관은 임상영양사 교육기관을 지정하는 경우에는 교육생 정원을 포함하여 지정하여야 한다.

ⓑ 임상영양사 교육기관의 장은 정해진 교육생 정원을 변경하려는 경우에는 임상영양사과정 교육생 정원 변경신청서에 서류를 첨부하여 보건복지부장관에게 제출하여야 한다.

ⓒ 보건복지부장관은 정원 변경신청이 지정기준에 맞으면 정원 변경을 승인하고 지정서를 재발급하여야 한다.

ⓛ 임상영양사 교육을 신청할 수 있는 사람은 영양사 면허를 가진 사람으로 한다.

ⓒ **임상영양사 교육과정의 과목 및 수료증 발급〈시행규칙 제27조〉**

㉮ 임상영양사 교육과정의 과목은 이론과목과 실습과목으로 구분하고, 과목별 이수학점 기준은 별표 3과 같다.

임상영양사 교육과정의 과목별 이수학점 기준〈시행규칙 별표 3〉

구분	과목명	학점
이론과목	고급영양이론	3
	병태생리학	3
	임상영양치료	6
	고급영양상담 및 교육	2
	임상영양연구	2
실습과목	임상영양실습	8
계		24

비고
1. 이론과목에 대해서는 수업학기당 15시간을 1학점으로 인정하고, 실습과목에 대해서는 60시간을 1학점으로 인정한다.
2. 실습은 일주일에 40시간까지 인정하며, 최소 4학점 이상은 실습협약기관으로 지정된 의료기관에서 실습해야 한다.

㉯ 임상영양사 교육기관의 장은 임상영양사 교육과정을 마친 사람에게 임상영양사 교육과정 수료증을 발급하여야 한다.

㉣ **임상영양사 자격시험의 시행과 공고〈시행규칙 제28조〉**

㉮ 보건복지부장관은 매년 1회 이상 임상영양사 자격시험을 시행하여야 한다. 다만, 영양사 인력 수급(需給) 등을 고려하여 시험을 시행하는 것이 적절하지 않다고 인정하는 경우에는 임상영양사 자격시험을 시행하지 않을 수 있다.

㉯ 보건복지부장관은 임상영양사 자격시험의 관리를 다음 각 호의 요건을 갖춘 관계 전문기관(이하 "임상영양사 자격시험관리기관"이라 한다)으로 하여금 하도록 한다.

ⓐ 정부가 설립·운영비용의 일부를 출연한 비영리법인

ⓑ 자격시험에 관한 전문적인 능력을 갖춘 비영리법인

㉰ 임상영양사 자격시험을 실시하는 임상영양사 자격시험관리기관의 장은 보건복지부장관의 승인을 받아 임상영양사 자격시험의 일시, 시험장소, 시험과목, 시험방법, 응시원서 및 서류 접수, 응시 수수료의 금액 및 납부방법, 그 밖에 시험 시행에 필요한 사항을 정하여 시험 실시 30일 전까지 공고하여야 한다.

㉤ **임상영양사 자격시험의 응시자격 및 응시절차〈시행규칙 제29조〉**

㉮ 임상영양사 자격시험에 응시할 수 있는 사람은 임상영양사 자격기준의 어느 하나에 해당하는 사람으로 한다.

㉯ 임상영양사 자격시험에 응시하려는 사람은 임상영양사 자격시험 응시원서를 임상영양사 자격시험관리기관의 장에게 제출하여야 한다.

㉥ **임상영양사 자격시험의 시험방법 등〈시행규칙 제30조〉**

㉮ 임상영양사 자격시험은 필기시험으로 한다.

㉯ 임상영양사 자격시험의 합격자는 총점의 60퍼센트 이상을 득점한 사람으로 한다.

㉰ 임상영양사 자격시험의 시험과목, 출제방법, 배점비율, 그 밖에 시험 시행에 필요한 사항은 임상영양사 자격시험관리기관의 장이 정한다.

㉦ **임상영양사 합격자 발표 등〈시행규칙 제31조〉**

㉮ 임상영양사 자격시험관리기관의 장은 임상영양사 자격시험을 실시한 후 합격자를 결정하여 발표한다.

㉯ 합격자는 다음 각 호의 서류를 합격자 발표일로부터 10일 이내에 임상영양사 자격시험관리기관의 장에게 제출하여야 한다.

ⓐ 수료증 사본 또는 외국의 임상영양사 자격증 사본

ⓑ 영양사 면허증 사본

ⓒ 사진 3장

㉰ 임상영양사 자격시험관리기관의 장은 합격자 발표 후 15일 이내에 다음 각 호의 서류를 보건복지부장관에게 제출하여야 한다.

ⓐ 합격자의 성명, 주민등록번호, 영양사 면허번호 및 면허 연월일, 수험번호 등이 적혀 있는 합격자 대장

ⓑ 수료증 사본 또는 외국의 임상영양사 자격증 사본

ⓒ 사진 1장

◎ 임상영양사 자격증 교부〈시행규칙 제32조〉

㉮ 보건복지부장관은 임상영양사 자격시험관리기관의 장으로부터 서류를 제출받은 경우에는 임상영양사 자격인정대장에 다음 각 호의 사항을 적고, 합격자에게 임상영양사 자격증을 교부하여야 한다.

ⓐ 성명 및 생년월일

ⓑ 임상영양사 자격인정번호 및 자격인정 연월일

ⓒ 임상영양사 자격시험 합격 연월일

ⓓ 영양사 면허번호 및 면허 연월일

㉯ 임상영양사의 자격증의 재교부에 관하여는 면허증의 재교부 규정을 준용한다. 이 경우 "영양사"는 "임상영양사"로, "면허증"은 "자격증"으로 본다.

(2) 비용의 보조〈법 제24조〉

국가나 지방자치단체는 회계연도마다 예산의 범위에서 영양관리사업의 수행에 필요한 비용의 일부를 부담하거나 사업을 수행하는 법인 또는 단체에 보조할 수 있다.

(3) 권한의 위임·위탁〈법 제25조〉

① 이 법에 따른 보건복지부장관의 권한은 대통령령으로 정하는 바에 따라 그 일부를 시·도지사에게 위임할 수 있다.

② 이 법에 따른 보건복지부장관의 업무는 대통령령으로 정하는 바에 따라 그 일부를 관계 전문기관에 위탁할 수 있다.

③ 업무의 위탁〈시행령 제10조〉

㉠ 보건복지부장관은 보수교육업무를 협회에 위탁한다.

㉡ 보건복지부장관은 다음 각 호의 업무를 관계 전문기관에 위탁한다.

㉮ 영양·식생활 교육사업

㉯ 영양취약계층 등의 영양관리사업

㉰ 통계·정보의 수집·관리

㉱ 영양 및 식생활 조사

㉲ 영양소 섭취기준 및 식생활 지침의 제정·개정·보급

㉳ 임상영양사의 자격시험 관리

ⓒ ⓛ에서 "관계 전문기관"이란 다음 각 호의 어느 하나에 해당하는 기관 중에서 보건복지부장관
이 지정하는 기관을 말한다.

㉮ 「고등교육법」에 따른 학교로서 식품학 또는 영양학 전공이 개설된 전문대학 이상의 학교

㉯ 협회

㉰ 정부가 설립하거나 정부가 운영비용의 전부 또는 일부를 지원하는 영양관리업무 관련 비영리
법인

㉱ 그 밖에 영양관리업무에 관한 전문 인력과 능력을 갖춘 비영리법인

(4) 수수료〈법 제26조〉

① 지방자치단체의 장은 영양관리사업에 드는 경비 중 일부에 대하여 그 이용자로부터 조례로 정
하는 바에 따라 수수료를 징수할 수 있다.

② 수수료를 징수하는 경우 지방자치단체의 장은 노인, 장애인, 「국민기초생활 보장법」에 따른 수
급권자 등의 수수료를 감면하여야 한다.

③ 영양사의 면허를 받거나 면허증을 재교부 받으려는 사람 또는 국가시험에 응시하려는 사람은
보건복지부령으로 정하는 바에 따라 수수료를 내야 하며, 수수료에 관한 사항은 다음과 같다.
〈시행규칙 제33조〉

㉠ 영양사 국가시험에 응시하려는 사람은 영양사 국가시험관리기관의 장이 보건복지부장관의 승
인을 받아 결정한 수수료를 내야 한다.

㉡ 면허증 또는 자격증의 재교부를 신청하거나 면허 또는 자격사항에 관한 증명을 신청하는 사
람은 다음 각 호의 구분에 따른 수수료를 수입인지로 내거나 정보통신망을 이용하여 전자화
폐 · 전자결제 등의 방법으로 내야 한다.

㉮ 면허증 또는 자격증의 재교부수수료 : 2천원

㉯ 면허 또는 자격사항에 관한 증명수수료 : 500원(정보통신망을 이용하여 발급받는 경우 무료)

㉢ 임상영양사 자격시험에 응시하려는 사람은 임상영양사 자격시험관리기관의 장이 보건복지부
장관의 승인을 받아 결정한 수수료를 내야 한다.

④ 영양사 국가시험 관리를 위탁받은 「한국보건의료인국가시험원법」에 따른 한국보건의료인국가시
험원은 국가시험의 응시수수료를 보건복지부장관의 승인을 받아 시험관리에 필요한 경비에 직
접 충당할 수 있다.

(5) 벌칙 적용에서의 공무원 의제⟨법 제27조⟩

위탁받은 업무에 종사하는 전문기관의 임직원은 「형법」 제129조부터 제132조까지의 규정에 따른 벌칙의 적용에서는 공무원으로 본다.

(6) 민감정보 및 고유식별정보의 처리⟨시행령 제10조의2⟩

보건복지부장관 보건복지부장관의 권한을 위탁받은 자를 포함한다)은 다음 각 호의 사무를 수행하기 위하여 불가피한 경우 「개인정보 보호법」에 따른 건강에 관한 정보, 주민등록번호, 여권번호 또는 외국인등록번호가 포함된 자료를 처리할 수 있다.

① 영양 · 식생활 교육사업에 관한 사무

② 영양취약계층 등의 영양관리사업에 관한 사무

③ 통계 · 정보에 관한 사무

④ 영양관리를 위한 영양 및 식생활 조사에 관한 사무

⑤ 영양사 면허 및 국가시험 등에 관한 사무

⑥ 영양사 면허의 결격사유 확인에 관한 사무

⑦ 영양사 면허의 등록에 관한 사무

⑧ 영양사 보수교육에 관한 사무

⑨ 영양사의 실태와 취업상황 등의 신고에 관한 사무

⑩ 영양사 면허취소처분 및 면허정지처분에 관한 사무

⑪ 임상영양사의 자격기준 및 국가시험에 관한 사무

2 벌칙⟨법 제28조⟩

① 다른 사람에게 영양사 면허증을 대여한 사람은 1년 이하의 징역 또는 1천만 원 이하의 벌금에 처한다.

② 영양사라는 명칭을 사용한 사람은 300만 원 이하의 벌금에 처한다.

05 출제예상문제

1 다음 중 임상영양사의 업무로 맞지 않는 것은?

① 영양문제 수집·분석 및 영양요구량 산정 등의 영양판정

② 식단작성, 검식(檢食) 및 배식관리

③ 영양관리상태 점검을 위한 영양모니터링 및 평가

④ 영양불량상태 개선을 위한 영양관리

> **NOTE** 임상영양사의 업〈시행규칙 제22조〉 … 임상영양사는 질병의 예방과 관리를 위하여 질병별로 전문화된 다음 각 호의 업무를 수행한다.
> ㉠ 영양문제 수집·분석 및 영양요구량 산정 등의 영양판정
> ㉡ 영양상담 및 교육
> ㉢ 영양관리상태 점검을 위한 영양모니터링 및 평가
> ㉣ 영양불량상태 개선을 위한 영양관리
> ㉤ 임상영양 자문 및 연구
> ㉥ 그 밖에 임상영양과 관련된 업무

2 다음 중 임상영양사 자격시험에 대한 설명으로 맞지 않는 것은?

① 보건복지부장관은 매년 1회 이상 임상영양사 자격시험을 시행하여야 한다.

② 영양사 인력 수급(需給) 등을 고려하여 시험을 시행하는 것이 적절하지 않다고 인정하는 경우에는 임상영양사 자격시험을 시행하지 않을 수 있다.

③ 임상영양사 자격시험을 실시하는 임상영양사 자격시험관리기관의 장은 보건복지부장관의 승인을 받아야 한다.

④ 시험 시행에 필요한 사항을 정하여 시험 실시 60일 전까지 공고하여야 한다.

ANSWER 1.② 2.④

NOTE 임상영양사 자격시험의 시행과 공고〈시행규칙 제28조〉
　㉠ 보건복지부장관은 매년 1회 이상 임상영양사 자격시험을 시행하여야 한다. 다만, 영양사 인력 수급(需給) 등을 고려하여 시험을 시행하는 것이 적절하지 않다고 인정하는 경우에는 임상영양사 자격시험을 시행하지 않을 수 있다.
　㉡ 보건복지부장관은 임상영양사 자격시험의 관리를 다음 각 호의 요건을 갖춘 관계 전문기관(이하 "임상영양사 자격시험관리기관"이라 한다)으로 하여금 하도록 한다.
　　• 정부가 설립·운영비용의 일부를 출연한 비영리법인
　　• 자격시험에 관한 전문적인 능력을 갖춘 비영리법인
　㉢ 임상영양사 자격시험을 실시하는 임상영양사 자격시험관리기관의 장은 보건복지부장관의 승인을 받아 임상영양사 자격시험의 일시, 시험장소, 시험과목, 시험방법, 응시원서 및 서류접수, 응시 수수료의 금액 및 납부방법, 그 밖에 시험 시행에 필요한 사항을 정하여 시험 실시 30일 전까지 공고하여야 한다.

3 다음 중 합격자가 발표일로부터 10일 이내에 임상영양사 자격시험관리기관의 장에게 제출하여야 할 서류로 맞지 않는 것은?

① 수료증 사본 또는 외국의 임상영양사 자격증 사본
② 영양사 면허증 사본
③ 사진 3장
④ 수험번호가 적혀 있는 합격자 대장

NOTE 임상영양사 합격자 발표 등〈시행규칙 제31조〉
　㉠ 임상영양사 자격시험관리기관의 장은 임상영양사 자격시험을 실시한 후 합격자를 결정하여 발표한다.
　㉡ 합격자는 다음 각 호의 서류를 합격자 발표일로부터 10일 이내에 임상영양사 자격시험관리기관의 장에게 제출하여야 한다.
　　• 수료증 사본 또는 외국의 임상영양사 자격증 사본
　　• 영양사 면허증 사본
　　• 사진 3장
　㉢ 임상영양사 자격시험관리기관의 장은 합격자 발표 후 15일 이내에 다음 각 호의 서류를 보건복지부장관에게 제출하여야 한다.
　　• 합격자의 성명, 주민등록번호, 영양사 면허번호 및 면허 연월일, 수험번호 등이 적혀 있는 합격자 대장
　　• 수료증 사본 또는 외국의 임상영양사 자격증 사본
　　• 사진 1장

ANSWER 3.④

4 다음 중 보건복지부장관이 업무를 관계 전문기관에 위탁할 업무로 맞지 않는 것은?

① 식품의 영양 및 부패상태 실태조사
② 영양취약계층 등의 영양관리사업
③ 영양소 섭취기준 및 식생활 지침의 제정·개정·보급
④ 임상영양사의 자격시험 관리

> **NOTE** 업무의 위탁〈시행령 제10조〉
> ㉠ 보건복지부장관은 보수교육업무를 협회에 위탁한다.
> ㉡ 보건복지부장관은 다음 각 호의 업무를 관계 전문기관에 위탁한다.
> • 영양·식생활 교육사업
> • 영양취약계층 등의 영양관리사업
> • 통계·정보의 수집·관리
> • 영양 및 식생활 조사
> • 영양소 섭취기준 및 식생활 지침의 제정·개정·보급
> • 임상영양사의 자격시험 관리

5 다음 중 지방자치단체의 장이 수수료를 감면하여야 할 대상으로 맞지 않는 것은?

① 노인
② 장애인
③ 국민기초생활 수급권자
④ 영양사의 면허 취소자

> **NOTE** 수수료〈법 제26조〉
> ㉠ 지방자치단체의 장은 영양관리사업에 드는 경비 중 일부에 대하여 그 이용자로부터 조례로 정하는 바에 따라 수수료를 징수할 수 있다.
> ㉡ 수수료를 징수하는 경우 지방자치단체의 장은 노인, 장애인, 「국민기초생활 보장법」에 따른 수급권자 등의 수수료를 감면하여야 한다.
> ㉢ 영양사의 면허를 받거나 면허증을 재교부 받으려는 사람 또는 국가시험에 응시하려는 사람은 보건복지부령으로 정하는 바에 따라 수수료를 내야 한다.

6 다음 중 다른 사람에게 영양사 면허증을 대여한 사람에 대한 처벌기준으로 알맞은 것은?

① 1년 이하의 징역 또는 1천만 원 이하의 벌금에 처한다.

② 1년 이하의 징역 또는 1천5백만 원 이하의 벌금에 처한다.

③ 2년 이하의 징역 또는 1천만 원 이하의 벌금에 처한다.

④ 3년 이하의 징역 또는 1천5백만 원 이하의 벌금에 처한다.

> ■NOTE 다른 사람에게 영양사 면허증을 대여한 사람은 1년 이하의 징역 또는 1천만 원 이하의 벌금에 처한다. 〈법 제28조〉

7 다음 중 불법으로 영양사라는 명칭을 사용한 사람에 대한 처벌기준으로 알맞은 것은?

① 100만 원 이하의 벌금에 처한다.

② 200만 원 이하의 벌금에 처한다.

③ 300만 원 이하의 벌금에 처한다.

④ 500만 원 이하의 벌금에 처한다.

> ■NOTE 영양사라는 명칭을 사용한 사람은 300만 원 이하의 벌금에 처한다.

■ANSWER 6.① 7.③

조리직 공무원

위생관계법규

PART

04

학교보건법

학교보건법

학교보건법

(1) 목적〈법 제1조〉

이 법은 학교의 보건관리에 필요한 사항을 규정하여 학생과 교직원의 건강을 보호·증진함을 목적으로 한다.

(2) 정의〈법 제2조〉

이 법에서 사용하는 용어의 뜻은 다음과 같다.

① "건강검사"란 신체의 발달상황 및 능력, 정신건강 상태, 생활습관, 질병의 유무 등에 대하여 조사하거나 검사하는 것을 말한다.

② "학교"란 「유아교육법」, 「초·중등교육법」 및 「고등교육법」에 따른 각 학교를 말한다.

(3) 국가와 지방자치단체의 의무〈법 제2조의2〉

국가와 지방자치단체는 학생과 교직원의 건강을 보호·증진하기 위한 기본계획을 수립·시행하고, 이에 필요한 시책을 마련하여야 한다.

(4) 보건시설〈법 제3조〉

학교의 설립자·경영자는 대통령령으로 정하는 바에 따라 보건실을 설치하고 학교보건에 필요한 시설과 기구(器具)를 갖추어야 하며, 보건실의 설치기준은 다음과 같다.〈시행령 제2조〉

① 「학교보건법」에 따른 보건실의 설치기준은 다음 각 호와 같다.

   ㉠ 위치 : 학생과 교직원의 응급처치 등이 신속히 이루어질 수 있도록 이용하기 쉽고 통풍과 채광이 잘 되는 장소일 것

   ㉡ 면적 : 66제곱미터 이상. 다만, 교육부장관(「대학설립·운영 규정」에 따른 대학만 해당된다) 또는 특별시·광역시·특별자치시·도 또는 특별자치도(이하 "시·도"라 한다)의 교육감(「고등학교 이하 각급 학교 설립·운영 규정」에 따른 각급 학교만 해당된다)은 학생수 등을 고려하여 학생과 교직원의 건강관리에 지장이 없는 범위에서 그 면적을 완화할 수 있다.

② 보건실에는 학교보건에 필요한 다음 각 호의 시설 및 기구를 갖추어야 한다.

　　㉠ 학생과 교직원의 건강관리와 응급처치 등에 필요한 시설 및 기구

　　㉡ 학교환경위생 및 식품위생검사에 필요한 기구

③ 보건실에 갖추어야 하는 시설 및 기구의 구체적인 기준은 「초·중등교육법」에 따른 국립학교와 「고등교육법」에 따른 학교의 경우에는 교육부령으로 정하고, 「초·중등교육법」에 따른 공립학교 및 사립학교의 경우에는 시·도 교육규칙으로 정하며, 보건실에 갖추어야 하는 시설 및 기구의 구체적인 기준은 별표 1과 같다.〈시행규칙 제2조〉

보건실에 갖추어야 하는 시설 및 기구의 구체적인 기준〈시행규칙 별표 1〉

구분	기준
일반 시설 및 기구 등	사무용 책상·의자, 건강기록부 및 서류 보관장, 약장·기기보관함, 소독(멸균)기, 냉·온장고, 물 끓이는 기구, 손전등, 가습기, 수도시설 및 세면대, 냉·난방시설, 통신시설, 컴퓨터·프린터기, 칠판·교육용 기자재 등
환자안정용 기구	침대·침구류 및 보관장, 칸막이(가리개), 보온기구 등
건강진단 및 상담용 기구	신장계·체중계·줄자·좌고계, 비만측정기, 시력표·조명장치·눈가리개·시력검사용 지시봉, 색각검사표, 청력계, 혈압계·청진기, 혈당측정기, 스톱워치(stopwatch), 검안경·검이경·비경, 펜라이트(penlight), 치과용 거울, 탐침·핀셋, 상담용 의자·탁자 및 진찰용 의자 등
응급처치용 기구	체온계, 핀셋·핀셋통, 가위·농반·가제통·소독접시·드레싱카, 부목·휴대용 구급기구·구급낭·들것·목발, 세안수기·찜질기·켈리(지혈감자), 휴대용 산소기 및 구급처치용 침대 등
환경위생 및 식품위생검사용 기구	통풍건습계, 흑구온도계, 조도계, 가스검지기, 먼지측정기, 소음계 및 수질검사용 기구 등
기타	학생 및 교직원의 보건관리에 필요한 시설·기구 등
비고 : 교육감은 학교의 실정에 따라 제5호의 규정에 의한 기준을 조정할 수 있다.	

(5) 학교의 환경위생 및 식품위생〈법 제4조〉

① 학교의 장은 교육부령으로 정하는 바에 따라 교사(校舍) 안에서의 환기·채광·조명·온도·습도의 조절, 상하수도·화장실의 설치 및 관리, 오염공기·석면·폐기물·소음·휘발성유기화합물·세균·먼지 등의 예방 및 처리 등 환경위생과 식기·식품·먹는 물의 관리 등 식품위생을 적절히 유지·관리하여야 한다.

② 학교의 장은 교사 안에서의 환경위생 및 식품위생을 적절히 유지·관리하기 위하여 교육부령으로 정하는 바에 따라 점검하고, 그 결과를 기록·보존 및 보고하여야 한다.

③ 학교의 장은 점검에 관한 업무를 교육부령으로 정하는 바에 따라 「환경분야 시험·검사 등에 관한 법률」에 따른 측정대행업자에게 위탁하거나 교육감에게 전문인력 등의 지원을 요청하여 수행할 수 있다.

④ 학교의 장은 점검 결과가 교육부령으로 정하는 기준에 맞지 아니한 경우에는 시설의 보완 등 필요한 조치를 하고 이를 교육부장관 및 교육감에게 보고하여야 한다.

⑤ 교육부장관이나 교육감은 환경위생과 식품위생을 적절히 유지·관리하기 위하여 필요하다고 인정하면 관계 공무원에게 학교에 출입하여 점검을 하거나 점검 결과의 기록 등을 확인하게 할 수 있으며, 개선이 필요한 경우에는 행정적·재정적 지원을 할 수 있다.

⑥ 학교의 장은 환경위생 및 식품위생 점검 결과 및 보완 조치를 교육부령으로 정히는 바에 따라 공개하여야 한다.

⑦ 환경위생 및 식품위생의 유지관리〈시행규칙 제3조〉

　㉠ 「학교보건법」에 따라 학교의 장이 유지·관리하여야 하는 교사 안에서의 환경위생 및 식품위생에 관한 기준은 다음 각 호와 같다.

　　㉮ 환기·채광·조명·온습도의 조절기준과 환기설비의 구조 및 설치기준은 별표 2와 같다.

> **환기·채광·조명·온습도의 조절기준과 환기설비의 구조 및 설치기준〈시행규칙 별표 2〉**
>
> 1. 환기
>   가. 환기의 조절기준
>   　환기용 창 등을 수시로 개방하거나 기계식 환기설비를 수시로 가동하여 1인당 환기량이 시간당 21.6세제곱미터 이상이 되도록 할 것
>   나. 환기설비의 구조 및 설치기준(환기설비의 구조 및 설치기준을 두는 경우에 한한다)
>   　1) 환기설비는 교사 안에서의 공기의 질의 유지기준을 충족할 수 있도록 충분한 외부공기를 유입하고 내부공기를 배출할 수 있는 용량으로 설치할 것
>   　2) 교사의 환기설비에 대한 용량의 기준은 환기의 조절기준에 적합한 용량으로 할 것
>   　3) 교사 안으로 들어오는 공기의 분포를 균등하게 하여 실내공기의 순환이 골고루 이루어지도록 할 것
>   　4) 중앙관리방식의 환기설비를 계획할 경우 환기닥트는 공기를 오염시키지 아니하는 재료로 만들 것
> 2. 채광(자연조명)
>   가. 직사광선을 포함하지 아니하는 천공광에 의한 옥외 수평조도와 실내조도와의 비가 평균 5퍼센트 이상으로 하되, 최소 2퍼센트 미만이 되지 아니하도록 할 것
>   나. 최대조도와 최소조도의 비율이 10대 1을 넘지 아니하도록 할 것
>   다. 교실 바깥의 반사물로부터 눈부심이 발생되지 아니하도록 할 것

3. 조도(인공조명)
   가. 교실의 조명도는 책상면을 기준으로 300룩스 이상이 되도록 할 것
   나. 최대조도와 최소조도의 비율이 3대 1을 넘지 아니하도록 할 것
   다. 인공조명에 의한 눈부심이 발생되지 아니하도록 할 것
4. 실내온도 및 습도
   가. 실내온도는 섭씨 18도 이상 28도 이하로 하되, 난방온도는 섭씨 18도 이상 20도 이하, 냉방온도는 섭씨 26도 이상 28도 이하로 할 것
   나. 비교습도는 30퍼센트 이상 80퍼센트 이하로 할 것

㉯ 상하수도·화장실의 설치 및 관리기준은 별표 3과 같다.

상하수도·화장실의 설치 및 관리기준〈시행규칙 별표 3〉
1. 상·하수도의 설치 및 관리기준
   「수도법」 및 「하수도법」의 관련규정에 의하여 설치·관리할 것
2. 화장실의 설치 및 관리기준
   가. 화장실의 설치기준
      (1) 화장실은 남자용과 여자용으로 구분하여 설치하되, 학생 및 교직원이 쉽고 편리하게 이용할 수 있도록 필요한 면적과 변기수를 확보할 것
      (2) 대변기 및 소변기는 수세식으로 할 것(상·하수도시설의 미비 또는 수질오염 등의 이유로 인하여 수세식화장실을 설치하기 어려운 경우에는 제외한다)
      (3) 출입구는 남자용과 여자용이 구분되도록 따로 설치할 것
      (4) 대변기의 칸막이 안에는 소지품을 두거나 옷을 걸 수 있는 설비를 할 것
      (5) 화장실 안에는 손씻는 시설과 소독시설 등을 갖출 것
   나. 화장실의 유지·관리기준
      (1) 항상 청결이 유지되도록 청소하고 위생적으로 관리할 것
      (2) 악취의 발산과 쥐 및 파리·모기 등 해로운 벌레의 발생·번식을 방지하도록 화장실의 내부 및 외부를 4월부터 9월까지는 주 3회 이상, 10월부터 다음해 3월까지는 주1회 이상 소독을 실시할 것

㉰ 폐기물 및 소음의 예방 및 처리기준은 별표 4와 같다.

폐기물 및 소음의 예방 및 처리기준〈시행규칙 별표 4〉
1. 삭제 〈2005.11.14〉
2. 폐기물의 예방 및 처리기준
   가. 교지 및 교사는 청결히 유지하여 하며, 폐기물의 재활용 조치 등 폐기물의 발생을 예방하거나 감량화에 노력할 것
   나. 학교내에는 「폐기물관리법 시행규칙」의 규정에 의한 폐기물소각시설을 설치·운영하지 아니하도록 할 것

다. 폐기물을 배출할 때에는 그 종류 및 성상에 따라 분리하여 배출할 것

3. 소음의 기준

   교사내의 소음은 55dB(A) 이하로 할 것

㉰ 공기의 질 등의 유지·관리기준은 별표 4의2와 같다.

교사 안에서의 공기의 질에 대한 유지·관리기준〈시행규칙 별표 4의2〉

1. 유지기준

오염물질 항목	기준	적용시설	비고
미세먼지($\mu g/m^3$)	100	모든 교실	10마이크로미터 이하
이산화탄소(ppm)	1,000		기계환기시설은 1,500ppm
폼알데하이드($\mu g/m^3$)	100		
총부유세균(CFU/m^3)	800		
낙하세균(CFU/실당)	10	보건실·식당	
일산화탄소(ppm)	10	개별난방 및 도로변교실	직접연소에 의한 난방의 경우
이산화질소(ppm)	0.05		
라돈(Bq/m^3)	148	1층 이하 교실	
총휘발성유기화합물($\mu g/m^3$)	400	건축한 때로부터 3년이 경과되지 아니한 학교	증축 및 개축 포함
석면(개/cc)	0.01	「석면안전관리법」에 따른 석면건축물에 해당하는 학교	
오존(ppm)	0.06	교무실 및 행정실	오존을 발생시키는 사무기기(복사기 등)가 있는 경우
진드기(마리/m^2)	100	보건실	

2. 관리기준

대상 시설	중점관리기준
신축학교	• 「다중이용시설 등의 실내공기질관리법」의 규정에 의한 오염물질방출건축자재의 사용을 제한할 것 • 교사 안에서의 원활한 환기를 위하여 환기시설을 설치할 것 • 책상·의자·상판 등 학교의 비품은 「산업표준화법」에 따른 한국산업표준에 적합하다는 인증을 받은 제품을 사용할 것 • 교사 안에서의 폼알데하이드 및 휘발성유기화합물이 유지기준에 적합하도록 필요한 조치를 강구하고 사용할 것
개교 후 3년 이내의 학교	폼알데하이드 및 휘발성유기화합물 등이 유지기준에 적합하도록 중점적으로 관리할 것

노후화된 학교 (10년 이상이 된 학교)	• 미세먼지 및 부유세균이 유지기준에 적합하도록 중점 관리할 것 • 기존시설을 개수 및 보수를 하는 때에는 친환경 건축자재를 사용할 것 • 책상·의자·상판 등 학교의 비품은 「산업표준화법」에 따른 한국산업표준에 적합하다는 인증을 받은 제품을 사용할 것
도로변 학교 등	• 차량의 통행이 많은 도로변의 학교와 겨울철에 개별난방(직접연소에 의한 난방의 경우에 한한다)을 하는 교실은 일산화탄소 및 이산화질소가 유지기준에 적합하도록 중점적으로 관리할 것 • 식당 및 보건실 등은 낙하세균과 진드기(보건실에 한한다)가 유지기준에 적합하도록 중점적으로 관리할 것 • 석면을 분무재 또는 내화피복재로 사용한 학교는 석면이 유지기준에 적합하도록 중점적으로 관리할 것

⑩ 식기·식품·먹는 물의 관리 등 식품위생에 관한 기준은 별표 5와 같다.

식기·식품 및 먹는물의 관리 등 식품위생에 관한 사항〈시행규칙 별표 5〉

1. 식기·식품의 관리기준
   가. 식품 등을 취급하는 재료보관실·조리실 등의 내부는 항상 청결하게 관리하여야 한다.
   나. 식품 등의 원료 및 제품중 부패·변질이 되기 쉬운 것은 냉동·냉장시설에 보관·관리하여야 한다.
   다. 식품 등의 보관·운반·진열시에는 식품 등의 기준 및 규격이 정하고 있는 보존 및 보관기준에 적합하도록 관리하여야 하고, 이 경우 냉동·냉장시설 및 운반시설은 항상 정상적으로 작동시켜야 한다.
   라. 식품 등의 제조·조리·가공 등에 직접 종사하는 자는 위생복·위생모를 착용하는 등 개인위생을 철저히 관리하여야 한다.
   마. 식품 등의 제조·조리·가공에 직접 사용되는 기계·기구 및 음식기는 사용후에 세척·살균하는 등 항상 청결하게 유지·관리하여야 한다.
   바. 유통기한이 경과된 식품 등을 제공하거나 제공할 목적으로 진열·보관하여서는 아니된다.
2. 먹는물의 관리기준
   가. 급수시설 설치
      (1) 상수도 또는 마을상수도에 의하여 먹는물을 공급하는 경우에는 저수조를 경유하지 아니하고 직접 수도꼭지에 연결하여 공급하여야 한다. 다만, 직접 수도꼭지에 연결하기가 곤란한 경우에는 제외한다.
      (2) 지하수 등에 의하여 먹는물을 공급하는 경우에는 저수조 등의 시설을 경유하여야 한다.

나. 급수시설관리

　　(1) 급수시설·설비는 항상 위생적으로 관리하여야 하며, 급수시설에서 사용중인 저수조는 「수도법 시행규칙」에 따른 청소 및 위생상태 점검을 실시하고, 외부인이 출입할 수 없도록 잠금장치 등의 조치를 하여야 한다.

　　(2) 지하수 등을 먹는물로 사용하는 경우에는 원수의 수질 안정성 확보를 위하여 필요 시 정수 또는 소독 등의 조치를 하여야 한다.

　　(3) 급수설비 및 급수관은 「수도법」에 따라 소독등위생조치, 수질검사 및 세척등조치를 실시하여야 한다.

다. 먹는물의 공급 등

　　학생 및 교직원에게 공급하는 먹는물은 「먹는물관리법」에 따른 수질기준에 적합한 물을 제공하여야 한다.

라. 수질검사

　　(1) 저수조를 사용하는 학교의 경우 「수도법 시행규칙」에 따라 수질검사를 실시하여야 한다.

　　(2) 지하수는 「먹는물 수질기준 및 검사 등에 관한 규칙」에 따라 수질검사를 실시하여야 한다.

마. 나목 및 라목에도 불구하고, 학교의 장은 학교의 규모 및 급수시설의 노후도 등을 고려하여 급수시설의 청소 및 위생상태 점검주기와 수질검사(수질검사 대상이 아닌 학교에서 실시하는 수질검사를 포함한다)주기를 단축할 수 있다.

ⓛ 학교의 장은 교사 안에서의 환경위생 및 식품위생상태가 기준에 적합한지 여부를 확인하기 위하여 점검을 실시하여야 한다.

ⓒ 점검의 종류 및 시기는 별표 6과 같이 하고, 점검방법 그 밖의 필요한 사항은 교육부장관이 정하여 이를 고시한다.

교사안에서의 환경위생 및 식품위생에 대한 점검의 종류 및 시기〈시행규칙 별표 6〉

점검종류	점검시기
일상점검	매 수업일
정기점검	매 학년 : 1회 이상. 다만, 별도의 점검횟수를 정한 경우에는 그 규정을 따른다.
특별점검	• 전염병 등에 의하여 집단적으로 환자가 발생할 우려가 있거나 발생한 때 • 풍수해 등으로 환경이 불결하게 되거나 오염된 때 • 학교를 신축·개축·개수 등을 하거나, 책상·의자·컴퓨터 등 새로운 비품을 교사 안으로 반입하여 폼알데하이드 및 휘발성유기화합물이 발생할 우려가 있을 때 • 그 밖에 학교의 장이 필요하다고 인정하는 때

비고 : 오염물질 중 라돈에 대한 정기점검의 경우 최초 실시 학년도 및 그 다음 학년도의 점검 결과가 각각 유지기준의 50퍼센트 미만에 해당하는 1층 교실에 대해서는 교육부장관이 정하는 바에 따라 정기점검의 주기를 늘릴 수 있다.

ⓔ 학교의 장은 점검을 실시한 때에는 그 결과를 기록·비치하여야 하고, 교사 안에서의 환경위생 및 식품위생의 상태가 ⓖ의 기준에 미달되는 경우에는 시설의 보완 등 필요한 조치를 강구하여야 한다.

ⓜ 학교의 장은 환경위생 및 식품위생에 대한 점검 결과 및 보완 조치 내용을 학교의 홈페이지 또는 교육부장관이 운영하는 공시 관련 홈페이지를 통하여 공개하여야 한다.

⑧ 검사요청 등〈시행규칙 제3조의2〉

ⓖ 교사 안의 환경위생 및 식품위생을 유지·관리하기 위하여 학교의 장이 점검을 실시하는 경우에는 교육감 또는 교육장에게 점검방법의 지도 및 전문인력 등의 지원을 요청하거나 환경위생 및 식품위생의 상태를 전문적으로 점검하는 기관에 의뢰하여 오염의 정도를 측정하게 할 수 있다.

ⓛ 교육감 또는 교육장은 지원요청을 받은 경우에는 소속 공무원으로 하여금 관할학교에 대하여 오염물질을 직접 검사하게 하거나 환경위생 및 식품위생의 상태를 전문적으로 점검하는 기관에 의뢰하여 오염의 정도를 측정하게 할 수 있다.

⑨ 환경위생관리자의 지정 및 교육〈시행규칙 제3조의3〉

ⓖ 학교의 장은 교사 안에서의 환경위생을 유지·관리하기 위하여 소속 교직원 중에서 환경위생에 관한 업무를 관리하는 자(이하 "환경위생관리자"라 한다)를 지정하여야 한다.

ⓛ 교육감은 학교의 장이 지정한 환경위생관리자 및 환경위생의 유지·관리를 담당하는 소속 공무원의 전문성을 신장하기 위하여 필요한 교육을 실시하거나 환경위생의 유지·관리에 관한 교육을 전문적으로 실시하는 기관에 이들을 위탁하여 교육을 받을 수 있도록 하여야 한다.

⑩ 유치원 및 대학의 환경위생 기준 등〈시행규칙 제6조〉… 「유아교육법」에 따른 유치원 및 「고등교육법」에 따른 학교의 장은 기준에 준하는 별도의 기준을 정하여 보건실에 필요한 시설 및 기구를 갖추고, 교사안에서의 환경위생 및 식품위생을 유지·관리할 수 있다.

(6) 건강검사 등〈법 제7조〉

① 학교의 장은 학생과 교직원에 대하여 건강검사를 하여야 한다. 다만, 교직원에 대한 건강검사는 「국민건강보험법」에 따른 건강검진으로 갈음할 수 있다.

② 학교의 장은 건강검사를 할 때에 질병의 유무 등을 조사하거나 검사하기 위하여 다음 각 호의 어느 하나에 해당하는 학생에 대하여는 「국민건강보험법」에 따른 건강검진 실시 기관에 의뢰하여 교육부령으로 정하는 사항에 대한 건강검사를 한다.

ⓖ 「초·중등교육법」의 초등학교·공민학교와 이에 준하는 특수학교·각종 학교의 1학년 및 4학년 학생. 다만, 구강검진은 전 학년에 대하여 실시하되, 그 방법과 비용 등에 관한 사항은 지역 실정에 따라 교육감이 정한다.

ⓛ 「초·중등교육법」의 중학교·공민고등학교·고등학교·고등기술학교의 학교와 이에 준하는 특수학교·각종 학교의 1학년 학생

ⓒ 그 밖에 건강을 보호·증진하기 위하여 교육부령으로 정하는 학생

③ 학교의 장은 건강검사 외에 학생의 건강을 보호·증진하기 위하여 필요하다고 인정하면 교육부령으로 정하는 바에 따라 그 학생을 별도로 검사할 수 있다.

④ 학교의 장은 천재지변 등 부득이한 사유로 관할 교육감 또는 교육장의 승인을 받은 경우에는 교육부령으로 정하는 바에 따라 건강검사를 연기하거나 건강검사의 전부 또는 일부를 생략할 수 있다.

⑤ 건강검사를 한 검진기관은 교육부령으로 정하는 바에 따라 그 검사결과를 해당 학생 또는 학부모와 해당 학교의 장에게 알려야 한다.

⑥ 학교의 장은 정신건강 상태 검사를 실시함에 있어 필요한 경우에는 학부모의 동의 없이 실시할 수 있다. 이 경우 학교의 장은 지체 없이 해당 학부모에게 검사 사실을 통보하여야 한다.

⑦ 건강검사의 시기, 방법, 검사항목 및 절차 등에 관하여 필요한 사항은 교육부령으로 정한다.

(7) 학생건강증진계획의 수립·시행〈법 제7조의2〉

① 교육감은 학생의 신체 및 정신 건강증진을 위한 학생건강증진계획을 수립·시행하여야 한다.

② 계획에는 학교의 장의 조치를 행정적 또는 재정적으로 지원하는 방안을 포함하여야 한다.

③ 학교의 장은 건강검사의 결과를 평가하여 이를 바탕으로 학생건강증진계획을 수립·시행하여야 한다.

④ 학교의 장은 건강검사의 결과를 평가하고, 학생정신건강증진계획을 수립하기 위하여 학교의사 또는 학교약사에게 자문을 할 수 있다.

(8) 건강검사기록〈법 제7조의3〉

① 학교의 장은 건강검사를 하였을 때에는 그 결과를 교육부령으로 정하는 기준에 따라 작성·관리하여야 한다.

② 학교의 장이 건강검사 결과를 작성·관리할 때에 「초·중등교육법」에 따른 교육정보시스템을 이용하여 처리하여야 하는 자료는 다음과 같다.

ⓖ 인적사항

ⓛ 신체의 발달상황 및 능력

ⓒ 그 밖에 교육목적을 이루기 위하여 필요한 범위에서 교육부령으로 정하는 사항

③ 학교의 장은 소속 학교의 학생이 전출하거나 고등학교까지의 상급학교에 진학할 때에는 그 학교의 장에게 자료를 넘겨 주어야 한다.

(9) 등교 중지〈법 제8조〉

학교의 장은 건강검사의 결과나 의사의 진단 결과 감염병에 감염되었거나 감염된 것으로 의심되거나 감염될 우려가 있는 학생 및 교직원에 대하여 대통령령으로 정하는 바에 따라 등교를 중지시킬 수 있다. 등교 등의 중지에 대한 사항은 다음과 같다.〈시행령 제22조〉

① 학교의 장은 학생과 교직원 중 다음 각 호의 어느 하나에 해당하는 사람에 대하여 등교중지를 명할 수 있다.

　　ㄱ「감염병의 예방 및 관리에 관한 법률」에 따른 감염병환자, 감염병의사환자 및 병원체보유자 (이하 "감염병환자등"이라 한다). 다만, 의사가 다른 사람에게 감염될 우려가 없다고 진단한 사람은 제외한다.

　　ㄴ ㄱ 외의 환자로서 의사가 감염성이 강한 질환에 감염되었다고 진단한 사람

② 학교의 장이 등교중지를 명할 때에는 그 사유와 기간을 구체적으로 밝혀야 한다. 다만, 질환증세 또는 질병유행의 양상에 따라 필요한 경우에는 그 기간을 단축하거나 연장할 수 있다.

(10) 학생의 보건관리〈법 제9조〉

학교의 장은 학생의 신체발달 및 체력증진, 질병의 치료와 예방, 음주·흡연과 약물 오용(誤用)·남용(濫用)의 예방, 성교육, 정신건강 증진 등을 위하여 보건교육을 실시하고 필요한 조치를 하여야 한다.

(11) 보건교육 등〈제9조의2〉

① 교육부장관은「유아교육법」에 따른 유치원 및「초·중등교육법」에 따른 학교에서 모든 학생들을 대상으로 심폐소생술 등 응급처치에 관한 교육을 포함한 보건교육을 체계적으로 실시하여야 한다. 이 경우 보건교육의 실시 시간, 도서 등 그 운영에 필요한 사항은 교육부장관이 정한다.

②「유아교육법」에 따른 유치원의 장 및「초·중등교육법」에 따른 학교의 장은 교육부령으로 정하는 바에 따라 매년 교직원을 대상으로 심폐소생술 등 응급처치에 관한 교육을 실시하여야 한다.

③ 응급처치교육 등〈시행규칙 제10조〉

　㉠ 학교의 장이 교직원을 대상으로 심폐소생술 등 응급처치에 관한 교육(이하 "응급처치교육"이라 한다)을 실시하는 경우 응급처치교육의 계획·내용 및 시간 등은 별표 9와 같다.

응급처치교육의 계획·내용 및 시간 등〈시행규칙 별표 9〉

1. 응급처치교육의 계획 수립 및 주기
　　가. 학교의 장은 매 학년도 3월 31일까지 응급처치교육의 대상·내용·방법 및 그 밖에 필요한 사항을 포함하여 해당 학년도의 응급처치교육 계획을 수립해야 한다.
　　나. 학교의 장은 교육계획을 수립하는 경우에는 모든 교직원이 매 학년도 교육을 받을 수 있도록 해야 한다. 다만, 해당 학년도에 다른 법령에 따라 심폐소생술 등 응급처치와 관련된 내용이 포함된 교육을 받은 교직원에 대해서는 응급처치교육을 면제할 수 있다.

2. 응급처치교육의 내용·시간 및 강사

내용		시간	강사
이론교육	1) 응급상황 대처요령 2) 심폐소생술 등 응급처치 시 주의사항 3) 응급의료 관련 법령	2시간	가) 의사(응급의학과 전문의를 우선 고려해야 한다) 나) 간호사(심폐소생술 등 응급처치와 관련된 자격을 가진 사람으로 한정한다) 다) 「응급의료에 관한 법률」에 따른 응급구조사 자격을 가진 사람으로서 응급의료 또는 구조·구급 관련 분야(응급처치교육 강사 경력을 포함한다)에서 5년 이상 종사하고 있는 사람
실습교육	심폐소생술 등 응급처치	2시간	

비고
1. 교육 여건 등을 고려하여 응급처치교육의 내용·시간을 조정할 수 있으나 실습교육 2시간을 포함하여 최소 3시간 이상을 실시해야 한다.
2. 심폐소생술에 대한 전문지식을 갖춘 사람을 실습교육을 위한 보조강사로 할 수 있다.

　㉡ 학교의 장은 응급처치교육을 실시한 후 해당 학년도의 교육 결과를 다음 학년도가 시작되기 30일 전까지 교육감에게 제출하여야 한다.

　㉢ 학교의 장은 공공기관, 「고등교육법」에 따른 학교, 「교원 등의 연수에 관한 규정」의 연수원 중 교육감이 설치한 연수원 또는 의료기관에서 교직원으로 하여금 응급처치교육을 받게 할 수 있다. 이 경우 예산의 범위에서 소정의 비용을 지원할 수 있다.

④ 「유아교육법」에 따른 유치원의 장 및 「초·중등교육법」에 따른 학교의 장은 응급처치에 관한 교육과 연관된 프로그램의 운영 등을 관련 전문기관·단체 또는 전문가에게 위탁할 수 있다.

⑿ 예방접종 완료 여부의 검사〈법 제10조〉

① 초등학교와 중학교의 장은 학생이 새로 입학한 날부터 90일 이내에 시장·군수 또는 구청장(자치구의 구청장을 말한다.)에게 「감염병의 예방 및 관리에 관한 법률」에 따른 예방접종증명서를 발급받아 예방접종을 모두 받았는지를 검사한 후 이를 교육정보시스템에 기록하여야 한다.

② 초등학교와 중학교의 장은 검사결과 예방접종을 모두 받지 못한 입학생에게는 필요한 예방접종을 받도록 지도하여야 하며, 필요하면 관할 보건소장에게 예방접종 지원 등의 협조를 요청할 수 있다.

⒀ 치료 및 예방조치 등〈법 제11조〉

① 학교의 장은 건강검사의 결과 질병에 감염되었거나 감염될 우려가 있는 학생에 대하여 질병의 치료 및 예방에 필요한 조치를 하여야 한다.

② 학교의 장은 학생에 대하여 정신건강 상태를 검사한 결과 필요하면 학생 정신건강 증진을 위한 다음 각 호의 조치를 하여야 한다.
   ㉠ 학생·학부모·교직원에 대한 정신건강 증진 및 이해 교육
   ㉡ 해당 학생에 대한 상담 및 관리
   ㉢ 해당 학생에 대한 전문상담기관 또는 의료기관 연계
   ㉣ 그 밖에 학생 정신건강 증진을 위하여 필요한 조치

③ 교육감은 검사비, 치료비 등 조치에 필요한 비용을 지원할 수 있다.

④ 학교의 장은 조치를 위하여 필요하면 보건소장에게 협조를 요청할 수 있으며 보건소장은 정당한 이유 없이 이를 거부할 수 없다.

⒁ 학생의 안전관리〈법 제12조〉

학교의 장은 학생의 안전사고를 예방하기 위하여 학교의 시설·장비의 점검 및 개선, 학생에 대한 안전교육, 그 밖에 필요한 조치를 하여야 한다.

⒂ 교직원의 보건관리〈법 제13조〉

학교의 장은 건강검사 결과 필요하거나 건강검사를 갈음하는 건강검진의 결과 필요하면 교직원에 대하여 질병 치료와 근무여건 개선 등 필요한 조치를 하여야 한다.

(16) 질병의 예방〈법 제14조〉

감독청의 장은 감염병 예방과 학교의 보건에 필요하면 해당 학교의 휴업 또는 휴교(휴원을 포함한다)를 명할 수 있으며, 학교의 장은 필요할 때에 휴업할 수 있다.

(17) 감염병 예방접종의 시행〈법 제14조의2〉

시장·군수 또는 구청장이 「감염병의 예방 및 관리에 관한 법률」에 따라 학교의 학생 또는 교직원에게 감염병의 필수 또는 임시 예방접종을 할 때에는 그 학교의 학교의사 또는 보건교사(간호사 면허를 가진 보건교사로 한정한다.)를 접종요원으로 위촉하여 그들로 하여금 접종하게 할 수 있다. 이 경우 보건교사에 대하여는 「의료법」을 적용하지 아니한다.

(18) 감염병예방대책의 마련 등〈법 제14조의3〉

① 교육부장관은 감염병으로부터 학생과 교직원을 보호하기 위하여 다음 각 호의 사항이 포함된 대책(이하 "감염병예방대책"이라 한다)을 마련하여야 한다. 이 경우 행정안전부장관 및 보건복지부장관과 협의하여야 한다.
  ㉠ 감염병의 예방·관리 및 후속조치에 관한 사항
  ㉡ 감염병 대응 관련 매뉴얼에 관한 사항
  ㉢ 감염병과 관련한 학교의 보건·위생에 관한 사항
  ㉣ 그 밖에 감염병과 관련하여 대통령령으로 정하는 각 호의 사항〈시행령 제22조의2〉
      ㉮ 감염병 예방·관리에 필요한 교육에 관한 사항
      ㉯ 감염병 대응 능력 강화를 위한 도상연습 등 실제 상황 대비 훈련에 관한 사항
      ㉰ 감염병 방역에 필요한 물품의 비축 및 시설의 구비에 관한 사항
      ㉱ 그 밖에 감염병의 예방·관리를 위하여 교육부장관이 필요하다고 인정하는 사항

② 교육부장관은 감염병예방대책을 마련한 때에는 특별시장·광역시장·특별자치시장·도지사·특별자치도지사, 교육감 및 학교에 알려야 한다.

③ 교육감은 교육부장관의 감염병예방대책을 토대로 지역 실정에 맞는 감염병 예방 세부 대책을 마련하여야 한다.

④ 교육부장관과 보건복지부장관은 학교에서 감염병을 예방하기 위하여 긴밀한 협력 체계를 구축하고 감염병 발생 현황에 관한 정보 등 대통령령으로 정하는 정보(이하 "감염병정보"라 한다)를 공유하여야 하며, "감염병 발생 현황에 관한 정보 등 대통령령으로 정하는 정보"란 「감염병의 예방 및 관리에 관한 법률」에 따른 제4군감염병이 국내에서 새롭게 발생하였거나 국내에 유입된 경우 또는 보건복지부장관이 고시한 감염병에 대하여 「재난 및 안전관리 기본법」에 따른 주의 이상의 예보 또는 경보가 발령된 경우 해당 감염병에 관한 다음 각 호의 정보를 말한다.〈시행령 제22조의2〉

ⓐ 감염병명

ⓑ 감염병의 발생 현황 또는 유입 경로

ⓒ 감염병환자등(학생 및 교직원에 한정한다)의 발병일·진단일·이동경로·이동수단 및 접촉자 현황

ⓓ 그 밖에 교육부장관 또는 보건복지부장관이 감염병의 예방 및 확산을 방지하기 위하여 필요하다고 인정하는 정보

ⓔ 감염병 정보의 공유 등〈시행규칙 제10조의2〉

   ㉮ 교육부장관과 보건복지부장관은 감염병 정보를 지체 없이 구두, 전화(문자메시지 등을 포함한다), 팩스, 서면(전자문서를 포함한다) 등의 방법 중 가장 신속하고 적합한 방법으로 공유하여야 한다.

   ㉯ 교육부장관은 학교에서 감염병을 예방하기 위하여 보건복지부장관과 공유한 정보를 교육감 및 학교의 장에게 제공할 수 있다.

   ㉰ 정보를 제공받은 교육감 및 학교의 장은 감염병 관련 업무 이외의 목적으로 해당 정보를 활용할 수 없다.

   ㉱ 학교에 감염병에 걸렸거나 걸린 것으로 의심이 되는 학생 및 교직원이 있는 경우 해당 학교의 장이 교육감을 경유하여 **교육부장관에게 보고하여야 할 사항**은 다음 각 호와 같다.

      ⓐ 해당 학생 및 교직원의 감염병명 및 감염병의 발병일·진단일

      ⓑ 해당 학생 및 교직원의 소속

      ⓒ 해당 학생 및 교직원에 대한 조치 사항

   ㉲ 보고는 서면(전자문서를 포함한다)으로 하되, 「초·중등교육법」에 따른 학교의 경우에는 교육정보시스템을 통하여 할 수 있다.

   ㉳ 교육부장관은 감염병 정보를 공개할 때에는 「정보통신망 이용촉진 및 정보보호 등에 관한 법률」에 따른 정보통신망에 게재하거나 보도자료를 배포하는 등의 방법으로 하여야 한다.

   ㉴ 정보의 당사자는 공개된 사항 중 사실과 다르거나 의견이 있는 경우 교육부장관에게 구두, 서면 등의 방법으로 이의신청을 할 수 있으며, 교육부장관은 이에 따라 공개된 정보의 정정 등 필요한 조치를 하여야 한다.

⑤ 학교의 장은 해당 학교에 감염병에 걸렸거나 의심이 되는 학생 및 교직원이 있는 경우 즉시 교육감을 경유하여 교육부장관에게 보고하여야 한다.

⑥ 교육부장관은 공유를 하였거나 보고를 받은 경우 감염병의 확산을 방지하기 위하여 감염병정보를 신속히 공개하여야 한다.

(19) 감염병대응매뉴얼의 작성 등〈법 제14조의4〉

① 교육부장관은 학교에서 감염병에 효과적으로 대응하기 위하여 보건복지부장관과의 협의를 거쳐 감염병 유형에 따른 대응 매뉴얼(이하 "감염병대응매뉴얼"이라 한다)을 작성·배포하여야 한다.

② **감염병대응매뉴얼의 작성 및 배포 등**〈시행령 제22조의3〉

    ㉠ 작성·배포하여야 하는 감염병 유형에 따른 대응 매뉴얼(이하 "감염병대응매뉴얼"이라 한다)에는 다음 각 호의 사항이 포함되어야 한다.

        ㉮ 감염병 유형에 따른 학생 및 교직원의 행동 요령에 관한 사항

        ㉯ 감염병 유형에 따른 예방·대비·대응 및 복구 단계별 조치에 관한 사항

    ㉡ 교육부장관은 감염병대응매뉴얼을 배포하는 경우에는 전자적 파일이나 인쇄물의 형태로 배포할 수 있다.

    ㉢ 특별시·광역시·특별자치시·도 또는 특별자치도 교육감(이하 "교육감"이라 한다) 및 학교의 장은 감염병의 예방·대비·대응 및 복구 조치에 관한 업무를 추진할 때 감염병대응매뉴얼을 활용하여야 한다.

    ㉣ 교육감 및 학교의 장은 각 지역 또는 학교의 특성을 반영한 내용을 감염병대응매뉴얼에 추가·보완할 수 있다.

(20) 학교에 두는 의료인·약사 및 보건교사〈법 제15조〉

① 학교에는 대통령령으로 정하는 바에 따라 학생과 교직원의 건강관리를 지원하는 「의료법」에 따른 의료인과 「약사법」에 따른 약사를 둘 수 있다.

② 모든 학교에 보건교육과 학생들의 건강관리를 담당하는 보건교사를 둔다. 다만, 대통령령으로 정하는 일정 규모 이하의 학교에는 순회 보건교사를 둘 수 있다.

③ **학교의사, 학교약사 및 보건교사 등**〈시행령 제23조〉

    ㉠ 학교에 다음과 같이 학교의사(치과의사 및 한의사를 포함한다.), 학교약사와 보건교사를 둔다.

        ㉮ 18학급 이상의 초등학교에는 학교의사 1명, 학교약사 1명 및 보건교사 1명을 두고, 18학급 미만의 초등학교에는 학교의사 또는 학교약사 중 1명을 두고, 보건교사 1명을 둘 수 있다.

        ㉯ 9학급 이상인 중학교와 고등학교에는 학교의사 1명, 학교약사 1명 및 보건교사 1명을 두고, 9학급 미만인 중학교와 고등학교에는 학교의사 또는 학교약사 중 1명과 보건교사 1명을 둔다.

        ㉰ 대학(3개 이상의 단과대학을 두는 대학에서는 단과대학), 사범대학, 교육대학, 전문대학에는 학교의사 1명 및 학교약사 1명을 둔다.

        ㉱ 고등기술학교, 공민학교, 고등공민학교, 특수학교, 유치원 및 각종학교에는 ㉮부터 ㉰까지에 규정된 해당 학교에 준하여 학교의사, 학교약사 및 보건교사를 둔다.

ⓛ 학교의사, 학교약사는 각각 그 면허가 있는 사람 중에서 학교장이 위촉한다.

ⓒ 보건교사, 학교의사 및 학교약사의 직무는 다음과 같다.

　㉮ 보건교사의 직무
- 학교보건계획의 수립
- 학교 환경위생의 유지·관리 및 개선에 관한 사항
- 학생과 교직원에 대한 건강진단의 준비와 실시에 관한 협조
- 각종 질병의 예방처치 및 보건지도
- 학생과 교직원의 건강관찰과 학교의사의 건강상담, 건강평가 등의 실시에 관한 협조
- 신체가 허약한 학생에 대한 보건지도
- 보건지도를 위한 학생가정 방문
- 교사의 보건교육 협조와 필요시의 보건교육
- 보건실의 시설·설비 및 약품 등의 관리
- 보건교육자료의 수집·관리
- 학생건강기록부의 관리
- 다음의 의료행위(간호사 면허를 가진 사람만 해당한다)
  - 외상 등 흔히 볼 수 있는 환자의 치료
  - 응급을 요하는 자에 대한 응급처치
  - 부상과 질병의 악화를 방지하기 위한 처치
  - 건강진단결과 발견된 질병자의 요양지도 및 관리
  - 위 4항목의 의료행위에 따르는 의약품 투여
- 그 밖에 학교의 보건관리

　㉯ 학교의사의 직무
- 학교보건계획의 수립에 관한 자문
- 학교 환경위생의 유지·관리 및 개선에 관한 자문
- 학생과 교직원의 건강진단과 건강평가
- 각종 질병의 예방처치 및 보건지도
- 학생과 교직원의 건강상담
- 그 밖에 학교보건관리에 관한 지도

　㉰ 학교약사의 직무
- 학교보건계획의 수립에 관한 자문
- 학교환경위생의 유지관리 및 개선에 관한 자문
- 학교에서 사용하는 의약품과 독극물의 관리에 관한 자문
- 학교에서 사용하는 의약품 및 독극물의 실험·검사
- 그 밖에 학교보건관리에 관한 지도

(21) 응급처치 등〈제15조의2〉

① 학교의 장(「고등교육법」에 따른 학교는 제외한다. 이하 이 조에서 같다)은 사전에 학부모의 동의와 전문의약품을 처방한 의사의 자문을 받아 법에 따른 보건교사 또는 순회 보건교사(이하 이 조에서 "보건교사등"이라 한다)로 하여금 제1형 당뇨로 인한 저혈당쇼크 또는 아나필락시스 쇼크로 인하여 생명이 위급한 학생에게 투약행위 등 응급처치를 제공하게 할 수 있다. 이 경우 보건교사등에 대하여는 「의료법」을 적용하지 아니한다.

② 보건교사등이 ①에 따라 생명이 위급한 학생에게 응급처치를 제공하여 발생한 재산상 손해와 사상(死傷)에 대하여 고의 또는 중대한 과실이 없는 경우 해당 보건교사등은 민사책임과 상해(傷害)에 대한 형사책임을 지지 아니하며 사망에 대한 형사책임은 감경하거나 면제할 수 있다.

③ 학교의 장은 질병이나 장애로 인하여 특별히 관리·보호가 필요한 학생을 위하여 보조인력을 둘 수 있다. 이 경우 보조인력의 역할, 요건 등에 관하여는 교육부령으로 정한다.

④ 보조인력의 역할 등〈시행령 제11조〉
　㉠ 보조인력(이하 "보조인력"이라 한다)은 보건교사등(이하 "보건교사등"이라 한다)의 지시를 받아 질병이나 장애로 인하여 특별히 관리·보호가 필요한 학생에 대해서 보건교사등이 행하는 다음 각 호의 활동을 보조한다.
　　㉮ 투약행위 등 응급처치
　　㉯ 각종 질병의 예방처치, 건강관찰 및 건강상담 협조 등의 보건활동
　㉡ 보조인력은 「의료법」에 따른 간호사 면허가 있어야 한다.

(22) 보건기구의 설치 등〈법 제16조〉

교육감 및 교육장 소속으로 대통령령으로 정하는 바에 따라 학교의 보건 관리에 필요한 기구(機構)와 공무원을 둘 수 있다.

(23) 학교보건위원회〈법 제17조〉

① 기본계획 및 학교보건의 중요시책을 심의하기 위하여 교육감 소속으로 시·도학교보건위원회를 둔다.

② 시·도학교보건위원회는 학교의 보건에 경험이 있는 15명 이내의 위원으로 구성한다.

③ 보건위원회의 기능〈시행령 제24조〉
시·도학교보건위원회(이하 "보건위원회"라 한다)는 다음 각 호의 사항을 심의한다.
　㉠ 학생과 교직원의 건강증진에 관한 시·도의 중·장기 기본계획

ⓛ 학교보건과 관련되는 시·도의 조례 또는 교육규칙의 제정·개정안

ⓒ 교육감이 회의에 부치는 학교보건정책 등에 관한 사항

④ **보건위원회의 구성**〈시행령 제25조〉

ⓐ 보건위원회에는 위원장과 부위원장 각 1명을 두되, 위원장과 부위원장은 위원 중에서 호선한다.

ⓛ 보건위원회 위원은 해당 교육청의 국장급 공무원 및 학교보건에 관하여 학식이 있거나 경험이 있는 사람 중에서 교육감이 임명하거나 위촉한다.

ⓒ 위촉한 위원의 임기는 2년으로 하되, 연임할 수 있다. 다만, 보궐위원의 임기는 전임자 임기의 남은 기간으로 한다.

⑤ **위원장 등의 직무**〈시행령 제26조〉

ⓐ 보건위원회의 위원장은 보건위원회를 대표하고, 회의에 관한 사무를 총괄한다.

ⓛ 보건위원회의 위원장이 부득이한 사유로 직무를 수행할 수 없을 때에는 부위원장이 그 직무를 대행한다.

⑥ **회의**〈시행령 제27조〉

ⓐ 보건위원회의 위원장은 다음 각 호의 어느 하나에 해당하는 경우에 회의를 소집하고, 그 의장이 된다.

㉠ 교육감이 요청하는 경우

㉡ 재적위원 3분의 1 이상이 요구하는 경우

㉢ 그 밖에 학생과 교직원의 건강을 보호·증진하기 위한 사항을 심의하기 위하여 위원장이 필요하다고 인정하는 경우

ⓛ 회의는 재적위원 과반수의 출석으로 개의하고, 출석위원 과반수의 찬성으로 의결한다.

⑦ **분과위원회**〈시행령 제28조〉

ⓐ 보건위원회에 전문분야별로 분과위원회를 둘 수 있다.

ⓛ 분과위원회는 보건위원회의 심의사항 중 보건위원회에서 위임한 사항을 심의한다.

ⓒ 보건위원회 위원의 분과위원회 배속은 교육감이 정한다.

ⓔ 분과위원회에 분과위원장 1명을 두되, 분과위원장은 분과위원회 위원 중에서 호선한다.

ⓜ 분과위원회의 회의에 관하여는 회의 규정을 준용한다.

⑧ **간사와 서기**〈시행령 제29조〉

ⓐ 보건위원회에 간사 1명과 서기 약간 명을 둔다.

ⓛ 보건위원회의 간사와 서기는 교육감이 소속 공무원 중에서 임명한다.

ⓒ 간사는 위원장의 명을 받아 위원회의 사무를 처리하고, 서기는 간사를 보조한다.

⑨ 협조 요청〈시행령 제30조〉 … 교육부장관 또는 교육감은 학교보건위생에 관한 비영리법인, 비영리의료기관이나 국공립 보건의료기관에 대하여 학생과 교직원의 건강의 보호·증진을 위하여 필요한 협조를 요청할 수 있다.

⑩ 전문가 등의 의견청취 등〈시행령 제31조〉

ㄱ 보건위원회와 분과위원회는 필요하면 관계 전문가의 의견을 들을 수 있다.

ㄴ 보건위원회와 분과위원회는 필요하면 관계 공무원에게 관련 자료를 제출하거나 출석하여 답변할 것을 요청할 수 있으며, 그 관계 공무원은 특별한 사유가 없으면 보호위원회 또는 분과위원회의 요청에 따라야 한다.

⑪ 수당과 여비〈시행령 제31조의2〉 … 보건위원회에 출석하는 위원회의 위원 또는 관계 전문가 등에게는 예산의 범위에서 수당과 여비, 그 밖에 필요한 경비를 지급할 수 있다. 다만, 공무원이 그 소관 업무와 직접적으로 관련되어 위원회에 출석하는 경우에는 그러하지 아니하다.

⑫ 운영세칙〈시행령 제31조의3〉 … 이 영에서 규정한 사항 외에 보건위원회와 분과위원회의 운영에 필요한 사항은 보건위원회의 의결을 거쳐 위원장이 정한다.

(24) **경비보조**〈법 제18조〉

국가나 지방자치단체는 건강검사에 드는 경비의 전부 또는 일부를 보조한다.

(25) **비밀누설금지 등**〈법 제18조의2〉

이 법에 따라 교직원 및 학생에 대한 건강검사와 관련된 업무를 수행하거나 수행하였던 자는 그 직무상 알게 된 비밀을 다른 사람에게 누설하거나 직무상 목적 외의 용도로 이용하여서는 아니 된다.

(26) **벌칙**〈법 제19조〉

직무상 알게 된 비밀을 다른 사람에게 누설하거나 직무상 목적 외의 용도로 이용한 자는 3년 이하의 징역 또는 3천만 원 이하의 벌금에 처한다.

(27) **민감정보 및 고유식별정보의 처리**〈시행령 제32조의2〉

① 학교의 장은 건강검사에 관한 사무를 수행하기 위하여 불가피한 경우 「개인정보 보호법」에 따른 건강에 관한 정보, 주민등록번호 또는 외국인등록번호가 포함된 자료를 처리할 수 있다.

② 초등학교와 중학교의 장은 예방접종 완료 여부의 검사에 관한 사무를 수행하기 위하여 불가피한 경우 「개인정보 보호법」에 따른 건강에 관한 정보, 주민등록번호 또는 외국인등록번호가 포함된 자료를 처리할 수 있다.

③ 시장·군수 또는 구청장(자치구의 구청장을 말하며, 시장·군수 또는 구청장의 해당 권한이 위임·위탁된 경우에는 그 권한을 위임·위탁받은 자를 포함한다)은 감염병 예방접종의 시행에 관한 사무를 수행하기 위하여 불가피한 경우 「개인정보 보호법」에 따른 건강에 관한 정보, 주민등록번호 또는 외국인등록번호가 포함된 자료를 처리할 수 있다.

④ 교육부장관, 보건복지부장관, 교육감 또는 학교의 장은 다음 각 호의 사무를 수행하기 위하여 불가피한 경우 「개인정보 보호법」에 따른 건강에 관한 정보, 주민등록번호 또는 외국인등록번호가 포함된 자료를 처리할 수 있다.
  ㉠ 감염병정보의 공유에 관한 사무
  ㉡ 감염병정보의 보고에 관한 사무
  ㉢ 감염병정보의 공개에 관한 사무

(28) 규제의 재검토〈시행령 제33조〉

교육부장관은 다음 각 호의 사항에 대하여 다음 각 호의 기준일을 기준으로 3년마다(매 3년이 되는 해의 기준일과 같은 날 전까지를 말한다) 그 타당성을 검토하여 개선 등의 조치를 하여야 한다.

① 보건실의 설치기준과 보건실에 갖추어야 하는 시설 및 기구의 기준 : 2016년 1월 1일

② 학교의사, 학교약사 및 보건교사의 배치기준, 자격 및 직무 : 2014년 1월 1일

출제예상문제

1 다음 중 보건실에 갖추어야 하는 시설 및 기구의 구체적인 기준 중 환자안정용 기구로 맞지 않는 것은?

① 침대 · 침구류

② 칸막이

③ 보온기구

④ 수도시설 및 세면대

> **NOTE** 보건실에 갖추어야 하는 시설 및 기구의 구체적인 기준〈시행규칙 별표 1〉
>
> | 구분 | 기준 |
> |---|---|
> | 일반 시설 및 기구 등 | 사무용 책상 · 의자, 건강기록부 및 서류 보관장, 약장 · 기기보관함, 소독(멸균)기, 냉 · 온장고, 물 끓이는 기구, 손전등, 가습기, 수도시설 및 세면대, 냉 · 난방시설, 통신시설, 컴퓨터 · 프린터기, 칠판 · 교육용 기자재 등 |
> | 환자안정용 기구 | 침대 · 침구류 및 보관장, 칸막이(가리개), 보온기구 등 |
> | 건강진단 및 상담용 기구 | 신장계 · 체중계 · 줄자 · 좌고계, 비만측정기, 시력표 · 조명장치 · 눈가리개 · 시력검사용 지시봉, 색각검사표, 청력계, 혈압계 · 청진기, 혈당측정기, 스톱워치(stopwatch), 검안경 · 검이경 · 비경, 펜라이트(penlight), 치과용 거울, 탐침 · 핀셋, 상담용 의자 · 탁자 및 진찰용 의자 등 |
> | 응급처치용 기구 | 체온계, 핀셋 · 핀셋통, 가위 · 농반 · 가제통 · 소독접시 · 드레싱카, 부목 · 휴대용 구급기구 · 구급낭 · 들것 · 목발, 세안수수기 · 찜질기 · 켈리(지혈감자), 휴대용 산소기 및 구급처치용 침대 등 |
> | 환경위생 및 식품위생검사용 기구 | 통풍건습계, 흑구온도계, 조도계, 가스검지기, 먼지측정기, 소음계 및 수질검사용 기구 등 |
> | 기타 | 학생 및 교직원의 보건관리에 필요한 시설 · 기구 등 |

2 다음 중 용어의 정의상 건강검사에서 조사하거나 검사하는 것으로 맞지 않는 것은?

① 신체의 발달상황 및 능력

② 정신건강 상태

③ 보호 및 증진

④ 질병의 유무

ANSWER 1.④ 2.③

3 다음 중 환기·채광·조명·온습도의 조절기준과 환기설비의 구조 및 설치기준에서 조도에 관한 설명으로 맞지 않는 것은?

① 최대조도와 최소조도의 비율이 5대 1을 넘지 아니하도록 할 것

② 교실의 조명도는 책상면을 기준으로 300룩스 이상이 되도록 할 것

③ 최대조도와 최소조도의 비율이 3대 1을 넘지 아니하도록 할 것

④ 인공조명에 의한 눈부심이 발생되지 아니하도록 할 것

ANSWER 3.①

4 **다음 중 먹는물의 관리기준으로 맞지 않는 것은?**

① 지하수 등에 의하여 먹는물을 공급하는 경우에는 저수조 등의 시설을 경유하지 않도록 하여야 한다.

② 지하수 등을 먹는물로 사용하는 경우에는 원수의 수질 안정성 확보를 위하여 필요 시 정수 또는 소독 등의 조치를 하여야 한다.

③ 학생 및 교직원에게 공급하는 먹는물은 수질기준에 적합한 물을 제공하여야 한다.

④ 지하수는 수질검사를 실시하여야 한다.

> **NOTE** 먹는물의 관리기준〈시행규칙 별표 5〉
>
> ㉠ 급수시설 설치
>   ㉮ 상수도 또는 마을상수도에 의하여 먹는물을 공급하는 경우에는 저수조를 경유하지 아니하고 직접 수도꼭지에 연결하여 공급하여야 한다. 다만, 직접 수도꼭지에 연결하기가 곤란한 경우에는 제외한다.
>   ㉯ 지하수 등에 의하여 먹는물을 공급하는 경우에는 저수조 등의 시설을 경유하여야 한다.
> ㉡ 급수시설관리
>   ㉮ 급수시설·설비는 항상 위생적으로 관리하여야 하며, 급수시설에서 사용중인 저수조는 「수도법 시행규칙」에 따른 청소 및 위생상태 점검을 실시하고, 외부인이 출입할 수 없도록 잠금장치 등의 조치를 하여야 한다.
>   ㉯ 지하수 등을 먹는물로 사용하는 경우에는 원수의 수질 안정성 확보를 위하여 필요 시 정수 또는 소독 등의 조치를 하여야 한다.
>   ㉰ 급수설비 및 급수관은 「수도법」에 따라 소독등위생조치, 수질검사 및 세척등조치를 실시하여야 한다.
> ㉢ 먹는물의 공급 등 : 학생 및 교직원에게 공급하는 먹는물은 「먹는물관리법」에 따른 수질기준에 적합한 물을 제공하여야 한다.
> ㉣ 수질검사
>   ㉮ 저수조를 사용하는 학교의 경우 「수도법 시행규칙」에 따라 수질검사를 실시하여야 한다.
>   ㉯ 지하수는 「먹는물 수질기준 및 검사 등에 관한 규칙」에 따라 수질검사를 실시하여야 한다.
> ㉤ ㉡ 및 ㉣에도 불구하고, 학교의 장은 학교의 규모 및 급수시설의 노후도 등을 고려하여 급수시설의 청소 및 위생상태 점검주기와 수질검사(수질검사 대상이 아닌 학교에서 실시하는 수질검사를 포함한다)주기를 단축할 수 있다.

ANSWER 4.①

5 다음 중 학생건강증진계획의 수립·시행에 대한 사항으로 맞지 않는 것은?

① 교육감은 학생의 신체 및 정신 건강증진을 위한 학생건강증진계획을 수립·시행하여야 한다.

② 학생건강증진계획에는 학교의 장의 조치를 행정적 또는 재정적으로 지원하는 방안과 별도로 하여야 한다.

③ 학교의 장은 건강검사의 결과를 평가하여 이를 바탕으로 학생건강증진계획을 수립·시행하여야 한다.

④ 학교의 장은 건강검사의 결과를 평가하고, 학생정신건강증진계획을 수립하기 위하여 학교 의사 또는 학교약사에게 자문을 할 수 있다.

> **NOTE** 학생건강증진계획의 수립·시행〈법 제7조의2〉
> ㉠ 교육감은 학생의 신체 및 정신 건강증진을 위한 학생건강증진계획을 수립·시행하여야 한다.
> ㉡ 계획에는 학교의 장의 조치를 행정적 또는 재정적으로 지원하는 방안을 포함하여야 한다.
> ㉢ 학교의 장은 건강검사의 결과를 평가하여 이를 바탕으로 학생건강증진계획을 수립·시행하여야 한다.
> ㉣ 학교의 장은 건강검사의 결과를 평가하고, 학생정신건강증진계획을 수립하기 위하여 학교 의사 또는 학교약사에게 자문을 할 수 있다.

6 다음 중 건강검사를 하였을 때에는 그 결과를 교육부령으로 정하는 기준에 따라 작성·관리하여 야 하는 자로 알맞은 것은?

① 학교장

② 교육부장관

③ 보건교사

④ 교육감

> **NOTE** 건강검사기록〈법 제7조의3〉
> ㉠ 학교의 장은 건강검사를 하였을 때에는 그 결과를 교육부령으로 정하는 기준에 따라 작성·관리하여야 한다.
> ㉡ 학교의 장이 건강검사 결과를 작성·관리할 때에 「초·중등교육법」에 따른 교육정보시스템을 이용하여 처리하여야 하는 자료는 다음과 같다.
> • 인적사항
> • 신체의 발달상황 및 능력
> • 그 밖에 교육목적을 이루기 위하여 필요한 범위에서 교육부령으로 정하는 사항
> ㉢ 학교의 장은 소속 학교의 학생이 전출하거나 고등학교까지의 상급학교에 진학할 때에는 그 학교의 장에게 자료를 넘겨주어야 한다.

ANSWER 5.② 6.①

7 다음 중 건강검사의 결과나 의사의 진단 결과 감염병에 감염되었거나 감염된 것으로 의심되거나 감염될 우려가 있는 학생 및 교직원에 대하여 등교를 중지시킬 수 있는 자로 알맞은 것은?

① 교육감   ② 자치단체장

③ 교육부장관   ④ 학교장

> **NOTE** 등교 중지〈법 제8조〉… 학교의 장은 건강검사의 결과나 의사의 진단 결과 감염병에 감염되었거나 감염된 것으로 의심되거나 감염될 우려가 있는 학생 및 교직원에 대하여 대통령령으로 정하는 바에 따라 등교를 중지시킬 수 있다.

8 다음 중 학교에서 모든 학생들을 대상으로 심폐소생술 등 응급처치에 관한 교육을 포함한 보건교육을 체계적으로 실시하여야 하는 자로 알맞은 것은?

① 교육감   ② 자치단체장

③ 교육부장관   ④ 학교장

> **NOTE** 보건교육 등〈법 제9조의2〉
> ㉠ 교육부장관은 「유아교육법」에 따른 유치원 및 「초·중등교육법」에 따른 학교에서 모든 학생들을 대상으로 심폐소생술 등 응급처치에 관한 교육을 포함한 보건교육을 체계적으로 실시하여야 한다. 이 경우 보건교육의 실시 시간, 도서 등 그 운영에 필요한 사항은 교육부장관이 정한다.
> ㉡ 「유아교육법」에 따른 유치원의 장 및 「초·중등교육법」에 따른 학교의 장은 교육부령으로 정하는 바에 따라 매년 교직원을 대상으로 심폐소생술 등 응급처치에 관한 교육을 실시하여야 한다.

9 다음 중 초등학교와 중학교의 장은 학생이 새로 입학한 날부터 얼마의 기간 내에 시장·군수 또는 구청장에게 예방접종증명서를 발급받아 예방접종을 모두 받았는지를 검사한 후 이를 교육정보시스템에 기록하여야 하는가?

① 50일　　　　　　　　　　　② 70일

③ 90일　　　　　　　　　　　④ 100일

> **NOTE** 예방접종 완료 여부의 검사〈법 제10조〉
> ㉠ 초등학교와 중학교의 장은 학생이 새로 입학한 날부터 90일 이내에 시장·군수 또는 구청장(자치구의 구청장을 말한다)에게 「감염병의 예방 및 관리에 관한 법률」에 따른 예방접종증명서를 발급받아 예방접종을 모두 받았는지를 검사한 후 이를 교육정보시스템에 기록하여야 한다.
> ㉡ 초등학교와 중학교의 장은 검사결과 예방접종을 모두 받지 못한 입학생에게는 필요한 예방접종을 받도록 지도하여야 하며, 필요하면 관할 보건소장에게 예방접종 지원 등의 협조를 요청할 수 있다.

10 다음 중 학교의 장이 건강검사의 결과 질병에 감염되었거나 감염될 우려가 있는 학생에 대하여 질병의 치료 및 예방에 필요한 조치를 하기 위해 협조를 요청할 대상자로 알맞은 자는?

① 교육감　　　　　　　　　　② 자치단체장

③ 보건소장　　　　　　　　　④ 학교장

> **NOTE** 치료 및 예방조치 등〈법 제11조〉
> ㉠ 학교의 장은 건강검사의 결과 질병에 감염되었거나 감염될 우려가 있는 학생에 대하여 질병의 치료 및 예방에 필요한 조치를 하여야 한다.
> ㉡ 학교의 장은 학생에 대하여 정신건강 상태를 검사한 결과 필요하면 학생 정신건강 증진을 위한 다음 각 호의 조치를 하여야 한다.
> • 학생·학부모·교직원에 대한 정신건강 증진 및 이해 교육
> • 해당 학생에 대한 상담 및 관리
> • 해당 학생에 대한 전문상담기관 또는 의료기관 연계
> • 그 밖에 학생 정신건강 증진을 위하여 필요한 조치
> ㉢ 교육감은 검사비, 치료비 등 조치에 필요한 비용을 지원할 수 있다.
> ㉣ 학교의 장은 조치를 위하여 필요하면 보건소장에게 협조를 요청할 수 있으며 보건소장은 정당한 이유 없이 이를 거부할 수 없다.

11 다음 중 감염병 예방과 학교의 보건에 필요하면 해당 학교의 휴업 또는 휴교를 명할 수 있는 자로 알맞은 사람은?

① 감독청의 장　　　　　　　　　　② 학교의 장

③ 교육감　　　　　　　　　　　　　④ 교육부장관

> ■NOTE 질병의 예방〈법 제14조〉 … 감독청의 장은 감염병 예방과 학교의 보건에 필요하면 해당 학교의 휴업 또는 휴교(휴원을 포함한다)를 명할 수 있으며, 학교의 장은 필요할 때에 휴업할 수 있다.

12 다음 중 학교의 학생 또는 교직원에게 감염병의 정기 또는 임시 예방접종을 실시할 수 있는 자로 알맞은 사람은?

① 학교의 장　　　　　　　　　　　② 교육부장관

③ 시장·군수 또는 구청장　　　　　④ 보건소장

> ■NOTE 감염병 예방접종의 시행〈법 제14조의2〉 … 시장·군수 또는 구청장이 「감염병의 예방 및 관리에 관한 법률」에 따라 학교의 학생 또는 교직원에게 감염병의 필수 또는 임시 예방접종을 할 때에는 그 학교의 학교의사 또는 보건교사(간호사 면허를 가진 보건교사로 한정한다)를 접종요원으로 위촉하여 그들로 하여금 접종하게 할 수 있다.

13 다음 중 모든 학교에서 보건교육과 학생들의 건강관리를 담당하는 자로 알맞은 사람은?

① 보건교사　　　　　　　　　　　② 급식교사

③ 영양사　　　　　　　　　　　　④ 의료인

> ■NOTE 학교에 두는 의료인·약사 및 보건교사〈법 제15조〉
> ㉠ 학교에는 대통령령으로 정하는 바에 따라 학생과 교직원의 건강관리를 지원하는 「의료법」에 따른 의료인과 「약사법」에 따른 약사를 둘 수 있다.
> ㉡ 모든 학교에 보건교육과 학생들의 건강관리를 담당하는 보건교사를 둔다. 다만, 대통령령으로 정하는 일정 규모 이하의 학교에는 순회 보건교사를 둘 수 있다.

14 다음 중 보건교사를 두지 않는 경우로 알맞은 것은?

① 18학급 이상의 초등학교

② 고등기술학교, 공민학교, 고등공민학교, 특수학교

③ 사범대학, 교육대학, 전문대학

④ 9학급 이상인 중학교와 고등학교

> **NOTE** 학교의사, 학교약사 및 보건교사〈시행령 제23조〉… 학교에 다음과 같이 학교의사(치과의사 및 한의사를 포함한다.), 학교약사와 보건교사를 둔다.
> ㉠ 18학급 이상의 초등학교에는 학교의사 1명, 학교약사 1명 및 보건교사 1명을 두고, 18학급 미만의 초등학교에는 학교의사 또는 학교약사 중 1명을 두고, 보건교사 1명을 둘 수 있다.
> ㉡ 9학급 이상인 중학교와 고등학교에는 학교의사 1명, 학교약사 1명 및 보건교사 1명을 두고, 9학급 미만인 중학교와 고등학교에는 학교의사 또는 학교약사 중 1명과 보건교사 1명을 둔다.
> ㉢ 대학(3개 이상의 단과대학을 두는 대학에서는 단과대학), 사범대학, 교육대학, 전문대학에는 학교의사 1명 및 학교약사 1명을 둔다.
> ㉣ 고등기술학교, 공민학교, 고등공민학교, 특수학교, 유치원 및 각종학교에는 ㉠부터 ㉢까지에 규정된 해당 학교에 준하여 학교의사, 학교약사 및 보건교사를 둔다.

15 다음 중 학교의사와 학교약사를 위촉하는 사람으로 알맞은 자는?

① 학교의 장

② 교육부장관

③ 시장·군수 또는 구청장

④ 보건소장

> **NOTE** 학교의사, 학교약사는 각각 그 면허가 있는 사람 중에서 학교장이 위촉한다.〈시행령 제23조〉

16 다음 중 보건교사의 업무로 맞지 않는 것은?

① 학교보건계획의 수립에 관한 자문
② 학교 환경위생의 유지·관리 및 개선에 관한 사항
③ 학생과 교직원에 대한 건강진단의 준비와 실시에 관한 협조
④ 각종 질병의 예방처치 및 보건지도

> **NOTE** 보건교사의 직무〈시행령 제23조 제3항〉
> ㉠ 학교보건계획의 수립
> ㉡ 학교 환경위생의 유지·관리 및 개선에 관한 사항
> ㉢ 학생과 교직원에 대한 건강진단의 준비와 실시에 관한 협조
> ㉣ 각종 질병의 예방처치 및 보건지도
> ㉤ 학생과 교직원의 건강관찰과 학교의사의 건강상담, 건강평가 등의 실시에 관한 협조
> ㉥ 신체가 허약한 학생에 대한 보건지도
> ㉦ 보건지도를 위한 학생가정 방문
> ㉧ 교사의 보건교육 협조와 필요시의 보건교육
> ㉨ 보건실의 시설·설비 및 약품 등의 관리
> ㉪ 보건교육자료의 수집·관리
> ㉫ 학생건강기록부의 관리
> ㉬ 다음의 의료행위(간호사 면허를 가진 사람만 해당한다)
> • 외상 등 흔히 볼 수 있는 환자의 치료
> • 응급을 요하는 자에 대한 응급처치
> • 부상과 질병의 악화를 방지하기 위한 처치
> • 건강진단결과 발견된 질병자의 요양지도 및 관리
> • 위 4항목의 의료행위에 따르는 의약품 투여
> ㉭ 그 밖에 학교의 보건관리

17 다음 중 학교보건위원회에 대한 설명으로 맞지 않는 것은?

① 교육부장관 소속으로 시·도학교보건위원회를 둔다.

② 시·도학교보건위원회는 학교의 보건에 경험이 있는 15명 이내의 위원으로 구성한다.

③ 학생과 교직원의 건강증진에 관한 시·도의 중·장기 기본계획을 심의한다.

④ 교육감이 회의에 부치는 학교보건정책 등에 관한 사항을 심의한다.

> **NOTE** 학교보건위원회〈법 제17조〉
> ㉠ 기본계획 및 학교보건의 중요시책을 심의하기 위하여 교육감 소속으로 시·도학교보건위원회를 둔다.
> ㉡ 시·도학교보건위원회는 학교의 보건에 경험이 있는 15명 이내의 위원으로 구성한다.
> ㉢ 보건위원회의 기능〈시행령 제24조〉: 시·도학교보건위원회(이하 "보건위원회"라 한다)는 다음 각 호의 사항을 심의한다.
> • 학생과 교직원의 건강증진에 관한 시·도의 중·장기 기본계획
> • 학교보건과 관련되는 시·도의 조례 또는 교육규칙의 제정·개정안
> • 교육감이 회의에 부치는 학교보건정책 등에 관한 사항

18 다음 중 보건위원회의 분과위원회에 대한 설명으로 맞지 않는 것은?

① 보건위원회에 전문분야별로 분과위원회를 둘 수 있다.

② 분과위원회는 보건위원회의 심의사항 중 보건위원회에서 위임한 사항을 심의한다.

③ 보건위원회 위원의 분과위원회 배속은 학교장이 정한다.

④ 분과위원회에 분과위원장 1명을 두되, 분과위원장은 분과위원회 위원 중에서 호선한다.

> **NOTE** 보건위원회의 분과위원회〈시행령 제28조〉
> ㉠ 보건위원회에 전문분야별로 분과위원회를 둘 수 있다.
> ㉡ 분과위원회는 보건위원회의 심의사항 중 보건위원회에서 위임한 사항을 심의한다.
> ㉢ 보건위원회 위원의 분과위원회 배속은 교육감이 정한다.
> ㉣ 분과위원회에 분과위원장 1명을 두되, 분과위원장은 분과위원회 위원 중에서 호선한다.
> ㉤ 분과위원회의 회의에 관하여는 회의 규정을 준용한다.

조리직 공무원

위생관계법규

PART

05

학교급식법

총칙

(1) 목적〈법 제1조〉

이 법은 학교급식 등에 관한 사항을 규정함으로써 학교급식의 질을 향상시키고 학생의 건전한 심신의 발달과 국민 식생활 개선에 기여함을 목적으로 한다.

(2) 정의〈법 제2조〉

이 법에서 사용하는 용어의 정의는 다음과 같다.

① "학교급식"이라 함은 학교 또는 학급의 학생을 대상으로 학교의 장이 실시하는 급식을 말한다.

② "학교급식공급업자"라 함은 학교의 장과 계약에 의하여 학교급식에 관한 업무를 위탁받아 행하는 자를 말한다.

③ "급식에 관한 경비"라 함은 학교급식을 위한 식품비, 급식운영비 및 급식시설·설비비를 말한다.

(3) 국가·지방자치단체의 임무〈법 제3조〉

① 국가와 지방자치단체는 양질의 학교급식이 안전하게 제공될 수 있도록 행정적·재정적으로 지원하여야 하며, 영양교육을 통한 학생의 올바른 식생활 관리능력 배양과 전통 식문화의 계승·발전을 위하여 필요한 시책을 강구하여야 한다.

② 특별시·광역시·도·특별자치도의 교육감은 매년 학교급식에 관한 계획을 수립·시행하여야 한다.

(4) 학교급식 대상〈법 제4조〉

학교급식은 대통령령이 정하는 바에 따라 다음 각 호의 어느 하나에 해당하는 학교 또는 학급에 재학하는 학생을 대상으로 실시한다.

① 「초·중등교육법」의 초등학교·공민학교·중학교·고등공민학교·고등학교·고등기술학교·특수학교의 어느 하나에 해당하는 학교

② 「초·중등교육법」에 따른 근로청소년을 위한 특별학급 및 산업체부설 중·고등학교

③ 그 밖에 교육감이 필요하다고 인정하는 학교

④ 학교급식의 운영원칙〈시행령 제2조〉

　㉠ 학교급식은 수업일의 점심시간[「학교급식법」(이하 "법"이라 한다)에 따른 근로청소년을 위한 특별학급 및 산업체부설학교에 있어서는 저녁시간]에 영양관리기준에 맞는 주식과 부식 등을 제공하는 것을 원칙으로 한다.

　㉡ 학교급식에 관한 다음 각 호의 사항은 「초·중등교육법」에 따른 학교운영위원회의 심의 또는 자문을 거쳐 학교의 장이 결정하여야 한다.

　　㉮ 학교급식 운영방식, 급식대상, 급식횟수, 급식시간 및 구체적 영양기준 등에 관한 사항

　　㉯ 학교급식 운영계획 및 예산·결산에 관한 사항

　　㉰ 식재료의 원산지, 품질등급, 그 밖의 구체적인 품질기준 및 완제품 사용 승인에 관한 사항

　　㉱ 식재료 등의 조달방법 및 업체선정 기준에 관한 사항

　　㉲ 보호자가 부담하는 경비 및 급식비의 결정에 관한 사항

　　㉳ 급식비 지원대상자 선정 등에 관한 사항

　　㉴ 급식활동에 관한 보호자의 참여와 지원에 관한 사항

　　㉵ 학교우유급식 실시에 관한 사항

　　㉶ 그 밖에 학교의 장이 학교급식 운영에 관하여 중요하다고 인정하는 사항

⑤ 학교급식의 개시보고 등〈시행령 제3조〉

　㉠ 학교급식을 실시하려는 학교의 장은 급식시설·설비를 갖추고 교육부령이 정하는 바에 따라 교육부장관 또는 교육감에게 학교급식의 개시보고를 하여야 한다. 다만, 교내에 급식시설을 갖추지 못하여 외부에서 제조·가공한 식품을 운반하여 급식을 실시하는 경우 등에는 급식시설·설비를 갖추지 않고 학교급식의 개시보고를 할 수 있다.

　㉡ 학교급식의 개시보고 등〈시행규칙 제2조〉

　　㉮ 학교급식의 개시보고는 급식 개시 전 10일까지 학교급식 개시 보고서에 따라 하여야 한다.

　　㉯ 변경보고는 변경 후 20일 이내에 그 내용을 보고하여야 한다.

　　㉰ 학교의 장은 매 학년도 말 현재의 급식현황을 2월 28일까지 급식실시현황에 따라 교육부장관 또는 교육감에게 보고하고, 교육감은 이를 3월 20일까지 교육부장관에게 보고하여야 한다.

　　㉱ 교육부장관 또는 교육감은 보고를 받은 사항에 대하여 「초·중등교육법」에 따른 교육정보시스템에 입력하여 관리하여야 한다.

　㉢ 학교급식의 개시보고 후 급식운영방식의 변경, 급식시설 대수선 또는 증·개축, 급식시설의 운영중단 또는 폐지 등 중요한 사항이 변경된 경우에는 그 내용을 교육부장관 또는 교육감에게 보고하여야 한다.

⑥ 학교급식 운영계획의 수립 등〈시행령 제4조〉

　　㉠ 학교의 장은 학교급식의 관리·운영을 위하여 매 학년도 시작 전까지 학교운영위원회의 심의 또는 자문을 거쳐 학교급식 운영계획을 수립하여야 한다.

　　㉡ 학교급식 운영계획에는 급식계획, 영양·위생·식재료·작업·예산관리 및 식생활 지도 등 학교급식 운영관리에 필요한 사항이 포함되어야 한다.

　　㉢ 학교의 장은 운영계획의 이행상황을 연 1회 이상 학교운영위원회에 보고하여야 한다.

(5) 학교급식위원회 등〈법 제5조〉

① 교육감은 학교급식에 관한 다음 각 호의 사항을 심의하기 위하여 그 소속하에 학교급식위원회를 둔다.

　　㉠ 학교급식에 관한 계획

　　㉡ 급식에 관한 경비의 지원

　　㉢ 그 밖에 학교급식의 운영 및 지원에 관한 사항으로서 교육감이 필요하다고 인정하는 사항

② 학교급식위원회의 구성〈시행령 제5조〉

　　㉠ 학교급식위원회는 위원장 1인을 포함한 15인 이내의 위원으로 구성한다.

　　㉡ 학교급식위원회의 위원장은 특별시·광역시·도·특별자치도교육청(이하 "시·도교육청"이라 한다)의 부교육감(부교육감이 2인일 때에는 제1부교육감을 말한다)이 된다.

　　㉢ 위원은 시·도교육청 학교급식업무 담당국장, 특별시·광역시·도·특별자치도의 학교급식지원업무 담당국장 및 보건위생업무 담당국장, 학교의 장, 학부모, 학교급식분야 전문가, 「비영리민간단체 지원법」에 따른 시민단체가 추천한 자 그 밖에 교육감이 필요하다고 인정하는 자 중에서 교육감이 임명 또는 위촉한다.

　　㉣ 학교급식위원회에는 간사 1인을 두되, 시·도교육청 공무원 중에서 위원장이 임명한다.

③ 학교급식위원회의 운영〈시행령 제6조〉

　　㉠ 위원장은 학교급식위원회의 사무를 총괄하고, 학교급식위원회를 대표한다.

　　㉡ 위원장은 학교급식위원회의 회의를 소집하고, 그 의장이 된다.

　　㉢ 학교급식위원회의 회의는 재적위원 과반수의 출석으로 개의하고, 출석위원 과반수의 찬성으로 의결한다.

　　㉣ 간사는 위원장의 명을 받아 학교급식위원회의 사무를 처리한다.

　　㉤ 위촉위원의 임기는 2년으로 하되, 1차에 한하여 연임할 수 있다.

　　㉥ 그 밖에 학교급식위원회의 운영에 관하여 필요한 사항은 학교급식위원회의 의결을 거쳐 위원장이 정한다.

④ 특별시장·광역시장·도지사·특별자치도지사 및 시장·군수·자치구의 구청장은 학교급식 지원에 관한 중요사항을 심의하기 위하여 그 소속하에 학교급식지원심의위원회를 둘 수 있다.

⑤ 특별자치도지사·시장·군수·자치구의 구청장은 우수한 식자재 공급 등 학교급식을 지원하기 위하여 그 소속하에 학교급식지원센터를 설치·운영할 수 있다.

⑥ 학교급식지원심의위원회의 구성·운영과 학교급식지원센터의 설치·운영에 관하여 필요한 사항은 해당지방자치단체의 조례로 정한다.

01 출제예상문제

1 다음 중 학교급식법의 목적으로 맞지 않는 것은?

① 학교급식 등에 관한 사항을 규정

② 학생과 교사의 질을 향상

③ 학생의 건전한 심신의 발달

④ 국민 식생활 개선에 기여함

> **NOTE** 목적〈법 제1조〉… 이 법은 학교급식 등에 관한 사항을 규정함으로써 학교급식의 질을 향상시키고 학생의 건전한 심신의 발달과 국민 식생활 개선에 기여함을 목적으로 한다.

2 다음 중 매년 학교급식에 관한 계획을 수립·시행하여야 하는 사람으로 알맞은 자는?

① 교육감

② 학교장

③ 자치단체장

④ 교육부장관

> **NOTE** 국가·지방자치단체의 임무〈법 제3조〉
> ㉠ 국가와 지방자치단체는 양질의 학교급식이 안전하게 제공될 수 있도록 행정적·재정적으로 지원하여야 하며, 영양교육을 통한 학생의 올바른 식생활 관리능력 배양과 전통 식문화의 계승·발전을 위하여 필요한 시책을 강구하여야 한다.
> ㉡ 특별시·광역시·도·특별자치도의 교육감은 매년 학교급식에 관한 계획을 수립·시행하여야 한다.

3 다음 중 학교급식 대상으로 맞지 않는 것은?

① 초등학교 · 공민학교

② 근로청소년을 위한 특별학급

③ 유치원

④ 고등공민학교

> **NOTE** 학교급식 대상〈법 제4조〉… 학교급식은 대통령령이 정하는 바에 따라 다음 각 호의 어느 하나에 해당하는 학교 또는 학급에 재학하는 학생을 대상으로 실시한다.
> ㉠ 「초 · 중등교육법」의 초등학교 · 공민학교, 중학교, 고등공민학교, 고등학교 · 고등기술학교, 특수학교의 어느 하나에 해당하는 학교
> ㉡ 「초 · 중등교육법」의 규정에 따른 근로청소년을 위한 특별학급 및 산업체부설 중 · 고등학교
> ㉢ 그 밖에 교육감이 필요하다고 인정하는 학교

4 다음 중 학교급식위원회의 운영에 대한 설명으로 맞지 않는 것은?

① 위원장은 학교급식위원회의 회의를 소집하고, 그 의장이 된다.

② 학교급식위원회의 회의는 재적위원 과반수의 출석으로 개의하고, 출석위원 과반수의 찬성으로 의결한다.

③ 간사는 위원장의 명을 받아 학교급식위원회의 사무를 처리한다.

④ 위촉위원의 임기는 3년으로 하되, 2차에 한하여 연임할 수 있다.

> **NOTE** 학교급식위원회의 운영〈시행령 제6조〉
> ㉠ 위원장은 학교급식위원회의 사무를 총괄하고, 학교급식위원회를 대표한다.
> ㉡ 위원장은 학교급식위원회의 회의를 소집하고, 그 의장이 된다.
> ㉢ 학교급식위원회의 회의는 재적위원 과반수의 출석으로 개의하고, 출석위원 과반수의 찬성으로 의결한다.
> ㉣ 간사는 위원장의 명을 받아 학교급식위원회의 사무를 처리한다.
> ㉤ 위촉위원의 임기는 2년으로 하되, 1차에 한하여 연임할 수 있다.
> ㉥ 그 밖에 학교급식위원회의 운영에 관하여 필요한 사항은 학교급식위원회의 의결을 거쳐 위원장이 정한다.

ANSWER 3.③ 4.④

5 다음 중 학교급식의 개시보고 등에 대한 설명으로 맞지 않는 것은?

① 학교급식을 실시하려는 학교의 장은 급식시설·설비를 갖추고 교육부령이 정하는 바에 따라 교육부장관 또는 교육감에게 학교급식의 개시보고를 하여야 한다.

② 학교급식의 개시보고는 급식 개시 전 10일까지 학교급식 개시 보고서에 따라 하여야 한다.

③ 변경보고는 변경 후 14일 이내에 그 내용을 보고하여야 한다.

④ 학교의 장은 매 학년도 말 현재의 급식현황을 2월 28일까지 급식실시현황에 따라 교육부장관 또는 교육감에게 보고하고, 교육감은 이를 3월 20일까지 교육부장관에게 보고하여야 한다.

> **NOTE** 학교급식의 개시보고 등〈시행령 제3조〉
> ㉠ 학교급식을 실시하려는 학교의 장은 급식시설·설비를 갖추고 교육부령이 정하는 바에 따라 교육부장관 또는 교육감에게 학교급식의 개시보고를 하여야 한다. 다만, 교내에 급식시설을 갖추지 못하여 외부에서 제조·가공한 식품을 운반하여 급식을 실시하는 경우 등에는 급식시설·설비를 갖추지 않고 학교급식의 개시보고를 할 수 있다.
> ㉡ 학교급식의 개시보고 등〈시행규칙 제2조〉
> • 학교급식의 개시보고는 급식 개시 전 10일까지 학교급식 개시 보고서에 따라 하여야 한다.
> • 변경보고는 변경 후 20일 이내에 그 내용을 보고하여야 한다.
> • 학교의 장은 매 학년도 말 현재의 급식현황을 2월 28일까지 급식실시현황에 따라 교육부장관 또는 교육감에게 보고하고, 교육감은 이를 3월 20일까지 교육부장관에게 보고하여야 한다.
> • 교육부장관 또는 교육감은 보고를 받은 사항에 대하여 「초·중등교육법」에 따른 교육정보시스템에 입력하여 관리하여야 한다.
> ㉢ 학교급식의 개시보고 후 급식운영방식의 변경, 급식시설 대수선 또는 증·개축, 급식시설의 운영중단 또는 폐지 등 중요한 사항이 변경된 경우에는 그 내용을 교육부장관 또는 교육감에게 보고하여야 한다.

ANSWER 5.③

학교급식 시설·설비 기준 등

(1) 급식시설·설비〈법 제6조〉

① 학교급식을 실시할 학교는 학교급식을 위하여 필요한 시설과 설비를 갖추어야 한다. 다만, 2이상의 학교가 인접하여 있는 경우에는 학교급식을 위한 시설과 설비를 공동으로 할 수 있다.

② 시설·설비의 종류와 기준〈시행령 제7조〉

　㉠ 학교급식시설에서 갖추어야 할 시설·설비의 종류와 기준은 다음 각 호와 같다.

　　㉮ 조리장 : 교실과 떨어지거나 차단되어 학생의 학습에 지장을 주지 않는 시설로 하되, 식품의 운반과 배식이 편리한 곳에 두어야 하며, 능률적이고 안전한 조리기기, 냉장·냉동시설, 세척·소독시설 등을 갖추어야 한다.

　　㉯ 식품보관실 : 환기·방습이 용이하며, 식품과 식재료를 위생적으로 보관하는데 적합한 위치에 두되, 방충 및 방서(防鼠)시설을 갖추어야 한다.

　　㉰ 급식관리실 : 조리장과 인접한 위치에 두되, 컴퓨터 등 사무장비를 갖추어야 한다.

　　㉱ 편의시설 : 조리장과 인접한 위치에 두되, 조리종사자의 수에 따라 필요한 옷장과 샤워시설 등을 갖추어야 한다.

　㉡ 급식시설의 세부기준〈시행규칙 제3조〉

　　㉮ 시설과 부대시설의 세부기준은 별표 1과 같다.

> **급식시설의 세부기준〈시행규칙 별표 1〉**
>
> 1. 조리장
>
> 　가. 시설·설비
>
> 　　1) 조리장은 침수될 우려가 없고, 먼지 등의 오염원으로부터 차단될 수 있는 등 주변 환경이 위생적이며 쾌적한 곳에 위치하여야 하고, 조리장의 소음·냄새 등으로 인하여 학생의 학습에 지장을 주지 않도록 해야 한다.
>
> 　　2) 조리장은 작업과정에서 교차오염이 발생되지 않도록 전처리실(前處理室), 조리실 및 식기구세척실 등을 벽과 문으로 구획하여 일반작업구역과 청결작업구역으로 분리한다. 다만, 이러한 구획이 적절하지 않을 경우에는 교차오염을 방지할 수 있는 다른 조치를 취하여야 한다.
>
> 　　3) 조리장은 급식설비·기구의 배치와 작업자의 동선(動線) 등을 고려하여 작업과 청결유지에 필요한 적정한 면적이 확보되어야 한다.

4) 내부벽은 내구성, 내수성(耐水性)이 있는 표면이 매끈한 재질이어야 한다.

5) 바닥은 내구성, 내수성이 있는 재질로 하되, 미끄럽지 않아야 한다.

6) 천장은 내수성 및 내화성(耐火性)이 있고 청소가 용이한 재질로 한다.

7) 바닥에는 적당한 위치에 상당한 크기의 배수구 및 덮개를 설치하되 청소하기 쉽게 설치한다.

8) 출입구와 창문에는 해충 및 쥐의 침입을 막을 수 있는 방충망 등 적절한 설비를 갖추어야 한다.

9) 조리장 출입구에는 신발소독 설비를 갖추어야 한다.

10) 조리장내의 증기, 불쾌한 냄새 등을 신속히 배출할 수 있도록 환기시설을 설치하여야 한다.

11) 조리장의 조명은 220룩스(lx) 이상이 되도록 한다. 다만, 검수구역은 540룩스(lx) 이상이 되도록 한다.

12) 조리장에는 필요한 위치에 손 씻는 시설을 설치하여야 한다.

13) 조리장에는 온도 및 습도관리를 위하여 적정 용량의 급배기시설, 냉·난방시설 또는 공기조화시설(空氣調和施設) 등을 갖추도록 한다.

나. 설비·기구

1) 밥솥, 국솥, 가스테이블 등의 조리기기는 화재, 폭발 등의 위험성이 없는 제품을 선정하되, 재질의 안전성과 기기의 내구성, 경제성 등을 고려하여 능률적인 기기를 설치하여야 한다.

2) 냉장고(냉장실)와 냉동고는 식재료의 보관, 냉동 식재료의 해동(解凍), 가열조리된 식품의 냉각 등에 충분한 용량과 온도(냉장고 5℃ 이하, 냉동고 −18℃ 이하)를 유지하여야 한다.

3) 조리, 배식 등의 작업을 위생적으로 하기 위하여 식품 세척시설, 조리시설, 식기구 세척시설, 식기구 보관장, 덮개가 있는 폐기물 용기 등을 갖추어야 하며, 식품과 접촉하는 부분은 내수성 및 내부식성 재질로 씻기 쉽고 소독·살균이 가능한 것이어야 한다.

4) 식기세척기는 세척, 헹굼 기능이 자동적으로 이루어지는 것이어야 한다.

5) 식기구를 소독하기 위하여 전기살균소독기 또는 열탕소독시설을 갖추거나 충분히 세척·소독할 수 있는 세정대(洗淨臺)를 설치하여야 한다.

6) 급식기구 및 배식도구 등을 안전하고 위생적으로 세척할 수 있도록 온수공급 설비를 갖추어야 한다.

2. 식품보관실 등

가. 식품보관실과 소모품보관실을 별도로 설치하여야 한다. 다만, 부득이하게 별도로 설치하지 못할 경우에는 공간구획 등으로 구분하여야 한다.

나. 바닥의 재질은 물청소가 쉽고 미끄럽지 않으며, 배수가 잘 되어야 한다.

다. 환기시설과 충분한 보관선반 등이 설치되어야 하며, 보관선반은 청소 및 통풍이 쉬운 구조이어야 한다.

3. 급식관리실, 편의시설
    가. 급식관리실, 휴게실은 외부로부터 조리실을 통하지 않고 출입이 가능하여야 하며, 외부로 통하는 환기시설을 갖추어야 한다. 다만, 시설 구조상 외부로의 출입문 설치가 어려운 경우에는 출입시에 조리실 오염이 일어나지 않도록 필요한 조치를 취하여야 한다.
    나. 휴게실은 외출복장으로 인하여 위생복장이 오염되지 않도록 외출복장과 위생복장을 구분하여 보관할 수 있는 옷장을 두어야 한다.
    다. 샤워실을 설치하는 경우 외부로 통하는 환기시설을 설치하여 조리실 오염이 일어나지 않도록 하여야 한다.
4. 식당 : 안전하고 위생적인 공간에서 식사를 할 수 있도록 급식인원 수를 고려한 크기의 식당을 갖추어야 한다. 다만, 공간이 부족한 경우 등 식당을 따로 갖추기 곤란한 학교는 교실배식에 필요한 운반기구와 위생적인 배식도구를 갖추어야 한다.
5. 이 기준에서 정하지 않은 사항에 대하여는 식품위생법령의 집단급식소 시설기준에 따른다.

④ 기준 중 냉장·냉동시설, 조리 및 급식관련 설비·기계·기구에 대한 용량 등 구체적 기준은 교육감이 정한다.

(2) 영양교사의 배치 등〈법 제7조〉

① 학교급식을 위한 시설과 설비를 갖춘 학교는 「초·중등교육법」에 따른 영양교사와 「식품위생법」에 따른 조리사를 둔다.

② 영양교사는 학교의 장을 보좌하여 다음 각 호의 직무를 수행한다.〈시행령 제8조〉
    ㉠ 식단작성, 식재료의 선정 및 검수
    ㉡ 위생·안전·작업관리 및 검식
    ㉢ 식생활 지도, 정보 제공 및 영양상담
    ㉣ 조리실 종사자의 지도·감독
    ㉤ 그 밖에 학교급식에 관한 사항

③ 교육감은 학교급식에 관한 업무를 전담하게 하기 위하여 그 소속하에 학교급식에 관한 전문지식이 있는 직원을 둘 수 있다.

(3) 경비부담 등〈법 제8조〉

① 학교급식의 실시에 필요한 급식시설·설비비는 당해 학교의 설립·경영자가 부담하되, 국가 또는 지방자치단체가 지원할 수 있다.

② 급식운영비는 당해 학교의 설립·경영자가 부담하는 것을 원칙으로 하되, 대통령령이 정하는 바에 따라 보호자(친권자, 후견인 그 밖에 법률에 따라 학생을 부양할 의무가 있는 자를 말한다. 이하 같다)가 그 경비의 일부를 부담할 수 있다.

③ 급식운영비 부담〈시행령 제9조〉
   ㉠ 급식운영비는 다음 각 호와 같다.
      ㉮ 급식시설·설비의 유지비
      ㉯ 종사자의 인건비
      ㉰ 연료비, 소모품비 등의 경비
   ㉡ 경비는 학교운영위원회의 심의 또는 자문을 거쳐 그 경비의 일부를 보호자로 하여금 부담하게 할 수 있다.
   ㉢ 학교의 설립·경영자는 보호자의 부담이 경감되도록 노력하여야 한다.

④ 학교급식을 위한 식품비는 보호자가 부담하는 것을 원칙으로 한다.

⑤ 특별시장·광역시장·도지사·특별자치도지사 및 시장·군수·자치구의 구청장은 학교급식에 품질이 우수한 농산물 사용 등 급식의 질 향상과 급식시설·설비의 확충을 위하여 식품비 및 시설·설비비 등 급식에 관한 경비를 지원할 수 있다.

(4) 급식에 관한 경비의 지원〈법 제9조〉

① 국가 또는 지방자치단체는 보호자가 부담할 경비의 전부 또는 일부를 지원할 수 있으며, 보호자가 부담할 경비를 지원하는 경우 그 지원액 및 지원대상은 학교급식위원회의 심의를 거쳐 교육감이 정한다.

② ①의 규정에 따라 보호자가 부담할 경비를 지원하는 경우에는 다음 각 호의 어느 하나에 해당하는 학생을 우선적으로 지원한다.

　㉠ 학생 또는 그 보호자가 「국민기초생활 보장법」의 규정에 따른 수급권자, 차상위계층에 속하는 자, 「한부모가족지원법」의 규정에 따른 보호대상자인 학생

　㉡ 「도서ㆍ벽지 교육진흥법」의 규정에 따른 도서벽지에 있는 학교와 그에 준하는 지역으로서 대통령령이 정하는 지역의 학교에 재학하는 학생

　㉢ 「농어업인 삶의 질 향상 및 농어촌지역 개발촉진에 관한 특별법」에 따른 농어촌학교와 그에 준하는 지역으로서 대통령령이 정하는 지역의 학교에 재학하는 학생

　㉣ "대통령령이 정하는 지역의 학교"라 함은 각각 다음 각 호의 학교를 말한다.〈시행령 제10조〉

　　• 「도서ㆍ벽지 교육진흥법」에 따른 도서벽지에 준하는 지역에 소재하는 학교로서 7할 이상에 해당하는 학생의 학부모가 도서벽지의 학부모와 유사한 생활여건에 처하여 있다고 교육감이 인정하는 학교

　　• 「농어업인 삶의 질 향상 및 농어촌지역 개발촉진에 관한 특별법」에 따른 농어촌에 준하는 지역에 소재하는 학교로서 7할 이상에 해당하는 학생의 학부모가 농어촌의 학부모와 유사한 생활여건에 처하여 있다고 교육감이 인정하는 학교

　㉤ 그 밖에 교육감이 필요하다고 인정하는 학생

02 출제예상문제

1 다음 중 학교급식법의 급식시설·설비에 대한 내용으로 맞지 않는 것은?

① 학교급식을 실시할 학교는 학교급식을 위하여 필요한 시설과 설비를 갖추어야 한다. 다만, 2이상의 학교가 인접하여 있는 경우에는 학교급식을 위한 시설과 설비를 공동으로 할 수 있다.

② 조리장은 교실과 가까이 있어서 학생들이 쉽게 접근할 수 있도록 하고, 식품의 운반과 배식이 편리한 곳에 두어야 한다.

③ 급식관리실은 조리장과 인접한 위치에 두되, 컴퓨터 등 사무장비를 갖추어야 한다.

④ 편의시설은 조리장과 인접한 위치에 두되, 조리종사자의 수에 따라 필요한 옷장과 샤워시설 등을 갖추어야 한다.

> **NOTE** 급식시설·설비〈법 제6조〉
> ㉠ 학교급식을 실시할 학교는 학교급식을 위하여 필요한 시설과 설비를 갖추어야 한다. 다만, 2이상의 학교가 인접하여 있는 경우에는 학교급식을 위한 시설과 설비를 공동으로 할 수 있다.
> ㉡ 시설·설비의 종류와 기준〈시행령 제7조〉: 학교급식시설에서 갖추어야할 시설·설비의 종류와 기준은 다음 각 호와 같다.
> • 조리장: 교실과 떨어지거나 차단되어 학생의 학습에 지장을 주지 않는 시설로 하되, 식품의 운반과 배식이 편리한 곳에 두어야 하며, 능률적이고 안전한 조리기기, 냉장·냉동시설, 세척·소독시설 등을 갖추어야 한다.
> • 식품보관실: 환기·방습이 용이하며, 식품과 식재료를 위생적으로 보관하는데 적합한 위치에 두되, 방충 및 방서(防鼠)시설을 갖추어야 한다.
> • 급식관리실: 조리장과 인접한 위치에 두되, 컴퓨터 등 사무장비를 갖추어야 한다.
> • 편의시설: 조리장과 인접한 위치에 두되, 조리종사자의 수에 따라 필요한 옷장과 샤워시설 등을 갖추어야 한다.

ANSWER 1.②

2 다음 중 급식시설의 세부기준 중 조리장의 시설 및 설비에 대한 부분으로 맞지 않는 것은?

① 조리장 출입구에는 신발소독 설비를 갖추어야 한다.

② 조리장내의 증기, 불쾌한 냄새 등을 신속히 배출할 수 있도록 환기시설을 설치하여야 한다.

③ 조리장의 조명은 350룩스(lx) 이상이 되도록 한다. 다만, 검수구역은 540룩스(lx) 이상이 되도록 한다.

④ 조리장에는 필요한 위치에 손 씻는 시설을 설치하여야 한다.

> **NOTE** 급식시설의 세부기준〈시행령 별표 1〉
> ㉠ 조리장 출입구에는 신발소독 설비를 갖추어야 한다.
> ㉡ 조리장 내의 증기, 불쾌한 냄새 등을 신속히 배출할 수 있도록 환기시설을 설치하여야 한다.
> ㉢ 조리장의 조명은 220룩스(lx) 이상이 되도록 한다. 다만, 검수구역은 540룩스(lx) 이상이 되도록 한다.
> ㉣ 조리장에는 필요한 위치에 손 씻는 시설을 설치하여야 한다.

3 다음 중 기준 중 냉장·냉동시설, 조리 및 급식관련 설비·기계·기구에 대한 용량 등 구체적 기준을 정하는 사람으로 알맞은 자는?

① 교육감

② 학교장

③ 급식교사

④ 영양사

> **NOTE** 기준 중 냉장·냉동시설, 조리 및 급식관련 설비·기계·기구에 대한 용량 등 구체적 기준은 교육감이 정한다.〈시행규칙 제3조〉

4 다음 중 경비부담 등에 대한 설명으로 잘못된 것은?

① 학교급식의 실시에 필요한 급식시설·설비비는 당해 학교의 설립·경영자가 부담하되, 국가 또는 지방자치단체가 지원할 수 있다.

② 급식운영비는 당해 학교의 설립·경영자가 부담하는 것을 원칙으로 한다.

③ 학교급식을 위한 식품비는 경영자가 부담하는 것을 원칙으로 한다.

④ 특별시장·광역시장·도지사 등은 학교급식에 품질이 우수한 농산물 사용 등 급식의 질 향상과 급식시설·설비의 확충을 위하여 식품비 및 시설·설비비 등 급식에 관한 경비를 지원할 수 있다.

> **NOTE** 경비부담 등〈법 제8조〉
> ㉠ 학교급식의 실시에 필요한 급식시설·설비비는 당해 학교의 설립·경영자가 부담하되, 국가 또는 지방자치단체가 지원할 수 있다.
> ㉡ 급식운영비는 당해 학교의 설립·경영자가 부담하는 것을 원칙으로 하되, 대통령령이 정하는 바에 따라 보호자(친권자, 후견인 그 밖에 법률에 따라 학생을 부양할 의무가 있는 자를 말한다.)가 그 경비의 일부를 부담할 수 있다.
> ㉢ 학교급식을 위한 식품비는 보호자가 부담하는 것을 원칙으로 한다.
> ㉣ 특별시장·광역시장·도지사·특별자치도지사 및 시장·군수·자치구의 구청장은 학교급식에 품질이 우수한 농산물 사용 등 급식의 질 향상과 급식시설·설비의 확충을 위하여 식품비 및 시설·설비비 등 급식에 관한 경비를 지원할 수 있다.

5 다음 중 보호자가 부담할 경비를 지원하는 경우 그 지원액 및 지원대상은 학교급식위원회의 심의를 거쳐 누가 결정하는가?

① 지자체 단체장

② 교육감

③ 교육부장관

④ 학교의 설립 및 경영자

> **NOTE** 국가 또는 지방자치단체는 보호자가 부담할 경비의 전부 또는 일부를 지원할 수 있으며, 보호자가 부담할 경비를 지원하는 경우 그 지원액 및 지원대상은 학교급식위원회의 심의를 거쳐 교육감이 정한다.〈시행령 제10조〉

ANSWER 4.③ 5.②

03

학교급식 관리·운영

(1) 식재료〈법 제10조〉

① 학교급식에는 품질이 우수하고 안전한 식재료를 사용하여야 한다.

② 학교급식 식재료의 품질관리기준 등〈시행규칙 제4조〉

ㄱ「학교급식법」(이하 "법"이라 한다)에 따른 식재료의 품질관리기준은 별표 2와 같다.

학교급식 식재료의 품질관리기준〈시행규칙 별표 2〉

1. 농산물
   가.「농수산물의 원산지 표시에 관한 법률」및「대외무역법」에 따라 원산지가 표시된 농산물을 사용한다. 다만, 원산지 표시 대상 식재료가 아닌 농산물은 그러하지 아니하다.
   나. 다음의 농산물에 해당하는 것 중 하나를 사용한다.
      1)「친환경농어업 육성 및 유기식품 등의 관리·지원에 관한 법률」에 따라 인증받은 유기식품등 및 인증받은 무농약농수산물등
      2)「농수산물 품질관리법」에 따른 표준규격품 중 농산물표준규격이 "상" 등급 이상인 농산물. 다만, 표준규격이 정해져 있지 아니한 농산물은 상품가치가 "상" 이상에 해당하는 것을 사용한다.
      3)「농수산물 품질관리법」에 따른 우수관리인증농산물
      4)「농수산물 품질관리법」에 따른 이력추적관리농산물
      5)「농수산물 품질관리법」에 따라 지리적표시의 등록을 받은 농산물
   다. 쌀은 수확연도부터 1년 이내의 것을 사용한다.
   라. 부득이하게 전처리(前處理)농산물(수확 후 세척, 선별, 박피 및 절단 등의 가공을 통하여 즉시 조리에 이용할 수 있는 형태로 처리된 식재료)을 사용할 경우에는 나목과 다목에 해당되는 품목으로 다음 사항이 표시된 것으로 한다.
      1) 제품명(내용물의 명칭 또는 품목)
      2) 업소명(생산자 또는 생산자단체명)
      3) 제조연월일(전처리작업일 및 포장일)
      4) 전처리 전 식재료의 품질(원산지, 품질등급, 생산연도)
      5) 내용량
      6) 보관 및 취급방법

마. 수입농산물은 「대외무역법」, 「식품위생법」 등 관계 법령에 적합하고, 나목부터 라목까지의 규정에 상당하는 품질을 갖춘 것을 사용한다.

2. 축산물

가. 공통 기준은 다음과 같다. 다만, 「축산물위생관리법」에 따른 식용란(食用卵)은 공통 기준을 적용하지 아니한다.

1) 「축산물위생관리법」에 따라 위해요소중점관리기준을 적용하는 도축장에서 처리된 식육을 사용한다.

2) 「축산물위생관리법」에 따라 위해요소중점관리기준 적용 작업장으로 지정받은 축산물가공장 또는 식육포장처리장에서 처리된 축산물(수입축산물을 국내에서 가공 또는 포장처리 하는 경우에도 동일하게 적용)을 사용한다.

나. 개별기준은 다음과 같다. 다만, 닭고기, 계란 및 오리고기의 경우에는 등급제도 전면 시행 전까지는 권장사항으로 한다.

1) 쇠고기 : 「축산법」에 따른 등급판정의 결과 3등급 이상인 한우 및 육우를 사용한다.

2) 돼지고기 : 「축산법」에 따른 등급판정의 결과 2등급 이상을 사용한다.

3) 닭고기 : 「축산법」에 따른 등급판정의 결과 1등급 이상을 사용한다.

4) 계란 : 「축산법」에 따른 등급판정의 결과 2등급 이상을 사용한다.

5) 오리고기 : 「축산법」에 따른 등급판정의 결과 1등급 이상을 사용한다.

6) 수입축산물 : 「대외무역법」, 「식품위생법」, 「축산물위생관리법」 등 관련법령에 적합하며, 1)부터 5)까지에 상당하는 품질을 갖춘 것을 사용한다.

3. 수산물

가. 「농수산물의 원산지 표시에 관한 법률」 및 「대외무역법」에 따른 원산지가 표시된 수산물을 사용한다.

나. 「농수산물 품질관리법」에 따른 품질인증품, 지리적표시의 등록을 받은 수산물 또는 상품가치가 "상" 이상에 해당하는 것을 사용한다.

다. 전처리수산물

1) 전처리수산물(세척, 선별, 절단 등의 가공을 통해 즉시 조리에 이용할 수 있는 형태로 처리된 식재료를 말한다)을 사용할 경우 나목에 해당되는 품목으로서 다음 시설 또는 영업소에서 가공 처리(수입수산물을 국내에서 가공 처리하는 경우에도 동일하게 적용한다)된 것으로 한다.

가) 「농수산물 품질관리법」에 따라 위해요소중점관리기준을 이행하는 시설로서 해양수산부장관에게 등록한 생산·가공시설

나) 「식품위생법」에 따라 위해요소중점관리기준을 적용하는 업소로서 「식품위생법 시행규칙」에 따른 냉동수산식품 중 어류·연체류 식품제조·가공업소

2) 전처리수산물을 사용할 경우 다음 사항이 표시된 것으로 한다.

가) 제품명(내용물의 명칭 또는 품목)

나) 업소명(생산자 또는 생산자단체명)

다) 제조연월일(전처리작업일 및 포장일)

라) 전처리 전 식재료의 품질(원산지, 품질등급, 생산연도)

마) 내용량

바) 보관 및 취급방법

라. 수입수산물은 「대외무역법」, 「식품위생법」 등 관련법령에 적합하고 나목 및 다목에 상당하는 품질을 갖춘 것을 사용한다.

4. 가공식품 및 기타

가. 다음에 해당하는 것 중 하나를 사용한다.

1) 「식품산업진흥법」에 따라 품질인증을 받은 전통식품

2) 「산업표준화법」에 따라 산업표준 적합 인증을 받은 농축수산물 가공품

3) 「농수산물 품질관리법」에 따라 지리적표시의 등록을 받은 식품

4) 「농수산물 품질관리법」에 따른 품질인증품

5) 「식품위생법」에 따라 위해요소중점관리기준을 적용하는 업소에서 생산된 가공식품

6) 「식품위생법」에 따라 영업 등록된 식품제조·가공업소에서 생산된 가공식품

7) 「축산물위생관리법」에 따라 위해요소중점관리기준을 적용하는 업소에서 가공 또는 처리된 축산물가공품

8) 「축산물위생관리법」에 따른 표시기준에 따라 제조업소, 유통기한 등이 표시된 축산물 가공품

나. 김치 완제품은 「식품위생법」에 따라 위해요소중점관리기준을 적용하는 업소에서 생산된 제품을 사용한다.

다. 수입 가공식품은 「대외무역법」, 「식품위생법」 등 관련법령에 적합하고 가목에 상당하는 품질을 갖춘 것을 사용한다.

라. 위에서 명시되지 아니한 식품 및 식품첨가물은 식품위생법령에 적합한 것을 사용한다.

5. 예외

가. 수해, 가뭄, 천재지변 등으로 식품수급이 원활하지 않은 경우에는 품질관리기준을 적용하지 않을 수 있다.

나. 이 표에서 정하지 않는 식재료, 도서(島嶼)·벽지(僻地) 및 소규모학교 또는 지역 여건상 학교급식 식재료의 품질관리기준 적용이 곤란하다고 인정되는 경우에는, 교육감이 학교급식위원회의 심의를 거쳐 별도의 품질관리기준을 정하여 시행할 수 있다.

ⓛ 학교급식의 질 제고 및 안전성 확보를 위하여 품질을 우선적으로 고려하여야 하는 경우 식재료의 구매에 관한 계약은 「국가를 당사자로 하는 계약에 관한 법률 시행령」 또는 「지방자치단체를 당사자로 하는 계약에 관한 법률 시행령」에 따른 협상에 의한 계약체결방법을 활용할 수 있다.

(2) 영양관리〈법 제11조〉

① 학교급식은 학생의 발육과 건강에 필요한 영양을 충족할 수 있으며, 올바른 식생활습관 형성에 도움을 줄 수 있는 식품으로 구성되어야 한다.

② 학교급식의 영양관리기준 등〈시행규칙 제5조〉

　　㉠ 학교급식의 영양관리기준은 별표 3과 같다.

학교급식의 영양관리기준〈시행규칙 별표 3〉

구분	학년	에너지 (kcal)	단백질 (g)	비타민A (R.E.)		티아민 (비타민B$_1$) (mg)		리보플라빈 (비타민B$_2$) (mg)		비타민C (mg)		칼슘 (mg)		철 (mg)	
				평균필요량	권장섭취량	평균필요량	권장섭취량	평균필요량	권장섭취량	평균필요량	권장섭취량	평균필요량	권장섭취량	평균필요량	권장섭취량
남자	초등 1~3학년	534	8.4	97	134	0.20	0.24	0.24	0.30	13.4	20.0	184	234	2.4	3.0
	초등 4~6학년	634	11.7	127	184	0.27	0.30	0.30	0.37	18.4	23.4	184	267	3.0	4.0
	중학생	800	16.7	167	234	0.34	0.40	0.44	0.50	25.0	33.4	267	334	3.0	4.0
	고등학생	900	20.0	200	284	0.37	0.47	0.50	0.60	28.4	36.7	267	334	4.0	5.4
여자	초등 1~3학년	500	8.4	90	134	0.17	0.20	0.20	0.24	13.4	20.0	184	234	2.4	3.0
	초등 4~6학년	567	11.7	117	167	0.24	0.27	0.27	0.30	18.4	23.4	184	267	3.0	4.0
	중학생	667	15.0	154	217	0.27	0.34	0.34	0.40	23.4	30.0	250	300	3.0	4.0
	고등학생	667	15.0	167	234	0.27	0.34	0.34	0.40	25.0	33.4	250	300	4.0	5.4

비고 : R.E.는 레티놀 당량(Retinol Equivalent)임.

1. 학교급식의 영양관리기준은 한끼의 기준량을 제시한 것으로 학생 집단의 성장 및 건강상태, 활동정도, 지역적 상황 등을 고려하여 탄력적으로 적용할 수 있다.
2. 영양관리기준은 계절별로 연속 5일씩 1인당 평균영양공급량을 평가하되, 준수범위는 다음과 같다.
　가. 에너지는 학교급식의 영양관리기준 에너지의 ±10%로 하되, 탄수화물 : 단백질 : 지방의 에너지 비율이 각각 55~70% : 7~20% : 15~30%가 되도록 한다.
　나. 단백질은 학교급식 영양관리기준의 단백질량 이상으로 공급하되, 총공급에너지 중 단백질 에너지가 차지하는 비율이 20%를 넘지 않도록 한다.
　다. 비타민A, 티아민, 리보플라빈, 비타민C, 칼슘, 철은 학교급식 영양관리기준의 권장섭취량 이상으로 공급하는 것을 원칙으로 하되, 최소한 평균필요량 이상이어야 한다.

ⓒ 식단작성시 고려하여야 할 사항은 다음 각 호와 같다.

 ㉮ 전통 식문화(食文化)의 계승·발전을 고려할 것

 ㉯ 곡류 및 전분류, 채소류 및 과일류, 어육류 및 콩류, 우유 및 유제품 등 다양한 종류의 식품을 사용할 것

 ㉰ 염분·유지류·단순당류 또는 식품첨가물 등을 과다하게 사용하지 않을 것

 ㉱ 가급적 자연식품과 계절식품을 사용할 것

 ㉲ 다양한 조리방법을 활용할 것

(3) 위생·안전관리〈법 제12조〉

① 학교급식은 식단작성, 식재료 구매·검수·보관·세척·조리, 운반, 배식, 급식기구 세척 및 소독 등 모든 과정에서 위해한 물질이 식품에 혼입되거나 식품이 오염되지 아니하도록 위생과 안전관리에 철저를 기하여야 한다.

② 학교급식의 위생·안전관리기준 등〈시행규칙 제6조〉

 ㉠ 학교급식의 위생·안전관리기준은 별표 4와 같다.

> **학교급식의 위생·안전관리기준〈시행규칙 별표 4〉**
>
> 1. 시설관리
>   가. 급식시설·설비, 기구 등에 대한 청소 및 소독계획을 수립·시행하여 항상 청결하게 관리하여야 한다.
>   나. 냉장·냉동고의 온도, 식기세척기의 최종 헹굼수 온도 또는 식기소독보관고의 온도를 기록·관리하여야 한다.
>   다. 급식용수로 수돗물이 아닌 지하수를 사용하는 경우 소독 또는 살균하여 사용하여야 한다.
> 2. 개인위생
>   가. 식품취급 및 조리작업자는 6개월에 1회 건강진단을 실시하고, 그 기록을 2년간 보관하여야 한다. 다만, 폐결핵검사는 연1회 실시할 수 있다.
>   나. 손을 잘 씻어 손에 의한 오염이 일어나지 않도록 하여야 한다. 다만, 손 소독은 필요시 실시할 수 있다.
> 3. 식재료 관리
>   가. 잠재적으로 위험한 식품 여부를 고려하여 식단을 계획하고, 공정관리를 철저히 하여야 한다.
>   나. 식재료 검수시 「학교급식 식재료의 품질관리기준」에 적합한 품질 및 신선도와 수량, 위생상태 등을 확인하여 기록하여야 한다.
> 4. 작업위생
>   가. 칼과 도마, 고무장갑 등 조리기구 및 용기는 원료나 조리과정에서 교차오염을 방지하기 위하여 용도별로 구분하여 사용하고 수시로 세척·소독하여야 한다.

나. 식품 취급 등의 작업은 바닥으로부터 60cm 이상의 높이에서 실시하여 식품의 오염이 방지되어야 한다.

다. 조리가 완료된 식품과 세척·소독된 배식기구·용기등은 교차오염의 우려가 있는 기구·용기 또는 원재료 등과 접촉에 의해 오염되지 않도록 관리하여야 한다.

라. 해동은 냉장해동(10℃ 이하), 전자레인지 해동 또는 흐르는 물(21℃ 이하)에서 실시하여야 한다.

마. 해동된 식품은 즉시 사용하여야 한다.

바. 날로 먹는 채소류, 과일류는 충분히 세척·소독하여야 한다.

사. 가열조리 식품은 중심부가 75℃(패류는 85℃) 이상에서 1분 이상으로 가열되고 있는지 온도계로 확인하고, 그 온도를 기록·유지하여야 한다.

아. 조리가 완료된 식품은 온도와 시간관리를 통하여 미생물 증식이나 독소 생성을 억제하여야 한다.

5. 배식 및 검식

가. 조리된 음식은 안전한 급식을 위하여 운반 및 배식기구 등을 청결히 관리하여야 하며, 배식 중에 운반 및 배식기구 등으로 인하여 오염이 일어나지 않도록 조치하여야 한다.

나. 급식실 외의 장소로 운반하여 배식하는 경우 배식용 운반기구 및 운송차량 등을 청결히 관리하여 배식시까지 식품이 오염되지 않도록 하여야 한다.

다. 조리된 식품에 대하여 배식하기 직전에 음식의 맛, 온도, 조화(영양적인 균형, 재료의 균형), 이물(異物), 불쾌한 냄새, 조리상태 등을 확인하기 위한 검식을 실시하여야 한다.

라. 급식시설에서 조리한 식품은 온도관리를 하지 아니하는 경우에는 조리 후 2시간 이내에 배식을 마쳐야 한다.

6. 세척 및 소독 등

가. 식기구는 세척·소독 후 배식 전까지 위생적으로 보관·관리하여야 한다.

나. 「감염병의 예방 및 관리에 관한 법률 시행령」에 따라 급식시설에 대하여 소독을 실시하고 소독필증을 비치하여야 한다.

7. 안전관리

가. 관계규정에 따른 정기안전검사(가스·소방·전기안전, 보일러·압력용기·덤웨이터(dumbwaiter) 검사 등)를 실시하여야 한다.

나. 조리기계·기구의 안전사고 예방을 위하여 안전작동방법을 게시하고 교육을 실시하며, 관리책임자를 지정, 그 표시를 부착하고 철저히 관리하여야 한다.

다. 조리장 바닥은 안전사고 방지를 위하여 미끄럽지 않게 관리하여야 한다.

8. 기타 : 이 기준에서 정하지 않은 사항에 대해서는 식품위생법령의 위생·안전관련 기준에 따른다.

ⓛ 교육부장관은 ㉠에 따른 기준의 준수 및 향상을 위한 지침을 정할 수 있다.

(4) 식생활 지도 등〈법 제13조〉

학교의 장은 올바른 식생활습관의 형성, 식량생산 및 소비에 관한 이해 증진 및 전통 식문화의 계승·발전을 위하여 학생에게 식생활 관련 지도를 하며, 보호자에게는 관련 정보를 제공한다.

(5) 영양상담〈법 제14조〉

학교의 장은 식생활에서 기인하는 영양불균형을 시정하고 질병을 사전에 예방하기 위하여 저체중 및 성장부진, 빈혈, 과체중 및 비만학생 등을 대상으로 영양상담과 필요한 지도를 실시한다.

(6) 학교급식의 운영방식〈법 제15조〉

① 학교의 장은 학교급식을 직접 관리·운영하되, 「초·중등교육법」의 규정에 따른 학교운영위원회의 심의를 거쳐 일정한 요건을 갖춘 자에게 학교급식에 관한 업무를 위탁하여 이를 행하게 할 수 있다. 다만, 식재료의 선정 및 구매·검수에 관한 업무는 학교급식 여건상 불가피한 경우를 제외하고는 위탁하지 아니하며, "학교급식 여건상 불가피한 경우"라 함은 다음 각 호의 경우를 말한다.〈시행령 제11조〉

ㄱ 공간적 또는 재정적 사유 등으로 학교급식시설을 갖추지 못한 경우

ㄴ 학교의 이전 또는 통·폐합 등의 사유로 장기간 학교의 장이 직접 관리·운영함이 곤란한 경우

ㄷ 그 밖에 학교급식의 위탁이 불가피한 경우로서 교육감이 학교급식위원회의 심의를 거쳐 정하는 경우

② 의무교육기관에서 업무위탁을 하고자 하는 경우에는 미리 관할청의 승인을 얻어야 한다.

③ 학교급식에 관한 업무위탁의 범위, 학교급식공급업자가 갖추어야 할 요건 그 밖에 업무위탁에 관하여 필요한 사항은 대통령령으로 정하며, 학교급식공급업자가 갖추어야 할 요건은 다음 각 호와 같다.〈시행령 제11조〉

ㄱ 학교급식 과정 중 조리, 운반, 배식 등 일부업무를 위탁하는 경우 : 「식품위생법 시행령」에 따른 위탁급식영업의 신고를 할 것

ㄴ 학교급식 과정 전부를 위탁하는 경우

㉮ 학교 밖에서 제조·가공한 식품을 운반하여 급식하는 경우 : 「식품위생법 시행령」에 따른 식품 제조·가공업의 신고를 할 것

㉯ 학교급식시설을 운영위탁하는 경우 : 「식품위생법 시행령」에 따른 위탁급식영업의 신고를 할 것

④ 학교의 장은 학교급식에 관한 업무를 위탁하고자 하는 경우 「식품위생법」에 따른 집단급식소 신고에 필요한 면허소지자를 둔 학교급식공급업자에게 위탁하여야 한다.〈시행령 제11조〉

⑤ 학교급식업무의 위탁에 관한 계약은 국가를 당사자로 하는 계약에 관한 법령 또는 지방자치단체를 당사자로 하는 계약에 관한 법령의 관계 규정을 적용 또는 준용한다.〈시행령 제12조〉

(7) 품질 및 안전을 위한 준수사항〈법 제16조〉

① 학교의 장과 그 학교의 학교급식 관련 업무를 담당하는 관계 교직원(이하 "학교급식관계교직원"이라 한다) 및 학교급식공급업자는 학교급식의 품질 및 안전을 위하여 다음 각 호의 어느 하나에 해당하는 식재료를 사용하여서는 아니된다.

  ㉠ 「농수산물의 원산지 표시에 관한 법률」에 따른 원산지 표시를 거짓으로 적은 식재료
  ㉡ 「농수산물 품질관리법」에 따른 유전자변형농수산물의 표시를 거짓으로 적은 식재료
  ㉢ 「축산법」의 규정에 따른 축산물의 등급을 거짓으로 기재한 식재료
  ㉣ 「농수산물 품질관리법」에 따른 표준규격품의 표시, 품질인증의 표시 및 지리적표시를 거짓으로 적은 식재료

② 학교의 장과 그 소속 학교급식관계교직원 및 학교급식공급업자는 다음 사항을 지켜야 한다.

  ㉠ 식재료의 품질관리기준, 영양관리기준 및 위생·안전관리기준
  ㉡ 그 밖에 학교급식의 품질 및 안전을 위하여 필요한 사항으로서 교육부령이 정하는 사항에서 "그 밖에 학교급식의 품질 및 안전을 위하여 필요한 사항"이라 함은 다음 각 호의 사항을 말한다.〈시행규칙 제7조〉
    ㉮ 매 학기별 보호자부담 급식비 중 식품비 사용비율의 공개
    ㉯ 학교급식관련 서류의 비치 및 보관(보존연한은 3년)
      ⓐ 급식인원, 식단, 영양 공급량 등이 기재된 학교급식일지
      ⓑ 식재료 검수일지 및 거래명세표

③ 학교의 장과 그 소속 학교급식관계교직원 및 학교급식공급업자는 학교급식에 알레르기를 유발할 수 있는 식재료가 사용되는 경우에는 이 사실을 급식 전에 급식 대상 학생에게 알리고, 급식 시에 표시하여야 한다.

④ 학교의 장과 그 소속 학교급식관계교직원 및 학교급식공급업자는 학교급식에 「식품위생법」에 따라 식품의약품안전처장이 고시한 식품의 표시기준에 따른 한국인에게 알레르기를 유발하는 것으로 알려져 있는 식품을 사용하는 경우 다음 각 호의 방법으로 알리고 표시하여야 한다. 다만, 해당 식품으로부터 추출 등의 방법으로 얻은 성분을 함유하고 있는 식품에 대해서는 다음 각 호의 방법에 따를 수 있다.〈시행규칙 제7조〉

㉠ **공지방법** : 알레르기를 유발할 수 있는 식재료가 표시된 월간 식단표를 가정통신문으로 안내하고 학교 인터넷 홈페이지에 게재할 것

㉡ **표시방법** : 알레르기를 유발할 수 있는 식재료가 표시된 주간 식단표를 식당 및 교실에 게시할 것

(8) 생산품의 직접사용 등〈법 제17조〉

학교에서 작물재배·동물사육 그 밖에 각종 생산활동으로 얻은 생산품이나 그 생산품의 매각대금은 다른 법률의 규정에 불구하고 학교급식을 위하여 직접 사용할 수 있다.

03 출제예상문제

1 다음 중 학교급식 식재료의 품질관리기준 중 축산물의 개별기준으로 잘못된 것은?

① 쇠고기 : 1등급 이상인 한우 및 육우를 사용한다.

② 돼지고기 : 2등급 이상을 사용한다.

③ 닭고기 : 1등급 이상을 사용한다.

④ 계란 : 2등급 이상을 사용한다.

> **NOTE** 축산물〈시행규칙 별표 2〉
>
> ㉠ 공통 기준은 다음과 같다. 다만, 「축산물위생관리법」에 따른 식용란(食用卵)은 공통 기준을 적용하지 아니한다.
> • 「축산물위생관리법」에 따라 위해요소중점관리기준을 적용하는 도축장에서 처리된 식육을 사용한다.
> • 「축산물위생관리법」에 따라 위해요소중점관리기준 적용 작업장으로 지정받은 축산물가공장 또는 식육포장처리장에서 처리된 축산물(수입축산물을 국내에서 가공 또는 포장처리 하는 경우에도 동일하게 적용)을 사용한다.
> ㉡ 개별기준은 다음과 같다. 다만, 닭고기, 계란 및 오리고기의 경우에는 등급제도 전면 시행 전까지는 권장사항으로 한다.
> • 쇠고기 : 「축산법」에 따른 등급판정의 결과 3등급 이상인 한우 및 육우를 사용한다.
> • 돼지고기 : 「축산법」에 따른 등급판정의 결과 2등급 이상을 사용한다.
> • 닭고기 : 「축산법」에 따른 등급판정의 결과 1등급 이상을 사용한다.
> • 계란 : 「축산법」에 따른 등급판정의 결과 2등급 이상을 사용한다.
> • 오리고기 : 「축산법」에 따른 등급판정의 결과 1등급 이상을 사용한다.
> • 수입축산물 : 「대외무역법」, 「식품위생법」, 「축산물위생관리법」 등 관련법령에 적합하며, 등급개별기준에 따른 품질을 갖춘 것을 사용한다.

ANSWER 1.①

2 다음 중 식단 작성 시 고려하여야 할 사항으로 맞지 않는 것은?

① 퓨전식 음식을 고려할 것

② 염분·유지류·단순당류 또는 식품첨가물 등을 과다하게 사용하지 않을 것

③ 가급적 자연식품과 계절식품을 사용할 것

④ 다양한 조리방법을 활용할 것

> **NOTE** 식단 작성 시 고려하여야 할 사항〈시행규칙 제5조〉
> ㉠ 전통 식문화(食文化)의 계승·발전을 고려할 것
> ㉡ 곡류 및 전분류, 채소류 및 과일류, 어육류 및 콩류, 우유 및 유제품 등 다양한 종류의 식품을 사용할 것
> ㉢ 염분·유지류·단순당류 또는 식품첨가물 등을 과다하게 사용하지 않을 것
> ㉣ 가급적 자연식품과 계절식품을 사용할 것
> ㉤ 다양한 조리방법을 활용할 것

3 다음 중 학교급식의 위생·안전관리기준 중 배식 및 검식에 대한 사항으로 맞지 않는 것은?

① 배식 중에 운반 및 배식기구 등으로 인하여 오염이 일어나지 않도록 조치하여야 한다.

② 급식실 외의 장소로 운반하여 배식하는 경우 배식용 운반기구 및 운송차량 등을 청결히 관리하여 배식시까지 식품이 오염되지 않도록 하여야 한다.

③ 조리된 식품에 대하여 배식하기 직전에 음식의 맛, 온도, 조화(영양적인 균형, 재료의 균형), 이물(異物), 불쾌한 냄새, 조리상태 등을 확인하기 위한 검식을 실시하여야 한다.

④ 급식시설에서 조리한 식품은 온도관리를 하지 아니하는 경우에는 조리 후 3시간 이내에 배식을 마쳐야 한다.

> **NOTE** 배식 및 검식〈시행규칙 별표 4〉
> ㉠ 조리된 음식은 안전한 급식을 위하여 운반 및 배식기구 등을 청결히 관리하여야 하며, 배식 중에 운반 및 배식기구 등으로 인하여 오염이 일어나지 않도록 조치하여야 한다.
> ㉡ 급식실 외의 장소로 운반하여 배식하는 경우 배식용 운반기구 및 운송차량 등을 청결히 관리하여 배식시까지 식품이 오염되지 않도록 하여야 한다.
> ㉢ 조리된 식품에 대하여 배식하기 직전에 음식의 맛, 온도, 조화(영양적인 균형, 재료의 균형), 이물(異物), 불쾌한 냄새, 조리상태 등을 확인하기 위한 검식을 실시하여야 한다.
> ㉣ 급식시설에서 조리한 식품은 온도관리를 하지 아니하는 경우에는 조리 후 2시간 이내에 배식을 마쳐야 한다.

ANSWER 2.① 3.④

4 다음 중 학교급식의 위생·안전관리기준의 준수 및 향상을 위한 지침을 정하는 사람으로 알맞은
자는?

① 교육부장관 　　　　　　　　　　② 교육감
③ 영양사 　　　　　　　　　　　　④ 위생사

　　　■NOTE 교육부장관은 기준의 준수 및 향상을 위한 지침을 정할 수 있다.〈시행규칙 제6조〉

5 다음 중 올바른 식생활습관의 형성, 식량생산 및 소비에 관한 이해 증진 및 전통 식문화의 계승·
발전을 위하여 학생에게 식생활 관련 지도를 하며, 보호자에게는 관련 정보를 제공하는 사람으로
알맞은 자는?

① 학교의 장 　　　　　　　　　　② 교육감
③ 영양사 　　　　　　　　　　　　④ 위생사

　　　■NOTE 식생활 지도 등〈법 제13조〉 … 학교의 장은 올바른 식생활습관의 형성, 식량생산 및 소비에 관
　　　한 이해 증진 및 전통 식문화의 계승·발전을 위하여 학생에게 식생활 관련 지도를 하며, 보호
　　　자에게는 관련 정보를 제공한다.

6 다음 중 식생활에서 기인하는 영양불균형을 시정하고 질병을 사전에 예방하기 위하여 저체중 및
성장부진, 빈혈, 과체중 및 비만학생 등을 대상으로 영양상담과 필요한 지도를 실시하는 사람으로
알맞은 자는?

① 학교의 장 　　　　　　　　　　② 교육감
③ 영양사 　　　　　　　　　　　　④ 위생사

　　　■NOTE 영양상담〈법 제14조〉 … 학교의 장은 식생활에서 기인하는 영양불균형을 시정하고 질병을 사전
　　　에 예방하기 위하여 저체중 및 성장부진, 빈혈, 과체중 및 비만학생 등을 대상으로 영양상담과
　　　필요한 지도를 실시한다.

7 다음 중 학교급식의 품질 및 안전을 위하여 식재료를 사용하여서는 안 되는 사항을 기술한 것으로 맞지 않는 것은?

① 생산자 표시를 크게 적은 식재료

② 유전자변형농수산물의 표시를 거짓으로 적은 식재료

③ 축산물의 등급을 거짓으로 기재한 식재료

④ 품질인증의 표시 및 지리적 표시를 거짓으로 적은 식재료

> **NOTE** 품질 및 안전을 위한 준수사항〈법 제16조〉… 학교의 장과 그 학교의 학교급식 관련 업무를 담당하는 관계 교직원(이하 "학교급식관계교직원"이라 한다) 및 학교급식공급업자는 학교급식의 품질 및 안전을 위하여 다음 각 호의 어느 하나에 해당하는 식재료를 사용하여서는 아니된다.
> ㉠ 「농수산물의 원산지 표시에 관한 법률」에 따른 원산지 표시를 거짓으로 적은 식재료
> ㉡ 「농수산물 품질관리법」에 따른 유전자변형농수산물의 표시를 거짓으로 적은 식재료
> ㉢ 「축산법」의 규정에 따른 축산물의 등급을 거짓으로 기재한 식재료
> ㉣ 「농수산물 품질관리법」에 따른 표준규격품의 표시, 품질인증의 표시 및 지리적 표시를 거짓으로 적은 식재료

8 다음 중 학교급식관련 서류의 보존연한으로 알맞은 것은?

① 1년　　　　　　　　　　② 2년

③ 3년　　　　　　　　　　④ 4년

> **NOTE** 학교급식관련 서류의 비치 및 보관(보존연한은 3년)〈시행규칙 제7조〉
> ㉠ 급식인원, 식단, 영양 공급량 등이 기재된 학교급식일지
> ㉡ 식재료 검수일지 및 거래명세표

04 보칙

(1) 학교급식 운영평가〈법 제18조〉

① 교육부장관 또는 교육감은 학교급식 운영의 내실화와 질적 향상을 위하여 학교급식의 운영에 관한 평가를 실시할 수 있다.

② 학교급식 운영평가 방법 및 기준〈시행령 제13조〉

　㉠ 학교급식 운영평가를 효율적으로 실시하기 위하여 교육부장관 또는 교육감은 평가위원회를 구성·운영할 수 있다.

　㉡ 학교급식 운영평가기준은 다음 각 호와 같다.
　　㉮ 학교급식 위생·영양·경영 등 급식운영관리
　　㉯ 학생 식생활지도 및 영양상담
　　㉰ 학교급식에 대한 수요자의 만족도
　　㉱ 급식예산의 편성 및 운용
　　㉲ 그 밖에 평가기준으로 필요하다고 인정하는 사항

(2) 출입·검사·수거 등〈법 제19조〉

① 교육부장관 또는 교육감은 필요하다고 인정하는 때에는 식품위생 또는 학교급식 관계공무원으로 하여금 학교급식 관련 시설에 출입하여 식품·시설·서류 또는 작업상황 등을 검사 또는 열람을 하게 할 수 있으며, 검사에 필요한 최소량의 식품을 무상으로 수거하게 할 수 있으며, 학교급식관련 시설은 다음 각 호와 같다.〈시행령 제14조〉

　㉠ 학교 안에 설치된 학교급식시설

　㉡ 학교급식에 식재료 또는 제조·가공한 식품을 공급하는 업체의 제조·가공시설

　㉢ 출입·검사 등〈시행규칙 제8조〉

　　㉮ 학교 안에 설치된 학교급식시설에 대한 출입·검사 등은 다음 각 호와 같이 실시하되, 학교급식 운영상 필요한 경우에는 수시로 실시할 수 있다.
　　　ⓐ 식재료 품질관리기준, 영양관리기준 및 준수사항 이행여부의 확인·지도 : 연 1회 이상 실시하되, 확인·지도 시 함께 실시할 수 있음
　　　ⓑ 위생·안전관리기준 이행여부의 확인·지도 : 연 2회 이상

④ 학교급식에 식재료 또는 제조·가공한 식품을 공급하는 업체의 제조·가공시설에 대한 출입·검사 등을 효율적으로 시행하기 위하여 필요하다고 인정하는 경우 교육부장관, 교육감 또는 교육장은 식품의약품안전처장, 특별시장·광역시장·특별자치시장·도지사·특별자치도지사 또는 시장·군수·구청장(자치구의 구청장을 말한다)에게 행정응원을 요청할 수 있다.

⑤ 출입·검사를 실시한 관계공무원은 해당 학교급식관련 시설에 비치된 출입·검사 등 기록부에 그 결과를 기록하여야 한다.

② 수거 및 검사의뢰 등〈시행규칙 제9조〉

㉮ 다음 각호의 검사를 실시할 수 있다.

ⓐ 미생물 검사

ⓑ 식재료의 원산지, 품질 및 안전성 검사

㉯ 검체를 수거한 관계공무원은 검체를 수거한 장소에서 봉함(封緘)하고 관계공무원 및 피수거자의 날인이나 서명으로 봉인(封印)한 후 지체없이 특별시·광역시·도·특별자치도의 보건환경연구원, 시·군·구의 보건소 등 관계검사기관에 검사를 의뢰하거나 자체적으로 검사를 실시한다. 다만, 식재료의 원산지, 품질 및 안전성 검사에 대하여는 국립농산물품질관리원, 농림축산검역본부, 국립수산물품질관리원 등 관계행정기관에 수거 및 검사를 의뢰할 수 있다.

㉰ 검체를 수거한 때에는 수거증을 교부하여야 하며, 검사를 의뢰한 때에는 수거검사처리대장에 그 내용을 기록하고 이를 비치하여야 한다.

② 출입·검사·열람 또는 수거를 하고자 하는 공무원은 그 권한을 표시하는 증표를 지니고, 이를 관계인에게 내보여야 한다.

③ 검사 등의 결과 규정을 위반한 때에는 교육부장관 또는 교육감은 해당학교의 장 또는 학교급식 공급업자에게 시정을 명할 수 있다.

④ 교육감은 공무원의 검사기술 및 자질 향상을 위하여 교육을 실시할 수 있다.〈시행령 제15조〉

⑤ 교육감은 학교급식의 교육효과 증진과 발전을 위하여 학교급식 연구학교 또는 시범학교를 지정·운영할 수 있다.〈시행령 제16조〉

(3) 권한의 위임〈법 제20조〉

① 이 법에 의한 교육부장관 또는 교육감의 권한은 그 일부를 대통령령이 정하는 바에 따라 교육감 또는 교육장에게 위임할 수 있다.

② 교육감은 출입·검사·수거 등, 행정처분 등의 요청 및 과태료 부과·징수권한을 조례로 정하는 바에 따라 교육장에게 위임할 수 있다.〈시행령 제17조〉

(4) 행정처분 등의 요청〈법 제21조〉

① 교육부장관 또는 교육감은 「식품위생법」·「농수산물 품질관리법」·「축산법」·「축산물위생관리법」의 규정에 따라 허가 및 신고·지정 또는 인증을 받은 자가 검사 등의 결과 각 해당법령을 위반한 경우에는 관계행정기관의 장에게 행정처분 등의 필요한 조치를 할 것을 요청할 수 있다.

② 요청을 받은 관계행정기관의 장은 특별한 사유가 없는 한 이에 응하여야 하며, 그 조치결과를 교육부장관 또는 당해 교육감에게 알려야 한다.

③ 관할 행정기관의 장에게 행정처분 등 필요한 조치를 요청하고자 하는 때에는 확인서 또는 검사결과를 첨부하여 요청하여야 한다.〈시행규칙 제10조〉

(5) 징계〈법 제22조〉

학교급식의 적정한 운영과 안전성 확보를 위하여 징계의결 요구권자는 관할학교의 장 또는 그 소속 교직원 중 다음 각 호의 어느 하나에 해당하는 자에 대하여 당해 징계사건을 관할하는 징계위원회에 그 징계를 요구하여야 한다.

① 고의 또는 과실로 식중독 등 위생·안전상의 사고를 발생하게 한 자

② 학교급식 관련 계약상의 계약해지 사유가 발생하였음에도 불구하고 정당한 사유 없이 계약해지를 하지 아니한 자

③ 교육부장관 또는 교육감으로부터 시정명령을 받았음에도 불구하고 정당한 사유 없이 이를 이행하지 아니한 자

④ 학교급식과 관련하여 비리가 적발된 자

(6) 규제의 재검토〈시행규칙 제11조〉

교육부장관은 급식시설의 세부기준에 대하여 2015년 1월 1일을 기준으로 2년마다(매 2년이 되는 해의 기준일과 같은 날 전까지를 말한다) 그 타당성을 검토하여 개선 등의 조치를 하여야 한다.

1 다음 중 학교급식 운영의 내실화와 질적 향상을 위하여 학교급식의 운영에 관한 평가를 실시할 수 있는 사람으로 알맞은 자는?

① 교육부장관 또는 교육감　　　　　② 시장·군수·구청장

③ 학교장　　　　　　　　　　　　　④ 급식소의 운영자

> ■NOTE 학교급식 운영평가〈법 제18조〉 … 교육부장관 또는 교육감은 학교급식 운영의 내실화와 질적 향상을 위하여 학교급식의 운영에 관한 평가를 실시할 수 있다.

2 다음 중 학교급식 운영평가기준으로 맞지 않는 것은?

① 학교급식 위생·영양·경영 등 급식운영관리

② 학부모에 대한 식생활지도 및 영양상담

③ 학교급식에 대한 수요자의 만족도

④ 급식예산의 편성 및 운용

> ■NOTE 학교급식 운영평가 방법 및 기준〈시행령 제13조〉
> ㉠ 학교급식 운영평가를 효율적으로 실시하기 위하여 교육부장관 또는 교육감은 평가위원회를 구성·운영할 수 있다.
> ㉡ 학교급식 운영평가기준은 다음 각 호와 같다.
> • 학교급식 위생·영양·경영 등 급식운영관리
> • 학생 식생활지도 및 영양상담
> • 학교급식에 대한 수요자의 만족도
> • 급식예산의 편성 및 운용
> • 그 밖에 평가기준으로 필요하다고 인정하는 사항

■ANSWER　1.① 2.②

3 다음 중 식재료 품질관리기준, 영양관리기준 및 준수사항 이행여부의 확인·지도를 위한 출입·검사의 주기로 알맞은 것은?

① 연 1회 이상
② 연 2회 이상
③ 연 3회 이상
④ 연 4회 이상

> **NOTE** 출입·검사 등〈시행규칙 제8조〉… 학교 안에 설치된 학교급식시설에 대한 출입·검사 등은 다음 각 호와 같이 실시하되, 학교급식 운영상 필요한 경우에는 수시로 실시할 수 있다.
> ㉠ 식재료 품질관리기준, 영양관리기준 및 준수사항 이행여부의 확인·지도 : 연 1회 이상 실시하되, 확인·지도 시 함께 실시할 수 있음
> ㉡ 위생·안전관리기준 이행여부의 확인·지도 : 연 2회 이상

4 다음 중 출입·검사 등으로 검체를 수거한 관계공무원은 검체를 수거한 장소에서 봉함(封函)하고 관계검사기관에 검사를 의뢰하는데 있어서 의뢰할 수 있는 기관으로 맞지 않는 것은?

① 특별시·광역시·도의 보건환경연구원
② 특별자치도의 보건환경연구원
③ 시·군·구의 보건소
④ 학교급식소

> **NOTE** 검체를 수거한 관계공무원은 검체를 수거한 장소에서 봉함(封函)하고 관계공무원 및 피수거자의 날인이나 서명으로 봉인(封印)한 후 지체없이 특별시·광역시·도·특별자치도의 보건환경연구원, 시·군·구의 보건소 등 관계검사기관에 검사를 의뢰하거나 자체적으로 검사를 실시한다. 다만, 식재료의 원산지, 품질 및 안전성 검사에 대하여는 국립농산물품질관리원, 농림축산검역본부, 국립수산물품질관리원 등 관계행정기관에 수거 및 검사를 의뢰할 수 있다.〈시행규칙 제9조〉

5 다음 중 관할학교의 장 또는 그 소속 교직원에 대하여 당해 징계사건을 관할하는 징계위원회에 그 징계를 요구하여야 하는 사항으로 맞지 않는 것은?

① 고의 또는 과실로 식중독 등 위생·안전상의 사고를 발생하게 한 자
② 학교급식 관련 계약상의 계약해지 사유가 발생하였음에도 불구하고 정당한 사유 없이 계약해지를 하지 아니한 자
③ 교육부장관 또는 교육감으로부터 시정명령을 받았음에도 불구하고 정당한 사유 없이 이를 이행하지 아니한 자
④ 급식시설을 확장한 자

> **NOTE** 징계〈법 제22조〉… 학교급식의 적정한 운영과 안전성 확보를 위하여 징계의결 요구권자는 관할학교의 장 또는 그 소속 교직원 중 다음 각 호의 어느 하나에 해당하는 자에 대하여 당해 징계사건을 관할하는 징계위원회에 그 징계를 요구하여야 한다.
> ㉠ 고의 또는 과실로 식중독 등 위생·안전상의 사고를 발생하게 한 자
> ㉡ 학교급식 관련 계약상의 계약해지 사유가 발생하였음에도 불구하고 정당한 사유 없이 계약해지를 하지 아니한 자
> ㉢ 교육부장관 또는 교육감으로부터 시정명령을 받았음에도 불구하고 정당한 사유 없이 이를 이행하지 아니한 자
> ㉣ 학교급식과 관련하여 비리가 적발된 자

05 벌칙

(1) 벌칙〈법 제23조〉

① 원산지 표시를 거짓으로 적은 식재료 또는 유전자변형농수산물의 표시를 거짓으로 적은 식재료를 사용하여 규정을 위반한 학교급식공급업자는 7년 이하의 징역 또는 1억원 이하의 벌금에 처한다.

② 축산물의 등급을 거짓으로 기재한 식재료를 사용하여 규정을 위반한 학교급식공급업자는 5년 이하의 징역 또는 5천만 원 이하의 벌금에 처한다.

③ 다음 각 호의 어느 하나에 해당하는 자는 3년 이하의 징역 또는 3천만 원 이하의 벌금에 처한다.
  ㉠ 표준규격품표시, 품질인증표시, 지리적표시를 거짓으로 적은 식재료를 사용하여 규정을 위반한 학교급식공급업자
  ㉡ 출입 · 검사 · 열람 또는 수거를 정당한 사유 없이 거부하거나 방해 또는 기피한 자

(2) 양벌규정〈법 제24조〉

법인의 대표자나 법인 또는 개인의 대리인, 사용인, 그 밖의 종업원이 그 법인 또는 개인의 업무에 관하여 위반행위를 하면 그 행위자를 벌하는 외에 그 법인 또는 개인에게도 해당 조문의 벌금형을 과(科)한다. 다만, 법인 또는 개인이 그 위반행위를 방지하기 위하여 해당 업무에 관하여 상당한 주의와 감독을 게을리하지 아니한 경우에는 그러하지 아니하다.

(3) 과태료〈법 제25조〉

① 식재료의 품질관리기준, 영양관리기준, 위생 · 안전관리기준 규정을 위반하여 시정명령을 받았음에도 불구하고 정당한 사유없이 이를 이행하지 아니한 학교급식공급업자는 500만 원 이하의 과태료에 처한다.

② 학교급식의 품질 및 안전을 위하여 필요한 사항 또는 학교급식에 알레르기를 유발할 수 있는 식재료가 사용될 경우 급식 전에 알리고 표기해야 하는 규정을 위반하여 시정명령을 받았음에도 불구하고 정당한 사유 없이 이를 이행하지 아니한 학교급식공급업자는 300만 원 이하의 과태료에 처한다.

③ ① 및 ②의 규정에 따른 과태료는 대통령령이 정하는 바에 따라 교육부장관 또는 교육감이 부과 · 징수하며, 과태료의 부과기준은 별표와 같다. 〈시행령 제18조〉

과태료의 부과기준〈시행령 별표〉

1. 일반기준

    가. 위반행위의 횟수에 따른 과태료의 기준은 최근 3년간 같은 위반행위로 과태료를 부과받은 경우에 적용한다. 이 경우 위반행위에 대하여 과태료 부과처분을 한 날과 다시 같은 위반행위를 적발한 날을 각각 기준으로 하여 위반횟수를 계산한다.

    나. 부과권자는 다음의 어느 하나에 해당하는 경우에는 과태료 금액의 2분의 1의 범위에서 그 금액을 감경할 수 있다. 다만, 과태료를 체납하고 있는 위반행위자의 경우에는 그러하지 아니하다.

    1) 위반행위자가 「질서위반행위규제법 시행령」 다음 각 호의 어느 하나에 해당하는 경우
- 「국민기초생활 보장법」에 따른 수급자
- 「한부모가족 지원법」에 따른 보호대상자
- 「장애인복지법」에 따른 제1급부터 제3급까지의 장애인
- 「국가유공자 등 예우 및 지원에 관한 법률」에 따른 1급부터 3급까지의 상이등급 판정을 받은 사람
- 미성년자

    2) 위반행위자가 위법행위로 인한 결과를 시정하거나 해소한 경우

    3) 위반행위가 사소한 부주의나 오류 등 과실로 인한 것으로 인정되는 경우

    4) 위반행위의 결과가 경미한 경우

    5) 그 밖에 위반행위의 정도, 위반행위의 동기와 그 결과 등을 고려하여 감경할 필요가 있다고 인정되는 경우

2. 개별기준

위반행위	근거 법조문	과태료 금액(만 원)		
		1회 위반	2회 위반	3회 이상 위반
학교급식공급업자가 식재료의 품질관리기준, 영양관리기준, 위생·안전관리기준을 위반하여 시정명령을 받았음에도 불구하고 정당한 사유 없이 이를 이행하지 않은 경우	법 제25조제1항	100	300	500
학교급식공급업자가 학교급식의 품질 및 안전을 위하여 필요한 사항을 위반하여 시정명령을 받았음에도 불구하고 정당한 사유 없이 이를 이행하지 않은 경우	법 제25조제2항	100	200	300
학교급식공급업자가 급식에 알레르기를 유발할 수 있는 식재료가 사용되는 경우 이 사실을 알리고, 급식 시 표시하여야 하는 규정을 위반하여 시정명령을 받았음에도 불구하고 정당한 사유 없이 이를 이행하지 않은 경우	법 제25조제2항	100	200	300

1 다음 중 원산지표시와 유전자 변형 농수산물의 표시를 거짓으로 표시하여 공급한 학교급식공급업자에 대한 처벌기준으로 알맞은 것은?

① 7년 이하의 징역 또는 1억 원 이하의 벌금에 처한다.

② 5년 이하의 징역 또는 5천만 원 이하의 벌금에 처한다.

③ 10년 이하의 징역 또는 1억5천만 원 이하의 벌금에 처한다.

④ 3년 이하의 징역 또는 1억 원 이하의 벌금에 처한다.

> **NOTE** 원산지표시와 유전자 변형 농수산물의 표시를 위반한 학교급식공급업자는 7년 이하의 징역 또는 1억원 이하의 벌금에 처한다.〈법 제23조 제1항〉

2 다음 중 축산물의 등급을 거짓으로 표시하여 공급한 학교급식공급업자에 대한 처벌기준으로 알맞은 것은?

① 7년 이하의 징역 또는 1억 원 이하의 벌금에 처한다.

② 5년 이하의 징역 또는 5천만 원 이하의 벌금에 처한다.

③ 2년 이하의 징역 또는 5천만 원 이하의 벌금에 처한다.

④ 3년 이하의 징역 또는 3천만 원 이하의 벌금에 처한다.

> **NOTE** 축산물의 등급을 거짓으로 표시의 규정을 위반한 학교급식공급업자는 5년 이하의 징역 또는 5천만 원 이하의 벌금에 처한다.〈법 제23조 제2항〉

ANSWER 1.① 2.②

3 다음 중 식재료의 품질관리기준, 영양관리기준, 위생 · 안전관리기준을 위반하여 교육부장관 또는 교육감으로부터 시정명령을 받았음에도 불구하고 정당한 사유없이 이를 이행하지 아니한 학교급식공급업자에 대한 처벌기준으로 알맞은 것은?

① 500만 원 이하의 과태료에 처한다.

② 1,000만 원 이하의 과태료에 처한다.

③ 300만 원 이하의 과태료에 처한다.

④ 200만 원 이하의 과태료에 처한다.

> **NOTE** 식재료의 품질관리기준, 영양관리기준, 위생 · 안전관리기준을 위반하여 교육부장관 또는 교육감으로부터 시정명령을 받았음에도 불구하고 정당한 사유없이 이를 이행하지 아니한 학교급식공급업자는 500만 원 이하의 과태료에 처한다.〈법 제25조〉

공무원시험/자격시험/독학사/검정고시/취업대비 동영상강좌 전문 사이트

공무원	9급 공무원	서울시 기능직 일반직 전환	각 시·도 기능직 일반직 전환	교육청 기능직 일반직 전환
	관리운영직 일반직 전환	사회복지직 공무원	우정사업본부 계리직	서울시 기술계고 경력경쟁
기술직 공무원	물리	화학	생물	
	기술계 고졸자 물리/화학/생물			
경찰·소방공무원	소방특채 생활영어	소방학개론		
군 장교, 부사관	육군부사관	공군부사관	해군부사관	부사관 국사(근현대사)
	공군 학사사관후보생	공군 조종장학생	공군 예비장교후보생	공군 국사 및 핵심가치
NCS, 공기업, 기업체	공기업 NCS	공기업 고졸 NCS	코레일(한국철도공사)	한국수력원자력
	국민건강보험공단	국민연금공단	LH한국토지주택공사	한국전력공사
자격증	임상심리사 2급	건강운동관리사	사회조사분석사	한국사능력검정시험
	국어능력인증시험	청소년상담사 3급	관광통역안내사	국내여행안내사
	텔레마케팅관리사	사회복지사 1급	경비지도사	경호관리사
	신변보호사	전산회계	전산세무	
무료강의	국민건강보험공단	사회조사분석사 기출문제	독학사 1단계	대입수시적성검사
	사회복지직 기출문제	농협 인적성검사	지역농협 6급	기업체 취업 적성검사
	한국사능력검정시험 백발백중 실전 연습문제		한국사능력검정시험 실전 모의고사	

서원각 www.goseowon.co.kr
QR코드를 찍으면 동영상강의 홈페이지로 들어가실 수 있습니다.

서원각

자격시험 대비서

핵심이론 〉　　　출제예상문제 〉　　　온라인강의 제공

임상심리사 2급

건강운동관리사

사회조사분석사 종합본

사회조사분석사 기출문제집

국어능력인증시험

청소년상담사 3급

관광통역안내사 종합본

서원각
동영상강의
혜택

www.goseowon.co.kr

〉〉 수강기간 내에 동영상강의 무제한 수강이 가능합니다.
〉〉 수강기간 내에 모바일 수강이 무료로 가능합니다.
〉〉 원하는 기간만큼만 수강이 가능합니다.